作者简介

庞秀成 2009年获东北师范大学历史学博士学位。2013年10月至2014年9月国家留学基金委员会资助赴加拿大渥太华大学翻译学院访问学者。中国翻译协会专家会员，中国比较文学学会翻译研究会会员。现执教于东北师范大学外国语学院。学术成果有，吉林大学出版社2008年版专著《翻译的文化视角与辩证思维》，关于历史学、宗教学、伦理学、翻译学和语言学等方面的论文多篇；另有译著四部。

中国
社科
大学经典文库

巴哈伊思想史

庞秀成／著

光明日报出版社

图书在版编目（CIP）数据

巴哈伊思想史 / 庞秀成著 . -- 北京：光明日报出

版社，2016. 12

ISBN 978 - 7 - 5194 - 2493 - 0

Ⅰ. ①巴… Ⅱ. ①庞… Ⅲ. ①巴哈伊教—思想史

Ⅳ. ①B989. 39

中国版本图书馆 CIP 数据核字（2016）第 290414 号

巴哈伊思想史

著　　者：庞秀成

责任编辑：朱　然　　　　　　责任校对：赵鸣鸣

封面设计：中联学林　　　　　责任印制：曹　净

出版发行：光明日报出版社

地　　址：北京市东城区珠市口东大街 5 号，100062

电　　话：010 - 67078251（咨询），67078870（发行），67019571（邮购）

传　　真：010 - 67078227，67078255

网　　址：http：//book. gmw. cn

E - mail：gmcbs@ gmw. cn　　zhuran@ gmw. cn

法律顾问：北京德恒律师事务所龚柳方律师

印　　刷：北京天正元印务有限公司

装　　订：北京天正元印务有限公司

本书如有破损、缺页、装订错误，请与本社联系调换

开　　本：710×1000　1/16

字　　数：386 千字　　　　　　　印　张：21. 5

版　　次：2017 年 1 月第 1 版　　印　次：2017 年 1 月第 1 次印刷

书　　号：ISBN 978 - 7 - 5194 - 2493 - 0

定　　价：78. 00 元

前　言

　　按照不同的标准，可以将巴哈伊教归入先知型宗教、神秘型宗教、一神教、普世宗教、新兴宗教、包容型宗教等。在巴哈伊教基本教义观照下的宗教思想史是论著的核心论题。作者运用普遍联系的方法，揭示巴哈伊教宗教思想的起源、发展和传播过程、巴哈伊基本教义的支撑作用、巴哈伊教与其他宗教及意识形态的区别与联系以及巴哈伊教在世界宗教史中的地位。

　　巴哈伊教的起源根植于它的宗教文化——伊斯兰—阿拉伯文化，又受到犹太教和基督教的浸润以及世界各个重要的宗教传统的启发。处于伊斯兰—阿拉伯环境中的波斯，其政治、经济、文化等因素综合促成了这一宗教的诞生，世界历史进入现代以后，全球连成一体的趋势推动了这一宗教的成长、传播。巴哈伊教与其他宗教或教派之间的历史关联是该教产生的内在因素，虽然它们与上述因素相互交织。作者梳理了巴哈伊教产生的宗教传统和背景，着重探查了巴哈伊教与伊斯兰教哲学的联系。

　　虽然巴哈伊教根植于传统宗教，特别是与伊斯兰教什叶派关系密切，但是巴哈伊教又是一个现代宗教。巴哈伊教的普世宗教思想与全球一体化的历史节律相契合，使之成为传播速度最快、传播范围仅次于基督教的新兴宗教。巴哈伊教具有独特的神义史观，它依此解释了宗教创始人的遭遇、人类苦难的根源。它的历史观是线性史观和循环史观的有机结合，是客观性和人文性的和谐融通。巴哈伊教将其宗教史和整个人类的文明史纳入到该教的渐进性启示的历史观之中。

　　巴哈伊教向世人展示了一个广阔的渐进性演进的人类文明历史图谱，描绘了当今人类社会和个人为了普遍的和平和团结所应肩负的历史责任。它的基本教义自19世纪中期诞生到20世纪初期的阿博都巴哈时代完成了明确化过程，从此对于巴哈伊教的理解都可以依据这些基本教义。把握住了这些基本教义便把握住了这个宗教的基本精神。依据这些基本教义，可以准确地解读其经典、书简、历史著作、文告、研究性文章、艺术作品等。巴哈伊教创始人巴布吹响了革新传统宗教建立新宗教的号角，奠定了上帝唯一、所有宗教同源、人类一家等基本教义的基础；创始人巴哈欧拉颁布了新的宗教法律，以卷帙浩繁的经典启示新的福音；阿博都巴哈阐释了该教创始人的经典，将基本教义明确化。阿博都巴哈时代的结束是英雄时代的结束，标志着巴哈伊教的完善和基本教义总结的完成。巴哈伊教的基本教义的核心教义从立教的巴布开始就已经存在，但是只有阿博都巴哈才有意识地将教义逐条概括出来。

　　基本教义虽可以概括为十条左右，但教义的稳定和丰富蕴含在两位创始人的经典著作和阿博都巴哈、守基·阿芬第以及世界正义院的解释性著作中。按照巴哈伊教史传统分期的顺序，基于巴哈伊教的基本教义，作者对各个时期的重要经典文献、著作、文告作了解读、阐释和评价，提供了这些文献产生的背景。本书概要梳理了巴哈伊教在世界各地的传播过程，介绍了传道先锋追求真理努力传教的事迹。

　　巴哈伊教的特点只有与其他宗教的比较中才显露出来。作者比较了巴哈伊教与基督教、印度教、儒教和佛教在部分教义上的异同，表明巴哈伊教的包容性、灵活性和现代性。巴哈伊教开放性特点使我们可以将它与几乎任何意识形态加以比较，而就中国学术背景而言将巴哈伊教与马克思主义的比较尤为重要。这个比较可以涉及哲学、政治、经济、社会、伦理、教育等各个方面。作者从基本教义出发选择了人性、社会、经济等三个方面作了概略比较。巴哈伊教宣扬普世精神，阐释了"世界公民"的伦理内涵，其教义贯穿了世界公民这一概念。作者比较了汉斯·昆和斯维德勒的"底线伦理"与巴哈伊教的普世伦理教义，指出巴哈伊教的伦理是自上而下的探究模式，它立足于人类文明演进的渐进史观，认为人类的成年期需要自觉和自律的伦理范式。作者认为"世界公民意识"就是巴哈伊教以自上而下方式建立的自觉自律的伦理范式，是巴哈伊教建立世界新秩序、实现世界和平的实践伦理。

目 录
CONTENTS

引　言

一、巴哈伊教的历史和现状

对于巴布领导的宗教改革，学界有不同的认识，也有不同的称呼，如"巴布派""巴布教""巴布运动"等。对于巴哈伊教，尽管越来越多的人承认其独立宗教的地位，但在不久前的出版物中仍然称其为"巴哈教派"。由于确定一个信仰在开始的阶段是一个独立的宗教还是一个母体宗教的教派会引起不必要的争论，也非常困难，因此我们将注意力转向这个宗教信仰的活动及教义的理解上，而不在称呼上作学理上的考证和界定。但是为了便利，我们采用使用频率较高的称呼，如称巴布的信仰为巴布教，仍称巴哈伊信仰为巴哈伊教，而不称为听起来更为温和更为中性的"巴哈伊信仰"（Baha'i Faith）。这样做并不意味着我们忽视了这一问题在学理上的重要性，实在是依从流行的称呼。

巴布教产生于伊斯兰教，是巴哈伊教的前身，其产生方式非常类似于基督教之与犹太教，或佛教之与婆罗门教。从宗教史角度看，从一开始，巴布教只是伊斯兰教内部的一个教派或一场运动。但是它又有所不同，比如它有与其母体宗教经典很不一样的经文，很不一样的修持方式，因而一开始就具备了成为独立信仰的条件。另外，巴布教的一个重要信条就是，巴布所做的一切是为了神派遣更伟大的显圣者来临铺平道路，这个后来者将宣告在全世界范围内实现和平和正义时代的到来，它标志着以往所有宗教的顶点。巴哈伊教的历史虽然还不足 200 年，但它不仅是当代最活跃的一个新兴宗教，而且也是一个独立的、世界性的宗教。

（一）创立与发展

巴哈伊教产生于 19 世纪中叶的波斯，巴哈伊教脱胎于十二伊玛目教派的谢赫派的一支：巴布教，该国奉伊斯兰教什叶派中的十二伊玛目教派为国教。
1844 年，一个叫赛义德·阿里·穆罕默德（Siyyid Áli-Muhammad, 1819 –
1850）的年青商人宣布自己是什叶派穆斯林期待已久的"卡因"（Qáim），提
出了新的教义，认为人类要得圣恩，必须通过一道"门"，阿拉伯语为 Bab
（巴布），而他本人即是巴布，其思想很快风行波斯各地，吸引了大批追随者，
此教派也被称为"巴布教派"。但巴布教派被正统教派视为异端，穆斯林教士
与沙王的大臣们联合起来围剿新生的巴布教。于是大批教徒遭迫害、处决，巴
布本人在监禁后于 1850 年 7 月也被处决，同期被杀的巴布教徒多达 2 万。巴
布教徒在世俗和宗教权威的手中所受到的骇人听闻的待遇被许多西方人记录下
来，他们之中有外交官、学者还有旅行者，他们在记述中表达了对那些殉难者
坚韧人格的敬意。1863 年，在巴格达的蕾兹万花园，一名叫密尔萨·侯赛
因·阿里（Mirza Husayn Ali, 1817 – 1892）的波斯贵族宣称自己是巴布生前
认定的上帝的新使者，是巴布所预言的安拉"应许要来的人"，也是各种宗教
的神所允诺过的显示者。他自称巴哈欧拉（Baha'u'llah，意为"上帝的荣
耀"）。巴哈欧拉的出现引起巴布教派内部的分裂，其中大部分教徒追随他而
形成新的教派——巴哈伊教。巴哈欧拉一生中的 40 余年都是在放逐与监禁中
度过的。他在狱中完成了 100 多部著作，系统地阐述了巴哈伊教派的教义与教
法，其著述因此成为该教的圣典。此外还包括神秘的启示性著述以及给各个国
王、君主发送的信函。由于教徒在波斯和今天的伊朗始终受迫害，巴哈伊教便
逐步到中亚，印度、缅甸、埃及、苏丹等地发展。1894 年，在美国建立了第
一个巴哈伊教社团。此时，巴哈伊教徒已有数十万之多。巴哈欧拉去世后，指
定其长子阿巴斯·阿芬第（Abbás Effend, 1844 – 1921）为继承人，成为巴哈
伊教团的领袖。他选择了"阿博都巴哈"（Abdu'l-Bahá，意为"荣耀之仆
人"）为自己的称呼。阿博都巴哈曾与其父亲长期受监禁，直到 1908 年土耳
其发生革命，他才获释。之后，他不断对巴哈欧拉的著作进行诠释，并到欧美
各国旅行传教。1912 年，阿博都巴哈亲自在芝加哥为西方首座巴哈伊教灵曦
堂主持奠基典礼。到他逝世的 1921 年，巴哈伊教已传播到 33 个国家和地区，
巴哈伊社团在北非、远东、澳大利亚和美国纷纷建立。阿博都巴哈临终前指定
其长女之子守基·阿芬第（Shoghi Efendi, 1897 – 1957）为哈伊教的圣护及其
教义的阐释者。此后，巴哈伊教的圣典开始被译为各种文字。到守基·阿芬第
逝世之前，巴哈伊教已传播到 200 多个国家和地区，并成为世界性的、独立的
宗教。1963 年，在纪念该教创始人宣示为上帝显圣者一百周年时，来自 56 个
国家和地区的巴哈伊教徒代表在英国伦敦举行第一届世界代表大会，经选举组

成该教第一届"世界正义院",即万国总灵体会,为巴哈伊教的最高管理机构。

(二)教义、伦理思想、礼仪和经典

巴哈伊教的核心教旨有三条:上帝唯一,宗教同源,人类一家。其中第一条是核心,其他是这一条的衍生。巴哈欧拉具体阐述了该教这三大原则,认为巴哈伊教是一神宗教,神是独一而全能的,是超自然的精神实体;世界各大宗教虽然对神的称谓不同,如称之为上帝、安拉、佛、主等,但神灵本身是统一的,并且各种宗教本质上都来自同一神圣的根源;因此一个已有宗教信仰的人若再信巴哈伊教,不需放弃原信仰,而巴哈伊教徒也可自由出入各教的庙宇进行崇拜。同样,巴哈伊教在各大洲建立的灵曦堂欢迎所有的人进入敬拜。不同时代,上帝降示于这个时代相适应的神圣宗教。宗教教义的历史变化就是同一个上帝的渐进性启示。因此,该教承认来自各教的9名神的使者,即亚伯拉罕、克里希那、摩西、琐罗亚斯德、释迦牟尼、耶稣、穆罕默德、巴布和巴哈欧拉;主张独立寻求真理;认为宗教与科学并不矛盾而是相辅相成;努力消除各民族和宗教之间、性别间的偏见;创立世界共通的语言;认为人人皆系神的儿女,世界人类同源。巴哈欧拉除规定教义外,还阐述了该教丰富的社会伦理思想,其特点是积极入世,关心世俗生活。具体主张有:注意培养良好的品德,如诚实、可靠、正义、崇拜神等;要求信徒忠于各自的政府,并以无私和爱国的方式为国家利益服务,但反对教徒参与公职竞选;既要消除物质上的贫富差别,也要平衡物质与精神双方的需求,反对行乞,主张自食其力;消除各种族、各宗教、各阶层、各国家及性别间的偏见,主张男女平等,一夫一妻,促进个体能力的发展,普及教育,维护世界和平,建立世界新秩序,反对任何战争,节制自然资源的开发等。据此社会伦理思想,巴哈伊教徒努力争取为人类服务,实现人类"天下一家"、世界大同的教旨。巴哈伊教还为教徒规定了九项宗教职责:即每日奉祈祷为义务;遵循斋戒;勤奋工作,并视工作为崇拜;传播上帝的事业;禁烟酒及麻醉品;遵守婚约;服从政府而不参与党派政治活动;不中伤他人及传播流言蜚语;尊奉巴哈伊教的圣日。

巴哈伊教没有专职的教士和特定的礼仪,教徒自行祈祷,每次聚会通常也是以祈祷开始,并以祈祷结束,所用的经文可以是巴布、巴哈欧拉或阿博都巴哈的著作,也可以是《圣经》《古兰经》或其他经文;祈祷语不限,形式不拘。入教时也不举行洗礼或其他仪式,也不更换姓名。只要坚信认识了的真理,并愿作"人群的仆役",填写表格,上交灵体会保存后,即成为该教信徒。但在某些地区或国家,这种手续不是绝对必要的,可以灵活掌握。巴哈伊教反对苦行、修道院生活及托钵僧制。该教有自己的历法，由巴布创立，巴哈欧拉最后确立。它采用"双十九"制，一年为 19 个月，每月 19 天。每月的第一天教徒要举行灵宴会，每年 19 次，是巴哈伊教徒重要的宗教活动；灵宴会上教徒通常要祈祷、诵经，协商教务及举行一些文娱活动和餐饮。第 19 个月为斋月，共 19 天，斋月结束的次日为新年（公历的 3 月 21 口）；有 9 个圣日：元旦灵宴节（3 月 21 日）、蕾兹万灵宴节（第一天 4 月 21 日节日、节日第九天 29 日和节日第 2 天 5 月 2 日）、巴布宣道纪念日（5 月 23 日）、巴哈欧拉的祭日（5 月 29 日）、巴布受难日（7 月 9 日），巴布的诞辰日（10 月 20 日）、巴哈欧拉的诞辰日（11 月 12 日），圣约日（11 月 26 日），阿博都巴哈的祭日（11 月 28 日）。新年在春分前后，即巴哈伊教历的元旦，也叫诺露兹节。"诺露兹"是波斯文，意思是新的一天。节日庆祝的方式很多，一般是教友们一起聚餐并有祈祷活动，还可以举办演讲、研讨和社交活动，这种方式与现代人的生活习性是契合的。① 在 9 个圣日里不工作，或者集会，或者做特别祈祷。

巴哈伊教的经典著作和文献极为丰富，正如李绍白先生描述的那样，"巴哈伊的先驱、巴布教的创始人巴布，巴哈伊信仰的创始人巴哈欧拉及其继承人阿博都巴哈均才思过人，精于著述。他们的经文、祷词、书籍、演讲、注释汗牛充栋，难以数计，共同构成了博大精深的巴哈伊信仰体系。"② 巴哈伊教的经典主要是巴布和巴哈欧拉的著作，以及阿博都巴哈和守基·阿芬第对这些圣著的阐释。仅巴哈欧拉的著作就有 100 多部，主要有：《至圣经》（*Kitáb-i-Aqdas*），是戒律集；《确信经》（*Kitáb-i-íqán.*），阐述基本教义和上帝及宗教的本质；《隐言经》（*The Hidden Words*），是启迪人们心灵及修正人的行为的警语，是散文诗集；《七谷之书》（*The Seven Valleys*），描述了一个灵性的追求者人的灵魂在寻觅到生活之目的以前所必须经历的七个阶段：探寻、爱、知识、合一、满足、惊奇、真贫与绝对虚无。目前，巴哈伊教圣典已被译成 800 多种语言及方言。除此之外，巴哈伊教也崇奉其他宗教的经典，如《圣经》《古兰经》等。

（三）教务组织及其社团

巴哈伊教完善了教内的组织系统，将各地的巴哈伊社团组成独立的地方教会，设立三级教务制：地方灵体会、国家的（或地区性的）总灵体会及世界

---

① 吕耀军：《巴哈伊的诺露兹节》［J］. 世界宗教文化，2005（3）：28 ~ 29.
② 李绍白：《人类新曙光—巴哈伊信仰》［M］. 澳门：巴哈伊出版社，1995，3.

正义院。地方灵体会是基层教会，年满 21 岁的成年教徒都可参与选举，由 9
名灵体委员来管理教务，任期一年。凡教徒超过 9 人的地区就要建立基层教
会，每年的 4 月 21 日为选举日。在基层教会上设立总灵体会，代表地区性的
或国家性的教会，由各地方灵体会代表选举 9 名总灵体会委员，任期一年。在
各总灵体会之上是世界正义院，由各总灵体会的代表选举中央教会的 9 人委员
会，任期 5 年，全权阐述教规，指导全世界巴哈伊教的教务发展及制定新的教
规，院址设在以色列的海法市。

　　巴哈伊聚会一般在信徒家里或者租借场地举行。此外，巴哈伊教还在世界
各大洲建立崇拜场所，叫灵曦堂。每座灵曦堂都有九面，每面有一大门，象征
人们可以从各方向加入巴哈伊信仰。灵曦堂附设教育和文化机构，是世界性的
崇拜上帝之所，亦作为巴哈伊教在各洲的母堂，其中不出卖纪念品，不接受馈
赠。灵曦堂是巴哈欧拉的著作中构想的机构，叫作 "Mashriqu'l-Adhkár"，是
包括医院、大学等等的综合体。第一座灵曦堂建于俄国，位于中亚的阿什哈巴
德城（今土库曼斯坦共和国首都），竣工于 1908 年，也是唯一符合这个要求
的建筑。阿什哈巴德灵曦堂为当地的巴哈伊社团使用到 1938 年被苏维埃政府
没收为止。该建筑后来在一场地震中遭受严重破坏并于 1962 年拆毁。目前全
世界已有八座灵曦堂，除以色列的海法的灵曦堂外，每个大洲建有一座，分别
在北美美国伊利诺伊州的威尔迈特、欧洲德国的法兰克福、非洲乌干达的坎帕
拉、大洋洲澳大利亚的悉尼、中美洲巴拿马的巴拿马城、亚洲印度的新德里、
太平洋西萨摩亚的阿皮亚。最后一座洲级灵曦堂南美智利灵曦堂已于 2016 年
10 月 13 日在圣地亚哥落成。所有的巴哈伊灵曦堂都对各种宗教的信徒开放，
那里没有布道、仪式或牧师。在全球，迄今已有 120 个以上的场地被预留将来
建造灵曦堂。最终，每一个地方的巴哈伊社团都会有自己的灵曦堂。如同阿什
哈巴德第一座灵曦堂那样，每一座灵曦堂都将成为社区生活的焦点，同时也是
社会、科学、教育和慈善服务的中心。

　　巴哈伊教徒还在世界各地建立巴哈伊社团，并在全球设立了 25 个巴哈伊
出版社，为巴哈伊圣作提供系统的出版和发行，现已将巴哈伊著作译成了 802
种不同的语言，发行到全世界。由于巴哈伊教没有专职传教士，教徒可人人担
负传教的职责，并积极参与世俗的社会文化活动，如在巴西开办农机技术学
校，在印度和其他第三世界国家开设识字班和乡村卫生保健班。世界各地的巴
哈伊社团都致力于各自地区的社会与经济发展，主要涉及健康、社会生活、通
讯、农业、林业、社会发展等。巴哈伊教特别注重教育，仅在亚洲就建立了
300 多所培训学校及中心。该教早在 1948 年就参与了联合国环境发展计划，

参加了联合国有关人权、社会发展、妇女权益、环境保护、居住、食品等会议；其非政府性机构"巴哈伊国际社团"（Baha'i International Community，总部设在美国纽约），已被联合国委任为"经济与社会委员会"和"儿童基金会"的咨询机构，参与和制定了多项社会与经济的发展计划。巴哈伊社团就国际上的重大问题不失时机地发表看法，宣传自己的主张。1985年，世界正义院发表了《世界和平的承诺》，通过"世界和平年"活动激发了全世界和平运动。1995年3月在"社会发展哥本哈根世界峰会"上发表了《人类的繁荣》，从巴哈伊教视角阐述了人类社会发展的观点。同年又以《所有国家的转折点：致世界各国领导人的呼吁》为题，为联合国50周年纪念活动对联合国的未来发表了自己的主张。1999年巴哈伊国际社团又发表了《谁在书写未来？——二十世纪的省思》。2002年向全世界宗教领袖发出了《世界正义院致全球宗教领袖函》，对宗教的性质、责任等重大问题阐述了看法，呼吁宗教界领袖及各个宗教迎接新的挑战、克服偏见，为了人类的和平和幸福担当责任。

　　（四）特点、现状与分布

　　近年来，巴哈伊教传播速度很快，其原因与巴哈伊教的特点密切相关。蔡德贵先生对巴哈伊教的特点做了鞭辟入里的分析概括，共计九大特点，分别是现代性、开放性、超越性、世俗性、宽容性、融合性、务实性、灵活性和创造性。① 他认为，"宗教世俗化的典型是巴哈伊教。巴哈伊教以世俗化为主要标志，成就了一个独特的宗教，形成了自己独特的宗教观。"② 但是世俗化不应突出为一个核心标志，理由是世俗化容易被不适当地理解为低俗化，而巴哈伊教在引导灵性向善和精神超越方面没有丝毫的轻慢。另一个理由是，巴哈伊教的独特性，正如蔡先生总结的那样，是多方面的。关键的还在于巴哈伊教把握住了有所变和有所不变的辩证关系，它的现代性就在于随着时代的变化不断地更新教义的内涵，而根本的教义原则又是稳定的。

　　巴哈伊基本教义简要明了且有较高的普遍性，因此巴哈伊教已成为传播速度最快、传播范围仅次于基督教的世界宗教。根据设在以色列海法的巴哈伊世界中心2006年出版的年鉴的统计，全世界的巴哈伊教徒已超过550万，覆盖191个独立国家和45个附属地区，教徒的背景涵盖大部分种族、宗教派别和

---

① 蔡德贵：《当代新兴巴哈伊教研究》（修订版）［M］．北京：人民出版社，2006.87～114.

② 蔡德贵：《巴哈伊教：作为当代宗教的独特意义》［J］．世界宗教研究，2005（1）：109～120.

文化，分属 2100 多个不同的民族。① 《2004 年大英百科年鉴》（*Britannica Book of the Year* 2004）认定巴哈伊教为世界上传播范围第二广泛的独立宗教。② 《大英百科全书》也认定所有宗教中它是世界上分布第二广泛的宗教，仅次于基督教。建立之初（1844 年），它只是一个默默无闻的小教派。而从目前趋势发展看，可以预知它未来会以很快的速度发展，教徒总人数肯定超过 600 万。

而在其创始地伊朗，其 30 万信徒仍受到迫害，1979 年伊朗革命发生后，仍有 200 多信徒遭到杀害，几千人或遭监禁、失业、被没收财产或被剥夺养老金。③ 在某些国家（如埃及），巴哈伊教徒也受到不公正的待遇，还有一些国家不承认巴哈伊教徒的合法性。但如今的巴哈伊教已成为影响广泛的世界性宗教。

概括地说，巴哈伊教是 19 世纪中叶以来发展起来的一个现代普世型的一神论新兴宗教，具备某些学者概括出的新兴宗教的部分特征。但巴哈伊教具有鲜明的特殊性，这决定了对它本质特征的认识。英国历史学家汤因比（1959）写道"巴哈伊信仰与伊斯兰教、基督教和世界上其他认可的宗教一样，是一种独立的宗教，而不是其他宗教的一个派别，其地位与其他受公认的宗教相同。"（《致土耳其伊斯坦布尔的 N. Kunter 博士的信》）它的独特性又不同于有的学者对于新兴宗教所概括出的所谓基本特征。它的革新教义正改变着人们对宗教的本质特征的认识。排他性和反科学也许是其他某个新兴宗教的特征，但绝不是该宗教的特征。巴哈伊教既现实又很传统，它继承了世界上重要宗教学说的精华，教义体系协调一致。它发展的速度是最快的，同所有新兴宗教相比在世界上的影响也是最大的，而且越来越引起世人、学术界以及世界各级各类政府的和非政府组织的注意。

俄国文学巨擘列夫·托尔斯泰说："我们花了一生的时间想打开宇宙人生的奥秘之锁，一位土耳其的囚徒巴哈欧拉，却有那把钥匙。"④ 西方世界对巴哈伊教的兴趣体现出他们求索真理以补救自身偏失的精神。巴哈伊教为世界的和平统一而立教，创立之初就有站在全球立场践行宗教学说的宏大气魄。巴哈

---

① *The Bahá'í World* 2004 ~ 2005：*An International Record*［Z］. Bahá'í World Center Publications, 2006. 8.

② *The Bahá'í World* 1997 ~ 1998：*An International Record*［Z］. Bahá'í World Center Publications, 1999. 8.

③ Ibid., 13.

④ 蔡德贵：《当代新兴巴哈伊教研究》（修订版）［M］. 北京：人民出版社，2006. 6.

欧拉在流放中（1963年2月~1968年8月），向世界上一些国家的国王和统治者以及罗马教皇发出信函，召唤他们高举公益旗帜，用他们的力量来终止苦难和战争。2002年4月，巴哈伊世界中心—世界正义院致函全球宗教领袖，仍以"人类一家"为出发点，宣扬宗教的宗旨是友爱与和平，呼吁世界各宗教，当一个"全球社会"从二十世纪的变革实践中脱胎而出之时，要迎接种种挑战，应当放弃宗教狂热主义、排他主义、种族主义及狭隘民族主义，放弃认为自己那个宗教信仰"赋有特权或者就是终极真理"之类的声称，肩负起友爱与和平之重任。巴哈伊教的这种气度、责任感，昭示出它是适应时代节拍应运而生的。另外，巴哈伊教积极、细致以及富有灵活性的传教方式，是任何宗教望尘莫及的。它关心的问题与个人、社会、国家乃至全世界所面临的问题息息相关，其观点、立场无不生发于巴哈伊的基本教理，令人信服的论说频频为各国政要及联合国采纳。

巴哈伊教关心所有人类所关心的事务，也特别关心涉及全球问题，如国际和平、环境保护、可持续发展、教育、人权、妇女问题以及贫困问题等等。巴哈伊宗教组织通过国际机构参与国际事务，长期以来一直与联合国密切合作，支持联合国的很多项目，并促其目标的实现。早在100多年前，巴哈伊教的创始人巴哈欧拉就提出依据共同安全的原则建立包括所有国家的国际政治组织。巴哈伊的代表于1945年就参加了在圣弗兰西斯科举行的联合国筹建工作，1948年巴哈伊国际社团作为国际非政府组织获得联合国公共信息部（DPI）的承认。1955年5月向联合国提出联合国宪章修改意见。1970年5月又被联合国经济社会委员会（ECOSOC）承认为咨询机构，在更深广的范围内参与促进世界经济及社会发展的工作。1976年获得联合国儿童基金会（UNICEF）咨询机构的资格，参与促进世界儿童的健康、教育和福利事业。此外，巴哈伊与世界卫生组织（WHO）、联合国环境计划署（UNEP）以及联合国发展基金会（UNIFEM）等机构建立了工作联系。近些年来，巴哈伊社团参与国际事务的范围逐渐增大。1992年6月，巴哈伊国际社团为在里约热内卢的地球峰会的召开向"联合国环境与发展预备会议"提出了许许多多建设性意见。1993年参与讨论"联合国人权大会暨世界人权大会"第49届会议《个人权利与责任宣言》的草拟稿。1995年3月参加哥本哈根的世界社会发展峰会，1995年6月参加北京的第四届世界妇女大会。2001年联合国举行世界艾滋病特别会议，巴哈伊国际社团发表文告，表明对艾滋病病人的关心，呼吁提高人类的精神生活，改变人类的生活方式。2001年，巴哈伊教代表在荷兰海牙发表了抵制公共机构中腐败的一系列建议和教育计划，等等。巴哈伊教的积极入世精神和具体的工作作风值得个人和团体乃至国家借鉴。中国目前提倡多元发展观,以建立和谐社会为目标,巴哈伊教的许多内容都可以为建设社会主义精神文明服务。

二、选题依据

本书的选题源自于巴哈伊教在世界中的地位和影响以及中国对该教研究的状况。笔者选择这一题目的目的是想使那些关心人类事务和前途的有识之士对巴哈伊宗教有所了解。鉴于汉语学界巴哈伊研究的状况,为了更多的人能够认识或研究该教,有意识地避免一个较窄的题目作专深研究。但是笔者还是在前人研究的基础上缩小了研究范围,侧重该教的宗教思想和教义的历史考察,试图推进这方面的研究。

首先,研究巴哈伊教思想史具有学术价值。它能够帮助我们回答"巴哈伊教是什么?"的问题以及"怎么认识巴哈伊教"的问题。由于巴哈伊教为我们提出了有关宗教的本质及性质等方面的根本性问题,因此对这些问题的回答有利于进一步认识宗教的本质。研究巴哈伊教的思想史和基本教义的演进还可以启发新知,在许多方面,如巴哈伊教的历史观、伦理思想、哲学思想、政治思想、经济思想、教育思想、管理思想等,巴哈伊教都有独特的看待问题的视角。

巴哈伊教是特殊的,这是因为它不合于大陆学界对于宗教的一般认识,因此是有待研究的特殊的新兴宗教。传统观念认为宗教是迷信,巴哈伊教旗帜鲜明地反对迷信,反对宗教狂热,因为狂热导致迷信,引发宗教仇视和冲突。它的一个基本教义是"独立探索真理",反对盲从,它消除祭司制度的一个原因就在于此。传统观念认为,宗教反科学,反理性,总是"妨碍人们对自然的原因和规律的探索","要正确认识社会的发展规律,就得排除神对社会和历史的主宰","这是科学,特别是社会科学的任务",宗教与科学的对立是无法调和的。① 阿博都巴哈在访问伦敦的谈话中说:"如果宗教拒斥科学,那么宗教就是谬误。宗教与科学并行不悖,实如一只手上的两个手指。"② 他还说:"宗教与科学相互交织,密不可分,它们是人类飞翔的两只翅膀。"③ 但是巴哈伊教视科学为建立科学信仰的基础,是所有教义的根本,使一切都符合科学,就不会有冲突了,因为真理只有一个。但是人类所把握的真理是相对的,宗教

---

① 吕大吉:《宗教学通论新编》[M]. 北京:中国社会科学出版社,1998.813 ~ 823.
② Abdu'l-Baha, *Abdu'l-Baha in London* [M] London:UK Bahá'í Publishing Trust, 1982. 71.
③ Ibid. 28.

所把握的真理也是相对的，上帝阶段性地给人类派遣先知所启示的真理是适应不同时代的。

巴哈伊教与大陆学界对新兴宗教的一般认识也多有不合。从宗教类型的系统上看，已经不适合将其归入基督教、伊斯兰教、印度教等的任何系统；从起源上看，不能说它是进口型或是本土型的宗教；从时代特征上来看，它不是"复古型"或"新潮型"，更不是不同民族、不同时代的不同宗教中的一些因素混合在一起的所谓"混合型"。从宗教特征上看，许多新兴宗教崇拜的对象不具有终极性，与主流文化相对抗，奉行排他主义、神秘主义，实行教主崇拜，教义贫乏等，而巴哈伊教并不具备这些特征。从与现世生活的关系上看，既不能简单地说它是出世宗教，也不能简单地说它是入世宗教。因此，确认这一宗教的类属或基本特征就需要我们再向前追溯，从现在追溯人类的远古时代。根据汉斯·昆的"宗教地舆图"，有三大宗教河系：第一大河系包括亚伯拉罕系三大宗教——犹太教、基督教和伊斯兰教，第二大河系包括印度教、锡克教和佛教等，第三大河系是中国的宗教。三大河系的中心形象分别是先知、神力和圣贤。巴哈伊教同基督教一样属于先知类型。

巴哈伊教带来了全新的宗教观念，新的历史观念，整合着人类的信仰，打破了排他主义是宗教的本质特征的缪见，为结束几千年的宗教间的冷战和热战铺平了道路。宗教的目的是和平，不是对抗。传统上认为，所有宗教都具有排他性，"各种宗教体系所信奉的神，本质上都具有否定和排斥其他宗教神灵的排他性，这种情况在一神教中表现尤为突出。""神和教义的神圣性必然导致宗教的唯我独尊性；神和教义的唯一性和绝对性必然导致宗教的排他性。"①然而巴哈伊教作为新兴宗教却对宗教有特别的认识。巴哈欧拉从本质、功能等各方面描述了宗教，他说："宗教的目的就是建立各民族间的统一与和谐，它不应该成为不和与争斗的根源"，"宗教是建立世界秩序、实现各民族间和平的主要工具"。阿博都巴哈也说："如果宗教成为不和与敌意的根源，还不如没有宗教。"② 直到今天导源于宗教的战争、冲突和敌意仍在继续，许多宗教，甚至在同一宗教内部派系纷争不断，每一宗教或教派都认为自己信奉的神是真神，其他宗教则是异端邪说。

巴哈伊教宣称宗教真理是相对的，同时承认所有宗教存在的合理性。先知不断由上帝派来，用不同的话语启示同一个真理，如同不同的镜子反射同一个

---

① 吕大吉：《宗教学通论新编》［M］．北京：中国社会科学出版社，1998．761．
② Abdu'l-Bahá. Paris Talks［M］．London：Bahá'í Publishing Trust，1995．123．

太阳的光辉。先知不是上帝，不是救世主，不是崇拜的对象，所有的荣光归于上帝。在人类宗教史上，特兰托公会议反对宗教改革，梵二会议提出了宗教对话，历史地向前迈进了一步，但仍然固守着宗教的绝对真理观。而在一百年前，巴哈欧拉就已经开始了宗教对话，向教皇、各国首脑及宗教领袖发出信函昭示他们更新观念迎接新纪元的到来。关于妇女地位问题，巴哈伊教首先肯定平等在于受教育权的优先性，母亲比父亲更重要，打破了父权制社会以来积累的社会及宗教成见和制度。对于原罪观念、地狱观念、轮回观念、个体灵性不断提高的观念等等都做了具有革新意义的解释，因而深入研究具有很高的学术价值。

第二，巴哈伊教研究也具有现实意义。巴哈伊教倡导和平，而和平的宗教有利于和谐社会与和谐世界的建立。中国的文化也是一个和平的文化，巴哈伊教的宗教理念与中国"天人合一"的哲学思想有很多契合点，站在中国立场同这样一个享誉世界的新兴宗教对话在许多方面都有利于中国，当然也就有利于世界。这一选题有利于中国的宗教政策，能够为制定政治、经济、社会伦理、文化等方面的策略提供启示和借鉴；也有利于弘扬中华优秀的传统文化，向世界介绍中华文明，扩大与其他文明和文化对话的基础。儒家奉行"己所不欲，勿施于人"以及"和而不同"；道家则主张"不以兵强天下"及"善利万物而不争"；佛教则"以和为尚"。以儒道佛三家学说为根基的中国文化在新的语境——全球化背景下需要寻求更多的对话机会和平台，从而吐故纳新发展自己，为国泰民安，为世界和平贡献力量。巴哈伊教就提供了这样的机会和平台。

中国目前的国策之一是建立和谐社会，这同巴哈伊教倡导的"多样性的统一"（Unity in Diversity）一致。巴哈伊的教义为解决所有历史上的宗教纷争、为解决人类在现代化全球化中所面临的问题提供了值得研究的模式。今天我们伴随着国力的增强努力弘扬中华优秀的传统文化，向世界介绍中华文明。但长期以来代表中国文化的儒家学说到了清代就已发展成了书斋文化，经世致用之学已名不副实。由于实践性极度微弱，限制了儒学的发展。在器物方面中国赶上世界潮流是容易的，在精神方面复兴超胜是十分艰巨的，因为我们已经远离了传统，普通大众没有参与的儒学复兴不是真正的复兴，只看到几所孔子学院的建立便沾沾自喜，是浅薄的。且孔子学院多局限于语言教学。巴哈伊教研究能够在多方面启示我们应该尊重文化多样性和发扬自身文化的精髓。

三、国内外巴哈伊教史研究的基本状况

目前中国大陆有关巴哈伊教的介绍不多，研究性的文章很少，巴哈伊教史

方面的专门研究尚未见到。国内（中国大陆）对于巴哈伊教的研究是审慎的，原因出于如下方面：（1）对于宗教合法性的确认和理解；（2）对新兴宗教认识；（3）对于宗教与主流意识形态的关系的认识；（4）对于宗教与科学关系的理解；（5）对于宗教与政治关系的理解；（6）对于中外穆斯林对巴哈伊教的态度的影响；（7）对于世界背景（如反恐、中东问题等）等国际问题的看法。对这些方面不恰当认识延宕了对这一宗教的研究。

中国大陆汉语学界的巴哈伊教研究有一部由山东大学的蔡德贵先生出版的专著，这是一部开创性的专论。另有一部极具阅读性的读物是澳门李绍白先生的《人类新曙光—巴哈伊信仰》。以上两部专著都有章节介绍巴哈伊教史的内容。它们是汉语学界了解该教的重要渠道。中国社会科学院宗教研究所以内部出版物的形式出了两本论文集。研究趋势开始是介绍性的阐释，后来逐渐向教理方面深入挖掘，少数论文和论著已开始进行比较研究，如蔡德贵的《儒学与巴哈伊信仰比较研究》（2010）。我们认为中国对巴哈伊教的研究分为两个阶段：第一阶段是感知和理解，第二阶段是评价和比较。大体上可以2000年为界，标志是两本论文集和一本专著的出现。近些年来可以在学刊和大学学报上看到多篇巴哈伊为题的论文。借鉴式的专门研究开始出现，如巴哈伊教的教育观、经济观等。据笔者不完全统计，自20世纪80年代以来，在公开的刊物上发表的巴哈伊教研究的论文尚不到30篇，而其中属于介绍性的占一半还多。但在笔者写作即将结束之时刚好有三篇关于巴哈伊教的博士论文问世。它们是《巴哈伊上帝创物与老子道生万物之比较研究》（万丽丽，2008）、《阿博都·巴哈思想述评》（王宝霞，2008）、《巴布宗教思想研究》（许宏，2009）。另有一个博士后项目，即陈进国的《巴哈伊教（大同教）在台湾早期的传教活动》。此外，还有几篇硕士论文。但是尚无侧重巴哈伊教史或巴哈伊宗教思想史的专题论文和论著。

在教史研究方面汉语学界（包括港澳台）仍然是"简史"式地介绍基本教义的提出和传教活动等方面，并没有对巴哈伊宗教思想的发展脉络进行梳理和探查，这自然会影响我们对巴哈伊教的全面认识。加上汉语学界对于阿拉伯文化的了解不如对西方文化的了解，这就更加有必要从深层研究这一宗教，而宗教思想史的研究必须走在前面。

国外巴哈伊教史研究侧重宗教活动史，这方面在巴哈伊教产生后不久就有历史记载专著，如纳米尔·阿仁的《破晓之光》。还有其他关于巴哈伊教史的著作，如阿博都巴哈的《旅行者手记》、威廉·西尔斯的《释放太阳》，记录了巴哈伊教的早期历史。守基·阿芬第《神临记》涉及了该教100年的历史。

还有白有志的传记《阿博都巴哈——建设新世界秩序的先锋》。世界正义院编写的《光明的世纪》记述了 20 世纪初到 20 世纪末这 100 年的巴哈伊教的传播史及巴哈伊教视角的人类文明简史。国外有多卷巴哈伊教史的论文集出版，如《巴哈伊教史研究》（*Studies in Bahá'í and Bahá'í History*，Ⅰ，Ⅱ）。此外，威廉·S·哈彻和 T·道格拉斯·马丁的《巴哈伊信仰——新兴的世界宗教》、李绍白《人类新曙光——巴哈伊信仰》有少量的巴哈伊教史内容。由英国权威学者约翰·布克教授主编并亲自撰写的《剑桥插图宗教史》（山东画报出版社 2005 年版），虽然设了"新宗教"一节，但是关于巴哈伊教史的内容很简略。最重要的早期巴哈伊传教史是《破晓之光》，这是一部没有雕琢和矫饰的著作，是极为珍贵的史料著作。在 William P. Collins 编的巴哈伊研究目录（1990）中没有发现以巴哈伊教宗教思想史为题的论著。经过笔者调查，尚未见到国外巴哈伊宗教思想史方面的专门论著或以巴哈伊基本教义为纲的宗教思想史著作。

四、研究内容和方法

国外对巴哈伊教的阐释和研究从巴哈伊信仰诞生不久便已经开始了。巴哈伊教的研究是与创教和传教相伴随的，研究层面多，范围广，涉及世界秩序、环境问题、经济问题、贫困问题、妇女问题、家庭婚姻问题、儿童及青少年教育问题，甚至还有巴哈伊艺术创作及艺术观的研究。巴哈伊教史的研究也有许多论文。

巴哈伊信仰研究队伍有两部分人组成，一部分是巴哈伊教徒，另一部分是巴哈伊界之外的学者。两个方面的学者或以巴哈伊信仰，或者以巴哈伊教义为出发点，对宗教、伦理、社会、环境、教育、和平、经济、艺术等发表自己的观点，或者对巴哈伊教本身就上述各个方面进行专门研究。

笔者研究中注重三个方面："过程""文本""比较"，即巴哈伊教产生的过程、巴哈伊教重要的经典文本、巴哈伊教与其他宗教的比较。也就是说，笔者研究过程从多个方面认识巴哈伊教史，即通过宗教思想史认识巴哈伊教史，通过宗教文本认识巴哈伊教史，通过比较认识巴哈伊教史。

论文遵循如下逻辑和思路建构框架：

1. 从大到小；

2. 从宏观到微观；

3. 先外后内（从伊斯兰教到巴哈伊教）；

4. 先内后外（从巴哈伊教到其他宗教和意识形态）；

5. 以基本教义为纲。

"从大到小"就是将巴哈伊教作为宗教来认识它的一般特点。"从宏观到微观"就是本着历史唯物主义观点分析巴哈伊教产生的社会、政治、经济、文化等方面的背景。"先外后内"就是以巴哈伊教为基点从它的外部开始考察巴哈伊教思想的来源和线索，即从伊朗的宗教思想史，特别是伊斯兰教哲学，追踪巴哈伊教所接受的影响。"先内后外"就是首先理清巴哈伊教的宗教思想，然后将巴哈伊教与其他宗教的基本思想和意识形态进行比较。"以基本教义为纲"就是选择巴哈伊教的基本教义作为论文思想史纲要，分析巴哈伊教的基本教义的明确化过程等方面。

五、资料来源

该研究所运用的文献资料总体上分为三类：基础经典文献、巴哈伊教经典文献以及与本课题直接相关的研究性文献。

（一）基础经典文献

由于本论文主题是巴哈伊的宗教思想和基本教义发展史，因此文献重点是巴哈伊教的教史资料，但是思想史不同于宗教活动史，因此资料的选择应包括巴哈伊教的经典著作或其他宗教文献，这样才有利于对巴哈伊宗教论著进行历史评述和历史比较。由于历史是人对于历史事实蕴含的规律的认识，因此涉及的资料就不仅是历史或传记，还应包括对于宗教和历史的一般认识，需要众多学科或理论的资料。这里所说的基础文献，涵盖历史哲学、宗教哲学、宗教学、宗教社会学、宗教心理学、宗教经济学、宗教伦理学等。

汉斯·昆著的《世界伦理构想》将世界宗教分为三大宗教河系，分别是闪米特人源头的宗教、源出印度的宗教和中国传统宗教，分别是先知型、神秘型、智慧型宗教，犹太教、基督教和伊斯兰教属于先知型宗教。这一论说有助于对于巴哈伊教的认定，即巴哈伊教是神启宗教，先知型宗教，也是一神教。保罗·尼特《宗教对话模式》有助于了解巴哈伊宗教历史纪录中的神秘史观。这份资料的另一个重要启示是世界各个宗教之间对话模式的分类，理解巴哈伊教对待其他宗教的态度。卡尔·洛维特的《世界历史与救赎的历史》让我们认识到巴哈伊教的神学历史观，了解该教历史认识的进步史观与循环史观的结合的学理依据。巴哈伊教信仰的发生本身浸透了神秘主义的神学前提，所有的史实都存在着道义或自然秩序，历史事件的善恶完全出于神义。在神义和人义的关系上揭示出了历史的确定性和不确定性之间的辩证关系。该教虽依据神义但强调人义的重要，强调通过人的道义制定历史的发展计划从而实现神义。历史目标的最终实现取决于人对现实目标的选择而不是消极等待神的安排。这就是历史的不确定性根源。巴哈伊教的历史是可预见的以和平为目标的神义史，它将人类整个历史延向未来，确立阶段性的终极点，将绝对终极概念排除。这份资料也让我们认清了巴哈伊内部对于巴哈伊教史神学的而不是世俗的历史分期的意义。教史资料中，王梅秀等著的《基督教史》、王怀德和郭宝华著的《伊斯兰教史》以及类似的著作是撰写教史的参考。基督教产生于动荡的社会变迁之中，巴哈伊教产生于伊斯兰世界的宗教改革浪潮中。对于基督徒的迫害使基督教越发强劲地传扬开来，对于巴哈伊教的镇压使巴哈伊教越出国门流布世界。这类资料可以提供思考的概念范畴，如宗教类型、渊源、分期、异端、教会、祭司制度等等。

资料中有一部分是有关宗教对话的，这是叙述和阐释巴哈伊教包容性的理论基础。巴哈伊教的发展史是一部对话的历史，在回应各个宗教的质疑中，巴哈伊教总能找到对话双方共同的基点。这方面除巴哈伊早已有之的文献（如下文所提及的《若干已答之问》）外，还有巴哈伊教之外的哲学家、宗教学家的著作，对于我们揭示宗教的历史大有裨益。虽然不能将宗教哲学和宗教学的资料全部列出，但因为部分是基础的基础，所以将宗教对话和比较密切的宗教哲学或宗教学资料择要列出，如池田大作和 B. 威尔逊著的《社会与宗教》，马丁·布伯著的《我与你》。有的资料总体上属于宗教对话和比较的，但大多都含有宗教哲学的观点，如秦家懿和孔汉斯（即汉斯·昆）著的《中国宗教与基督教》，吴言生等主编的《佛教与基督教对话》。马丁·布伯著的《我与你》让我们以一种"我—你"的方式展开巴哈伊教史的研究，首先就应正视神秘主义在巴哈伊信仰者中的存在，而不是先入为主地否定或简单批判后就贴上标签。从纯粹的政治、经济或宗教派系斗争中去解释，只能陷于片面。因此，马丁·布伯教会我们"人同此心，心同此理"地同巴哈伊教对话。池田大作和 B. 威尔逊著的《社会与宗教》中的"宗教起源"和"来自历史的展望"两部分对于本论文有重要的启发意义。在讨论宗教起源的问题时，威尔逊认为，决定一个宗教是否有作用的根据是"它的成员是否具有高尚的精神境界以及社会化"。威尔逊这一点可以解释巴哈伊教迅速成长的原因，虽然人们对于所谓"高尚的精神境界以及社会化"会有不同的理解。这些对话，中国宗教与基督教的对话、佛教与基督教的对话以及伊斯兰教与基督教对话的著作可以为研究巴哈伊教与中国宗教及信仰的对话提供参照。

巴哈伊宗教思想发展史基本上是在传统与改革、东方与西方对比中演绎的、在映衬中展开的，因此那些通过巴哈伊教的视点论述人类基本问题的资料就有了解释的广度，况且许多巴哈伊教的经典论述就是针对人类受到物质主义毒害这一事实发表的。这样，有必要涉猎宗教与资本主义的关系问题。马克斯·韦伯（著有 *The Protestant Ethic and the Spirit of the Capitalism*）是不可忽视的，是我们思考资本主义的重要参照系。宗教改革催生了资本主义伦理精神，曲折地促成了资本主义生产方式。本论文要借助它思考那些巴哈伊教抛弃的东西（如禁欲主义等），那些与巴哈伊教相似的东西（如巴哈伊教的劳资合作制，"工作等于崇拜上帝"等）。资本主义发展到今天，蔓延到全球，其弊端已为许多学者做出了诊断。比如丹尼尔·贝尔（《资本主义文化矛盾》的作者）断言，进入后工业社会的资本主义世界缺乏一种将个人与超验观念（即研究原始起因的哲学或终极事物的末世学）充分联系起来的语言，也就是说出现了文化言路上的断裂。阿尔伯特·甘霖将超验（transcendent）的丧失列为西方文化根基重大变化的第一位（见 *Christianity and Western Culture*）。目前，巴哈伊教正在西方发达国家传播，美国已成为巴哈伊教的重要传播区域，这一点在蔡德贵的论文"巴哈伊教的世界主义"有描述。这方面的资料可以让我们从更广阔的背景认识巴哈伊教无论对于东方还是对于西方乃至全球的潜在价值。我们可以提出的问题是，传统宗教（如基督教）如何回应具有宗教文化含义的改革？西方可以利用巴哈伊教拯救衰败的文化吗？

对于新兴宗教的界定是必须明确的前提，因为对巴哈伊教的深入研究会让我们更加明确什么是新兴宗教。戴康生的《当代新兴宗教》和许涛等编写的《世界宗教问题大聚焦》具有参考价值。后者区分了新兴宗教与邪教，认为新兴宗教决不可简单地理解为时间上的先后，"一般都不是'民族宗教'，尽管总是起源于某一民族或国家，却已向族际和国际发展"。在刘易斯·霍普菲和马克·伍德沃德所著的 *Religions of the World* 中，作者将巴哈依教列为中东地区的五个主要宗教之一，同琐罗亚斯德教、犹太教、基督教和伊斯兰教并列。

（二）巴哈伊教经典文献

巴哈伊教的所有经典文献是研究的基点。本论文所需的所有经典著作都具备。巴哈伊教最重要的经典著作有三本：《至圣书》（*Kitáb-i-Aqdas*），《确信经》和《隐言经》。《至圣书》具有像基督教中《圣经》的同等地位。是巴哈伊教的宪法，它重申了新纪元的到来，制定了巴哈伊社会"世界正义院"的计划，启示了世界新秩序，制定了教法，其中包括废除祭司制度、奴隶制度、多妻制，禁止乞讨、懒散、酗酒、吸食鸦片等等，规定了涉及财产、婚姻、教育、礼仪方面的制度，严格服从各自的政府，等等。对于该经的解释，巴哈伊教阐释者阿博都巴哈做出了最权威的概括。他说，巴哈欧拉指示巴哈伊信徒，无论是东方的还是西方的，都不得以巴哈伊教经典为据同本国的法律发生直接的冲突。圣护守基·阿芬第曾将《确信经》形容为巴哈欧拉那波涛汹涌的天启之洋冲上岸滩的至为无价的珍宝之一，并断言此经兑现了巴布关于"圣书所允诺者将完满《默示录》的经文"这一预言。此经"除了《至圣经》以外，在整个系列的巴哈伊教经典中所占有的地位是任何一本著作都不可与之匹敌的"。该书长度几乎和《古兰经》等同，是巴哈伊教经典中无出其右者，也是最重要的。它围绕着殉难的巴布的使命进行了系统而有力地阐述，也对宗教的目的和本质进行了全面论述；这都是上帝的一脉相传的代言人，用以唤醒人类的灵性和道德的潜能；从此信仰不再是盲从，而是自觉的认知。社会性的教义会随时代改变，灵性的教义则不变，各宗教的教义是一体的。教士的指导不复需要，每个人都可以在开化和教育普及的年代里，靠自己天赋的推理能力产生响应神圣指引的能力。《确信经》教导信徒如何认识上苍、上苍的使者以及宗教的根源和本质，借此帮助信徒达到确信。《隐言经》形式上相当于中国道家老子的《道德经》，用诗化的语言写就。《隐言经》启示了人的真正精神本性，激励世人为天生高贵的命运发奋努力，阐明了人生持久进步与灵性升华所必需的精神与道德原则。它的主旨在于揭示出我们每一个人拥有的潜在德性、美质与能力，并通过神圣启示的力量和诚言笃行的榜样，帮助我们充分表现这些天赋。在物欲横流之世，《隐言经》予我们濯污以纯洁，灌顶以醍醐。它以伸张正义为贯穿人类事务的至高原则，指出了人类团结的必由之路，同时给这团结之旅提供了力量、希望和路标。巴哈欧拉自谓《隐言经》是所有天启之灵性指引的精华，是上帝与人类心灵沟通的声音。圣护守基·阿芬第则称它为"珍贵宣示的惊人之作"。《隐言经》所启示的精神真理蕴涵深邃，想象丰富，文笔隽永，催人奋进，是高尚人生追求者的无价珍藏。它被译成 120 多种文字，成为世界各地千百万人的心灵向导和良师益友。其他如阿博都巴哈的著作（*Some Answered Questions*，*The Promulgation of Universal Peace*）、守基的著述以及巴哈伊世界正义院发布的文件等都作为经文加以引述或吟诵。

　　被守基誉为巴哈伊信仰者必读的三大经典之一的《若干已答之问》（*Some Answered Questions*）中开始了较广泛的基督教与伊斯兰教或与佛教的对话，涉及的问题包括：诸先知在人类演进中的地位；对基督教中的一些基本概念的解释（如原罪、复活、再临、洗礼、神迹、三位一体等等）；上帝显圣者的权能；人类的起源、能力、状况；其他话题（如泛神论、转世说、知识论等）。在巴哈伊教史上，这部著作因为语言浅近，故读者数量可能超过《致圣书》。

三大经典必读书中，有一本并不出自先知、教主或圣护之手的历史著作，而是一位巴哈伊教徒，这就是纳米尔·阿仁的《破晓之光》。这部书的价值在于它的客观纪实性，这部历史记录了巴布教义的开始、英雄事迹直至巴哈欧拉去世这两段经历，具有无与伦比的史料价值。其中的一些重要事件可与同时代的西方学者（如 Lord Curzon，Sir J. Malcolm 以及 E. G. Browne 教授）的记载相佐证。另一部著作是圣护守基作的《神临记》God Passes By。这部作品在巴哈伊信仰的历史分期上将历史和未来联系起来，同时对于以往的巴哈伊教史的划分也很独特，是我们研究巴哈伊宗教发展史的参考和依据。

（三）巴哈伊教研究的重要文献

这部分文献可分为两部分，一部分是对巴哈伊教各个层面的研究，另一部分是对于巴哈伊教史的研究。对于前一部分的消化理解是深入探讨后一部分的前提。在前一部分文献中，对于阐述巴哈教一般问题的资料，可以使研究者得到对于巴哈伊教经典著作的权威解释，有利于作者对本课题基本概念的建立，如 The Bahá'í Faith：the Emerging Global Religion 等。在论述世界秩序方面最有参考价值的是宗教领袖本人或世界正义院的著作，如 Foundations of World Peace，The World Order of Abdu'l-Bahá 等。其次是这方面的论文集，如 World Order for a New Millenium，Toward the Most Great Justice。关于经济问题，巴哈伊教主张运用灵性手段（即商谈手段）解决，反对不正当竞争，运用人类一家，世界一体的原理揭示经济现象。然而这一思想并不是一开始就上升到一个稳固教义的地位的。这可以从基本教义的阶段性总结陈述中看出来。经济上的不平等是其他社会不平等的温床。巴哈伊教关注的首先是贫富的两极分化。贫富分化从本质上说是不公平和不道德的，是全人类团结与和睦的障碍。巴哈伊教的中心人物提出的两个解决贫富分化的途径：合作制和调节制已经成为建立良性社会的样板和参照。巴哈伊教的经济观引起了越来越多学者的重视。本论文作者需要关注和回答的问题是：巴哈伊教的宗教思想是如何发展的，虽然经济问题不一定用专章讨论。经济方面的论著和论文集有 Social and Economic Development：A Bahá'í Approach，Economics for a World Commonwealth 等。关于科学与宗教的关系，从巴哈伊教创始人巴哈欧拉那里就开始努力协调，阿博都巴哈则有明确的阐释。这方面可以进行历史考察，以显示巴哈伊教不同于天主教等教派或宗教的特异方面。关于科学与宗教方面的资料，有比较专门的论著，如 Science and Religion towards the Restoration of an Ancient Harmony。自古以来，科学与宗教倾向于相互背离，巴哈伊教不仅主张实行两者的对话，还通过接受或服从科学提高宗教的价值。巴哈伊教之所以有这种气度，是因为它声称具有对于宗教本质特征的认识，即宗教真理的相对性，宗教功能的和平本质，宗教与非宗教界限的反迷信特征，力图建立和维护科学的信仰体系以及个人独立探索真理的宗教原则。同样，本论文作者要发掘的是宗教与科学对话的教理基础。对话涉及宗教真理与科学真理的关系，知识的层次等级，人与动物、植物、矿物的关系和界限，人类的进化等等。这方面的论证涉及宗教哲学问题。论著有 *The Purpose of Physical Reality*，*The Bahá'i Teachings：A Resurgent Model of the Universe* 等，后者论述更为全面。

男女平等是巴哈伊教的一个基本教义，本书追溯了这一教义在巴哈伊教中的历史渊源和丰富过程。这一方面的教义应该是巴哈伊最早的宗教思想，可以从创始人巴布的《默示录》中找到律法依据。虽然巴哈伊教不是唯一主张男女平等的宗教，但却是最有影响的。在西亚这个妇女地位极为低下的地区，提出男女平等，无疑是离经叛道，也是振聋发聩的。妇女问题实际是男女平等问题，所有最有影响的几大宗教，没有哪一个将男女平等作为基本教义，实际暗示的是不平等的合理性。随着世界女权运动或妇女研究的兴起，从巴哈伊教的视角看待妇女问题的论著逐渐丰富起来。这方面的著作有 *Advancement of Women：A Bahá'i Perspective*。

重视教育的资料有专著，也有零散地出现在论文集之中的论文，这方面的资料比较丰富。没有哪一个宗教像巴哈伊教那样重视教育。求知是人类的本性，使子女受到良好的教育是上帝的诫命。求知和接受教育就是宗教，就是爱上帝。巴哈伊教的教育观是知行合一的教育观，是物质知识、社会知识与灵性知识融为一体的教育观，是个体与集体互动互促的教育观。教育子女爱国，但不要教育他们仇恨另一个国家或民族。"地球乃一国，万众皆其民"。要教育他们摆脱迷信、偏见和物质主义的束缚，用知识提高灵性，但反对宗教狂热和偏狭。这方面的专著有 *Exploring a Framework for Moral Education*，*Raising Children as Peacemakers* 等。关于巴哈伊教与其他宗教比较和对话的资料是本论文参考的重点，这方面的资料有，*The Chinese Religion and the Bahá'i Faith*，*Buddhism and the Bahá'i Faith Understanding Biblical Prophecy* 等。

总体来说，本论文所需资料基本具备，种类与论题对应，目前来看没有明显缺档。中文资料占少数，大部分为英文资料，出自权威出版机构。作者背景来自世界各地，所有资料的客观性显而易见，资料的信度较高。在这一研究过程中，某些方面比较深入，也有自己的发现和建树。这个研究基于客观而超然立场阐述，并无意去宣扬一种教义，虽然笔者必须承认自己同意巴哈伊信仰的某些基本价值观。

第一章

巴哈伊教的神义史观和巴哈伊教教史分期

第一节　巴哈伊教的历史观

巴哈伊教信仰的产生在思想史和宗教史上是一个奇特的现象，但是要理解巴哈伊教历史哲学必须理清该信仰产生的背景。该信仰将人类最终实现和平作为历史的动力和目标，把历史周期论与直线论结合起来，提出了渐进性启示的宗教历史观，该信仰预言未来是国际社会将走向组织管理真正统一的历史，其理论基础是整个宇宙的自然与人类、物质和精神一体进化的历史哲学观。通过比较，作者认为巴哈伊信仰的神义史观中具有现代性、超越性和历史继承性。该信仰奉行中庸之道，在历史的现实性和终极理想上与其他神义史观及西方历史哲学相比有一定的理论优势，但也存在值得思考的问题。研究该信仰的人类文明史观有助于理解该宗教的核心思想；也有助于正确处理我们自身的各种矛盾关系。

虽然中东地区具有产生世界宗教的传统，但是在伊斯兰教已确立为正统宗教的近代伊朗，蓦然出现了一个特立独行的具有全人类视角的宗教，引起了众多历史学家的兴趣，有的学者试图对其特异性加以解释，认为"该教产生在伊朗，这在思想史、宗教史上是一个非常奇特的现象，是一个典型的物极必反的实例。"[1] "它的崛起，一方面说明了宗教现代化的某些问题；另一方面从更广的意义上，在一定程度上为传统文化的现代转折，也提供了一些有价值的借鉴。"[2] 国务院宗教事务局宗教研究中心的资料显示，该教"阐述了该教丰富

---

[1]　蔡德贵：《当代新兴巴哈伊教研究》（修订版）[M]．北京：人民出版社，2006.52.
[2]　同上，631.

的社会伦理思想，其特点是积极入世，关心俗世生活，实现其世界大同的宗旨。具体主张有：……要求信徒忠于其政府，并以无私和爱国的方式为国家利益服务，但反对教徒参与公职竞选及参加政治活动；……普及教育；维护世界和平，建立世界新秩序，反对任何战争；限制自然资源的开发等。"①

一、巴哈伊教历史观形成的背景

（一）宗教背景

波斯成为什叶派国家始于16世纪初。萨非帝国（1501～1736）君主伊斯玛仪一世（1501～1524）统一波斯后，宣布效忠什叶派十二伊玛目宗。什叶派学说得以发展，学者和教士队伍壮大。17世纪以来，不少伊斯兰学者重开"伊智提哈德"的大门。赞德王朝鼎盛时期（1765～1779）卡里姆汗仍旧支持什叶派。什叶派的主要神学家维护与"塔格利德"（Taklid，因袭传统或对权威的无条件服从）相对立的"伊智提哈德"（独立的宗教判断），即任何时代都存在"穆智台希德"（阿拉伯语"勤奋者"），他是有权根据教法原则提出个人意见或"创制"法律和教义的权威学者，是有权做隐遁伊玛目的代言人的人，是创制教法的人④。这就为隐遁伊玛目以马赫迪身份出现提供了法理依据。到19世纪上半叶，不断有人向教法权威挑战。上层宗教领袖（伊玛目）、高级宗教学者（毛拉）及教法学家（乌里玛）作为特权阶层和君主制封建统治的精神工具根据政治需要解释《古兰经》。但到了19世纪中期，对于正统宗教的挑战主要来自赛义德·阿里·穆罕默德。他受谢赫派熏陶，于1844年宣布自己是"巴布"（阿拉伯语"门"），即救世主马赫迪与世人之间的一扇门，也就是"通向真理之门"。同年自称"卡因"（阿拉伯语"救主"），通过其著作《默示录》废除了伊斯兰教法，制定了新的道德准则、政治制度、经济制度、文化习俗、民法准则和宗教仪式的细则。他提出宗教同源、男女平等、废除私有制、贸易自由等的思想。像穆罕默德一样，巴布承认所有先知的历史地位，认为他们都代表了人类不同周期的教育者或导师。但是他不认为历史终结在穆罕默德这里。在巴布看来，历史就是上帝依据人类的成长阶段周期性地向世间派遣先知的历史。巴布声称，穆罕默德的启示周期已于1844年结束，现在要结束不公正的封建统治者和贪得无厌的穆斯林教长们的强权势力。

巴布教义意味着对伊斯兰根基及什叶派神职人员所享有的权利和地位的威

---

① 宗教研究中心编：《世界宗教总览》［Z］．北京：东方出版社，1993.77.

胁和挑战，因此立教不久即被视为异端。巴布及其教徒虽无推翻政府意图，但还是遭到了迫害、逮捕和镇压，因而被迫自卫起义。纳西尔丁沙下令将巴布处死，巴布教起义受挫。① 1863 年门徒巴哈欧拉自称马赫迪，分裂出温和的巴哈派，即后来的巴哈伊教。巴哈欧拉提出一系列改革巴布教的思想，具有强烈的和平主义倾向，要求宗教宽容，摒弃了巴布教没收非教徒财产和向非教徒发动圣战的教规，通过和平方式实现世界统一，建立"正义王国"。巴哈欧拉解释说："很明显，每一个时代上帝都委派一位显圣者，这是上帝特选的时日。……上帝委派的'众先知的封印'已经充分显现过它的至高地位，这一启示周期的确已经结束，永恒真理现已来临。"② 20 世纪初，巴哈欧拉之子阿博都巴哈的欧美之旅（1911～1913）以睿智、严密的语言回答了欧美哲学家、神学家、思想家及社会名流提出的宗教及社会改革问题，标志该教成熟。

（二）社会及政治背景

近代伊朗除了受奥斯曼土耳其钳制之外，还受到西方列强压迫。18 世纪末西方列强意识到了波斯的战略地位，加紧了对其蚕食和经济掠夺。俄、英等国先后通过不平等条约获得了自由贸易和领事裁判权。由于战乱和封建割据等原因民族资本主义（主要是手工纺织业和商业）的发展受到限制。该世纪中叶的波斯已沦为半殖民地国家，腐败的卡加尔王朝对内压迫国民，对外投降帝国主义，出卖国家主权。国王拥有最高的权力，土地归国王、贵族及高级教士所有，民族矛盾、阶级矛盾上升。农民、中小商人、下级教士普遍感到需要变革现实，实行改革。巴布教代表中小商人及新兴地主阶级的利益，同时也反映广大农民的愿望。学术界对这一问题的看法有差异，原因是没有将社会变革产生的经济利益上的冲突与宗教信仰方面的冲突既相联系又相区别地加以分析。改革的巴哈伊教义及马赫迪降世思想与什叶派传统教义相抵触。虽然巴哈伊教有利于或符合成长中的资产阶级利益，但因这个阶级弱小而不能对前者有所援助。因此，巴布教及巴哈伊教无论从宗教传统还是从现实政治形势看都处于被联合绞杀的境地。19 世纪中期资产阶级民主主义思想已经开始由欧洲学习归来的知识分子传播，但影响极为有限。从创始人巴布及巴哈欧拉都没有接受过系统的学校教育来看，巴布运动及巴哈欧拉的宗教思想并不直接来自欧洲，而是结合波斯的社会现实对伊斯兰教义及其他宗教反思发出的变革现实的呼声。

---

① Shoghi Effendi. *God Passes By*［M］. Wilmette：Bahá'í Publishing Trust，1974. 15.

② Baha'u'llah. *Gleanings from the Writings of Baha'u'llah*［M］. trans. Shoghi Effedi. Wilmette：Bahá'í Publishing Trust，1976. 60.

由于巴布宣传其教义时波斯在社会文化上严重地依赖传统，因此宗教便是反抗旧制度的思想武器。但是，巴哈伊教是一个新兴的开放宗教，经历了宪法革命等变革，教义及宗教思想都有相应的调整而走向成熟，因而具有强劲的社会改革力量。从更大的背景上看，巴哈伊教的宗教思想起初应该属于伊斯兰教"复兴""改革"及伊斯兰现代化运动的一部分。

（三）理论背景

虽无证据表明巴哈伊教历史观与同时代正在形成中的马克思主义历史唯物史观有任何理论关联，但作为重要的进步史观的辩证唯物史观构成了理解巴哈伊教神义史观的一个参照。比如二者在神本哲学和人本哲学方面是对立的，但在进步史观方面又是一致的；在历史动力方面是不同的，但在历史发展的目标上有相似之处。卡尔·洛威特论证了马克思的辩证唯物史观与救赎史观的历史渊源，① 可以作为理论参考。

巴哈伊教从创立到成熟所处的时代是西方哲学走向重建的时代，也是西方神义史观转向人义史观后完成世俗化的时代。对于西方的理性或非理性的世俗化历史哲学（如维柯、伏尔泰、赫尔德、黑格尔、马克思等），该教始终不做出正面回应。但是该教的历史观具有鲜明的立场，如阿博都巴哈对较早提出与历史神学对立观念的伏尔泰的思想表示异议和反对，虽然前者把这位自然神论者看成是无神论者。② 在该教创立及稳定的时期，西方哲学思想仍然在 $17 \sim 18$ 世纪以来牛顿的机械力学体系的掌控之中，时间、空间、物质是绝对不变的客观实体。以黑格尔为代表的哲学上的绝对主义受到来自科学主义和人本主义两面进攻，两者在"要形而上学还是要科学"上做出了绝对化的抉择。该教创立之初，克劳修斯的"宇宙热寂论"（热力学第二定律，1850）已经公布并与经典力学处于矛盾的斗争之中。"熵"定律无限扩大地用于解释人类社会和精神领域则展示了一个复杂、抽象、浪费、悲凉、死寂的前景。当阿博都巴哈作为巴哈伊教的解释者向西方人展示宇宙、世界演进及人与自然的关系的图景时，对自然科学绝对主义的基础具有决定性冲击的爱因斯坦的狭义和广义相对论恰好在此前后发表（1905，1916）。爱走极端的西方人开始放弃对世界本质、万物本原之类的追求，从而在历史哲学上滑向相对主义、主观主义及多元主义。斯宾格勒强调历史的相对性，却摒弃了进步史观及兰克关于上帝干预历

---

① 卡尔·洛威特：《世界历史与救赎历史》［M］．北京：三联出版社，2002. 39～71.

② Abdu'l-Baha. *The Promulgation of Universal Peace*［M］．Wilmette：Bahá'í Publishing Trust, 1982. 414.

史的思想。西方人在收获科技成果时，又陷入了绝对与相对、一元与多元、思辨与科学、世俗与神义等的二元对立的困境之中。第一次世界大战标志着西方时代的精神的"重建"已经失败。至此，欧洲历史哲学已经历了古希腊的自然本体论、基督教的末世历史观和近代的现世历史观。

纵观人类历史，无论是宗教文化还是世俗文化，历史时间观念大致有两种：一是历史周期论，一是历史直线论。① 古希腊文明、东方或印度—佛教文明的历史时间是周期的，认为历史只是重演；犹太教—基督教教—伊斯兰教文明认为历史是个直线运动。两种时间观念极大地影响了文明的样态、获取知识的方式及历史观。然而每一种历史观都有缺欠，"循环时间观使我们陷于缓慢的重复和复归，导致灵魂转世的观念。相反，线性时间观让我们感到时间急冲而过，一去不回，又让我们忧心忡忡。……两种解释中，线性观最终能给我们最多的希望，它指出了人类的未来、目的和目标。"② 正因如此，维科、赫尔德等才思考将两者结合起来思考历史的统一性和差异性。然而，波斯本土就有这种历史哲学的基础。琐罗亚斯德教关于善恶斗争最终善战胜恶的二元论、其精髓千年转世并引导人类进入"光明、公正和真理的王国"的思想以及世界末日的思想等就是循环论和直线论的混合。波斯早期宗教思想家米尔·达马德（？－1631 或 1632）的智慧论关于主的本体辐射或显现的观点、回归主的纵向系列等级的观点以及"统一中产生多样"的观念，穆拉·萨德拉（1571－1640）的神智论关于"存在"的多样性统一以及世界在时间中不断创造、生成、更新的观念，都与巴哈伊教历史哲学的基础相似。但直接理论来源是十二伊玛目的支派谢赫派关于马赫迪降临思想。此外，奴赛里派、苏菲派的神秘主义和神智论、穆尔太齐赖派关于人的自由意志说、伊斯玛仪派的认识论和历史观以及伊斯兰照明哲学等都是巴哈伊历史观的思想资源。

二、巴哈伊教历史观的基本内涵

巴哈伊教的历史观从多方面展示出来，分别涉及人类历史的目的、途径、阶段以及方式等方面。巴哈伊教认为，人类历史有周期性，是上帝关照的神义历史。这种反复不是世俗的重复，而是来自同一上帝的精神复归。人所处的时

---

① 吴国盛：《时间的观念》［M］．北京：北京大学出版社，2006. 47，53，76.
② Conow, B. Hoff. *The Bahai Teachings*: *A Resurgent Model of the Universe*［M］. Oxford: George Ronald, 1990. 99～100.

代以及人类的精神进步程度则是全新的，是逐渐完善的。该教并不许诺一个有限循环的历史或有限直线的终结，而是认为人类的完善和进步是无止境的，只是在一个周期内先知或显圣者要完成一个使命，有一个相对的终结。

（一）最终实现和平的历史观

阿博都巴哈旅英期间在伦敦市圣堂（9 月 10 日）首次总结出巴哈伊三个核心教义：上帝唯一、人类一家和宗教同源。巴哈伊基本教义有 10 条左右，"如果用两个字总结巴哈伊的教义，那就是'团结'。"① 上帝只有一个，人类只有一个，人类的分歧不是根本的。不同的宗教实际是上帝在不同时期启示给人类的相对真理。将所有民族都团结在一起，组成一个和平统一的全球社会的纪元已经来临。在人类历史上作为一个启示周期起点的巴哈欧拉，其最高使命是实现人类的统一，建立民族间的团结，"巴哈欧拉世界秩序的本质就是人类的团结"。② 巴哈伊教将人类的历史赋予道义和责任，这就是和平。但是和平这个道义和责任不再由超世的神担当，而是由现世的人担当。和平既具有神义的必然逻辑，又具有人义的自由意志。将和平这个"黄金时代"的实现放在未来的现世而不是来世，证明巴哈伊教历史观不同于救赎史观和其他的神义史观。作为进步史观，巴哈伊教不像理性主义历史学家那样用抽象的理性衡量过去进而否定过去，相反认为每一个时代都是与人类成长相适应的值得肯定的进步，而历史进步的目标或标志就是和平。巴哈伊教不承认原罪和地狱说，因此当真正的和平实现时，没有基督教救赎史观中以天堂和地狱为奖惩的那般虚幻或惊骇。纵观历史，阿博都巴哈说："6000 年的历史向人类世界表明，人类尚未摆脱战争、争斗、谋杀和流血。……战争的根源在于人类的宗教偏见、种族偏见、政治偏见和爱国偏见"。"6000 年来各个民族相互仇恨，现在仇恨当消除，战争当止息。让我们团结起来，相互友爱。……向着光明迈进。"③ 没有哪一方面比全面的真正意义上的和平更能贯穿人类演进的普遍愿望，正因如此巴哈伊信仰将和平作为这一演进周期的终极目标。

（二）实现政治和意识形态统一的历史观

但丁有"世界帝国"的政治和宗教理想，中国有孔子、康有为、孙中山等的"大同"蓝图，当代历史学家汤因比预测了以复兴高级宗教为精神基础的世界大一统国家的可能性，而巴哈伊教关于政治统一的提案有特别之处。该

---

① 蔡德贵：《当代新兴巴哈伊教研究》（修订版）[M]．北京：人民出版社，2006. 76.
② Abdu'l-Baha, *Selections from the Writings of Abdu'l-Baha* [M]．Haifa：The Universal House of Justice，1978：298.
③ Abdu'l-Baha. *Abdu'l-Baha in London* [M] London：UK Bahá'í Publishing Trust，1982. 61.

教认为，国际社会组织结构的统一，既是人类演进走向统一的证明，也是人类实现和平、团结和统一的手段。实现大同是人类演进的目标，到目前为止，人类先后经历了家庭的统一、部落的统一、城市—国家的统一、民族的统一。而民族一体化的建构作为一个历史阶段已经结束，现在人类正经历着世界的一体化进程。国家各自为政造成的世界无政府状态已经到了巅峰，世界正走向成熟，因此必须放弃对极端民族主义、国家至上主义的膜拜，承认人类一家、世界一体的实事和原则，建立一个恒久的最能体现这一原则的具有生命力的机制。① 阿博都巴哈将巴布和巴哈欧拉提出的人类走向统一的历史划分为七个阶段，即"七支蜡烛"："第一支蜡烛是实现政治领域的统一，它的最初光芒已经显现；第二支蜡烛是相互理解的思想共识，其实现不久即可验证；第三支蜡烛是对自由的统一认识，它将一定能够到来；第四支蜡烛是宗教的统一，这是基础的基础，会在上帝的助佑下光荣地实现；第五支蜡烛是民族的统一，各国人民都承认自己是地球这个共同祖国的公民，它将在 20 世纪得以实现；第六支蜡烛是种族的统一，它使地球上的所有各族人民承认人类是亲如一家的统一种族；第七支蜡烛是语言的统一，即选择一种共同语言，以便各族人民都能够协调沟通。"②

"人类一家"被巴哈伊教的"圣护"巴哈欧拉的外曾孙守基·阿芬第（Shoghi Effendi）称为巴哈欧拉教义的轴心和基石。他认为"人类一家"不应看成是无知的激情主义的爆发，它基于坚实的历史趋势、人类明晰的愿望和高度的理智。这一原则的实行意味着当今社会结构在组织上和行政管理原则上的演进。"人类一家意味着组织上的统一，而不只是兄弟友情。它不是一个人道主义原则，不是一个理论上的抽象概念，而是一个承诺：世界将走向政治、社会、经济和宗教上的统一。"③ 由巴哈欧拉提出并阐释和描绘的世界统一的管理机构的建立业已成为人类史无前例的演进目标，人类统一的标志之一就是建立"世界议会"和"世界法庭"。巴哈欧拉通过解释，消除人们对于"世界帝国"及统治世界的专制政体出现的忧虑。阿芬第详尽地阐明了建立这一世界新体制的原则："世界新体制的目的绝不是破坏现有的社会基础，而是扩大这

---

① *The Compilation of Compilations* ［M］. Vol. Ⅱ. Bahá'í Publications Australia, 1991. 183.

② Abdu'l-Baha, *Selections from the Writings of Abdu'l-Baha* ［M］. Haifa: The Universal House of Justice, 1978. 31.

③ Shoghi Effendi. *Extracts from the U. S. Bahá'í News: Compilation of letters and Extracts of Writings from the Guardian* ［M］. Published in the Bahá'í News of the United States, No. 60-March 1932. 5.

个基础，改造其体制，以满足一个不断变化的世界的需要；它不压抑人们心中正常而理智的爱国热情。……它的目的既不是泯灭人们心中神圣而理智的爱国热情，也不是消除为了避免因过度的集权所造成的恶果而建立的必要的民族自治体制。既不忽视、也不企图抑制用以区分民族和国家特征的种族特征、风俗习惯、历史传统以及语言和思想等诸方面的差异。"正是这些差异才形成了国家和民族千姿百态的文化生活；它"拒绝过渡的中央集权，反对强求一律的企图。它的口号是'多样性统一'"。① 阿芬第引述了巴哈欧拉对于"多样性统一"（Unity in Diversity）的绝妙比喻："如果花园中所有的花草果树的果实、叶子、枝条等都是同一个颜色和形状，那该是多么令人不悦啊！"② "多样并存，大同团结"已成为巴哈伊教的基本哲学信条。

巴哈伊教的历史观不是消极地期盼，也没有传统的救赎历史的神秘色彩。相反，该教绝不忽视人的自由意志，对人类抱有极大的信任，乐观地谋划着尚未完成的文明演进。可以说巴哈伊教的历史观是能动的历史观。它一方面指向尘世，另一方面又指向天国；一方面指向当下，另一方面又指向未来。按照巴哈伊教的务实而又理想的设计，"一个世界团体的出现，世界公民的意识的建立及世界文明的完善"是这个未来新的世界体制要解决的问题。它的最终目标是"建立一个世界联邦，……使各个成员国的自治权及个人的自由与自主都绝对受到保障。""拥有一个世界性的立法机关。它的成员国将最终控制全球的资源，……调整全人类的关系。"建立"一个受世界军力支持的执法部门，……实行立法机构的法律，保证世界联邦的根本团结。""一个世界法庭将对各方面的纠纷做出判决，发布强制性的命令。"③ 此外还有，建立一个不受国家干扰或限制的世界通讯社，一个世界文化中心，发展或确立一种世界语文和世界文学，重组世界经济资源等。由此可见，社会组织机构的一体化是人类一体化中的一个巨大的文明工程。这种工程虽带有巴哈伊教的宗教情怀，但是这是对人类命运的积极设想，总比消极地防范或惊惧地避免世界性的冲突和灾难而被动地被一个个拖入一体化并经历痛苦的磨合明智得多。

（三）渐进性启示的历史观

巴布教通过巴布的《默示录》表达了历史是一个周期渐进的过程的思想，即渐进性启示（Progressive Revelation）。巴布认为伊斯兰教时代已经结束，巴

---

① Shoghi Effendi. *The World Order of Bahá'u'lláh* ［M］. Wilmette：Bahá'í Publishing Trust, 1974. 41.

② ibid. , 40.

③ 蔡德贵：《当代新兴巴哈伊教研究》（修订版）［M］. 北京：人民出版社，2006. 463.

布教派所开创的时代已经到来。人类社会的各个时代，是依次按周期递嬗发展的。当旧的时代结束之时，新的时代必然到来，超过旧时代，与该时代不相适应的旧制度、旧法律也随之废除，代之以与新时代相适应的新制度、新法律，理由是上帝从来不中止他的创造。"由于万物都在新的创造中提及，由此证明上帝的创造既不是开始又不是终结"，"当最后的审判到来之时，上帝会通过显圣者创造并降示新的《古兰经》。"上帝创造万物的目的是"万物通过下一个复活的显圣者在点化提及的过程中臻于完善"。① 这就意味着历史在不断更新中前进的，不同时代有不同圣道的宣示，即不同的宗教知识适应于不同时代。

　　巴哈欧拉阐明了这一历史哲学的理论根基："宗教的真理不是绝对的而是相对的，神圣的启示是一个相继发展和逐渐演进的过程，全世界所有伟大宗教的起源是神圣的，它们的基本原则完全和谐一致，它们的目标和意旨是一致的和相同的，它们的教义是统一真理的不同角度，它们的作用是互补的，它们的差异是存在于教义中的次要方面，它们的使命代表人类社会灵性发展的连续阶段。"② 这就是各个宗教可以和平共处、巴哈伊教徒可以不必放弃原来宗教信仰的理由。"各个神圣宗教表达的实在是一个，……所有先知所带来的启示是统一的，这种统一性是不变的。这正如太阳一样，太阳于不同的季节在地平线上升起地点不同。因此每一个古代先知都预示了未来的快乐消息，每一个未来都接受他的过去。"③ 这一方面生动地描述了历史时间线性与周期性的自然统一，另一方面则否定了现代物理学和哲学将时间的过去、现在和将来分隔开来的做法。

　　巴布的《默示录》主张，人类不能直接从上帝那里获得天启从而获得新生，必须借助上帝派遣的显圣者。关于显圣者的性质，巴哈伊教认为，显圣者介于人和神之间，是上帝派往人间的教育者。关于先知与上帝的关系，该教认为不同时代的先知反射的是同一个太阳，但反射光不是上帝本身。人只有通过这面镜子才能透视出宇宙本体的奥秘。上帝通过显圣者显现其自身，巴布本人是反映安拉的镜子，是通向认识安拉、认识真理之"门"。不同的时代上帝通过不同的门降示不同的宗教。《默示录》是新的《古兰经》，上帝要显圣者代表上帝的意志颁布它并完成这一使命。《默示录》及其作者是新时代的原点

---

① Abdu'l-Baha, *Abdu'l-Baha in London* ［M］. London：UK Bahá'í Publishing Trust, 1982. 29.
② 汤因比：《文明经受着考验》［M］. 杭州：浙江人民出版社，1988. 201.
③ Abdu'l-Baha. *The Promulgation of Universal Peace* ［M］. Wilmette：Bahá'í Publishing Trust, 1982. 373.

(Primal Point），所有被造物都要回到这个原点上来，在上帝的命令下接受第二次创造。巴哈伊教同巴布教一样，承认所有宗教经文的真理性及其启示者的先知地位，这说明该信仰恰当地处理了传统与现实的关系、循环与进步以及永恒与变化的关系。

渐进性启示的历史发展观是巴哈伊教将直线历史观和循环历史观结合起来的集中表达。同汤因比一样，巴哈伊教的历史进步观认为统一的宗教或人类的精神进步是历史进步的主线和主要标志。不同的是，汤因比将宗教进步的最终标志放在了"统一教会"的建立上，而巴哈伊教则不追求这一形式上的世俗目标。全球"巴哈伊化"并不是把全球的宗教统一在巴哈伊教之内，而是寻求全人类各个宗教认可的基本原则。汤因比说："文明的运动看来似乎是呈周期性循环的，而宗教运动可能是一根单向连续上升的曲线。宗教的连续向上运动是由文明按照生、死、再生这一循环的周期运动来提供服务和加以促进的。"① 而在巴哈伊教看来，人类文明的进步同宗教的进步是一体的两面，遵循着同样的发展轨迹，并且这一进步历程是循环的，渐进的，无限的。阿博杜巴哈阐释说，宗教在本质上是实现人类团结消除战争的事业，"如果宗教成为厌弃、仇恨和分裂的根源，那还不如没有宗教。"②

（四）巴哈伊教的历史阶段论

人类可预期的和平分为两个阶段，即"小和平"（Lesser Peace）和"大和平"（Most Great Peace）。前者的标志是战争的休止和国际合作组织的创立，是政治上的统一，即各民族间的统一，人类一家。目前，人类已部分地实现。"小和平"即将到来，标志着是人类将步入成年时代。"大和平"，即所谓的"黄金时代"（the Golden Age），是在人类在社会、政治统一基础之上的精神统一。③ 至于"小和平"与"大和平"实现的时间和手段，"世界正义院"的一份文件认为，"小和平"实现于即将到来的一场世界战争过后。"大和平"则是通过信仰者的组织机构等媒介实现。无论是"小和平"，还是"大和平"都不是坐而论道就可以实现的，但要通过各民族和国家的努力，都需要人类做出极大的贡献。和平是宗教的本质和基础，也是历史的动力。

巴哈伊教的历史阶段论主要体现在人类个体成长阶段的类比上，其成长阶

---

① 汤因比：《文明经受着考验》［M］. 杭州：浙江人民出版社，1988. 201.

② Abdu'l-Baha. *The Promulgation of Universal Peace* ［M］. Wilmette：Bahá'í Publishing Trust，1982. 373.

③ Helen Bassett Hornby. edit. *Lights of Guidance*：*A Bahá'í Reference File* ［C］. Wilmette：Bahá'í Publishing Trust，first edition，1983. third revision，1994. 431.

段分为幼儿期、少年期、青春期和成年期。① 现在人类青春期已经渡过了一大半，即将步入成年期，正经历着最为躁动不安的阶段。当其强烈程度达到顶峰时，逐渐取而代之的是成年人特有的安详、智慧和成熟。此时人类获得了最终发展所需要的所有能力。② 该教将这一并不新颖的类比赋予特别的内涵，它将人类进步的根本性标准放在精神上而不是生理上、社会结构上或智力上，认为"适用于人类历史早期时代需求的东西已经不能满足当今要求圆满的新时代的需求了"，这正如"婴儿和少儿时代的玩具已经不会引起成年人的兴趣一样。"即将步入成年期的"人类必须充实新的品德和能力"，③ 需要新的导师和新的宗教，巴哈伊教正是适应人类成年期的信仰。人类历史不是一个预先设定的有终结的有限的历史，而是无限的有阶段性目标的周期性演进，因而人类不会走向老年的衰朽和死亡。人类老年意味着"人类世界到处都处于进化的阵痛之中，标志着越过老年和经历改革的新纪元的来临。"④ 就像赫尔德的"人生阶段"论所说的阶段性地孕育出新的种子而进入下一个成长周期。

　　巴哈伊信仰的历史观是人类与自然/上帝相互沟通的神义史观，它有四个特别之处。首先，该教认为人类各个文明之总和的演进经历了人类的幼年、少年期、青春期和成年期，都是人类总体历史的一部分。这些阶段是人类必须经历的，因而前一阶段是后一阶段的基础。根据巴哈伊教信仰，人类是高于动物界的有灵性的群体，因此所有的民族、种族，不管其信仰如何，其历史具有平等的地位。第二，人类文明演进的目的是人类的团结与和平，一个可感的而不是抽象的目标，不是将人类的进步解释为进入天国或达到某种抽象的精神或绝对自由，而是实现现世生活的改造的同时获得不断的精神进步。在已经开始的启示周期内，人类将实现最终的和平和团结。第三，人类的统一与和平不是消除多元文化，而是丰富多元文化，扩大统一的基础。世界历史不是终结于一种文化或一种宗教，而是多样统一。这个统一是消除偏见扩大共识。第四，历史演进的所谓终结是相对的，终结只是一个周期的终结，届时人类的更高目标引导人们进入下一个周期的演进。

① Abdu'l-Baha, *Some Answered Questions* [M]. Wilmette：Bahá'í Publishing Trust，1987. 150.

② *The Compilation of Compilations* [Z]. Vol. II. Prepared by the Universal House of Justice，Bahá'í Publications Australia，1991. 183.

③ Abdu'l-Bahá. *Foundations of World Unity* [M]. Wilmette：Bahá'í Publishing Trust，1945. 9.

④ ibid.，10.

三、与西方历史观的比较及总体评价

评价巴哈伊历史观就要联系巴哈伊教整个的信仰体系的基本特点。巴哈伊教被教外人士评论为具有鲜明特征的现代型宗教。李绍白评价说："这一宗教的教义将向全人类展示一种崭新的全球文明，而不是传统的宗教的延续。"[①]蔡德贵先生认为这一论断"尚无充分的证据能够加以证明"。[②] 这种证明从实证历史科学的角度讲是正当的，但是从历史哲学的角度看是不可能的。巴哈伊历史观属于宗教哲学的思考对象，它阐述了历史"应当如何"而不是"本来如何"。况且对于建立在求善原则上的历史观所提出的推断的证据可以是无限的。作为历史哲学这种历史观给我们提供了有价值的历史意识和历史批判精神。正如我们可以拨开赫尔德的神秘主义和神义史观的表层看到历史主义方法对于人类文化史研究的价值一样，在巴哈伊教中可以发掘东西方普遍主义历史观的共识和差异。

巴哈伊教历史观与西方思想家相比具有表面的类似性。以"人生阶段"类比为例，西方生物有机体或人生阶段类比几乎成为一种传统，从奥古斯丁、维柯到赫尔德，再到黑格尔，都运用了这种类比。20 世纪斯宾格勒那里还有这种印记。他们的类比具有各自的内涵，也存在各自的弊端。奥古斯丁以及中世纪的神义史观认为，历史是上帝光芒照射下并实现上帝意志的发展历程，是由暂时的尘世向永恒天国迈进的历史，是人类这个整体、所有民族无一例外地朝着上帝规定目标行进的历史。但是我们也不能不看到，巴哈伊教神义史观与其有相似性外，还存在一些重要差别：（1）整个人类的历史进程都受到上帝的恩惠，但人的历史不是救赎的历史，因为人并无原罪；（2）二元史观：存在尘世的历史和天国的历史，但两者不对立，且尘世与天国没有绝对的界限，尘世的进步是靠近上帝（或天国）的必要准备；（3）历史是发展的，而且是无止境周期递进的，并不结束于一个"千年王国"；（4）世界的历史是"一统"的历史，但巴哈伊教不是通过否定世俗世界而强化迈向天国的"天路历程"。奥古斯丁只是把"人生阶段"类比用于解释"摩西法律"之后"末日审判"之前这段已知的历史。由于存在"末日审判"这个终结，尘世和天国在历史上是割裂的。

---

① 李绍白：《人类新曙光—巴哈伊信仰》［M］. 澳门：巴哈伊出版社，1995. Ⅲ.
② 蔡德贵：《当代新兴巴哈伊教研究》（修订版）［M］. 北京：人民出版社，2006. 87.

用生物的生长、衰老来解释历史，可以导致一种机械的循环史观或人类历史没有进步的思想，产生有生必有死的悲观主义，如斯宾格勒的文化"悲观宿命论"。另外，生物有机体类比有将不同文化固定在不同生长周期或阶段的机械论和臆测的弊端，如奥古斯丁、莱辛和黑格尔就将不同文明或文化与人的成长的不同阶段相比附，因此各民族的历史不具有平等的地位和价值。奥古斯丁、安瑟伦、培根、勒卢阿、莱辛和赫尔德则着眼全人类的文化兴衰，认为人类文化总体上是进步的。在带有浪漫主义的激情的赫尔德看来，各个民族的文化都有其各自独特的价值，不是你优我劣，认为不同民族文化具有平等价值。黑格尔的人类成长阶段类比与他的欧洲中心论或日耳曼文化优越论紧密相连，这同但丁在《世界帝国》中认为一个优等民族（罗马人及其后裔）获得世界政体统治权进而取得世界和平目标具有合理性如出一辙。巴哈伊教在新的时代将不同文化都置于"同时代"来进行理智乐观地思考和观察。

西方的史学家和哲学家的类比大多带有人类将终结于一种文化、一种宗教这种最终消除差异性的臆断，比如黑格尔以"正—反—合"的必然逻辑来推断历史及宗教演进的必然逻辑，宗教的演进史从自然宗教到具有个性的宗教直至绝对的宗教基督教这一高级宗教，其代价必然是消除丰富多样的文明和文化，因而是反文化的。关于历史的目标，有的以某个虚幻世界、抽象概念作为世界历史进程的终结，如奥古斯丁的天国、赫尔德人道的实现、黑格尔"自由精神的自我实现"。这种历史观的独断性和虚幻性是显而易见的。同维科和赫尔德相比，黑格尔用后代否定前代的理性主义历史观是理论上的退步。

巴哈伊教神义史观与伏尔泰等自然神论者的观点不同在于神创造了人类的同时通过定期向人间派遣先知干预人类的历史。该教提出的一个非历史性的前提是人类一家和宗教同源，这样，渐进性启示的宗教历史观决不否定各个宗教同源下的平等。同样，强调共时状态下的平等也不否定不同宗教的历史性。这就在神义和人义的关系上揭示出了历史的不确定性和确定性的辩证关系。该教是通过神义强调人义，又通过人的道义建立历史的发展计划而实现神义。历史目标的最终实现取决于人对现实目标选择而不是消极等待神的安排。这就是历史的不确定性根源。巴哈伊教典籍中引述了大量科技成就、经济基础、组织结构、普遍需求等历史依据证明人类走向统一的必然性。上帝定期向地球派遣先知的不确定性与人类在上帝观照下不断进步走向统一的确定性之间是巴哈伊教神义史观的一个合理悖论。

如果说赫尔德试图用"人生阶段"论阐述一种普遍的"文化史"是民族

本位的世界主义，① 那么断定与巴哈伊教历史观的"人生阶段"论则是人类本位的世界主义。它更接近德国宗教思想家、文艺理论家莱辛（1729–1781）的历史观，可见普遍主义的历史观是一部分东西方思想家的共识。莱辛将人类文明演进与宗教启示结合起来，运用人的成长周期描述历史，提出人类在不同阶段需要不同的教育者的观点。这既不同于唯理主义，也不同于经验论。他在其哲学论文《论人类的教育》（1780）中运用历史的辩证的观点描绘了人类从道德他律走向道德自律的历史过程，将历史与启示结合起来意在表明宗教真理的历史相对性。他把人类的认识分成三个阶段：幼稚时期（体现在犹太教中），少年时期（体现在基督教中），成熟时期（体现在启蒙时期）。他说："教育不可能一举将所有东西都传授给人；同样，上帝在给予启示时也必须遵循一定的顺序，必须恪守一定的尺度。把握某种进度，某种程度。"② 尽管莱辛的相对真理观和历史进步思想与巴哈伊教的历史观颇为相似，但是历史的终结于理想的启蒙时代暴露了他的历史视域的狭隘性。

近年来，国内外关于科学与宗教关系问题的研究越来越深入，同时越来越多的学者和宗教界人士认为，宗教与科学不但不是矛盾的，甚至是互补的，而在这个涉及历史观的问题上，巴哈伊教神义史观也表现出一种比较积极的看法。巴哈伊教的历史观通过调和科学与宗教的关系，在哲学上论证人类历史的相对于永恒之间的关系，从而消除独断论。该教认为"宗教必须与科学相协调，……如果宗教不符合科学，那就是迷信和无知，……如果宗教与科学和理性对立，人们怎么能够相信和服从呢？"③ 但该教不认为任何可以证明真理的标准（感性认识、理性、传统、灵感）是绝对可靠的，④ 这样就消除了单纯用理性衡量历史进步的标准，这一点同维柯和赫尔德的观点一致。该教利用科学史证明理性的有限性进而证明历史的相对性及时间与永恒的关系，如热力学第二定律和相对论取代了近代牛顿经典力学，证明了理性的相对性。该教融合了历史上的两大历史观，吸收了进化论，又对历史动力、时间的性质进行了论证。比如，巴哈欧拉在《七谷之书》中论证了上帝、永恒、能量、时间、物

---

① 唐纳德·R·凯利：《多面的历史：从希罗多德到赫尔德的历史探询》［M］. 北京：三联出版社，2003. 460.

② 莱辛：《论人类的教育：莱辛政治哲学文选》［M］. 刘小枫选编. 朱雁冰译. 北京：华夏出版社，2008. 103.

③ Abdu'l-Baha. *The Promulgation of Universal Peace*, Wilmette：Bahá'í Publishing Trust，1982. 128.

④ Abdu'l-Bahá. *Foundations of World Unity*［M］. Wilmette：Bahá'í Publishing Trust，1945. 44～46.

质之间的关系从而论证人与人、人与上帝之间的关系；阿博都巴哈《世界团结之基础》（*Foundations of World Unity*）、《若干已答之问》（*Some Answered Questions*）等多部著作系统阐释了自然与文明、物质与精神一体进化。巴哈伊教在哲学上证明宗教在人类文明演进中的动力作用以及新宗教产生的必然性，即通过自然与人类以及人类的特殊进化历史论证人类历史的进步性，通过时间与永恒之间的相对性证明人类历史阶段的相对性和周期性的统一。

概括出巴哈伊教信仰的特点，有助于我们理解巴哈伊信仰的非传统性以及巴哈伊教的历史观的特异性。蔡德贵先生将巴哈伊信仰概括出 9 个特点，即现代性、开放性、超越性、世俗性、宽容性、融合性、务实性、灵活性和创造性。① 根据这一框架，我们仅从三个侧面对巴哈伊教历史观总体评价。首先，它的现代性在于它适应了全球一体化的趋势，预言了人类除了经济走向一体化之外还要走向政治（组织管理）统一、信仰统一。如果将人类历史的主旋律定位在和平之上的话，那么通过暴力求得和平只是短暂的、局部的。巴哈伊教的现代性还表现在这一方面，即坚决反对因袭和盲目模仿祖先和前人，指出"如果某个人的父亲是基督徒，他自己也就是基督徒；一个佛教徒必须是一佛教徒的儿子，……这绝对是一种因袭模仿。人类必须独立而公正地研究每一种真理。"②

就其超越性而言，巴哈伊教超越了两种截然对立的历史观，即线性史观和循环史观，也超越了种族、民族、国家、文明的历史，在时间与永恒、历史与机遇、信仰与理性之间平衡和超越。巴哈伊教的历史观描述的是全人类的文明演进历史，因而它超越了以某一民族或某一区域建立起来的历史观，如欧洲中心论的历史观。就在斯宾格勒企图摆脱线性历史观和欧洲中心史观转而回到循环史观并酝酿他的历史观的同时（1911），阿博都巴哈则开始用一种超越线性史观和循环史观的历史视角向欧美阐释人类文明历史演进的图景。文明的兴衰与人类的精神成长、衰朽总是相互激荡、相互叠印的。巴哈伊教历史观描述的是全人类的文明演进历史，因而它超越了以某一民族或某一区域建立起来的历史观。如果说 20 世纪 50 年代中叶以后欧美史学界才开始倡导真正意义上的全球史观的话，那么巴哈伊教信仰在其诞生时的 19 世纪中叶就已经具有了不带偏见的将各民族放在同一个平台之上的"全球历史观"了，这在战争频仍、

---

① 蔡德贵：《当代新兴巴哈伊教研究》（修订版）［M］. 北京：人民出版社，2006. 274 ~ 294.

② Abdu'l-Baha. *The Promulgation of Universal Peace*, Wilmette：Bahá'í Publishing Trust, 1982. 327.

种族、民族和宗教冲突还相当严重的时代就能勾画出未来人类和平的图景确实具有超越性。

巴哈伊教历史观属于神义史观，但又是世俗性很强的历史观，因为它不否定人的自由意志，不否定人类现实存在的价值从而把人类引向天国，而是赞美现实的存在，相信人可以把现实的和平作为整个启示周期而努力的目标设计自己的历史。现实是人类灵魂获得成长的必要阶段。相比之下，中世纪的奥古斯丁则否定现实发生的种种事件的历史意义，就连现世的时间也是虚幻的。① 近代西方在理性主义的感召下，又取消了神义的历史观，代之以理性的历史或人的历史，如伏尔泰。作为宗教，巴哈伊教坚持神义史观；作为现代宗教，它坚持世俗理想的人生目的；作为普世宗教，它相信自有史以来人类尚未实现的具有普遍意义的美好理想就是和平。巴哈伊教的历史蓝图既没有脱离世俗社会，也没有脱离人类可以经过努力而达到的潜在能力。

巴哈伊教历史观否定了末世论和救赎史观，我们可以断言它是神义史观的重大超越。同该宗教产生于同一时代的马克思主义历史哲学相比，它的出发点不具有"物质性"的说服力。马克思在《德意志意识形态》等论著中以"现实的人"为出发点围绕物质生产阐发人类文明从分散走向统一的世界历史。我们不否认作为精神需求的和平是人类历史发展的一个动力，但"现实的人"不会以此为满足，没有物质保障的和平就没有真正的平等，也就不会有真正和平的历史。就中国而言，有学者提醒我们注意的是，如果忽视国家的"物质现实"宣扬和平势必同汤因比的"救赎提案"一样，"不仅影响我们对中国传统文化的正确认识，而且干扰我国现代化建设进程。"② 这种担忧的基本思虑是将精神进步与物质进步对立起来，将宗教生活与世俗生活对立起来。可以借鉴于精神文明建设的方法是起着干扰作用还是协调作用，通过考查资本主义物质主义和拜金主义的历史便可一目了然。尽管巴哈伊教非常重视实践，但可能遇到种种阻力，会因为战乱等原因使无数代人的努力付诸东流。即便让世人接受某一方面的一体化这一概念都是非常困难的目标，更不必说接受宗教、伦理及其他意识形态方面的统一思想。但是宗教缓解社会矛盾的作用、宗教的和平本质由于种种历史原因至今还没有完全焕发出来。巴哈伊教的乐观精神和细密的实践工作令人钦佩，值得反思。目前巴哈伊教的组织机构作为非政府组织的

---

① 奥古斯丁：《忏悔录》［M］. 北京：商务印书馆，1963. 242.
② 王聚芹，宋彦民：《从唯物史观视阈解读汤因比对人类困境的宗教救赎提案》［J］. 青海社会科学，2004（2）：141～144＋148.

咨询机构是在联合国的巴哈伊国际社团，各国各地区的巴哈伊灵体会也为世界及本地区和平、教育、健康、福利、环保、农业等做出重要的贡献。巴哈伊教徒正实践着人类理想的未来史。

　　长期以来，唯物史观和唯心史观及其争斗几乎成为历史认识的主题和主流，而历史认识从思辨的方式走向分析和批判的方式又成为历史理论的一种进步。在这种形式下，我们介绍的巴哈伊教神义史观显然是一种超出常规的认识视角，尽管康德等二元论哲学观念曾经受到人们的责难，但巴哈伊教神义史观的既非唯物又非唯心的历史认识给我们提出了一个新的历史认识课题。我们评价巴哈伊教神义史观也主要是一种比较性的研究，包括巴哈伊教神义史观与马克思主义史观、西方资产阶级史观等等之间的比较。但可以肯定地说，我们对巴哈伊教神义史观的认识还很不够，甚至有不妥当之处，希望能够克服意识形态的藩篱，消除门派的独断，深入研究巴哈伊教历史观的理论和实践价值。

第二节　巴哈伊教的教史分期问题

　　巴哈伊教创始人巴布和巴哈欧拉距今只有一个多世纪，因此有关他们生平的记载都有完整可靠的史料，包括其忠实追随者和旁观者的回顾，甚至对巴哈伊教有敌意者的记载，也包括政府文件。而他们的所有著作或者是由他们亲笔写成的，或者是由他们的追随者根据其口述记录并经他本人审阅后加盖印玺以确定其真确性的文件和作品。这就与其他宗教不同，其他宗教对先知（如佛陀、基督或穆罕默德）的了解依据的是难于区分传说和史实的混合体。巴哈伊教研究的史料多确凿无疑，这是研究的优势所在。

　　对于巴哈伊教自身的历史，巴哈伊教内部的信徒和巴哈伊教外部的学者从一开始就注意记录。其中重要的史料有巴哈伊教徒纳米尔·阿仁（Nabíl-i-'Azam）写的《破晓之光》（the Dawn-Breakers）。该书由守基·阿芬第译成英语。阿仁记述了巴哈伊教创立之初的历史，按年代先后的次序详尽描述了自1844年（巴布于这一年宣布教义）至1888年的历史。另一个早期的重要史料来自欧洲人英国剑桥大学学者布郎（E. G. Browne，1862 – 1926）教授。由于他亲自采访并向西方报道了巴哈欧拉并以《一位旅行者的叙述：巴布逸事》（A Traveller's Narrative Written to Illustrate the Episode of the Bab）为题翻译了阿博都巴哈对巴布运动早期历史的记载，因而奠定了他对巴哈伊教史研究中的权威地位。① 自 20 世纪专门的教史研究有 Moorjam Momen 主编的两卷本论文集。②世界正义院在人类跨入 21 世纪时对刚刚过去的一个世纪的巴哈伊教史作了一个深度总结,即将巴哈伊教的传播放在全球社会、文化的宏大背景中,其重要性不亚于阿芬第《神临记》的《光明的世纪》(*Century of Light*,2001)。

守基·阿芬第③在其 1944 年完成的著作《神临记》(原书名为《回顾与展望》,英文名为 *Prospect and Retrospect*)中将巴哈伊教史分为英雄时期(或初创时期、使徒时期)和形成时期(或过渡时期、黑铁时期),即从 1844 年到 1944 年。在这一个世纪的时间里,英雄期总计约 80 年,即从 1844 年到 1921 年;余下的 20 多年是形成期的初期阶段。如果将这 100 年放在一起可以分四个阶段。第一阶段从 1844 年到 1853 年,记述巴布宣示使命到殉教这段历史。第二阶段从 1853 年到 1892 年,记述巴布预言的显圣者巴哈欧拉从宣示到去世这段时间的启示活动。第三阶段从 1892 年到 1921 年,记述阿博都巴哈在巴哈欧拉去世后担任教长直至去世这段时期的活动。第四阶段从 1921 年到 1944 年,记述阿博都巴哈去世后守基·阿芬第作为合法继承人领导巴哈伊教的活动。第四阶段的后二十年(即巴哈伊教第一世纪的最后二十年)预示了巴哈伊教时代"形成阶段"的到来。国际巴哈伊社团得以建立,巴哈伊教信仰已经传到五大洲。根据守基·阿芬第的观点,巴哈伊教史与人类的演进史是一体的。可见他的神义史观与人义史观是统一而不可分割的。

李绍白先生④在其著作《人类新曙光》中介绍了巴哈伊教的简史,继承了守基·阿芬第的分期,但更加简洁明确。他将教史分为三个分期:英雄期、成长期和黄金期。"英雄期"是指从巴布 1844 年启示使命到 1921 年阿博都巴哈去世这段历史。李绍白的"成长期"就是"形成阶段"。"成长期"自守基·阿芬第掌管教务开始,一直延续至今,并且尚未结束,因为按守基·阿芬第所说,"成长期的下一阶段,是全球的巴哈伊化,即巴哈伊信仰将全球融为一体,实现大同世界。"

蔡德贵先生⑤的《当代新兴巴哈伊教研究》在介绍巴哈伊教简史中采用的分期方式与守基·阿芬第对已经发生的历史的分期方式相同,即以该教各个时

① Shoghi Effendi. *God Passes By* [M]. Wilmette:Bahá'í Publishing Trust,1974. 194.
② Juan R. Cole & Moorjam Edits. Momen. *Studies in bábí and Bahá'í History* [C]. Volume One & Two. Los Angeles:Kalimat Press,1982/1984.
③ Shoghi Effendi. *God Passes By* [M]. Wilmette:Bahá'í Publishing Trust,1974. xiii ~ xv.
④ 李绍白:《人类新曙光—巴哈伊信仰》[M]. 澳门:巴哈伊出版社,1995. 239 ~ 235.
⑤ 蔡德贵:《当代新兴巴哈伊教研究》(修订版)[M]. 北京:人民出版社,2006. 456.

期的宗教领袖为分期，同时将守基·阿芬第去世后世界正义院教务行政体系的完善过程以及巴哈伊教在世界的传播作为最近的两个时期。某些时期在时间上可以明确而其他时期则不甚明确，如巴哈伊教在世界范围的传播，因为后一个时期的事件或活动在前一个时期或更早已经露出端倪或已经发生。这就是历史事件的相互渗透在线性时间中的表现，因此分期不是绝对的对时间的切割，而是通过分期更明确地观察巴哈伊教的历史沿革和演变。

　　将巴哈伊教的教史分期与巴哈伊教人类文明发展史的分期放在一起，可以看出巴哈伊教的历史观与其传播史是重合的，即巴哈伊教史与人类历史是一致的。巴哈伊教的神义史观将人类历史分为不同的宇宙周期（the Universal Cycles）。阿博都巴哈在《若干已答之问》中说："一个宇宙周期是指一段相当长的时间，其中有无数的时代与纪元。在这样一个周期中，众多神圣显示者们光辉灿烂显现于可见之域，直至一位伟大的至高显圣者将世界变为其光芒的中心。""目前，人类处于亚当周期，这个周期的至高显圣者是巴哈欧拉。"①

　　下面参考 Moojan Momen 的网上资源②将巴哈伊教神义史观的纲要以中英文对照的形式展示如下（稍有调整）：

巴哈伊教人类神圣史表

TABLE：BAHA'I SACRED HISTORY

Ⅰ. 前一个宇宙周期（其历史遗迹湮没无闻）

PREVIOUS UNIVERSAL CYCLES-of which no trace remains

Ⅱ. 当前的历史周期

PRESENT UNIVERSAL CYCLE

A. 亚当周期，即预言周期，持续约6000年

ADAMIC CYCLE, CYCLE OF PROPHECY-lasted approximately 6, 000 years

1. 亚当及印度宗教人物 Adam, Indian religious figures

2. 诺亚及克里希纳 Noah, Krishna

3. 亚伯拉罕 Abraham

4. 摩西 Moses

5. 佛陀 Buddha

6. 琐罗亚斯德 Zoroaster

7. 耶稣 Jesus

---

① Abdu'l-Baha. *Some Answered Questions* ［M］. Wilmette：Bahá'í Publishing Trust, 1987. 160

② Ages and Cycles ［EB/OL］. http：//www. northill. demon. co. uk. 2009 ~ 3 ~ 21.

8. 穆罕默德 Muhammad

* 其他未知和未确定的先知 Other unknown or unspecified prophets

B. 巴哈伊周期，即预言的实现周期，约 50 万年

BAHA'I CYCLE, CYCLE OF FULFILLMENT-to last 500, 000 years

1. 巴布 The Bab

2. 巴哈欧拉：巴哈欧拉显圣周期 Bahá'u'lláh-Universal Manifestation for this Universal Cycle

a. 英雄时期、初创时期或使徒时期

Heroic, Primitive, or Apostolic Age-1844 ~ 1921 (or 1932-the death of Bahiyyih Khanum)

ⅰ. 巴布传道时代 Ministry of the Bab (1844 ~ 53)

ⅱ. 巴哈欧拉传道时代 Ministry of Baha'u'llah (1853 ~ 92)

ⅲ. 阿博都巴哈传道时代 Ministry of Abdu'l-Baha (1892 ~ 1921)

b. 形成时期、过渡时期或黑铁时期

Formative, Transitional, or Iron Age-1921 ~

ⅰ. 第一时代：管理体制的建立 First Epoch (1921 ~ 44/46) -Erection of the Administrative Order

ⅱ. 第二时代：突破限制，将圣道传播到西半球之外 Second Epoch (1946 ~ 63) -spread of the Faith beyond the confines of the Western Hemisphere

ⅲ. 第三时代：声闻鹊起，订立社会经济发展计划 Third Epoch (1963 ~ 86) -emergence of the Faith from obscurity and initiation of social and economic development plans

ⅳ. 第四时代：国家灵体会担负发展责任 Fourth Epoch (1986 ~) -national communities taking on the responsibility for their own development

ⅴ. 其他一系列时代 Successive further Epochs

c. 黄金时期：迈向大和平或大同的一系列时代

Golden Age：Successive Epochs leading to the Most Great Peace

3. 巴哈欧拉启示庇荫下更多的先知显现

Further Manifestations-under the shadow of Baha'u'llah

* 巴哈伊宇宙周期结束

END OF PRESENT UNIVERSAL CYCLE

Ⅲ. 其他更多宇宙周期

FURTHER UNIVERSAL CYCLES

第二章

伊斯兰世界的宗教改革

第一节　近现代伊斯兰—阿拉伯文化面临的挑战和对策

一、近古时期伊斯兰—阿拉伯文化的中衰

阿拉伯文化在近古时期开始衰落，近代以来衰落加剧。为了振兴阿拉伯文化，近代以来的阿拉伯思想家进行了种种尝试，出现了各种各样的思潮。在西方文化的挑战面前，阿拉伯很多思想家都把回应这种挑战作为自己的重要使命。阿拉伯帝国的衰亡早在阿拔斯朝的后期已初露端倪。由于大权旁落于波斯、突厥等异族手中，哈里发政权早已经名存实亡，诸王割据独立。同时，西方自 1096 年至 1254 年进行了以夺回巴勒斯坦圣地为目标的 7 次"十字军东征"，使许多城市毁灭，无数村镇荡然无存。虽然"十字军东征"未能阻止伊斯兰教的扩张，但另一股更强大的扩张势力却代替并蹂躏了伊斯兰。期间及以后，阿拉伯世界相继遭受的是蒙古人的入侵，文化发展遭到破坏，波斯未能幸免。成吉思汗（1162 - 1227）在统一蒙古后，于 1219 年亲率 20 万大军开始西侵。原属阿拉伯帝国的花拉子模、呼罗珊及中亚、西亚的一些大小王国先后被蒙古人征服。许多文化名城如撒马尔罕、布哈拉、木鹿、内沙布尔、哈马丹……都被洗劫一空，许多文物、图书化为灰烬。1258 年成吉思汗的孙子旭烈兀率军攻陷巴格达，杀了哈里发，并下令洗城 40 天，把书籍焚毁或投入底格里斯河中，阿拔斯朝遂告灭亡。蒙古军继续西进，直抵大马士革。其军队所到之处，文化典籍几乎荡然无存，文化遭到严重破坏。

奥斯曼土耳其东侵使波斯西部受到威胁，东部则遭受乌兹别克人的侵扰。1517 年，奥斯曼土耳其帝国灭掉马木鲁克王朝。此后，至 16 世纪中叶，阿拉

伯各地相继落入土耳其人手中，土耳其人建立了奥斯曼帝国，地跨欧、亚、非三洲，阿拉伯各地成为奥斯曼帝国的行省。在奥斯曼土耳其人统治时期，阿拉伯文化进一步衰落，处于最低潮。这是因为掌权的土耳其人对阿拉伯人在一定程度上实行种族歧视和愚民政策，不启迪民智，不提倡教育，不奖励学术，规定土耳其语为国语，企图人为地消灭阿拉伯语；还把大批阿拉伯遗产、典籍运往首都君士坦丁堡，文人、学士、工匠、艺人也多被集中在那里。不懂或不精通阿拉伯语的土耳其统治者自然不会赏识或重视阿拉伯文化。"那时，学校极少，而且都是初级的宗教学校。根本没有阿拉伯文的报纸和刊物，书籍也很缺乏，在大马士革和阿勒颇等大城市，找不到一家书店。经院神学统治一切，盲目崇古之风盛行。故步自封，墨守成规。自然科学衰落，社会科学毫无生气。曾经放过异彩的阿拉伯文化，受到了严重的摧残。"① 伊斯兰王国波斯也处于文化衰败阶段。虽未臣服于土耳其，但经常遭受后者的入侵，部分领土丧失。

总之，自 1258 年阿拉伯帝国阿拔斯朝灭亡至 1798 年拿破仑攻占开罗，这段近古时期，阿拉伯大部分地区一直处于异族统治之下，是伊斯兰—阿拉伯文化的衰微时期。

二、近现代阿拉伯文化面临西方文化的挑战

1798 年，法国拿破仑入侵埃及，激起了阿拉伯人民的反抗，从而为阿拉伯近现代历史揭开了序幕。实际上，18 世纪欧洲工业革命之后，欧洲国家凭借强大的经济和军事实力，就开始向外大规模地进行殖民扩张。距离西方最近的西方阿拉伯世界就首当其冲地成了他们的侵略目标。近现代的阿拉伯历史，实际上是西方殖民主义对阿拉伯世界进行军事侵略、政治统治、经济掠夺、文化渗透的历史。同时也是阿拉伯世界各国人民反对帝国主义、殖民主义，争取民族独立、解放而进行斗争的历史。

西方帝国主义对处于奥斯曼帝国统治的阿拉伯世界采取渗透、蚕食政策。至第一次世界大战前后，西方殖民主义者已基本上完成了对整个阿拉伯世界的瓜分。他们划分了各自的势力范围，使阿拉伯各国成为他们的殖民地或半殖民地。如属于英国势力范围的有埃及、苏丹、伊拉克、约旦、也门与海湾地区；属于法国势力范围的殖民地有西北非的阿尔及利亚、突尼斯、摩洛哥，西亚的

---

① 郭应德：《阿拉伯史纲》［M］．北京：中国社会科学出版社，1991.284. 转引自蔡德贵主编：《当代伊斯兰阿拉伯哲学研究》［M］．北京：人民出版社，2001.39.

黎巴嫩、叙利亚则是其委任统治地，利比亚则沦为意大利的殖民地。到 19 世纪末，伊朗已沦为西方（主要是英国和俄国）半殖民地国家。

西方的侵入给阿拉伯世界带来了西方资产阶级文化，在客观上引起了近现代已占上风的西方资产阶级文化与已处于下风的伊斯兰—阿拉伯文化的再次撞击。面对西方的挑战，阿拉伯一些有胆识的政治家、思想家意识到必须进行改革复兴，走在这场复兴运动前列的是埃及和黎巴嫩。阿拉伯许多有识之士曾指出，当时正处于长期停滞、落后的阿拉伯世界，"它本身不具有赖以复兴的条件，必须借助外来的火光照亮思想，并把它提高到世界思想和文化发展的水平。像在欧洲的黑暗时期东方曾把它照亮一样，东方在自己的衰沉时期也要借助欧洲，以建造自己的复兴基础。东西方交流所产生的火光将在阿拉伯世界大放光明，将照亮通向思想、文化、文学广泛进步的智慧之路……东西方交流是复兴的最重要和最有影响的前提。"① 黎巴嫩、叙利亚和埃及的复兴运动就是从这一思想出发的。

在埃及这场复兴运动的先声是始于 19 世纪初的翻译运动。其实，活跃于19 世纪阿拉伯世界文化复兴的先驱并非只在黎巴嫩、叙利亚和埃及，其他地区亦有。如突尼斯的海鲁丁（Khayruad-Din，1822 – 1889）就是其中之一，他曾任突尼斯首相。他的主要政见集中反映在其代表作《认识国情之正途》（1867）一书中。他分析了奥斯曼帝国的僵滞、腐朽、落后的原因，力主采用欧洲文明的成果，认为这是使国家取得政治、经济独立的唯一途径。他主张国家自主，实行法制，尊重人的个性，让妇女受教育，力图使突尼斯变成欧洲式的资产阶级民主国家。② 波斯的巴布运动虽然主要依赖本土思想文化资源，但提出的改革思想对于阿拉伯传统思想而言是具有革命性的。

在阿拉伯文化中起决定作用的是两大因素：一是阿拉伯民族，一是伊斯兰教。所以对阿拉伯民族来说，复兴就是阿拉伯民族的复兴。而对于穆斯林来说，复兴就是伊斯兰教的复兴。不难看出，活跃于 19 世纪的阿拉伯复兴启蒙运动的先驱者们，不管他们的信仰如何，"复兴""现代化"是他们的共同愿望。不过黎巴嫩、叙利亚的基督教徒、天主教徒，往往侧重于阿拉伯民族的复兴，希望现代化主要是倾向于西化。而穆斯林思想家则侧重于伊斯兰教的复

① 转引自蔡德贵主编：《当代伊斯兰阿拉伯哲学研究》［M］.北京：人民出版社，2001.42. 又见汉纳·法胡里：《阿拉伯文学史》［M］.郅溥浩译.北京：人民文学出版社，1990.537～538.

② 仲跻昆：《阿拉伯－伊斯兰文化的复兴与现代化》［EB/OL］.www.islambook.net/xue-shu/list.asp? id = 2650 47K 2009～1～20.

兴，他们的现代化是伊斯兰文化的现代化。

三、当代伊斯兰教面临的挑战

就伊斯兰教的复兴而言，复兴伴随着内外斗争，绝不是一帆风顺的，反而矛盾重重，新旧交织。伊斯兰教从产生之日起就处于同犹太教、基督教的对抗之中，直到今天这种斗争以各种各样的形式表现出来。伊斯兰—阿拉伯国家都发生了深刻的变化，采取了开放的政策，如吸引外资、引进技术、经济多样化，与此相应的政治也变得多元化。波斯以波斯民族为主，虽不是阿拉伯国家，但处于阿拉伯世界之中，与阿拉伯世界具有重要的文化姻缘，也和阿拉伯国家一道同西方基督教世界处于对立关系之中。巴哈伊教的经典既有波斯语写成的，又有阿拉伯语写成的，也就不足为怪了。伊斯兰—阿拉伯世界日益面临着蔓延全球的西方生活方式的挑战，伊斯兰—阿拉伯国家的政治家意识到这种意识形态与经济技术现代化之间的巨大矛盾和两难境地。于是，一方面要阻挡西方生活方式对伊斯兰民族精神上的侵害，另一方面还要在物质上向西方看齐。而西方的生活方式给伊斯兰社会的打击，被称为阿拉伯世界的"第五纵队"。① 对此，伊斯兰—阿拉伯国家直到现代曾采取消极防御的措施，如不引进电视机、不开设电影院等，但收效甚微，何去何从成为伊斯兰—阿拉伯思想家们思考的严峻课题。有的提出在国际政治进一步多元化的发展中，伊斯兰—阿拉伯世界只有保持民族个性和文化特色作为一个整体投入和参与才能在国际事务中发挥积极的作用，才能达成共识，共同抵御西方。有的提出，阿拉伯国家当前的首要任务是加速民主化进程，实现民主，通过增强内部实力来对抗西方的渗透。也有的提出要改变阿拉伯国家的经济格局，改变单一的石油经济，发展多种经济，加强阿拉伯国家的综合力量，以摆脱西方国家在经济上（特别是石油）对阿拉伯国家的控制。更有的思想家提出，对西方的文化渗透不能持软弱态度，不能接受婚姻自由、男女平等以及政治民主的主张，传统的家庭结构、宗教社会结构不能动摇，传统的社会价值观念不能改变，如男人具有绝对权威，负责家庭秩序和纪律，妻子服从丈夫，相夫教子，服从双亲等等。更多的伊斯兰思想家持乐观态度，认为时代变迁，但伊斯兰的文化根基深厚，足以同任何外来文化抗衡，伊斯兰将永远保持活力。②

---

① 蔡德贵主编：《当代伊斯兰阿拉伯哲学研究》［M］. 北京：人民出版社，2001. 229.
② 钱学文：《阿拉伯国家当前的若干问题》［J］. 阿拉伯世界，1993（2）. 19~25.

四、伊斯兰—阿拉伯世界面对挑战的对策

伊斯兰—阿拉伯的现代化伴随着反殖、反帝的民族解放运动。民族主义是一面可以利用的旗帜，不管是信奉泛阿拉伯的民族主义的，还是地区阿拉伯民族主义的，也不管是信仰伊斯兰教的，还是信奉基督教的，抑或是无神论者，都可以把反帝、反殖、争取民族独立以便使民族振兴作为自己的历史重任。在反帝、反殖的民族解放运动中，面临着主要矛盾就是民族矛盾，民族主义者、伊斯兰主义者和马克思主义者共同站在了民族解放的统一战线上。在这一阶段，他们是同路人，有着共同的使命——首先使民族解放、独立。

从这个意义上讲，20世纪上半叶，甚至上至19世纪，阿拉伯民族解放运动就是阿拉伯民族复兴的运作过程。如前所述，阿拉伯文化受两大要素支配：阿拉伯民族和伊斯兰教。彪炳于世的中世纪灿烂的伊斯兰—阿拉伯文化，既是阿拉伯民族的光荣，也是伊斯兰教的荣耀。所以近现代阿拉伯民族主义的政治家、思想家和伊斯兰教的宗教改革家、社会活动家都在致力于将近代中衰了的伊斯兰—阿拉伯文化重新振兴起来，就如同当年欧洲人要走出中世纪的黑暗，重新点燃古希腊—罗马文明的明灯，从而有了欧洲文艺复兴运动一样。因此，阿拉伯近现代的复兴，既是民族的复兴，也是宗教的复兴。阿拉伯民族大部分人是穆斯林，伊斯兰文化是阿拉伯文化的主流文化，阿拉伯的民族主义者一般都不会轻易放弃伊斯兰这面旗帜。"如果阿拉伯是这一文明的工具，伊斯兰则是其灵魂。"① 因此，阿拉伯民族主义的复兴与伊斯兰的复兴，在有些时期是目标一致的，如19世纪至20世纪上半叶的阿拉伯民族解放运动与伊斯兰复兴运动，就是统一的，是并行不悖的。但在阿拉伯各国相继获得解放、独立后，当政的民族主义者却往往与伊斯兰主义者的主张产生分歧、矛盾，以至于激化，发生冲突。这就是19世纪后半叶至今的现状。

阿拉伯世界对现代化有三种态度②：一是主张全盘西化，认为现代化就是西化，除了全盘接受和吸收它之外，不存在其他的选择；二是坚决反对世俗化，反对西化，把西方文明视为洪水猛兽，而主张全盘伊斯兰化；一切都要严格地不折不扣地按照《古兰经》、"圣训"的原旨和伊斯兰教的教法、教义去

① 陈中耀：《〈伊斯兰哲学史〉·译者的话》[Z]. 马吉德·法赫里：《伊斯兰哲学史》[M]. 上海外语教育出版社，1992.1.

② 蔡德贵主编：《当代伊斯兰阿拉伯哲学研究》[M]. 北京：人民出版社，2001.55.

做，以达到复兴伊斯兰教的目的。这就是宗教激进主义的主张；三是中间道路，要现代化，但现代化不等于西方化。他们反对因陈袭旧，主张革故鼎新，发展科学教育，振兴民族文化，保持民族个性，在宗教和科学之间进行调和，使宗教与现代化并不行不悖。在复兴的道路上，另一个重大的问题就是统一。阿拉伯民族主义者致力于阿拉伯民族统一，泛伊斯兰主义者与伊斯兰宗教激进主义则致力于使穆斯林统一于伊斯兰的大旗之下。

第二节　近代以来伊朗的政治和社会背景

近代伊朗，从萨非王朝到 1905 年立宪运动前夕，经历了从统一的民族国家到沦为半殖民地半封建社会的过程。而宗教与政治是一体两面的关系。没有一位统治者将宗教放在次要地位，因而宗教实际变成了政治的工具，任何政治改革都建立在宗教改革的基础上，因为社会的法律和习俗都直接由宗教法律来规定，任何政治斗争的背后都是宗教集团或教派之间的斗争，相反任何教派之间的斗争也是政治斗争。比如，卡加尔王朝就有两种法，即宗教法和普通法，相应地也有两种法庭，社会结构也体现为世俗体制与宗教体制之间的矛盾和斗争。根据伊斯兰教的理论，不属于教法管辖的案例很少，只有非穆斯林不受教法约束。可以说宗教与政治互为表里，成了近代伊朗政治斗争和社会动荡的晴雨表。通过了解伊朗的政治及社会背景还可以为了解伊朗的主流社会及政治和宗教界对巴哈伊教采取的敌视态度的原因提供帮助。

一、动荡的近代伊朗

萨非的红帽军击败了土库曼人建立的白羊王朝（信奉逊尼派），于 1502 年伊斯玛依建立了萨非王朝，版图据有伊朗中部和西北部。这是伊斯兰教进入伊朗之后第一个统一的伊朗王权。其后又取得两河流域下游地区和伊朗南部，还包括安纳托利亚东部、阿塞拜疆以及美索不达米亚东部。1510 年他击败占据呼罗珊的乌兹别克。萨非王朝极盛时版图还包括阿富的坎大哈、赫拉特。出于消除宗教矛盾、民族团结和统一伊朗的考虑，开国君主伊斯玛仪（1499~1524）宣布什叶派的"十二伊玛目派"是这个新王朝的国教。萨非王朝的建立"标志着以波斯人、阿塞拜疆人、土库曼人和库尔德人为主体，以伊朗什叶派教义为纽带，以融合了各种文化的波斯文化为基础的统一的伊朗民族国家的形成。"①

萨非王朝的外患是西部处于鼎盛时期的奥斯曼帝国，东面的乌兹别克人。萨非王朝与奥斯曼帝国曾长期进行战争。阿拔斯一世初期，就曾割让大片土地给奥斯曼帝国，以这种妥协的方式，腾出精力对付东部的乌兹别克人，1597年阿拔斯战败乌兹别克人。萨非王朝以什叶派伊斯兰教为国教，但由于此前该地区受到信仰逊尼派的塞尔柱人、蒙古人的相继蹂躏、迫害和统治，什叶派的实力十分薄弱。阿拔斯一世励精图治，促进商业和手工业的发展。他削弱土库曼部落上层分子的经济、军事权势，摆脱了有土库曼人组成的红帽军的依赖，创建常备军，加强王权。他主动与欧洲各国建立广泛的政治、经济联系。他又借助英国人的力量于1603年起对奥斯曼帝国发动攻势，收复了全部失地。1639年5月17日签订的"席林堡条约"奠定了近代伊朗和奥斯曼帝国关系的基础，该条约结束了两国长达一个多世纪的战争，但巴格达被并入奥斯曼版图。同时，伊朗又于1623年与英国联合从葡萄牙人手中夺回霍尔木兹。英国人则取得在伊朗设立商站、商品免税进口等特权。17世纪20年代，萨非王朝已经是伊斯兰世界的三大帝国之一，阿拔斯一世因此被称为"阿拔斯大帝"。17世纪末，萨非王朝日益衰落。虽然仍受奥斯曼帝国的钳制，但是帝国的梦想或记忆一直保留在波斯人的心中。

18世纪初期，由于封建关系的阻碍，伊朗社会经济文化发展缓慢。沙俄从北部向伊朗渗透，1722年王朝统治下的阿富汗人占领了首都伊斯法罕，大国从中渔利。奥斯曼帝国首相易卜拉欣帕夏便想利用伊朗国内分裂的局面入侵伊朗，掠夺其财富，减少国内捐税负担。奥斯曼帝国素丹·侯赛因的儿子塔赫马斯普（1722~1732在位）逃往大不里士，自立为伊朗国王，向奥斯曼求援。与此同时，格鲁吉亚第比利斯总督瓦格唐六世乘机宣布独立，进攻什尔凡逊尼派穆斯林居民，后者也向奥斯曼求援。这时，俄国彼得大帝也应塔赫马斯普之请，于1722年夏向阿斯特拉罕进军，并于秋天占领了杰尔宾特。不久，俄国人便占领了巴库。易卜拉欣帕夏意识到，如果不立即采取行动，曾经由奥斯曼帝国拥有的领土将毫无疑问会落入俄国人之手。1722年5月，素丹·艾哈迈德三世命令安纳托利亚诸省总督立即向伊朗进军。但是，直到第二年4月，奥斯曼才向伊朗正式宣战，理由是将阿富汗人和俄国人逐出伊朗，收复曾经属于奥斯曼的领土，以逊尼派取代什叶派。塔赫马斯普二世逃至马赞德兰，图谋复辟。

---

① 刘慧：《当代伊朗社会与文化》［M］. 上海：上海外语教育出版社，2007.33.

此后，呼罗珊的阿夫沙尔部落首领纳迪尔·郭利率军把阿富汗人逐出伊朗，又从土耳其人手中夺回全部失地，于 1736 年自立为伊朗国王，改称纳迪尔沙，建立阿夫沙尔王朝（1736～1796），定都马什哈德。他在宗教上宣布废除由萨非王朝奉为国教的什叶派，改奉逊尼派，并创建一个新教派，即加法里派，教长是加法尔·萨迪克，纳迪尔沙称其为"第五教派"。该派笃信第六位伊玛目，认为他是最伟大的伊玛目和卓越的宗教法学家。但是纳迪尔沙创建新宗教，其用意并非单纯出于宗教原因，而是出于政治考虑。"首先，纳迪尔沙是想在精神上彻底打击以什叶派为国教的萨非朝。第二，是鉴于什叶派的分裂所引起的混乱，想靠宗教消弭什叶派穆斯林和逊尼派穆斯林之间的分歧。第三，是想缓和与信奉逊尼派的土耳其的关系。最后，是想为在西亚建立一个包括土耳其在内的统一的伊斯兰国家打下基础。"① 纳迪尔沙率军侵占阿富汗和印度北部，大肆劫掠。长期的征战严重损耗了国家的武力和人力。1747 年纳迪尔沙被侍卫暗杀，全国陷入内乱纷争之中。纳迪尔沙之孙沙赫·鲁赫据有呼罗珊，直至 1796 年为卡加尔王朝所灭。伊朗的南部和西部则为赞德王朝（1750～1794）所统治。后来卡加尔部落的阿迦·穆罕默德（1779～1797 在位）取代赞德王朝，建立卡加尔王朝（1779～1925），建都德黑兰，并控制了伊朗全境。

卡加尔王朝的第一任君主阿加·穆罕默德是"历代君主中最残暴和最令人痛恨的一个"，但是"他在抗击外敌方面取得很多胜绩，还把什叶派再度定为国教。"卡加尔王朝又是"伊朗历史上软弱的王朝"。② 此时，欧洲国家对伊朗的侵略开始加剧。卡加尔王朝初期，西方列强加紧在伊朗争夺权势。1812～1828 年两次俄国—伊朗战争的结果，伊朗签订了第一个不平等条约"古列斯坦条约"。根据条约伊朗把俄国在战争中夺走的格鲁吉亚、巴库、黑海沿岸各省等地区割让给俄国。伊朗除赔款外，还割让里海附近的一些地区，同意不在里海设置海军，给俄国商人以优惠特权。1856 年，因赫拉特问题，伊朗同英国发生战争，伊朗战败，承认阿富汗独立。此后法国、奥地利、美国等相继强迫伊朗订立不平等条约，取得领事裁判权和贸易特权。19 世纪下半叶，英、俄攫取了在伊朗采矿、筑路、设立银行、专卖商品、训练军队等特权。由俄国人担任军官的哥萨克旅（第一次世界大战后扩编为师），成为俄国干涉伊朗内政的工具。英波石油公司（1935 年更名为英伊石油公司）夺取了

① 赵伟明：《近代伊朗》［M］．上海：上海外语教育出版社，2000.17.
② 刘慧：《当代伊朗社会与文化》［M］．上海：上海外语教育出版社，2007.35.

大量的石油资源。1907 年英、俄两国为共同对付德国，镇压伊朗革命，又相互勾结划分了在伊朗的势力范围：北部属俄国，南部属英国，中部为缓冲区。

从 19 世纪中叶和下半叶至 20 世纪初伊朗人民反封建统治和外国侵略的斗争，随着欧洲列强侵略的深入而加强，外国商品，特别是英国商品大量涌入伊朗，破坏了伊朗农业和手工业相结合的经济结构，大批手工业者和中小商人破产，社会经济矛盾加剧，社会经济衰落，封建统治集团专横残暴，人民受着双重压迫。伊朗逐渐沦为半殖民地。赛义德·阿里·穆罕默德看到，除了宗教制度外，伊朗的政治、经济制度都不利于伊朗民生和工商业，比如教长的强权、商业和交易的禁制、礼拜时间和地点等的限定、对穿戴丝绸和首饰等的禁止、男女交往的禁忌等，因此主张予以废除。他自称巴布，主张提倡自由贸易，保护人身安全和私有财产，欠债必须偿还，保护商业机密，规定借贷利息，改善邮传，统一货币等。起初，巴布教徒曾花大力气说服社会上层，向王公大臣、各州州长和高级僧侣宣传巴布教义，但未获成功。巴布教徒受到伊斯兰教士、教法学家以及政府官员的敌视和反对，接着受到迫害，转而向下层人民传教，赢得了广大人民的支持。由于迫害加剧，1848 年爆发了巴布教徒起义。首相米尔扎·塔吉的改革亦因封建贵族、宗教界上层分子的反对而失败。1891～1892 年掀起的声势浩大的烟草工人暴动，迫使国王取消了给予英国公司的烟草专利权。20 世纪初，伊朗民族资本主义开始萌芽。商人、富裕的教士和官吏成为新兴的资产阶级。1905 年，在俄国革命影响下，伊朗发生了反帝反封建的资产阶级革命，12 月爆发了立宪运动。统治阶级意识到来自人民的反抗压力，同时也意识到西方文明的先进性。国王被迫于 1906 年召集议会，制定宪法。由于英俄联合伊朗的反革命势力，宪法革命终于被绞杀。1911 年 12 月，议会被解散，政权重新落入反动封建贵族手中。

对于巴布教产生的社会背景及巴布运动的性质，有学者认为，巴布教义"更加符合伊朗成长中的资产阶级以及外国殖民者的利益，因而得到外国商人、买办资产阶级的支持和西方殖民主义者的赏识。"[①] 这种评价运用的是单纯的阶级分析的方法，不利于认识一个复杂的社会现象，对于认识内外交错、政治与宗教相互交织的伊朗社会的历史事件有失粗浅。一些阿拉伯国家正是抱着这样的态度对待巴哈伊教和巴哈伊教徒的。也有学者认为"巴布的这些主张，既反映了农民、手工业者反对封建压迫、实现社会平等的要求，也反映了

---

① 王怀德，郭宝华：《伊斯兰教史》［M］. 银川：宁夏人民出版社，1992. 383.

商人的利益。"① 这样评价更全面一些，因为社会改革要损害一部分阶级的利益。伊朗的教士阶层和土地所有者必然首当其冲。但是以宗教改革相号召的社会政治改革在伊朗已经成为惯例，这就要照顾到多数人的利益。教士阶层必然要运用他们手中的权力和社会影响力组织和发动信众反对改革，这就是伊朗普通民众参与残酷镇压巴布运动的原因。即便这种改革有利于新兴资产阶级，甚至可能暂时损害整个特权阶层的利益，但从长远上看有利于整个民族。如果将巴布教放在宗教文化与人类文明的互动关系上来看，就其基本教义而言则有利于全人类。正如被誉为东方"思想复兴的柱石"和"自由思想的先驱"之一的黎巴嫩籍学者希布里·舒迈伊勒（Shiblī Shumayyil 1860－1917）所说："预期而必不可免的革命，是一场各个民族、各个国家相互支持的革命，旨在推翻和改换他们的政府，使之更适应时代的精神，更能维护民众的利益。"② 巴布教和巴哈伊教是对世界各个民族或政府提出的救世改革方案之一。

二、走向艰难的现代化之路的现代伊朗

第一次世界大战爆发后，伊朗宣布中立，但国土成为俄国、英国和土耳其、德国之间战争的场所。由于伊朗长期以来被英俄侵略，况且伊朗的中立政策遭到两国的藐视，伊朗的反英反俄的民族主义情绪高涨。许多议会代表主张这是反击英俄的时机。1915 年伊朗首相穆斯陶菲·马马立克迫于议会压力同意与德国谈判。于是伊朗在一战中站到了"同盟国"一边。英俄闻声立即行动，逼迫国王罢免首相，解散国会。而德国和土耳其军官则利用吉朗米尔扎库切克汗领导的"森林军"的宗教情绪和民族情绪，为他们提供武器弹药，帮助整训军队，以游击战打击伊朗政府军和俄国占领军。到 1917 年，俄、英实际上已分别占领伊朗北部和南部。德黑兰举行民众集会和示威，反对英国占领，设拉子的毛拉鼓动民众向英占领军发动"圣战"，英国辅助的南波斯步兵队发生哗变发动抗英起义，但最终失败。第一次世界大战结束时英国已控制伊朗全境。1920～1921 年，阿塞拜疆、吉朗、呼罗珊等地都发生了反对帝国主义和封建专制的革命运动；其中以吉朗的革命运动规模最大，成立了吉朗共和国。1921 年 2 月，哥萨克师的军官礼萨发动政变，夺取政权，自任陆军大臣。

---

① 赵伟明：《近代伊朗》［M］. 上海：上海外语教育出版社，2000. 151.
② 仲跻昆：《阿拉伯－伊斯兰文化的复兴与现代化》 ［EB/OL］. www. islambook. net/xue-shu/list. 47K 2009～1～20.

1925 年议会废黜卡加尔王朝国王，立礼萨为国王（1925~1941 在位），称礼萨·汗·巴列维，建立巴列维王朝。

王朝初期，礼萨·汗采取了一些发展社会经济和文化教育的措施。他以武力消灭部族力量，解散部族武装，消除地方割据势力，削弱宗教势力，加强中央集权。他以土耳其凯末尔为榜样，实施了一整套振兴民族和国家的现代化、世俗化的改革计划。他下令政教分离，限制教士权力；提高妇女地位，废除妇女戴面纱的习俗，提倡妇女接受教育，参加公共活动。他发展民族工业，建立现代化的机械工业，建设由里海至波斯湾的铁路，与英波石油公司重订协议（1933），划定地区安置游牧部落定居，增加伊朗税收。此外还改革司法、习俗，兴建医院、世俗学校。既学习西方的技术与文化，又积极弘扬古波斯文化。另一方面，礼萨·汗实行个人独裁，残酷迫害进步人士。1929~1939 年间，许多地方发生罢工运动和农民起义，游牧部落的暴动接连不断。

巴列维王朝注意维护国家主权和改善与邻国的关系，先后与土耳其、阿富汗、伊拉克缔结了共同安全条约和互不侵犯条约。1921 年与苏俄订约，废除了沙俄以不平等条约在伊朗攫取的权益。1927 年宣布废除与外国订立的不平等条约；1928 年废除外国在伊朗的领事裁判权，实行关税自主。1935 年，宣布恢复从萨珊王朝开始存在的"伊朗"国名。

第二次世界大战前，由于礼萨·汗企图借助德国势力削弱英、苏在伊朗的影响，伊朗与德国关系较密切。1941 年 6 月德国入侵苏联后，由于他拒绝盟军通过伊朗向苏联运送军用物资，英国和苏联于 8 月出兵伊朗，迫使礼萨·汗退位，其子穆罕默德·礼萨·巴列维继位（1941~1979 在位），被称为巴列维国王。穆罕默德·礼萨受父亲的言传身教，怀抱着复兴伊朗的宏愿，但执政期间过分依赖美国，因而重蹈了其父亲的覆辙。① 1941 年 12 月太平洋战争爆发后，美国也向伊朗派驻军队，协助运输军事物资。1942 年 1 月，英国、苏联和伊朗订立同盟条约，英、苏承诺尊重伊朗的主权、独立和领土完整，战后 6 个月内撤出驻军，伊朗则在运输方面提供方便。1943 年 9 月，伊朗对德宣战。战后，美、英军先后撤出；苏军迟迟未撤，并支持伊朗人民党于 1945 年 12 月成立的伊朗阿塞拜疆自治政府。经过谈判，苏军于 1946 年 5 月撤出。同年 12 月阿塞拜疆自治政府被推翻。但此后该地区仍保留若干自治权。

伊朗在经济上和外交上也不可避免受大国控制。1951 年，民族阵线领导人穆罕默德·摩萨台出任首相，宣布实行石油国有化，因而与英伊石油公司发

---

① 刘慧：《当代伊朗社会与文化》[M]．上海：上海外语教育出版社，2007. 39.

生争议。英国和美国向伊朗施加压力，企图迫使伊朗让步。1953 年 8 月，国王试图解除摩萨台职务未成，被迫出走。几天后，在美国支持下亲国王势力逮捕了摩萨台，国王返回伊朗。1954 年 8 月，伊朗同外国石油公司财团达成协议，将石油公司归还外商。穆罕默德·礼萨名义上是君主立宪，但实际上独揽了行政、立法和司法权，实行独裁统治。在外交上，巴列维政府奉行亲西方的政策，特别是依赖美国，接受了美国大量的经济和军事援助。在美国帮助下扩充军备，设立秘密警察机构国家安全局（萨瓦克），实行独裁统治。还加入了美国为首的《巴格达条约》组织。

巴列维王朝的统治尽管做出了种种努力，还是不能为复兴伊朗带来更多的希望，其结果是经济严重失调，政治独裁。礼萨·巴列维统治时期是伊朗社会从农业国向石油输出国转变时期。为了巩固其王朝的统治，他利用石油收入和美国援助，推行社会经济发展计划，试图通过社会改革，维护王室统治，把伊朗建设成一个现代化国家。60 年代初，他提出进行包括 6 点改革计划的"白色革命"，目的是削弱反对现代化运动的传统阶级，削弱教会和世俗地主及部落酋长的权力。6 点改革计划包括：（1）土地改革；（2）森林国有化；（3）出售国有企业以筹措土改基金；（4）工人在企业中入股分红；（5）给妇女选举权；（6）组建到农村扫盲的"知识大军"，发展文教事业。① 但由于计划过大等原因，造成经济严重失调。同时，城市人口激增，通货膨胀，物价上涨，贫富悬殊加剧，各种社会矛盾激化。文化上：由于巴列维国王向西方倾斜的政策，巴列维推行所谓开放型文化政策也导致了西方文化在伊朗的泛滥，使西方腐朽文化和生活方式大量涌入，色情、淫秽、凶杀书刊和影视泛滥，社会风尚败坏，冲击着伊朗固有的伊斯兰文化传统和生活方式，破坏了伊斯兰社会传统，引起了大众的不满。在宗教上：王朝推行世俗化的政策，实行政教分离，限制宗教上层的政治活动，取消宗教领袖的特权。禁止寺院征收天课，将清真寺、宗教学校和圣地的土地大部分收归国有；关闭大量宗教学校，代之以世俗教育；制定《家庭保护法》，给妇女以一定自由；撤销沙里亚司法机构，代之以世俗司法机构等，从而招致宗教上层的强烈反对。伊朗各阶层的人民群众及各种政治力量联合起来，形成反国王的群众运动。因伊朗人口 95% 为什叶派穆斯林，反对国王的斗争便以什叶派宗教势力同国王政权之间的矛盾展开。什叶派宗教上层则利用人民的强烈不满情绪，以"伊朗伊斯兰革命"为旗号，实施政治变革。

---

① 刘慧：《当代伊朗社会与文化》［M］. 上海：上海外语教育出版社，2007. 39.

　　"伊朗伊斯兰革命"是 1979 年伊朗什叶派穆斯林推翻巴列维王朝统治及在国内实行"全盘伊斯兰化"的革命，是什叶派领袖阿亚图拉·鲁霍拉·霍梅尼领导的、以乌里玛（即教法学家和教义学家及宗教学者）为核心、反对国王推行西方化和世俗化的伊斯兰复兴运动。1963 年 6 月霍梅尼为首的激进派教士集团发动了全国规模的宗教起义。霍梅尼被捕，被流放国外。自 1977 年下半年起，各地反政府动乱不断升级。流亡在伊拉克纳杰夫的霍梅尼号召国内的信徒和学生进行反对国王的"圣战"，到 1978 年下半年达到高潮。8 月，国王巴列维更换内阁，宣布对首都德黑兰等 12 个大城市实行军管。并出动大批军警镇压反对者，在德黑兰打死示威群众数万人，酿成流血事件。从此激起全国更大规模的群众示威和罢工，造成石油工业停产，交通中断，军方中立，国内动乱不已，政局失控。1979 年 1 月，国王被迫出国。2 月 1 日，霍梅尼由巴黎回到德黑兰，任命"自由运动"领导人迈赫迪·巴扎尔甘为总理，组织伊斯兰革命临时政府。2 月 11 日，临时政府正式接管政权，国王任命的沙普尔·巴赫蒂亚尔政府倒台，巴列维王朝灭亡。

　　共和国成立之初，首先进行政体改革，推行全盘伊斯兰化，但形式上也借鉴西方的政治体制。4 月 1 日，霍梅尼宣布成立伊朗伊斯兰共和国。12 月举行公民投票，通过了新宪法。宪法规定，以什叶派伊斯兰教义为立国准则；霍梅尼作为终身宗教领袖，在行政、立法、司法及军事方面拥有最高权力；总统和议会由普选产生。1980 年 5 月 28 日举行了第一次普选，产生了伊斯兰国民议会，其最终目标是依照先知穆罕默德的教诲，创造一整套伊斯兰政府制度。政府制度实行三权分立，这是伊朗向现代化道路上迈出的重要一步。①

　　但伊朗经济形势逆转，政局动荡。库尔德、土库曼等少数民族要求自治，发生武装反抗。政界高层人士中，以总统阿布·哈桑·巴尼萨德尔（1980 年当选）为代表的温和派同伊斯兰共和党的原教旨主义者在内外政策上斗争激烈。1981 年 6 月，巴尼萨德尔被霍梅尼免黜，后流亡国外。新总统穆罕默德·阿里·拉贾伊和新总理穆罕默德·贾瓦德·巴霍纳尔及其他高级官员都遭暗杀。同年 10 月，伊斯兰共和党总书记霍贾托利斯拉姆·阿里·哈梅内伊当选总统，米尔·侯赛因·穆萨维就任总理以后局势渐趋稳定，反政府组织均遭严厉镇压。政府放宽对经济的管制，工农业生产亦稍回升。但这一点点成绩立刻被两伊战争抵消。

　　伊朗—伊拉克战争的主要原因有三点共识：一是宗教纠纷，二是领土争

①　刘慧：《当代伊朗社会与文化》[M].上海：上海外语教育出版社，2007.42.

端，三是由宗教纠纷和领土争端引起的民族矛盾。两伊同是伊斯兰国家，但伊朗五千多万居民属于伊斯兰教的什叶派，伊拉克一千六百万人口中有半数以上为什叶派，但当政者却是逊尼派。伊朗推翻巴列维王朝的"伊斯兰革命"胜利后，毛拉们（宗教专职人员）掀起宗教狂热，公开鼓吹对外输出"伊斯兰革命"，伊朗宗教领袖霍梅尼试图将他领导的伊斯兰原教旨主义运动推广到整个中东地区。① 伊拉克是伊朗的邻国，什叶派穆斯林又占全国人口的半数以上，因此首当其冲。伊朗宗教领袖霍梅尼从 1964 年起，流亡到伊拉克。1978年被当时伊拉克的第二号领导人萨达姆·侯赛因以煽动当地什叶派叛乱的罪名驱逐到巴黎。为此，双方结下仇怨。二，领土争端存在两个问题。一是伊拉克要求收复阿拉伯河的全部主权。这个问题本来根据萨达姆同伊朗已故国王巴列维 1975 年签订的《阿尔及尔协议》已经解决了，协议规定构成两国共同边界的阿拉伯河一段以河流主航道中心线划界。但萨达姆签约后一直感到后悔，趁伊朗伊斯兰革命后动乱之机废除了协议。另一领土争端问题是间接的。伊拉克要求伊朗将其在 1971 年英国实行撤出苏伊士以东政策时被伊朗占领的霍尔木兹海峡附近的阿布穆萨、大通布和小通布三岛归还给阿拉伯国家。三，由于双方领导人都采取针锋相对的政策，互不让步，激起了历史的民族矛盾和怨恨。伊朗宣称要输出革命，使一些邻国疑惧。

伊拉克同伊朗在边界、民族、宗教问题上，久有争议。因此，伊拉克先发制人，于 1980 年 9 月出兵伊朗，两伊战争爆发。1981 年 9 月以后，伊朗反攻，收复大部分失地，于 1982 年 7 月攻入伊拉克境内。1983 年下半年起，双方互相空袭对方城市、石油设施和波斯湾的油轮。战争主要在两国边境地区进行，长期相持不下。1988 年 8 月 20 日双方全面停战，两伊战争结束。

由于历史和现实的原因，在对外关系上，霍梅尼强烈反美，对苏联亦不信任。1979 年 11 月，伊朗扣押美国人质，至 1981 年 1 月两国始达成释放人质的协议。1983 年，伊朗取缔人民党，驱逐苏联外交官；但同苏联的经济关系仍较密切。"两伊战争"结束后，伊朗开始了战后重建。在国际形势不利、国内资金短缺的情况下完成了第一个（1989～1994）、第二个（1995～2000）和第三个（2001～2005）"社会经济文化五年发展计划"，2009 年已完成第四个五年计划。② 1989 年 6 月霍梅尼去世，原总统哈梅内伊被任命为宗教领袖，议院议长拉夫桑贾尼当选为总统。但这届政府在社会经济政策及对外关系等一系列

① 《两伊战争》［EB/OL］. baike. baidu. com/view/16849. htm 35K 2008～11～27
② 刘慧:《当代伊朗社会与文化》［M］. 上海：上海外语教育出版社，2007. 43.

重大问题上存在分歧，经济发展缓慢。1997年改革派领导人、前文化与伊斯兰指导部部长赛义德·穆罕默德·哈塔米当选总统，2001年再次当选。哈塔米执政以来推行"文明间对话"的外交政策，改善伊朗激进的外交形象，致力于发展与各国的经贸关系和政治对话；对内加快私有化进程，鼓励私人投资，吸引外资，扩大就业。但由于伊朗上层改革派和保守派存在分歧，改革遇到重重阻力。美国总统乔治·沃克·布什于2002年1月在他的国情咨文中，将伊朗贴上"邪恶轴心"（axis of evil）的标签，意指该国为"赞助恐怖主义的政权"。这就增加了伊朗同美国等西方国家及以色列等国摩擦的可能性。2003年2月，伊朗宣布发现并提炼出能为其核电站提供燃料的铀，伊朗再次成为国际社会关注的中心，伊朗核计划遭到美国的"严重质疑"。2006年1月，国际社会积极斡旋，要求伊朗停止核燃料研究活动，但伊朗坚持有权和平利用核能。2004年保守教派赢得第七届议会选举，2005年主张勤俭廉政、坚持"维护伊斯兰价值观"的保守派代表马哈茂德·艾哈迈德·内贾德当选为伊朗第九届总统。2009年6月，内贾德大选中获胜，连任成功。第十届总统为哈桑·鲁哈尼。

历史上伊朗与中国很早就有往来。公元前119年，张骞再度出使西域了解到安息的一些情况，其副使曾至安息。此后安息亦遣使来中国，赠送礼物。当时中国丝绸经中亚、西亚运至欧洲，伊朗即丝绸之路所经之地。公元97年班超的副使甘英曾到达波斯湾。148年安息王子安世高到洛阳，翻译佛经。后来，祆教（即琐罗亚斯德教）和摩尼教也传入中国。萨珊王朝时，波斯多次遣使北魏。随着交往的频繁，伊朗的许多植物（如胡桃、安石榴等）、矿物（如硼砂、琥珀等）传入中国，由中国传至伊朗的则有桃、杏、硝石、纸等。唐宋时，许多波斯人来中国贸易，有些波斯人后裔曾在中国担任官职。13世纪，中国的印刷术传至伊朗，再由伊朗传入欧洲。15世纪初，郑和下西洋，曾到霍尔木兹。萨非王朝的阿拔斯一世曾延聘中国陶瓷匠人到伊朗传授技术。波斯绘画的题材技巧，瓷器、金银器皿、织锦的设计和制作，都受到中国的影响，但又融合了波斯传统，因而别具一格。1971年8月16日伊朗与中国建立外交关系。

三、历史的反思

伊朗的历史锻造了伊朗人的不屈性格。从伊朗的历史可以看出，伊朗近代仍受奥斯曼帝国的钳制，但始终没有屈服这个帝国，也没有被它吞并。在宗教方面，伊朗信奉什叶派，而什叶派是伊斯兰世界的少数派，这就增加了它与大多数伊斯兰国家不睦的可能性。况且，社会的宗教斗争并不都是纯粹以追求真理为目的的，多是为了阶层或阶级利益，从而产生冲突。由于教派、部族、阶层等的利益、安全、荣耀等都利用宗教来求得，现代化的渴望与对西方强国敌视的矛盾心理使得伊朗人民容易走向偏执，西方已经在伊朗人的心目中失去了可信度。宗教则成为拿在伊朗人手里的火炬，但是由于伊朗人仍然存在着严重的内外矛盾，因此这把火炬很可能燃及自身。如今伊朗掌握了核技术，这可以成为伊朗的第二支火炬。伊朗固守什叶派教义的同时不容忍对这一教义的任何批判和改革，在感到西方世界对自身构成威胁的时候，这一立场更加坚定和不容置疑。

现代伊朗尝试过政教分离，巴列维王朝的目的在于削弱教士权力，加强世俗权力，其症结在于世俗权力的争夺。在一个世俗生活与宗教制度难以切割的国家，改革的关节点还在于宗教而不在于是否实行政教分离。萨非王朝也是政教合一，它却因为融和了包括古波斯文化的各种文化而成为历史上的强盛王朝。土耳其自凯末尔以来一直坚持政教分离为立国之本。2008 年 7 月 31 日，正义发展党因涉嫌试图依伊斯兰《古兰经》教法建立社会制度而险些被宪法法庭宣布为非法政党。2007 年 4 月 14 日超过 30 万土耳其民众在该国首都安卡拉大规模示威，反对总理埃尔多安代表亲宗教政党参选总统，要求土耳其继续世俗化。但土耳其在欧盟成员国的眼里并不是一个现代化国家，它为了加入欧盟进行了一系列的改革，代价是失去伊斯兰的文化基础，原因就在于为了迎合以西方文化为基础的欧盟将伊斯兰教与现代化对立起来。同样伊朗的现代化道路不在于是否实行了政教分离，而在于要认识到各个宗教及派别的相对真理性，认识到宗教要适应时代和情境为人类服务。即便是政教分离，也并不意味着政治是纯粹的与宗教无关的政治，东西方国家的任何政治体制，其文化根源都与宗教、准宗教有着千丝万缕的联系。西方国家领导人的宗教背景与他们的对内对外政策有着千丝万缕的联系。

伊朗的宗教改革在于其对宗教性质的认识。从宗教多元论的视角看，任何宗教真理都是一定时代对真理的不完全揭示，任何宗教对于真理的揭示都是未完成的，但是伊朗主流宗教的堡垒策略妨碍了宗教间的宽容和对话。实际上，宗教不会因宽容吸纳外来资源而堕落，也不会因自我封闭而纯化且永葆青春。伊朗因为什叶派宗教领袖不能摆脱物质主义和世俗利益的得失因而内部不能和谐相处，也不能摒除宗教狂热，与外部的重要派别逊尼派也不能平心静气地对话，结果在伊斯兰世界陷于孤立，从而构成了两伊战争的一个根源。如果伊朗与西方国家相处不能以宽容为怀，那么伊朗对待自身的社会变迁都不会用一个具有相对真理的宗教标准去衡量其他事物，其结果一定是格格不入。目前，伊朗经济实力增强，对外关系虽更加灵活，但是伊朗的人权和核能或核武器等方面与西方不同调，结果伊朗在各个方面都增加了变数。

　　巴哈伊教产生于政教合一的伊朗，伊朗对待巴哈伊教的态度和政策也会影响到伊朗与世界上关心这一问题的国家对伊朗的关系，影响到伊朗在国际中的形象。巴哈伊教徒希望世界和平，当然希望它的诞生地繁荣和平。巴哈伊教绝不会赞成西方或其他势力借此发生冲突、武力相向。虽然巴哈伊教已经成为世界宗教，但是伊朗对巴哈伊教的态度仍然有着重要的意义。近代以来，伊朗一直都动荡不安，处于内乱或国际纷争中，被大国钳制和宰割，因此在对外关系上，当积怨一直埋藏在心里的时候，任何类似巴哈伊教的和平的或温和的提案都不可能被主流意识接受。

第三节　伊朗的宗教信仰沿革与巴哈伊教

　　一般的说法是巴哈伊教源于伊斯兰教什叶派，但是这一说法还可以进一步修正，即巴哈伊教起源于以波斯古典文化为基础的伊朗，直接导源于伊斯兰教什叶派，同时广泛吸收犹太教、基督教、伊斯兰教、琐罗亚斯德教等的宗教思想。我们并不认为一个宗教的产生可以超越于社会和历史。巴哈伊教也承认任何宗教具有相对的历史价值。阿博都巴哈在回答巴哈伊教与琐罗亚斯德教的关系时说："上帝的宗教具有相同的基础，但后来的教义各不相同"，每一个神圣宗教都有两个方面。一方面是根本的，即涉及人类世界美德的提高，任何宗教在这一方面都是相同的；另一方面是非根本的，即涉及人类在每一个显圣周期的应急需求和经历的变化。① 考察伊朗的宗教沿革是认识巴哈伊教宗教思想的重要方面。

一、伊朗宗教信仰的变迁

　　伊朗的宗教大致分为四个阶段，代表着三次重大的宗教更迭或改革。这四

---

　　①　Abdu'l-Baha. *The Promulgation of Universal Peace* ［M］. Wilmette：Bahá'í Publishing Trust, 1982. 168.

个阶段分别是：早期宗教阶段、琐罗亚斯德教阶段、摩尼教阶段和伊斯兰教阶段。早期宗教阶段伊朗人崇拜水、火，信仰苍天神。这是一位双重性格的男性大神，它既是世界的创造者，又是毁灭者；既给予生命，又给予死亡；既是光明，又是黑暗。除苍天神之外还有大地、水和丰产女神安娜西塔，时间之神楚尔凡。这一时期的宗教已经具有了一套祭祀仪式，祭司阶层掌握着祭祀权利，控制着社会的生活。

琐罗亚斯德教（Zoroastrianism）又称祆教或拜火教，南北朝时期传入中国。这一宗教的一些宗教思想与巴布及巴哈伊教的一些教义相协调，因此可以作宗教思想史的比较研究，如历史周期论、二元思维以及平等思想。公元前 6世纪，曾经做过祭司的琐罗亚斯德出家修行，30 岁受到阿胡拉·玛兹达的启示，对传统宗教进行了改革，从阿胡拉·玛兹达和其他天神中得到琐罗亚斯教的全部教义。该教的二元论可以看成是对苍天神的分解和改造，该教宣称，世界历史进程经历四个时期，一个时期 3000 年，共 12000 年。第一时期，即太初之际，存在着光明与黑暗或善与恶的两种对立的神灵阿胡拉·玛兹达和安格拉·纽曼，他们原是孪生兄弟，但后者嫉妒阿胡拉·玛兹达，于是他们都拥有各自的王国。在光明王国中，阿胡拉·玛兹达是最高的神，是智慧的主宰和一切善的代表，掌握着光明、清静、创造、生成、天则、秩序和真理。在黑暗王国中，安格拉·纽曼是最高神，是一切恶的代表，掌握着黑暗、死亡、破坏、谎言和恶行。二者斗争的历史就是人类的历史，也是人类对未来的憧憬。在第二个时期，阿胡拉·玛兹达创造了物质世界，首先创造天体，尔后创造万物之灵，再由"灵"衍生出万物，其善体现在万物之中；善神创造了人的身体和灵魂两部分，同时将意志赋予了人的本性，因而善恶伴随着人的一生。善行者死后入天堂，恶行则坠入地狱。第三时期善恶两神进行了激烈的斗争。在创世9000 年时，依据神的意志诞生了琐罗亚斯德。从此人类进入了光明的历史。第四个时期，琐罗亚斯德统治人类世界。指定其第三个儿子继承他的教，完成他的使命。他的儿子作为救世主彻底肃清众魔，带领人类走向"光明、公正和真理"的王国。

琐罗亚斯德教认为在善恶斗争中，人有自由意志，可以决定自己的命运，人还有善恶果报、灵魂转世，存在末世审判、天堂地狱，恶的灵魂可以涤除罪恶，与善的灵魂一起复活，进入真理与光明王国。这个二元论学说对犹太教、基督教、摩尼教都有一些影响，犹太教和基督教中的魔鬼撒旦就是源自安格拉·纽曼。他的教义触犯了传统祭司的利益，传教活动受阻，十年中只有他的一个堂兄弟皈依他的宗教。后来，在大夏国（巴克特利亚地区，位于今伊朗和阿富汗交界处）受到国王维斯塔巴的支持。在国王的影响下，王公贵族开始信奉琐罗亚斯教。从此，该教开始传播而盛行。在阿契美尼德王朝时期，君权神授是国王们对外征服和对内统治的思想依据。于是大流士一世贬低其他部落神的地位，极力推崇阿胡拉·玛兹达。他成为皈依该教的第一位阿契美尼德君主。在贝斯通的铭文中，大流士一世宣称："我——大流士一世，伟大的王，众王之王，波斯之王，诸省之王。——阿胡拉·玛兹达把这个王国授给我，阿胡拉·玛兹达帮助我治理这个王国，我是遵照阿胡拉·玛兹达的旨意在治理这个王国。"公元前330年，马其顿亚历山大征服波斯，他是琐罗亚斯德教的死敌，大批祭司被杀，庙宇被焚。该教受希腊文化影响，掺入了希腊神祇。安息时期收集整理了该教经典《阿维斯塔》，起到了稳定教义的作用。

　　称为波斯第二帝国萨珊王朝（公元224~651）将该教立为国教，但宗教仪式越来越烦琐。琐罗亚斯德祭司阶层把持司法大权，参加御前会议，成为挑战王权的重要政治力量。由于祭司的上层多出自封建贵族，拥有大量土地，生活穷奢极欲，贵族和平民百姓之间产生强烈的阶级对立。五世纪末叶马兹达克发起了改革运动，创立了琐罗亚斯德教的分支马兹达克教。马兹达克是个非暴力主义者，也是社会改革家，他从"生而平等"（包括人、动物或植物）进一步诉求"活而平等"。一些西方学者认为，马兹达克运动是地球上最早的共产主义运动，它影响了波斯风俗。在杜佑《通典》（唐德宗贞元十七年，即公元801年）一百九十三卷"波斯"条下有如下记载："事火神、天神。婚合不择尊卑，於诸夷之中最为丑秽"。而"婚合不择尊卑"恰恰是马兹达克运动光辉思想。在马兹达克运动之前，波斯贵族是不与平民通婚的。马兹达克的思想对后来的伊斯兰教什叶派某些支派的教义也有影响。

　　波斯的社会矛盾加剧，阿拉伯人征服波斯后，这一情形就成为琐罗亚斯德教徒改信伊斯兰教的一个重要原因之一。目前伊朗的琐罗亚斯德教徒在议会中拥有一名代表（自1901年），1925年礼萨·汗为加强民族自信心大力宣传本民族历史文化，唤起人们对包括该教的古代信仰的热情和尊重。20世纪60年代以来为了免受伊斯兰教徒的攻击，移风易俗。伊朗处于合法地位的琐罗亚斯德教徒约1万多人，近一半（46%）居住在亚兹德，北迁的教徒大多住在城市，如克尔曼和德黑兰等地。① 全世界琐罗亚斯德教徒约15万，主要居住在印度、巴基斯坦、美国、加拿大、英国等地。所有教徒分属两个社团：帕希尔

---

① 宗教研究中心编：《世界宗教总览》［Z］．北京：东方出版社，1993．770．

社团和伊朗社团。①

善恶斗争的观念至今已有3000多年的历史，它通过琐罗亚斯德教传入了犹太教，并被基督教及伊斯兰教等宗教继承。巴哈伊教认为所谓的恶是善的缺失，② 恶并不独立存在，善恶之间是一个连续的相对的程度范围，善恶是这个等级范围的两极，这就从相反的方面建立了不同于琐罗亚斯德教的世界观和历史观。世界不是靠善恶斗争完善的，而是渐进的趋向善而不断进化的。巴哈伊教还用这种观念解释了天堂与地狱、爱与恨等，即地狱是远离上帝的状态，恨是爱的缺失。

在琐罗亚斯德教成为正统宗教期间的3世纪出现了摩尼教（Manicheism）。该教创始人摩尼（215或216～约276）在琐罗亚斯德教二元论的基础上，吸收了佛教、犹太教、基督教和诺斯替教的思想因素，创立了"二宗三际论"，描述的是两种势力在时间线上斗争的历史。二宗是指世界的二个本原，即黑暗与光明、善与恶；三际是指世界发展的三个过程，即初际（过去）、中际（现在）和后际（将来）。摩尼教认为：在太初没有天地之际，光明与黑暗、善与恶是互相对峙的两个王国或存在。主宰光明王国的最高神是大明尊（亦译察宛，zarvan，意为'永恒的时间'），他是清净、光明、威力和智慧四种德性的显现者；在黑暗的王国里的主宰是魔王及其所属的五类魔（五种黑暗的分子或原素），即浓雾、熄火、恶风、毒水、黑暗（暗气）等。在中际，魔王及其所属的五类魔等黑暗力量侵入了光明王国，从此双方展开了一系列的斗争。大明神为了对付黑暗力量的侵入，首先召唤了他的使者善母，善母创造了人类始祖的形式——原人。在斗争中，光明与黑暗的分子相混合，构成了杂多的现实世界。在后际中"真妄归根，明既归于大明，暗亦归于极暗，两宗各复，两者交归"。摩尼教的二元论思想反过来又对基督教的异端诺斯替教派以及希腊、罗马的哲学都有影响。

摩尼教在新建萨珊王朝国王沙普尔一世的庇护下得以广泛传播。但其信仰活动威胁了当时的正统宗教及其贵族的利益，因而在瓦拉姆一世执政时被取缔，摩尼被逮捕、审讯，钉死在十字架上。该教的"二宗三际论"认为，人的灵魂在性质上是与上帝相同的，灵魂也就是上帝在世界上的一部分。人的灵魂就是被拯救者，人的智能是拯救者。上帝通过拯救人类而拯救自身，通过拯救人类而与自身合而为一。摩尼教后来传至北非、南欧及亚洲的其他国家，其

---

① 宗教研究中心编：《世界宗教总览》［Z］．北京：东方出版社，1993.770.

② Abdu'l-Bahá. *Some Answered Questions* ［M］．Wilmette：Bahá'í Publishing Trust，1987：263.

教义在伊朗宗教史上产生过重要影响。巴哈伊教认为上帝与灵魂是创造和被造的关系，在创造等级上被造者处于神之下的层次，永远不能知晓上帝的本质，当然不能与上帝合而为一。在这一点上，摩尼教成为巴哈伊教思想形成中的一个反面的参照系。科尔（Juan Ricardo Cole）通过对巴哈欧拉的一首神秘诗歌的解析，证明了巴哈欧拉对于上帝合一的存在论的态度。① 摩尼教的演进史说明了各个宗教相通的现实可能性。该教关于光明最终战胜黑暗的乐观主义历史观、与人类文明一体进化的宇宙演进思想、对于知识和光明的崇拜等都可以构成与巴哈伊教比较的内容。

651 年，萨珊王朝灭亡。随着阿拉伯人的到来，伊斯兰教传入波斯。波斯人改信伊斯兰教的原因是多方面的，也比较复杂。经济方面，非穆斯林必须交人丁税和比穆斯林高一两倍的土地税。在政治方面，琐罗亚斯德教的教士实行严格的等级制度，祭司、武士、文士为特权等级，占据政治、经济特权地位。这种等级制度具有严格的世袭性。甚至平民也划分为等级，即农夫、工匠、商人，他们是第四等人，这种等级制度引起了人们的不满。宗教思想方面，伊斯兰教与琐罗亚斯德教在教义上有相同之处，如承认天国与地狱、末世论、最后的审判以及反对偶像崇拜等，因此琐罗亚斯德教就成为伊斯兰教入籍波斯的桥梁。

关于琐罗亚斯德教与伊斯兰教的关系可以从两个方面来说明。第一，琐罗亚思德的君权神授观念从阿契美尼德王朝到萨珊王朝一千多年的专制统治中已经根深蒂固，因此他们像对待波斯国王一样对待先知及其后代，认为有权继承哈里发王位的非圣裔莫属，这就为接受什叶派教义创造了条件。第二，什叶派教义宣称穆斯林不分种族一律平等，受到波斯人的欢迎。当年阿拉伯圣战军征服了波斯，迫使波斯人接受了阿拉伯字母和伊斯兰教，这种统一的手段与其意愿相背离，统一不断产生着差异。伊斯兰世界和阿拉伯民族内部出现了大分裂。大多数阿拉伯人拥护等级制和较保守的逊尼派，而大多数的波斯人却都拥护平等主义的什叶派，但并没有享受到同阿拉伯人的同等权利，同企图获得合法政治权利的什叶派处于同等的卑下地位，因而波斯人积极参与到什叶派反对现政权的斗争中。1502 年萨非王朝确立什叶派的一支十二伊玛目派为国教后，什叶派就逐渐取代了逊尼派而成为主导。这在宗教上是一次重要的变革。国王伊斯玛依采用文武之道，一方面以武力手段迫使波斯人皈依什叶派，另一方面

---

① Juan Ricardo Cole & Moojan Momen. edit. *Studies In Bábí And Bahá'í History* [C]. Vol. 2 Los Angeles：Kalimat Press，1984. 5，11，13.

邀请什叶派教士来波斯著书立说、传经布道，修建清真寺和圣陵，吸收什叶派神学家进入国家机关，使之成为举足轻重的政治力量。从此什叶派十二伊玛目派的国教地位牢固地确立了下来。

在萨非王朝以后的500多年，什叶派的宗教政治影响力尽管在阿夫沙尔王朝统治时期（1735～1796）受到压制，但总体来说政教合一的政治体制未受动摇。宗教界同历代王室相互支持、相互利用。在历次的内外政治斗争中，宗教界都起着领导作用。由于政治的影响以及传统势力的因袭，什叶派形成了严密的教阶制度，支持这一制度的是仿效制度。普通穆斯林仿效乌里玛（宗教学者），乌里玛仿效穆智台希德（有资格进行独立判断的高级教法学家）。刚刚毕业的宗教学院学生称为"塔拉博"，以后根据宗教方面的学识和贡献晋升为"筛海"，再晋升为"索格特伊斯兰"，进而升为"霍贾特伊斯兰"（即伊斯兰学者，通常修完了高等神学课程），再往上升为"阿亚图拉"（意为真主的象征，伊斯兰法学权威）、"大阿亚图拉"（即什叶派精神领袖，又称为"效法之源"）。"霍贾特伊斯兰""阿亚图拉""大阿亚图拉"又称"穆智台希德"。阿亚图拉全国仅有几人。只有"大阿亚图拉"才有权在一些重大问题上解释伊斯兰教法，获此称号者才有权在库姆和纳杰夫这样的圣地经学院开课和招收学生。霍梅尼就是"大阿亚图拉"，他刚从巴黎回国时被称为"伊玛目的代表"，但不久就被称为"伊玛目"了，这在什叶派历史上是绝无仅有的。[1]一个乌里玛拥有的仿效者越多，地位就越高，影响就越大，教阶制度就是依靠这种仿效制度得以建立和维持的。巴哈伊教主张独立探索真理，反对的就是宗教狂热和因袭模仿。这就与原有的伊斯兰教师承制度和教派利益发生冲突。这恐怕就是巴哈伊教之所以遭到打压的一个原因。

卡加尔王朝时期（1796～1925）卡加尔人虽然皈依了伊斯兰教，但保留了祖先的习惯法，这就出现了宗教法庭和世俗法庭共存的局面，宗教和民事案件通常由宗教法庭审理，但两种法庭同样腐败，以命抵命的同态复仇法非常盛行。[2] 涉案人常常找穆智台希德或乌里玛说情，贿赂普遍流行。卡加尔王朝的刑法相当残酷，有各种各样的酷刑，如砍头、活埋、凌迟、钉马掌、宫刑、曤眼，司空见惯。在迫害巴哈伊教徒的过程中，这些刑法几乎都用上了，甚至还发明了新的刑法，如将巴哈伊教徒绑在炮口上轰击，在剜了洞的身体上插上蜡烛点燃，等等。在对待异端上，使用正统教法所设计的一切惩罚手段来禁绝异

① 刘慧：《当代伊朗社会与文化》［M］．上海：上海外语教育出版社，2007.64～65.
② 赵伟明：《近代伊朗》［M］．上海：上海外语教育出版社，2000.260.

己，而肉体上消灭被认为是彻底解决的办法。

18世纪末和19世纪初，什叶派中两大教法学派阿克巴尔派和乌苏尔派的争论异常激烈，主要涉及塔格立德和伊智提哈德。前者指在教法问题上服从教法学家，对权威无条件服从和效仿，除个别学者（如安萨里）外再无人有权解释《古兰经》和"圣训"。后者指"尽力而为"，转意为"创制"，即穆智台希德有权根据伊斯兰教法提出个人意见。本来逊尼派力主前者的观点，什叶派主张任何时代都存在穆智台希德，有权做"隐遁伊玛目"的代言人提出伊智提哈德。但是什叶派中这两派的争论恰好类似逊尼派与什叶派以前的争论。阿克巴尔派趋向保守，认为伊玛目是唯一权威，无须对教法进行补充和新的解释。乌苏尔派则比较实用，认为教法学家有必要运用合理的方法，根据伊斯兰教立法原则提出伊智提哈德，因此塔格立德和伊智台希德同样合法。这恐怕是什叶派教徒可能容忍或接受巴哈伊教合法地位的一个依据。

在阿夫沙尔王朝初期乌苏尔派已战胜了阿克巴尔派。[1] 但是与此同时，什叶派又产生了一个新的分支谢赫派（长老派）。它被视为两大教法学派之外的"第三个学派"，[2] 该派的两大中心是克尔曼和大不里士。虽然伊玛目问题必涉及教法问题，但谢赫派更重视精神和世界观的范畴而不是教法问题。谢赫派强调伊玛目的精神存在，认为现实世界与虚幻世界之间还有一个中间世界，隐遁的伊玛目就居住在那里。该派不满足于等待隐遁伊玛目的再临，而是主张充当穆斯林与伊玛目沟通的中介，也就是二重中介。谢赫派继承了苏菲派和伊斯玛依派的一些思想，对巴布派产生了重要影响。对于谢赫派，乌里玛们的态度存在分歧，有的赞同有的反对，最终被宣布为异端。这是巴布派之前被宣布为异端的重要派别。

另一个在巴布派之前被宣布为异端的是苏非派尼梅塔拉教团。18世纪后期，苏非尼梅塔拉教团一度中兴，萨菲时代逃往印度的该派教徒纷纷返回伊朗。此时乌苏尔派已经战胜了阿克巴尔派，尼美塔拉教团采取了妥协策略，承认乌里玛为"阳极"，苏非长老为"阴极"，两者互斥互补，但真正的"导师"仍然是伊玛目。尽管作了让步，但仍被视为异端，遭到迫害。1797年教团长老被害，设拉子、克尔曼等地的许多教徒被杀。19世纪中叶，克尔曼成为尼梅塔拉教团主要中心。

---

① 赵伟明：《近代伊朗》［M］．上海：上海外语教育出版社，2000. 261.
② 周燮藩：《什叶派伊斯兰教在伊朗的历史演变》［J］．西北第二民族学院学报，2006（3）．

从卡加尔王朝建立到 19 世纪中叶，是该王朝统治地位巩固时期，因此统治者对于任何教派的说教都特别敏感和警觉。依据伊朗的宗教传统，不可能允许具有重要差异的教派存在，从而威胁其政权。卡加尔王朝牢牢抓住了伊朗的主流什叶派教士集团，因此任何宗教或教派都不足以对什叶派主流的统治地位构成挑战和威胁。卡加尔王朝顺应了乌苏尔派的正统地位，同时乌苏尔派也默许了卡加尔王朝的政治权利。但是"卡加尔王朝君主制度与什叶派信仰体系并不协调"，① 一些大穆智台希德经常居住在卡加尔王朝力不能及的伊拉克评议朝政，结果穆智台希德与国王的关系十分紧张。但是穆智台希德成为许多政治事件的幕前幕后的导演，如 1826 年发布对俄圣战，1851 年和 1871 年迫使纳西尔丁沙罢免首相，1891 年迫使纳西尔丁沙废除烟草租让权，在宪法革命中穆智台希德也发挥了重要作用。这一切都证明伊朗什叶派教士阶层在政治中发挥越来越重要的作用。

由于伊朗宗教领袖有着崇高的威望，左右着社会的宗教和政治生活，因而君主制度消亡后，宗教领袖为首的教士阶层必然掌握政权，开始了真正的政教合一制度。1979 年宗教领袖霍梅尼领导伊朗人民发动了伊斯兰革命取得成功。革命后，伊朗的伊斯兰教育得到加强。从基础教育到大学教育都有《古兰经》、圣训及教法等宗教课程，还设有专门的宗教学校培养伊斯兰学者。最高宗教领导层是由 12 名宗教领袖组成的监委会，对国家法律、法规进行严格监督，监委会对国家的重大事件进行研究并做出裁决。伊朗政府中设立伊斯兰指导部，负责国内伊斯兰事务。按照伊朗的法律，首都和各省设立伊斯兰法庭，裁决穆斯林间的纠纷，如遗嘱、财产继承、离婚等案件。

二、伊朗什叶派宗教哲学的重要思想渊源

1502 年萨非王朝确立什叶派十二伊玛目派为国教后，什叶派教义进一步完善，并发展为带有波斯文化色彩的宗教思想。在伊斯兰宗教哲学史上享有"伊什剌格谢赫"（"照明派长老"）尊称的波斯神秘主义哲学家苏赫剌瓦迪（1153 – 1191）在哈拉智和安萨里思想的基础上，结合古代先哲的神智思想、琐罗亚思德教传统、古希腊哲学创立照明学派，形成了"伊什剌格"思潮，也称"波斯的柏拉图学派"。他的哲学和神秘主义观点受到乌里玛的忌恨，1191 年他以异端罪被处死。他虽不是热诚的什叶派信徒，但他的思想和著作

---

① 赵伟明：《近代伊朗》［M］. 上海：上海外语教育出版社，2000.264.

对什叶派产生了重大的影响。他在波斯的地位堪称什叶派宗教思想的宗师，许多什叶派哲学家都对他的著作加以评述进而阐述各自的学说，如波斯柏拉图派的带头人沙姆斯·丁·沙赫剌祖里、古托卜·丁·设拉子（1237－1311）等。"伊什剌格"思潮、伊本·阿拉比思潮同什叶派神智哲学的基本教义主体相结合，就决定了伊朗伊斯兰哲学的特征。

（一）苏赫剌瓦迪

苏赫剌瓦迪的《照明的智慧》是照明学派的奠基之作。一般认为该派的思想基础是古希腊的柏拉图和毕达哥拉斯、古波斯的琐罗亚斯德教的明暗二元论、伊本·西那的宇宙论、苏菲派的天使论及神智、神光照明理论等。"照明"的喻意是太阳东升西落，东方是光明之乡，西方是黑暗之地。东方代表知识、智慧，智者、信士心像光明。安拉本质是"绝对之光"，安拉为万物之源。精神世界的不可见之光与物质世界的可见之光都源自安拉。只有借助光，万物才得以产生、存在或存续；只有借助光，人才能获得真理。万物距"绝对之光"的距离决定他们在宇宙中的位置。宇宙中光分为不同的等级，除"绝对之光"外，有纯粹之光（包括天使、"原型"和人的灵魂）、偶性之光（星、火）、毫无光明的黑暗（自然界的万物）和形态（颜色、气味等），黑暗是光的缺失，由精神世界向物质世界过渡要以光为中介。人的认识过程就是光的照明过程，认识过程恰好与光的运动过程相反，诸层次第有物质世界、天体世界、天使世界，最后达到光的本质认识。人获得真理的认识既需要理性又需要理智的直觉。人的灵魂由尘世向天使世界复归，真正的幸福只有在天使世界才能找到，获得"绝对之光"的照明是获得拯救的唯一途径。伊本·阿拉比继承了苏赫剌瓦迪的学说，发展了神智论的照明哲学。17世纪波斯什叶派内兴起的伊斯法罕学派和18世纪的谢赫学派都受到照明学派的影响。巴哈伊教宗教思想中光的类喻也可以追溯到苏赫剌瓦迪的照明学派。

（二）伊本·阿拉比

伊本·阿拉比（1165－1240）是生于西班牙苏非派哲学家，有"伟大的长老"之称。他深入研究新柏拉图主义学说，用神秘主义解释已有的问题，如"命定论"与"自由意志论"、"善"与"恶"、"真主的同一性"与"万事万物多样性"等命题。他把神秘主义发展为"泛神论"，认为客观事物和人的自由意志都是真主本质和属性的表现。安拉有"显"和"隐"两种存在方式，现象界殊异多样，本质上是安拉的自显和外化。现象世界源自安拉，终将复归于安拉。属性与本质之间、显现世界与安拉之间互为表里，实为同一。人（小世界）是安拉以自身形象的显现，又作为安拉在世界（大世界）中的代理。每一位先知都是安拉的"道"（或逻各斯）。穆罕默德居于诸先知之首，是具有安拉一切德性和本质的"完人"。人只有认识自身才能认识安拉，但人只能认识显现世界的多样性而不能认识其本质的同一性。只有"完人"才能从纷繁多样的现象中看到本质的统一，普通人具有"完人"的潜质，具有神性与本性。先知是将神的所有属性集于一身的典范或"完人"。一切人只有借助于神秘的直觉才能认识安拉的本质，一切现象与人的自由意志都是安拉本质、属性、行为的显现。各种宗教和信仰都是同一的。他影响最大的著作是《麦加的启示》《智慧的珍宝》和《格言集》。

这里可资比较的方面是"完人"论、各宗教和信仰同源说、人性论、一多关系等学说。阿拉比不仅影响了整个伊斯兰阿拉伯哲学而且还影响了欧洲的思想家，如但丁的诗学观和《神曲》的创作。什叶派思想家常常在阿拉比的著作中发现与自己思想观点相近的论点，但也以他的论点为出发点提出与之相反的思想。阿拉比思想基础是泛神论，这一点与巴哈伊教不合，但是他关于安拉与世界的关系是"一"与"多"、同一性与多样性之关系的论述是为巴哈伊教所接受的。他关于"完人"的论述与巴哈伊教关于先知及人的论述也无矛盾之处。此外他认为实在的超越性、无差别性、不可知性和显现界的多样性、暂时性、有限性也为与巴哈伊教一致，阿拉比无论对什叶派还是新兴宗教巴哈伊都是重要的参照系。苏赫剌瓦迪创立的照明学派伊什剌格神智学是一次波斯传统思想与希腊思想的结合。伊本·艾尔·居姆胡尔又将苏赫剌瓦迪与阿拉比同什叶派教义结合起来。

（三）穆拉·萨德拉的神智论

被誉为波斯最伟大哲学家的伊斯法罕学派最著名的哲学家穆拉·萨德拉（1571－1640）一生都致力于哲学、神秘主义与什叶派教义的结合。他的历史功绩在于创立了伊斯兰哲学史上三大学派之一的智慧学派（在伊斯兰世界称为神智学派），与伊本·西纳为代表的逍遥学派和苏赫拉瓦迪为首的照明学派鼎足而立。穆拉·萨德拉从逍遥学派吸取了形质论，从照明学派吸取了"存在"等级论和天界原型论。

穆拉·萨德拉学说的基石是"存在"的等级化和统一。他认为造成学派分歧的原因有四个①：（1）对于统一学说的分歧导致无神论等派别的产生；（2）对于有关先知学说的分歧导致不同的宗教，如犹太教、基督教、伊斯兰教以及各宗教内部各个派系的分别；（3）对于伊玛目学说的分歧导致什叶派

① 王家瑛：《伊斯兰宗教哲学史》［M］．北京：民族出版社，2003.865～866.

65

和逊尼派的产生；（4）对于有关教法学说的分歧导致不同教法学派的产生。在"存在"与本质的关系上，萨德拉认同逍遥学派和苏菲派的观点认为"存在"是首要的，但是他认为所有的存在都是同一"存在"，只是显现强度不同而已。如果存在的光辉较为强烈地照射到一个人的本质或形式上，那么他就将变为中介世界的人。如再受更为强烈地照射，就将变成天界之人，与其天界意象同一。绝对存在是超越一切形式或实质、超越一切实体和偶性的存在。绝对存在从纵向显现其自身，产生了从天使到地上生物的不同等级序列；横向显现其自身便产生了各自系列的多种量。"存在"既可以视为多样性的统一，又可视为统一中的多样性。这里可以看到他的学说对巴哈伊教的影响。

关于认识论，萨德拉认为，知者和被知者在本质上是相同的。即事物的存在与安拉关于他们的知识同一，安拉的本质像一面镜子，他知道世界上每一粒子的知识，安拉同时是知者、知识和被知者，安拉的存在和本质是同一的。知识分为获得的知识和先验的知识。灵魂所具有的有关事物的知识如同"存在"之光的光照。灵魂先是作为形体出现，通过实体运动和内在改造成为植物灵魂，继而成为动物灵魂，最终成为人的灵魂。"灵魂随同形体一起被带入存在，但它却有着独立于形体的精神性实体。""'灵魂'在它的旅程中的每一阶段都获得新的能力或一套能力。"① 灵魂的旅程始于追求安拉，继而寓于安拉之中，最终与安拉统一。宇宙的存在分为五个级别，被纯智慧统治。这五个级别是：精灵、人的灵魂某些部分、动物和植物的灵魂，最后则是矿物和元素。在彼岸世界，所有"灵魂"都将获得创造外部形式的能力，如同先知或圣徒们在此岸世界所做的那样。每一灵魂通过自我观照就能创造快乐，而无须借助于如人们在此岸世界所需的外在感观。灵魂在实践的技能指引下掌握宗教教法、净化灵魂、除去恶质，用精神美德和科学光照灵魂，最后灵魂寂灭于安拉之中。"灵魂的旅程始于追求安拉，继而寓于安拉之中，最终与安拉统一。"② 穆拉·萨德拉给所有的人以希望，他继承了伊本·阿拉比的观点，认为灵魂是可以得到纯化的，即便是火狱中的灵魂，所遭受的痛苦终将结束。这一观点可以视为巴哈伊教消弭天国与地狱之间严格界限的思想基础。巴哈伊教赞同创造界的不同等级的事物是接受了或接受着"存在"之光的不同强度的光照的结果，虽然不主张人的灵魂可以与上帝合一，但是认为人的灵魂处于不断进步的旅行状态，从而接近安拉。先知是接受太阳光照的镜子，普通人是接受先知之

---

① 王家瑛：《伊斯兰宗教哲学史》［M］. 北京：民族出版社，2003.877.

② 同上，878.

光的镜子。这些思想都与穆拉·萨德拉近似，但灵魂与安拉统一的思想不为巴哈伊教接受。

穆拉·萨德拉成功地将穆斯林逍遥学派和照明学派所继承、所阐释的希腊哲学同《古兰经》的显义和隐义协调在一起，还成功地将伊本·阿拉比的神智学纳入自己的逻辑体系。他将古代希腊、穆斯林先哲和穆斯林哲学家们三者的智慧结合在一起阐释《古兰经》的隐义，他是三股智慧之流的集大成者。继萨非王朝之后的卡加尔王朝（1794～1925），西方现代思潮传入伊朗。由于穆拉·萨德拉将形而上学与自然哲学分开，即使在现代科学文化冲击下，传统的文化也得以继续存在下去而延续至今。过去的三个半世纪以来，伊朗的宗教、文化生活依然是以穆拉·萨德拉学说为轴心的。他的著作被不断地注释，大量的弟子以他为宗师，他与伊本·西纳、伊本·阿拉比等伊斯兰文化创造者并驾齐驱。"其名声在伊朗之外虽不远扬，但其影响在国内、在什叶派社会内部却根深蒂固，源远流长。"①

（四）伊斯法罕学派

萨非王朝（1502～1736）时代，苏非派受到极度重视，苏非主义对伊朗的社会、政治、精神生活的影响日益增强。萨非王朝本身就兴起于苏非教团。苏非信众头戴红边帽，因而有"红头派"之称，十二边象征十二伊玛目派。伊斯法罕学派兴起于17世纪的伊朗，是照明学派在波斯的别称。集结在伊斯法罕的学者借鉴什叶派和苏非派的思想，也接受照明学派的影响，独树一帜。17世纪末被十二伊玛目视为异端，因为该派学说追随希腊思想。18世纪受到什叶正统派的猛烈抨击。19世纪随着谢赫派（即长老派）的兴起，其思想得以再现。公元1722年，阿富汗人攻占了伊斯法罕，结束了萨非王朝的统治。卡加尔王朝确立后，德黑兰创建了汗·麦尔维宗教学院，伊斯兰文化学术中心开始由伊斯法罕转向德黑兰。由于苏非派和照明学派吸收了西方宗教思想及哲学，巴哈伊教的宗教思想与西方宗教思想及其哲学的联系是间接的，而与苏非派和谢赫派关系密切，但作者将引介一个相关的苏非学派，以期从整体上找出巴哈伊教与该学派的关联方面。

伊斯法罕学派三大智者之一的米尔·艾布·嘎西姆·芬迪里斯奇在发展神秘主义教义方面是一位核心人物。他将工艺和科学中的人划分了12个范畴，其中第一范畴的对象指众先知、众圣徒、众智者、人中之至尊至圣者，他们维持着世界的秩序，在每一历史周期内，每一民族都有一位先知。12个范畴认

---

① 王家瑛：《伊斯兰宗教哲学史》［M］. 北京：民族出版社，2003. 882.

定先知有一个不同于常人的特殊地位，先知高于智者和宗教哲学家，因为后者关心的是实践的科学与技术。此外这些范畴还为教阶制度提供理论依据，将人所从事的事业与灵魂的高尚与卑下对应起来，固定下来，与种性制相差无几。但这里蕴含着本质是否具有可变性的问题，因此不能不再提一下穆拉·萨德拉。他是持形变、质变论的哲学家，他开启了存在形而上学代替传统的本质形而上学的更新运动。他认为没有永恒不变的本质，每一本质都为存在行为的强度作用所决定并有所变化，这种观点也叫实体内部运动观点。关于存在的等级，所有存在（有生命和无生命）都有三种样态：感知世界等级样态、意象世界等级样态、纯智慧世界等级样态。① 当"灵魂"跌至深渊中的深渊后，在一级一级向上升，直至人的形式层面，即灵魂王国的边界。他认为"灵魂有创造性"，因此人的灵魂是在他的人生行为的最高意识上与真主这一智慧行动者在心智上结合。还认为智慧行动者所赋予的智慧形式即思想是一自主的智慧形式，这就肯定了人具有意志的自由和自主性。他的灵魂的智力活动与神圣的主即指挥行动者一样具有自主性。他弟子众多，在伊斯法罕学派中形成了一个显赫的学派。

穆拉·萨德拉的追随者穆拉·穆合森将理性、启示、神智三者和谐统一，使伊斯兰教法与精神生活和谐统一。他的论著标志着智慧伦理与什叶派教义最终结合为一。他的宇宙智慧等同于伊玛目，在他们身上能反映出穆罕默德之光，即"清白的智慧"。人只有同清白的智慧、同纯智慧相结合，才能得到终极知识②；"存在"犹如光。在此岸世界，真主是隐而不显的，就是因为他的光过于强烈。只有人之中的精英才能知晓他们所看见的。这里肯定的是人类大众的有限性和认识安拉所依赖的中介的必然性。伊玛目之光虽然源于穆罕默德之光，其实际功能与穆哈默德一样，是安拉与人之间的中介。

穆拉·穆合森认为一个完全的神智者把宇宙、世界看作是从中反射"真理"的镜子，又把自己的本质看作是反射宇宙和"真理"的镜子。这一思想是被巴哈伊教直接继承的。穆合森借鉴苏非主义的观点，把世界看成是每时每刻都在再创造，其连续性是极其明显的。创造世界由统一向多样性辐射，每一造化都是真主美名的显现圣名，"安拉"是所有美名的最高的众主之主，他的显现就是"完人"。这同十二伊玛目末世学观点完全一致，即等待第十二伊玛目作为"完人"复临人间。这里我们可以理解，既然世界的创造是连续的，

---

① 王家瑛：《伊斯兰宗教哲学史》[M]．北京：民族出版社，2003．893．

② 同上，897．

真主美名的先贤也是连续的，"完人"的显现也就不止一次。关于创造的等级，穆合森举出了五个等级，其中物质世界中的每一事物都在意象世界中有其意象；意象世界中的每一事物又都在主的领地世界有其原型；主的领地世界中的每一事物又都是主的美名的形式，而每一真主的名字又是主的本质的一个方面。这里我们可以看到柏拉图主义的印记。关于人的灵魂，穆合森认为灵魂独立于物质，人同时有植物的灵魂，动物的灵魂，还有神圣的智慧灵魂，还有宇宙神性灵魂。宇宙灵魂非一般人所有，具有达到在真主中寂灭的功能。人一生的宗旨就是发挥其自身内部的潜能，除掉一切偶然性障碍，使自己等同于宇宙人，宇宙人就是至高美名的显现。宇宙人就是先知，等同于穆罕默德之光。先知职位始于阿丹（亚当），得以圆满实现的是先知穆罕默德。绝对的先知是一切可能的完满的宝藏，整个宇宙是它的内在质的扩展和显现。智慧和光照本身就是先知谱系这棵大树的果实。智慧根源于众先知的圣灵，欲求启蒙者，必寻求先知们、圣徒们的帮助。

（五）谢赫学派

对巴布教派运动产生重要影响的一个学派就是谢赫学派，该派的兴起复兴了伊斯法罕学派的学说。虽然 19 世纪中后期衰落，但对巴布教产生了重要影响，因而在伊朗宗教哲学史上占有重要地位。谢赫是教外对该派的首领的称呼。伊斯兰宗教史认为谢赫派由艾哈迈德·艾合萨伊（1741－1826）创立，其实该派的宗师艾哈迈德·艾合萨伊并没有分门立派的企图，只是想更严格地忠实于十二伊玛目派的伊玛目们的全部神智学教义。他对刚刚取得稳固地位的正统什叶派不满，试图对它进行改革。该派对什叶派的"圣训集"提出批评，认为它存在许多自相矛盾的地方。他们的批评围绕着"伊玛目"问题，大胆提出"在什叶派信徒之中可能出现一个属于信徒与最高领袖——'隐遁伊玛目'之间的一个中介。"① 该派的首领虽被认定为波斯人，但其祖先是纯粹的阿拉伯人。受苏非派照明学派的神光论、神智论影响，因而艾哈迈德·艾合萨伊被视为伊斯法罕学派的晚期代表。关于安拉的性质，该派认为，安拉与人没有相似性，人不能认知安拉的本质，最多只能认知安拉的形象，因而人不能与安拉合而为一。但是安拉可以选定先知为使者，只有通过先知人才能获得天启。该派认为，知识分为两种，一是与安拉本质密不可分的知识，一是源自于安拉行为的知识。该派认为先知介于安拉和人之间，与二者皆无相似性，先知都是品德高尚的、才华出众的。先知的能力和属性即便是苏非"完人"也不

---

① 王怀德，郭宝华：《伊斯兰教史》［M］．银川：宁夏人民出版社，1992.378.

可企及，故人不能达到先知的境界。

关于伊玛目，该派认为伊玛目是安拉造化世界的工具和根源，这一造化过程依次为：第一造化物为"穆罕默德之光"，由此产生"伊玛目之光"，继而产生"信士之光"，以至无穷。人只有通过伊玛目这一中介才能求"真"归"真"，才能认识安拉的部分属性和恩典。关于世界，该派认为，现实物质世界中的万物都来自物质世界与精神世界之间的"原型世界"。这个"原型世界"也属于精神世界，因而称为精神意象世界，也就是末世或来世。这样物质世界的一切在原型世界皆有对应物，现实世界中的每个人在精神意象世界中都有其对应的原型。因此，人有两个躯体，分属于两个世界。

关于末世，该派认为，死后复生就是人体在原型世界里发生的一种现象。末代伊玛目的隐遁并非肉体隐于世上某地，而是居住在与尘世相对应的精神意象世界里，即在原型世界里。隐遁伊玛目虽不能与人接触，但人能借助神智知识和神秘的体验而得到指引。可以看出，谢赫派也受到了新柏拉图主义的影响。该派虽处于阿克巴尔派与乌苏尔派之间，但更倾向于后者的立场。① 否认穆智台希德的创制权和决断作用，与乌苏尔学派相悖。该派虽然属于什叶派，且一开始也是十二伊玛目派，但基本思想与十二伊玛目派有别，比如不信死后复生而信隐遁伊玛目的代理人，因而受到十二伊玛目的排挤，被谴责为异端邪说，19世纪后期作为一个派别的影响逐渐衰落。但是该派学说中的重要部分都被巴布派和后来的巴哈伊教吸收。谢赫派是十二伊玛目的分支派系，巴布派又向背离传统的方向迈出了重要一步，自然引起什叶派传统势力的激烈对抗。

第四节　苏非主义与巴哈伊教

巴哈伊教与苏非主义是一种怎样的历史关系，该教与苏非主义有哪些相似之处和不同之处，有哪些超越的地方，这些宗教思想问题需要从宗教史的角度加以澄清，才能减少我们对巴哈伊教的神秘理解或误解。我们虽然不能说巴哈伊教的神秘主义都来自苏非主义，因为苏非主义既存在于什叶派也存在于逊尼派，既存在于东方，也存在于西方，但是从教理、教义、修持方式、习俗等都可以找到受神秘主义影响的痕迹。而苏非派则是影响巴哈伊教的重要的神秘主义派别，因此了解巴哈伊教的思想史，必须了解苏非派和苏非主义。

---

① 王家瑛：《伊斯兰宗教哲学史》［M］．北京：民族出版社，2003．924.

从宗教思想史上分析，内在的思想变化与外在变化交互作用。内外具有相对性，巴哈伊教与苏非主义的关系无法用内外来辨别。唯一可行的是比较二者之间的的相似性和差异性，因为我们不能简单地说巴哈伊教的神秘主义来自于教派的外部。为了更深入理解，有必要铺垫一下苏非派的历史。巴哈伊教不同于苏非的地方有很多，比如前者避免对宗教创始人的过分崇拜、避免泛神论、避免将教义本土化、不接受与安拉合一的精神追求、反对禁欲苦行、反对云游乞讨等等。但也有相同的一面，如对于《圣经》《古兰经》等经典赋予隐秘奥义的解经方法，还有神秘主义的认识论，即通过个人直觉、体验获得有关安拉的知识，等等。然而巴哈伊教的神秘主义不只是重视个人理解的重要，它反对的是因袭模仿，这是与个人独立探索真理的教义联系在一起的，不是极端的个人心性迷狂，而是主张将直觉、理性等综合起来借以认识真理。同新苏非派相比也有某些相同之处，如新苏非派强调苏非修炼的目的不是与绝对主宰的交融，而是与先知的精神、道德、人格的"合一"。新苏非派摒弃了旧苏非派的消极避世思想，主张对现实人生的关切，关心政治、道德等实际问题，提倡净化信仰、简化苏非礼仪。巴哈伊教批判伊本·阿拉比的泛神论，推崇安萨里（或译为噶扎利）的温和神秘主义。

一、伊朗的苏非教团

虽然穆罕默德在创教之初就宣称自己是"封印先知"（《古兰经》33：40），在他以后不会有先知出现，但是传说在穆圣曾预言的世界末日前，他的家族中将有一位与他同名的人降临，治理人世。什叶派接受此说。而实际上伊斯兰教什叶派的历史上以各种先知身份出现的宗教领袖不断出现，他们自称是伊玛目或马赫迪，掀起了一次次的宗教改革运动，社会改革不断推进。巴哈伊教运用隐遁伊玛目这一主题，"超越了什叶派穆斯林教末世论思想的束缚"。[①]如果以伊玛目或马赫迪救世说为线索，可以看出该教实际是这种演变的质变和飞跃。巴哈伊教显圣者的降临意味着开启，而不是末日审判；意味着回归"源发"，而不是历史终结。

伊斯兰什叶派受马赫迪学说的影响发展了隐遁伊玛目学说，即隐遁伊玛目再世的思想。萨非王朝之前的13～15世纪，由于蒙古人征服西亚的浪潮一浪

---

① 王宇洁：《从末世论宗派到世界宗教》［A］. 吴云贵主编：《巴哈伊教研究论文集》［C］. 第2集. 北京：中国社会科学院世界宗教研究所巴哈伊研究中心，2004. 70.

高过一浪，被搅动的伊斯兰世界迫切盼望马赫迪再世，拯救受压迫的人们，重建伊斯兰国家。于是不同的组织或教团的领袖，或宣传马赫迪再世，或自称马赫迪复临，引起了当地逊尼宗教学者的警惕。14世纪早期，马赞德兰苏非长老哈里法在呼罗珊布扎瓦尔传教，宣传反对压迫、要求平等，结果被逊尼派宗教学者杀害。1338年其弟子哈桑·朱里组建萨比达尔教团和萨比达尔国，期待马赫迪复临。

14世纪末，法德尔·安拉（1340 - 1394）于波斯西北部的艾斯特拉巴迪创立候鲁非派。该派教义认为，宇宙永恒存在和不停转动，造成一切变化；变化分为若干周期，每个周期初始于一个阿丹（亚当），终了有末日审判；真主不断通过先知和圣人显灵；穆罕默德是最后一位先知，而他本人则是第十一代伊玛目哈桑·阿斯凯里的末代圣人，也是真主的化身。1394年被撒马尔罕当局处死，其墓地被教徒朝圣。在这个运动中，在乌里马的鼓动和说服下，黑羊王朝国王一次就杀死候鲁非教徒500人。

在伊斯兰历史上，曾先后存在过200余个苏非教团，除萨非教团信奉什叶派伊斯兰教外大部分是逊尼派苏非兄弟会。什叶派苏非只能根据什叶派教义的"塔基亚"原则掩饰其信仰。其后萨非王朝兴起，尤其是阿拔斯时期的萨非王朝及其以后的年代波斯的什叶派苏非才得以兴起并延续下来。萨非教团本来是一个不参政苏非教团，但萨非王朝的建立正是利用了萨非教团。该教团宣扬伊玛目复临的马赫迪教义，它与白羊王朝联手于1468年推翻了黑羊王朝，后又联合土库曼部落推翻了白羊王朝，建立了萨非王朝，奉十二伊玛目什叶派为国教。此后萨非统治者清理一切极端主义宗派，镇压其他大大小小的什叶派，萨非王朝赖以立国的红头军也被迫重组，不再忠于教团领袖，而是忠于国王。卡加尔王朝与萨非王朝一脉相承，在镇压非正统什叶派方面残酷而果决。1844年赛义德·阿里·穆罕默德宣称自己是联系普通信众与隐遁伊玛目的纽带或"巴布"（即"门"），进而又宣称自己是人们期待已久的马赫迪。从历史上看，是一系列围绕伊玛目和马赫迪降世思想的宗教运动之一。"封印先知"思想根深蒂固，是伊斯兰护教的基础，比如说："我之后再没有先知，我的圣训之外再没有圣训，谁声称先知，那是他的妄称和新生异端，他将入火狱，谁声称先知，你们杀死他和他的随从，他们均入火狱。"[①] 因此，同上述宗教领袖的命运一样，巴布教派被卡加尔王朝视为威胁，也被正统乌里马视为异端，因

---

① 见"圣训"。又见艾优布：《先知穆罕默德的生平》[M]．第18章．北京：伊斯兰文化与联络局翻译出版社，1997．

此遭到残酷镇压。

二、苏非教派的教义和奉持方式

苏非主义有两大特征：一是神秘主义，二是泛神论。关于苏非思想的根基，阿博都巴哈评价说，苏非认为"事物的实质乃是'真正统一性'的显示"，而神圣先知则认为"事物的实质乃是源发自'真正统一性'的"。[①] 巴哈伊教就是要保持上帝"高级不降格也不委身于各低级的状态"，因而不同于苏非，所以是"源发自"而不是"显示"。巴哈伊教与苏非认同的地方是"真正存在"的神圣性，就是说巴哈伊教摒弃了泛神论，认同了苏非神秘主义的思想。虽然巴哈伊教带有神秘主义的特征，但是巴哈伊教又没有走向神秘主义的极端，而是适应现代化的进程超越了苏非主义的许多方面，如超越了末世论、人主合一论等。苏非教派是伊斯兰教的神秘主义派别，教义上倡导对《古兰经》赋予隐秘奥义的解释。在修行上苏非主义奉行禁欲主义，通过禁欲苦行，最终达到"人主合一"的最高境界。认识论上主张神智论，认识方法上主张通过个人直觉、体验获得有关安拉的知识。这些特征是分阶段获得的，"苏非主义起初是一种简单的禁欲生活，主要是冥想……在教历二世纪的时候，以及二世纪以后，它发展成为一种诸说混合主义，从基督教、新柏拉图主义、诺斯替教、佛教等吸取了许多要素，并经历了神秘主义的、神智学的和泛神论的阶段。"[①]苏非派或苏非主义不是一个政治派别，也不纯粹是教法学或神学方面的派别，但是却发展了众多的教团。虽没有统一的教义或仪式，各个教团却有许多共同之处。

这一派别将神秘主义色彩的宗教形而上学与特殊的禁欲主义的宗教功修实践的结合。它作为一种反奢华势力产生于 7 世界末 8 世纪初伍麦叶王朝的伊拉克和叙利亚。连绵不断的对外扩张，破坏性的内战，残酷的军事专制，上层统治者的腐败和富有者的奢侈，宗派主义、种族主义和自由主义思想的传播，使一些人对虚荣感到厌恶，他们倡导效法穆罕默德及其弟子创教初起时那种虔诚和简朴的宗教生活，想在禁欲主义的实践中求得拯救，如祈祷、守夜和禁食等。虽然穆罕默德在世时对禁欲主义没有表露出明显的倾向，但对于虔诚礼拜和斋戒的穆斯林则表示深切的尊重。禁欲主义思想在《古兰经》的不少章节中亦约略可见，如"你们欲得尘世的浮利，而真主愿你们得享后世的报酬"

---

① Abdu'l-Bahá. *Some Answered Questions* ［M］. Wilmette：Bahá'í Publishing Trust, 1987. 294.

（8：67）。伊斯兰教关于世界末日论的大量绘声绘色的描述，加强了一些人禁
欲主义的信念，因而部分穆斯林就提倡守贫、苦行和禁欲。晚些时候，这些人
开始穿粗羊毛（苏夫）织成的衣服，多数人认为苏非派的称呼来源于此。最
初的苏非主义是一种宗教实践而非思辨体系，不可否认，这中间也可感到基督
教、袄教、印度瑜伽和佛教的影响。

　　神秘主义者把苦行、禁欲作为修行方法，目的不是来世获得真主福报，而
是认识真主，最后达到与主合而为一。苏非们对真主的认识是凭借一种神秘主
义的直觉，其创立者是艾布・苏莱曼・达拉尼（Abu Sulay-mān Dārāni,？–
849 或 850 年），而使苏非主义得以定型的是 9 世纪的埃及人左农・米绥里
（Dhū'n Nūn af-Misri，意为鱼人）的人（真名叫骚班・艾卜勒・斐德・伊本・
易卜拉欣）和巴格达人穆贺西比。前者创造神智论，认为只有入神（Wajd,
瓦直德）甚至自我无意识，才能认识真主，此外别无他途。只有通过沉思默
想、自我观照，才能使个人纯净的灵魂与安拉精神之光交融，认知安拉。穆贺
西比对苏非主义的特殊贡献是他的"境界说"或"心境说"。受此影响，波斯
的神秘主义者呼罗珊的麦拉麦提教团创立了内在纯净、泯灭自我意识的理论，
认为只有真主才是真正存在的，此外无任何存在物。真主是永恒的美，通向真
主的道路是爱，爱成了神秘主义的要素和精髓。通过爱和沉思冥想，即通过消
除个人意识来服从真主，使自己融于真主，从而达到"无我"（或译"寂
灭"）。首创无我主义的据说是波斯人艾布・亚齐德・比斯塔米（？–874/
875），她是苏非派历史上起过重要作用的第一位妇女。她宣称：她崇拜安拉，
不是因为惧怕他，也不是因为贪图天园，而只是因为喜爱安拉，向往安拉。苏
非教徒发展了"道乘"理论，提出修行的三个境界：教乘、道乘、真乘。最
高境界真乘即爱者与被爱者、认知者与被认知者合而为一。

　　泛神论是苏非派在教义中的另一个色彩。巴哈伊教将造物与上帝分别开
来，认识上帝的渠道是先知这一中介，而不是与上帝合一，认为上帝本质不可
知，奉持存在一元论。① 苏非派则把真主与自然界，与一切存在物视为一体。
10 世纪波斯人曼苏尔・哈拉智（al-Husain b. Mansūral-Hallaj，858–922 年）
的言论充分表达了这种神秘主义的理论。他确信证实了苏非的精神与主合一的
现实可能性，在认主"入神"的迷狂状态中喊出了"我是真主"的狂语，并

---

① Juan Cole. Baha'u'llah and Naqshbandi Sufi in Iraq：1854 ~ 1856 ［A］. Juan Cole & Moojan
Momen. edit. *Sdudies in Bábí and Bahá'í History* ［C］. Vol. 2. Los Angeles：Kalimát Press,
1984. 378.

写下有代表性的诗句：“我即我所爱，所爱就是我；精神分彼此，同寓一躯壳；见我便见他，见他便见我。”他的泛神论言论立刻引起了教法学家和政治家甚至苏非大师的批评和不满，认为他混淆了人和神的区别。为此，阿拔斯王朝宗教法庭于公元922年将其处以磔刑，成为苏非派的殉教者。10～11世纪苏非派纷纷成立“兄弟会”“教团”“道堂”。最终，伊斯兰宗教哲学家安萨里（？－1132）将神秘主义的爱主、直觉的认识论与修持的“人主合一”论等综合纳入伊斯兰的正统教义。而把泛神论思想系统化的是苏非派神学家、西班牙的阿拉伯人伊本·阿拉比（1165－1240年），他创导“一元论”学说把客观事物和人的自由意志都看成是真主本质和属性的表现。

虽然苏非主义赢得了正统教义的普遍承认，但在伊朗，如果不考虑巴哈伊教，那么对于苏非教徒的迫害一直持续到卡加尔王朝。对于伊斯兰教义中是否允许苏非主义的争论持续到20世纪，但是其重要性在伊斯兰宗教史上是难以估量的。苏非们力图证明，苏非不是在正统派之外，而是在正统派范围之内存在的一种体系。苏非是一种活跃的宗教修持方式，必然有新的思想涌现，也有正统和异端之分。由于他们吸取了许多外来因素、民间思想，因此始终没有受到政治势力青睐。苏非通过对《古兰经》和“圣训”的解释来阐发自己的主张，然而他们对正统的穆斯林习俗和法定的宗教仪式所表现出的冷漠，引起了正统派的怀疑和反对。事实上，这个时期的苏非主义的确在许多地方与正统派的教义相抵触，因而遭到哈里发、国内占统治地位的正统派神学家和执政当局的谴责乃至迫害。苏非派成为一种不容忽视的势力，靠武力是难以镇压下去的。于是出现了像安萨里这样极力将苏非派和正统派教义加以调和的伟大人物。安萨里（1059－1111）曾研究过各派的学说，在其所著《学问的开端》《哲学家的矛盾》《宗教学科的复兴》等著作阐述己的观点。他要在苏非主义与正统信仰之间找出一条中庸之道，把神秘主义思想纳入正统信仰，使正统派的理论达到一个新的阶段。他强调宇宙非亘古长存，而为真主所创造；肯定灵魂不灭，肉体复活；认为只有通过直觉才能发现理性所不能认识的“真理”；他同意苏非派的幽居、冥想、禁欲、爱慕真主、灵感等修持道路，却不赞成苏非派以任何理由脱离《古兰经》和“圣训”的宗旨以及无视宗教义务的倾向，也不承认极端苏非的泛神论观点。

苏非所奉持的泛神论也是一元论，认为万物凭籍神圣的“一统性”（Unity）而存在，但是又认为一切“统一于上帝”。泛神论是这样一种宇宙进化论，它认为上帝和宇宙是一而二、二而一的关系，换句话说就是，上帝就是宇宙，上帝以无限多样的方式表现自身、以创造物展示自身。用哲学话语表达就是真正的存在是万物，但又不是其中的任何一个个体。巴哈伊教认为，这就混淆了上帝与其造物之间的关系、上帝的道与人的知识之间的关系。与上帝合而为一是无法用自己的经验来证明的，这体现了人的自我中心意识。苏非主义的"自大心理使得绝对与相对、上帝与被造物成为一个连续体，一个消弭在另一个之中。上帝是更多者，我们是较少者，每一个都有可能变成另一个。"① 在认识论上巴哈欧拉清楚地解释说："上帝的只是并不需要造物的存在，而造物所拥有的知识则需要已知事物的存在；如果上帝的知识需要依赖其他任何事物，那它变成了造物的知识而非上帝的了。"② 这就表明了人的知识的有限性，在本质上是不能与上帝的知识相提并论的，因为人不可避免地要依据创造界的各种形式和对它们的经验来揣度上帝，因而总是有偏差的，不准确的，所谓与上帝合一也是不可能的。上帝作为知识之源是向外"流溢"的，而不是靠创造物"显现"，即"事物的实质是源发自'真正统一性'的"。阿博都巴哈用了两个比喻来说明这个知识之源：其一是，"这可以比为由太阳出发的光照耀达万物之上，但太阳仍保留在它那神圣的高处，它既不降临也并不将自身转化为各种发光的形式"。用哲学话语说就是，"先存性"不会变成"现象性"。阿博都巴哈用的另一个比喻就是，言者与所言来比喻神圣的知识之源与人类所获得的知识之间的关系。"人性灵之与上帝，是由于'源发'而生的依赖关系，犹如演说辞之出于演讲者，以及文章之出于作家——换言之，演讲者本身并未变成演说辞，而作家本身也未成为文章。"③ 在巴哈伊教看来，虽然苏非主义承认万物凭籍上帝的"一统性"而存在，但是泛神论的思想实际上把这种统一性分解了，因而上帝的神圣性就黯淡了，人或者狂妄地僭越上帝的至高权威，或者堕落为形同自身之下的动物植物。

苏非派的解经方式也是神秘主义的。这种解经方式在巴哈伊教中成为一种经典方式，即用隐喻方法解释《圣经》《古兰经》中那些众讼纷纭的经文。苏非学者不仅对"意义隐晦"的经文予以神秘的解释，即使是对意义清晰的经文也赋予字面意义以外的奥秘意义。伊斯兰神秘学说对《古兰经》启示用内省的方式再现其内容的隐义。苏非主义的出现就是对伊斯兰教中出现的因循保守、苛求诫法、拘泥文字、食古不化学风的反动，由此导致一种新的形而上学的产生。苏非派各教团没有统一的教义和仪式，它们除保持伊斯兰教最主要最

---

① Conow, B. Hoff. *The Bahai Teachings: A Resurgent Model of the Universe* [M]. Oxford: George Ronald, 1990. 39.

② Abdu'l-Baha. *Some Answered Questions* [M]. Wilmette: Bahá'í Publishing Trust, 1987. 294.

③ Ibid.

根本的教义和外部形式之外，还依据所处的具体条件，适应当地居民中根深蒂固的旧传统和旧观念，将过去的某些信仰和习俗接受下来，形成自己的教义和仪式。有的学者不无道理地将它说成是民间的伊斯兰教。同样，巴哈伊教的解经方式也创造性地使用了隐喻，不仅用于解释《古兰经》，而且用于解释《圣经》。即便是这种方式所产生的新思想也足以让巴哈伊教独树一帜。

三、巴哈伊教中的神秘主义

神秘主义基本含义是指能够使人们获得更高的精神或心灵之力的各种教义和宗教仪式，它并不像怀疑主义那样放弃对真理的追求，而仅仅主张闭上肉体的眼睛，同时睁开心灵的眼睛，使之不受现象世界的干扰，从而返回自我，在心灵的静观中达到真理、智慧，即通过从外部世界返回到内心，在静观、沉思或者迷狂的心理状态中与神或者某种最高原则结合，或者消融在它之中。

谢赫教派在寻找显圣者的过程中的经历让人们确信世上存在着秘密的或隐藏的超自然力在引导着寻觅者。巴哈欧拉接受天启富有神秘色彩，经常被史学家引用的是巴哈欧拉在德黑兰"黑坑"监狱所经历的体验，时间是 1852 年 8 月。巴哈欧拉记录了接受天启的心灵感应：

在那些日子里我躺在德黑兰的地牢中，加锁重量的痛苦及空气的污浊使我只能有短暂的睡眠。在一次偶尔的轻睡中，我觉得有东西自我的头顶奔流下来，遍布我的胸膛，仿佛一股洪流自高山之巅向大地倾泻。我四肢都好像着火了一般。此时我低声吟诵，但无人能领受我话语的奥秘。[1]

就在这几个月的囚禁当中，巴哈欧拉首次获得天启，宣称自己就是古代诸先知所应许要来的"克利希那"转世，"第五佛""夏巴兰""万军之主"，基督以"天父之荣耀"的复临，"上帝之灵"，也是巴布所说的"上帝所要显现的那一位"。

他在致波斯王的书简中描述说："君王啊！我同其他人一样，睡在沙发上，这时至尊荣耀的微风抚慰我的周身，传于我现在拥有的所有知识。这知识是我本无。它来自万能全能存在。祂命我在寰宇之间高扬嗓音，这会使任何人泪倾如雨的奇异经历降在了我身上，……"。[2] 巴哈欧拉获得天启的宗教经验

---

① Baha'u'llah. *Epistle to the Son of the Wolf* ［M］. Wilmette：Bahá'í Publishing Trust，1988. 22.

② Baha'u'llah. *The Proclamation of Baha'u'llah* ［M］. edit. the Universal House of Justice. Haifa：Bahá'í World Centre，1967. 55.

对于宗教信仰的确立及上帝存在的证明是重要的。巴哈欧拉不止一次谈到他的宗教经验。这些经验对他的宗教思想有什么影响，有没有文化特征的差异，是否其他宗教创立者也有着类似的体验，是不是经常的或可重复的，有没有历史的变化等等，值得研究。

在宗教史上启示与使命紧密相连。巴哈伊教史的研究者将宗教体验同其他显圣者联系起来，表面上各异的获得天启的经历展示出某些共性，即异象的显现和显圣者居间的地位。其他先知也有类似的经历，从而得到更多的启示，如摩西在西奈沙漠住过，佛陀在印度密林中漫游，基督在沙漠中独自行走40昼夜，穆罕默德在希拉山洞隐修。摩西在西奈山（即何烈山 Horeb）雷鸣焰火中见到了耶和华，并接受了法律《十诫》（见《出埃及记》19：16～25，又见《申命记》4：9～20），他称述道："那时我站在耶和华和你们中间，要将耶和华的话传给你们"（《申命记》5：5）。当耶稣在约旦河受洗时，"天忽然为他开启，他就看见上帝的灵仿佛鸽子一般降下"（《马太福音》3：6）。穆罕默德在山洞隐修时受到天使加百利（Gabriel）的访探，敦促穆罕默德宣说圣言（《古兰经》96：1～5）。

巴哈欧拉的另一次天启经验产生于他隐居期间。巴哈欧拉提出巴布教改革引起内部纷争，导致教派分裂。巴哈欧拉退隐库尔德斯坦的苏莱曼山区，两年之久的漫游生活，是他心灵静观的经历。巴哈欧拉隐居期间（1854～1856年）接触了苏非教团纳合西班迪（Naqshbandi）派，这一派的有两个分支。其中，以希尔信迪（Ahmad Sirhindi, 1564–1624）缘起的一派，反对融合，反对用现存的一神教观点与印度教佛陀派（Vedanta school）结合。他依照中世纪神秘派 Simnání 的观点认为宇宙与上帝的统一并不是一个存在场所的客观事实，而是直觉场所的主观经验。他用直觉统一代替存在统一。另一派以麦加为中心，巴哈欧拉与该教团的接触成为巴哈伊教转变的一个根源。在巴格达逗留的10年里，巴哈欧拉启示了大量书简，其中三本最著名的经典是《隐言经》、《七谷书简》和《确信经》。

《七谷书简》创作于1858～1862年之间的巴格达，即巴哈欧拉从库尔德斯坦的苏莱曼尼亚返回之后，是为了答复苏非主义教团卡迪里教团（一个神秘主义的苏非派教团）领袖 Muhyi'd-Din 所提出的问题而写的。阿芬第称《七谷书简》为"最伟大的神秘作品"。[1] 旅行者精神历程所必须经过的七座山谷：探寻之谷、爱之谷、知识之谷、合一之谷、满足之谷、惊奇之谷、真贫和

---

[1] Shoghi Effendi. *God Passes by* [M] . Wilmette：Bahá'í Publishing Trust，1974. 140.

绝对虚无之谷，正是苏非宗教功修和精神修炼的方法，即由低到高逐一完成。

在宗教哲学上，巴哈伊教继承了传统宗教哲学的一些思想，对伊斯兰教苏非神秘主义也有继承。这些思想包括神光论、神爱论、神智论、完人论等。但是巴哈伊教的神秘主义不等于苏非的神秘主义。"苏非的修行大多表现为个人与真主之间的关系，是封闭型的个体灵魂拯救，通过长时间的赞念、祈祷甚至舞乐、自我折磨等方式达到至善至美的境界，而实际上只是瞬间的一种幻觉，是个人追求完美的一种虚幻反映。巴哈伊教将这种个人与上帝的交流转变为人与人之间的交流"，它简化宗教礼仪，要求"每个巴哈伊教徒是以社会的和世俗的角色在发挥作用，以信仰为基础和动力，以个人的不断完善投身到社会活动当中，与其他社会成员一起为整个社会的改良和完善而努力。"① 此外，巴哈伊教对于数字 7、9、19 比较崇拜，生日、年代等与历史事件的关系都有神秘主义的解释。巴哈伊教徒对崇拜圣墓，重视祈祷等。这些也可看出苏非的影响。

---

① 王俊荣：《巴哈伊信仰中的上帝与人》［A］. 吴云贵主编：《巴哈伊教研究论文集》［C］. 第 2 集. 北京：中国社会科学院世界宗教研究所巴哈伊研究中心，2004. 48.

第三章

巴哈伊教的起源：巴布教派和巴布的教义

第一节　巴布教派与什叶派的十二伊玛目派

一、巴布教对"马赫迪"思想的继承

"马赫迪"是什叶派穆斯林对伊玛目神化色彩的认识。"马赫迪"（Mahdi），阿拉伯文意为"被引上正道的人"（the Guided One），引申为伊斯兰教所期待的"救世主"。传说穆罕默德曾预言，在世界末日，他的家族中将有一位与他同名的人降临治理世界。什叶派将这一传说与犹太教和基督教关于弥赛亚的思想结合起来，形成了什叶派的弥赛亚思想。最初教徒宣扬穆罕默德将要转世，阿里死后又传说阿里将要转世。后来认为阿里的后裔将有马赫迪转世，即人们期待已久的"隐遁"的伊玛目将在世界末日前重返人间，伸张正义，铲除暴虐，实现真正的伊斯兰"太平盛世"。什叶派认为穆罕默德有表面的和隐藏的两种学问，并已经把这两种学问都传授给了阿里，因此，阿里精通《古兰经》的隐意与明意，知道宇宙的奥妙及未来的秘密。阿里以后的伊玛目又世代承袭了这些学问的遗产并教导世人，因此这样就视伊玛目为救世主。什叶派的激进分子不但把阿里看作穆罕默德以后最高最完美的人，并且说阿里是神。最先神化阿里的是犹太人阿布都拉·本·赛伯伊。他皈依伊斯兰教后，曾到巴士拉、库法等地宣传自己的观点，被当地总督驱逐；来到埃及后，得到一部分人追随者。他最先散布的主张是"遗嘱"与"转世"，说穆罕默德曾有遗嘱让阿里继任伊玛目；所谓"转世"，就是说穆罕默德和阿里将来都要转回人间。什叶派中流传着这一说法，认为他们有隐身的领袖，将来必定转来，主持公道，后逐渐发展为"马赫迪伊玛目转世"说。

起初，马赫迪只被认为是一个政治领袖，后来成为伊斯兰教的"救世主"。"马赫迪"思想最早出现在公元 685~687 年，即穆贺塔尔所领导的库法人民反对伍麦叶王朝的起义运动中。穆贺塔尔利用阿里之子穆罕默德·本·哈乃非的名义，反对伍麦叶王朝。穆贺塔尔宣扬说：哈乃非"还活着，隐入麦加附近的山中，将在末日返回大地，那时世界上洋溢和平吉祥的气氛"。穆贺塔尔的起义虽然失败了，但他的"马赫迪"思想却流传下来。伍麦叶王朝末期，许多人都利用"马赫迪伊玛目转世"的思想，以"正统"伊斯兰教领袖自居，反抗压迫，这又给"马赫迪"思想带来许多新的传说。直到现在，什叶派的穆斯林还在期待他们的马赫迪救世主的降临。19 世纪 80 年代在苏丹兴起的具有神秘主义色彩的马赫迪运动就是以"马赫迪"学说发起的政治、社会和宗教改革运动。

据著名的阿拉伯史学家艾哈迈德·爱敏①分析，什叶派的许多观点来自犹太教、基督教和琐罗亚斯德教。什叶派中基督教的观点也很流行，教徒认为："伊玛目和安拉的关系，犹如基督与上帝的关系。""上帝的神性和伊玛目的人性合二为一，先知和使命永不中断，神性与人性统一在谁的身上，谁就是先知。"此外，如灵魂的转世，上帝之有形与分身、有位格等基督教思想，都是什叶派伊斯兰教的思想来源。奉行伊斯兰教的最大外族是波斯人，因此波斯琐罗亚斯德教也渗入什叶派教义，如最高神通过其代表和象征麻葛（从神那里得到恩惠的人）指导人类弃恶向善。

二、巴布教派与十二伊玛目派的密切联系

什叶派和逊尼派是在同一时间、同一问题上分化而成的。同样，什叶派在伊玛目问题上有分歧并由此分裂出两大支派：裁德派和伊玛目派。伊玛目派的主要思想围绕伊玛目问题展开，该派教徒认为，穆罕默德指定阿里为继承人，但被阿布·伯克尔和欧麦尔非法篡夺。伊玛目派认为家族的继承权是"信仰"的一部分。由于对领袖人选意见不一又分为两大支派：十二伊玛目派和伊斯玛仪派，后者又称七伊玛目派。十二伊玛目派（阿拉伯语为 Ithna Asharioyah，音译为伊斯纳艾沙里，意为"十二"）是什叶派的主流派，有时也称伊玛目派。许多外国学者所说的什叶派往往就指这一派。它人数多，分布广，影响大，现在西亚什叶派穆斯林的百分之七十左右属于这一派，约占该地区总人口的四分

---

① 艾哈迈德·爱敏：《阿拉伯 - 伊斯兰文化史》［M］．册 8．北京：商务印书馆，2007．3 ~ 4.

之一。十二伊玛目派伊斯兰教是伊朗的国教，其信徒占全国总人口的五分之四以上；在伊拉克，占穆斯林人口的半数以上，主要分布在南部地区，在宗教上与伊朗的联系较多，但目前在政治上占统治地位的是什叶派。此外，在巴林、科威特、卡塔尔、阿曼、沙特阿拉伯、叙利亚、约旦、黎巴嫩、阿富汗、印度和巴基斯坦也有该派的信徒。

十二伊玛目派比较全面地体现了什叶派的特点，它继承了马赫迪思想。这一派之所以被人称为十二伊玛目派，是因为它信仰由阿里开始并由他的直系后裔接续的十二位伊玛目。根据十二伊玛目派的教义，先知哈里发的职位是神圣的，其职权是由上帝直接赋予的，最初由先知担当，此后由其继承人担当，十二个人先后担当这一职务，第十二位伊玛目是哈桑·阿斯克里的儿子，是穆罕默德的后代，什叶派教徒称之为伊玛目·马赫迪。最后一位伊玛目即第十二伊玛目穆罕默德·马赫迪于公元 878 年突然失踪。这位伊玛目既未成年，也无子嗣，但依据最高权力的继承原则和天启原则，阿里及其后裔永远都是人间的领袖，他们可以转世返回人间。世上始终都应有伊玛目的存在。什叶派教徒认为他并没有死，而是从人们的视线中消失了，仍然活在雅姆卡（Jabulqa）和雅姆沙（Jubolsa）这两座神秘的城市之中。他仍通过他选定的几个人作为同他的追随者沟通的渠道。于是有了"隐遁伊玛目"（absent Imam）的说法。

传说这位末代伊玛目就隐匿在他出生地萨马腊的一个山洞里。开始为"小隐遁"期，他与其追随者或其代理人交流。追随者或其代理人称为"门"（即"巴布"），前后共有四个门。十二伊玛目派"门"的隐喻和转世说为谢赫派以及巴哈伊教继承。940 年（伊斯兰教历 260 年）他通过其讲话的最后一个"门"。阿里·萨马里死后，便开始进入"大隐遁"期。① 阿里·萨马里没有继承人，因此伊玛目与其追随者的交流即告中断。"大隐遁"期没有确切的时间，但一般认为"隐遁伊玛目"将在世界末日作为救世主（马赫迪）重返人间，"铲除暴虐"，在全世界建立公平和正义的社会，即"千年王国"（millennium）。② 什叶派一直把"隐遁伊玛目"奉为唯一的最高领袖，而现在最高的教长始终被看作他的代言人。由于长期处于被追逐、遭迫害的地位，在什叶派穆斯林中逐渐形成一种强烈的团结意识和忠于宗教领袖的思想。什叶派的宗教学者往往比逊尼派的更受推崇；被认为可以代表"隐遁伊玛目"说话的宗教权威有时就成了真正的领袖。

① 王怀德，郭宝华：《伊斯兰教史》［M］. 银川：宁夏人民出版社，1992. 249.
② 同上，250.

　　由于对教法的依据认识不同，十二伊玛目派也有两个法学派别——阿克巴尔学派和乌苏尔学派。阿克巴尔法学派主张只有《古兰经》和什叶派的圣训集（阿克巴尔）才能作为法律的泉源，摒弃宗教权威（穆智台希德）的个人意见（伊智提哈德），所以被称为拥护圣训的人。目前遵循这一法学派理论的人是少数，约占该派在伊朗和伊拉克的信徒的百分之二十。而十二伊玛目派的多数人则属于乌苏尔学派（意为拥护思辨方法的人），这样，权威者的"个人意见"就可以视为法律的规范。

　　什叶派有崇拜圣徒和圣墓的传统，而且对于圣徒的崇拜与上帝的崇拜是一致的，且目标指向的是上帝，陵墓是一种依托。赛义德·卡齐姆的门徒谢赫·哈桑叙述了巴布拜谒伊玛目·侯赛因陵墓的情景。① 除朝圣陵墓外，巴布还去麦加和麦地那朝圣。巴哈伊教在以色列的海法修筑的巨大陵墓也是这一传统的延续，这一切证明巴布派与后来的巴哈伊教与什叶派密切联系。什叶派有崇拜圣徒和圣墓的历史根源与教派斗争有关。历史记载表明，在争夺哈里发最高权力的斗争中，什叶派伊玛目多遭横死，加之长期受迫害，信徒中逐渐形成一种忍受和赎罪思想。什叶派上层利用这一点，极力倡导对圣徒的崇拜，以此来维护组织内部的团结和信仰的虔诚，树立宗教领袖的威信。什叶派将阿里、哈桑、侯赛因以及后来死去的伊玛目都视为殉教圣徒，其中尤其突出侯赛因。

　　巴布的宗教思想以《古兰经》为依托。在被囚禁于马库（Mah-Ku）堡垒期间完成了九章《古兰经》的评论。对于尤素福一章的评论（参见《圣经》：创世纪：38）可以测定评论人对于经文内容的理解和态度。比如哈瓦利吉派就不承认这一章为安拉的语言，认为其中对于权贵之妻与尤素福调情的情节描述是不纯正的。对于这一章巴布是承认的，并认为其中蕴含着真理。

　　巴布的宗教是巴哈伊宗教的初始阶段。过去人们认为巴布教和巴哈伊教是伊斯兰教的分支，理由是巴布和巴哈欧拉都是什叶派教徒。这种推论就像说基督教是犹太教的分支教派、佛教是印度古代婆罗门教的分支教派一样，因为耶稣起初是犹太教徒、佛陀起初是婆罗门教徒。其实无论是基督教还是佛教都不是对旧的经典的解释，而是有了自己的经典，有了独立的信仰基础，在基本教义的内涵上与母体宗教有重要区别。

---

① Nabíl. *The Dawn-Breakers*［M］. trans. & edit. Shoghi Effendi. Wilmette：Bahá'í Publishing Trust，1996. 30.

第二节 巴布运动与谢赫派

一、谢赫派的预言

谢赫派（Shayyhí sect，"谢赫"意为长老，又称长老派）是十二伊玛目派的支派，教主谢赫·艾哈迈德·艾赫萨伊（Shaykh Ahmad-i-Ahsa'i）所处的时代教派纷争，国家四分五裂，波斯古国的辉煌丧失殆尽。相反，伊斯兰教本身已经被分裂成无数个教派，每个教派都充满了无知和狂热的人们，早已忘记了穆罕默德的教海："你们应当谨守正教，不要为正教而分门别户"（42：13），"在我之后，你们切勿像异教徒那样相互残杀。"（《布哈里圣训实录》1741）。由于忘记了基本教义的和平本质，因此教派之间相互论战、敌视甚至武力争斗。十二伊玛目派虽为国教，但该派又分为众多小支派（sect），谢赫派是其中之一。谢赫·艾哈迈德对伊斯兰教的什叶教派中的分裂局面极为苦恼，因而起来抗议那些堕落的人们对该宗教的背叛。他决定恳求所有穆罕默德的信徒从他们冷漠无知的沉睡中醒来，以便为允诺者的到来铺平道路，因为这位允诺者不久将成为显圣者，并且将呼吁人们摒弃在伊斯兰教中盛行的无知和偏见，这可以说是来自宗教内部的宗教改革力量。谢赫·艾哈迈德四十岁时来到伊拉克，在此地，仅仅几年，谢赫·艾哈迈德就成为公认的伊斯兰教圣书的权威。然而他对于加在他头上的种种荣誉总是避而不受，因为在他的心中有这样一个使命，就是为未来的圣使做好准备。就像基督来临前约翰所做的一样，修直主的道。他认为同先知相比，自己渺小得很。他知道，无论多么惊人的改革都无法复兴伊斯兰教。正如伊斯兰教的圣书所预言的那样，一个新的独立的天启之到来势在必然。只有这一新的天启才能使那衰落的信仰重振活力，恢复生机。

19 世纪，正在预言新的圣启的喜讯。千年时代耶稣复临的思想和热忱笼罩着东西方，欧美学者撰文谈论人们期盼的耶稣即将显现的事。这个世纪初基督教世界还产生了以这一思想为基本教义的教派。在基督教世界有基督复临派（Adventists）、五旬节派（Pentecostal Churches）、摩门教派（Mormons）等。在伊斯兰教世界，有代表性的马赫迪思想已经发展成熟。谢赫·艾哈迈德相信天启，正如东方的波斯博士相信星象指示救世主降生于西方伯利恒一样。他如饥似渴地研读了有关未来显圣者的书籍资料，并且不断地向权威的宗教机构提出质疑。他不断求索，直到他认为已找到真理为止。他认为已经获得了天启的秘密知识，于是带着惊喜和巨大的心灵重负，渴望能够找到一位能够与他共享天启秘密的人。这个人坚信自己知道"上帝的新圣使"显现的时间和地点。

谢赫·艾哈迈德离家别亲，踏上征程去完成这项重要的使命。来到了伊拉克南部城市什叶派圣城纳杰夫（Najaf）和卡尔巴拉。不久他的威望超过了当地的其他教士，但他内心拒绝成为他们的同路。不久，他离开前往波斯，来到伊朗南部的设拉子（Shiraz）城。根据他获得的启示，正是在该城，一位新的显圣者的先驱不久将宣布自己的使命。谢赫·艾哈迈德明白这一点，所以他对这座城市大加赞扬，以至于了解该城并知其规模不大的人们对谢赫·艾哈迈德的赞扬感到吃惊。但是他告诉人们不要惊奇，因为不久他所预言的秘密将会公布于众。教士们对此感到迷惑不解，他们怀疑自己的理解力，不能明白谢赫·艾哈迈德将设拉子作为圣城加以赞美这一深刻含义。谢赫·艾哈迈德从设拉子出发前往雅兹德（Yazd），在那里他继续不断地告诫人们要为新的显圣者的到来做好准备。在此城他撰写了许多专著和论文，名声大震，以致波斯国王写信请他解释有关穆斯林信仰的神秘教义，波斯国王对他的回答非常满意。预言者并非是一位，但所有的预言指向的时间大致相同。当时谢赫·艾哈迈德的预言威力以及他对身边的门徒们的影响力已经非常显要。

另一位同时代的预言者叫哈吉·哈山。这个资料的来源是《破晓之光》的作者从当时已是九十岁高龄的密尔萨·马哈木德那里亲自采集到的。这位高龄者回忆说，那些见到哈吉·哈山的人们立刻被他所影响，并且愿意弃绝尘世及其财富。密尔萨·马哈木德是其中的仰慕者。追求真理的强烈愿望驱使密尔萨前去和哈吉·哈山见面，并立即被他所折服。哈吉·哈山红光满面，神采奕奕。一天，晨祷之后，密尔萨·马哈木德听到他在讲述下面这段话："不久波斯将成为一个世人所环绕的陵墓"。一天黎明时分，哈吉·哈山告诉密尔萨·马哈木德："我对你所宣布的，现在已经显示了。马哈木德啊，我真却地说，你将活到看见那光荣的日子。"这位圣人的话时常在密尔萨·马哈木德的耳边回响，直到公元 1844 年他听到有关新的天启的先驱者巴布（Bab）的消息。密尔萨·马哈木德查询了巴布出生的日期，他发现这个日期和哈吉·哈山所提到的日期相差两年，对此他感到迷惑不解。多年之后，密尔萨·马哈木德得知巴哈欧拉已经在巴格达宣道，而且他对《隐言经》中下列段落印象极深："人子啊！你的心就是我的住所，净化它以便我能降临。你的灵魂就是我的天启之地，清洗它以便我能显圣。""大地之子啊！如果你接受我，勿再求他神；如果你凝视我的圣美，就不要再看尘世以及其中的一切；因为我的意志和除我

之外的其他意志犹如水火，不能同存于一心之中。"① 密尔萨·马哈木德询问
了巴哈欧拉的诞辰日期。当有人告诉他巴哈欧拉出生于 1817 年 11 月 12 日时，
他立刻匍匐在地，赞美上帝让他活到能亲眼看见允诺之日。密尔萨·马哈木德
同年去世，他对哈吉·哈山所做的允诺能得以实现感到欣慰。

二、从谢赫·艾哈迈德到赛义德·卡齐姆

如果说谢赫·艾哈迈德和哈吉·哈山是预言者，那么密尔萨·马哈木德就
是证实预言真伪的人或积极盼望预言实现的人。按照巴哈伊教来讲，这种人也
是得到了神谕的人。就在谢赫·艾哈迈德准备离开雅兹德时，另一位得到神谕
之人是赛义德·卡齐姆（Sayyid Kazim Rashti），他梦见自己得到指引，要接受
谢赫·艾哈迈德的灵性指导。于是他就告别故土专程去见谢赫·艾哈迈德，谢
赫·艾哈迈德热情地迎接了他，说自己一直在急切地盼望着赛义德·卡齐姆的
到来。他用预言式的话语说："我的朋友啊！欢迎你。多么殷切地等待你，等
了这么久，愿你来替我解除这些执迷不悟的人们对我的傲慢。"②

谢赫·艾哈迈德还是向别人证实预言的人，因为他本人是坚信不疑的。这
一点同那些由别人证实而自己确信的人不同。同时他又是个有使命感、超越门
派阈限的传道者。他认为显圣者的降临超越一切世俗首领的权威，谢赫·艾哈
迈德在把他的门徒交托给赛义德·卡齐姆之后便动身前去呼罗珊（Khurasan）
朝圣，那里有伊玛目利他的陵墓。在那里他以同样的热情继续努力向人们宣传
说："不久，你将看见你们的主的辉煌圣容如元月那么明洁。然而，你们将仍
旧不能一致地认识祂的真理而拥护祂的教义。""一个象征着那承诺的时刻降
临的伟大征兆是：一个妇女将产出她的主。"③ 他号召人们为允诺的显圣者的
到来做好准备。所谓做好准备就是心理上的承受和接纳。

他继续行程，前往奴里，到德黑兰去，随行的有赛义德·卡齐姆和其他著
名门徒。可是波斯国王命令他的宫廷官员出去迎接并代表他隆重欢迎谢赫·艾
哈迈德一行。波斯国王宣布谢赫·艾哈迈德是"他的国家的荣耀，人民的光
彩"。就在那些日子里，一个孩子在奴里诞生了，他的父亲密尔萨·博左尔基

---

① Baha'u'llah. *The Hidden Words.* ［M］. Arabic，Chapter 59. Persian，Chapter 31. Wilmette：
　Bahá'íPublishing Trust，1994.

② Nabíl-i-Azam. *The Dawn-Breakers* ［M］. trans. & edit. Shoghi Effendi. Wilmette：Bahá'í Pub-
　lishing Trust，1996. 10.

③ Ibid.

（Mirza Buzurg）是诺尔人，是波斯王的宠臣。这个孩子就是巴哈欧拉。他诞生于 1817 年 11 月 12 日。① 谢赫·艾哈迈德清楚地意识到巴哈欧拉的诞生的重要性，所以他渴望在靠近这位新生的君王之处度过他的有生之年。但是，波斯国王莎赫的长子，穆罕默德－阿里·密尔萨（Muhammad-Ali Mirza）王子祈求父王允许他在克尔曼沙省款待谢赫·艾哈迈德，因为他是那个省的省长。国王答应了他的要求，所以谢赫·艾哈迈德前往那里。阿仁的解释是，"但是事与愿违，他的干渴，不获解救，他的热望，不获满足。他不得不屈服于上苍的意旨，离开奴里去奇曼沙。"② 在离开德黑兰之前，谢赫·艾哈迈德向上帝祈祷，愿巴哈欧拉能受到他的同胞的保护和珍爱，愿他们承认巴哈欧拉的荣誉。

在克尔曼沙，谢赫·艾哈迈德致力于著书立说，他在著作中赞扬了伊斯兰教的伊玛目，强调了他们对允诺的显圣者即将到来的有关论述。他常常提到侯赛因（Husayn）和阿里（Ali），以暗指巴哈欧拉和巴布。根据谢赫派的传统，名字与出生日期一样，构成了预言的标志。在巴布诞生的同一年，谢赫·艾哈迈德之子谢赫·阿里去世了。谢赫·艾哈迈德对门徒们说："不要悲伤，我的朋友们，我已把我的亲生儿子阿里，牺牲给那等待已久，将要降临的阿里。"

1819 年 10 月 20 日，巴布诞生于设拉子城，他出生的家庭是先知穆罕默德的后裔。巴布的出生日期证明了穆罕默德的继承者和圣道的领导者伊玛目·阿里（Imam Ali）所预言的真实性。巴布曾说："我比我的主年幼两岁。"这句话的神秘性已经揭示给那些接受这个新的天启的人们（巴哈欧拉诞生于 1817 年 11 月 12 日，早于巴布两年）。③

谢赫·艾哈迈德预言、传道、寻访，同时为显圣者降临时发展新的教义。他对赛义德·卡齐姆非常敬重。在那些听过谢赫·艾哈迈德讲话的人们中间，除了赛义德·卡齐姆之外，很少有人能明白他对圣书提到的允诺之日所做的解释。出于神秘的原因，谢赫·艾哈迈德不能做出全面的解释或揭示。据阿仁记载，有一天，其中一个门徒请教谢赫·艾哈迈德，关于那位于时机成熟时降临的显圣者所要说的字是什么，据说那个字的重量，足以使三百一十三个世俗的首领惊惧于它的重压而逃遁。谢赫·艾哈迈德回答道："世俗的首领都支持不住那个字的重量，你将怎样支撑呢？不要妄想去满足一个不可能满足的欲望，

---

① Nabíl-i-Azam. *The Dawn-Breakers* ［M］. trans. & edit. Shoghi Effendi. Wilmette：Bahá'í Publishing Trust，1996. 11.

② Ibid.，12.

③ Ibid.，13.

请别再问我类似的问题，寻求上苍的宽恕吧。"那毫无顾忌的询问者，一再催促他揭示那个字的性质，谢赫·艾哈迈德终于回答道："倘若你活在那显圣降世的日子，倘若他叫你反抗伊玛目·阿里的权威，叫你否认他的地位，你将怎样说？"他叹道："上苍禁止我说，这是不可能的，这样的话由显圣的口里说出来是不可想象的。""祂有权为所欲为地命令，有权为所乐为地注定。"① 任何人若稍作迟疑，甚至一瞬眼的怀疑，也会被剥夺他的恩泽而成为错误者。

谢赫·艾哈迈德离开克尔曼沙前往卡比拉，然后又到麦加（Mecca）和麦地那（Medina）。赛义德·卡齐姆曾恳求陪同他，但是被拒绝了。谢赫·艾哈迈德对他说："你不能浪费时间，每一个时刻你都必须好好地利用，你必须挺直腰杆，夜以继日地努力，藉着上苍的恩泽，靠智慧与慈爱的手，扯下蒙蔽疏忽者的面纱。真确地说，那命定的时刻已接近了，我祈求上苍免除我经历那惊天动地的时刻。你必须祈求上苍保护你，使你免受那日子的严厉考验，因为你我都不能经受得起它那扫荡性的力量。"② 说完，谢赫·艾哈迈德就告辞了。

三、从希乙·卡齐姆到穆拉·侯赛因

（一）接受使命

在谢赫·艾哈迈德离开卡尔巴拉之前，他向赛义德·卡齐姆泄露他选择的继承人和他的秘密任务。从童年起赛义德·卡齐姆就表现出非凡的智慧和灵性威力。十一岁时，他已能熟背整部《古兰经》。十四岁时，他已记住了大量的穆罕默德的祷文和圣传。他虔诚而又和善，给认识他的人留下了很深的印象。他和谢赫·艾哈迈德在一起的时间只有几个星期。当时是公元 1816 年。有一天谢赫·艾哈迈德请求他来领导所有的门徒。谢赫·艾哈迈德对众门徒说："我死以后，你们要通过赛义德·卡齐姆去寻求真理。唯有他了解我的意图。"③ 谢赫·艾哈迈德将要离开此地，他对赛义德·卡齐姆说："留在你的家里，不必听我讲道了。我的门徒感到困惑时，将会求教于你。你将会凭着上苍赋赐你的智慧，解答他们的难题，使他们心灵宁静。通过你言语的力量，你将

---

① Nabíl-i-Azam. *The Dawn-Breakers* ［M］. trans. & edit. Shoghi Effendi. Wilmette：Bahá'í Publishing Trust，1996. 14.

② Ibid.，15.

③ William Sears. *Release the Sun* ［M］. Wilmette：Bahá'í Publishing Trust，1995. 4.

能协助疏忽的伊斯兰教徒复生过来。"① 谢赫·艾哈迈德放弃了宗教领袖的地位，专注于寻访"显圣者"，在伊朗世俗化了的宗教生活中是值得敬佩的。

他指示赛义德·卡齐姆努力用心中燃亮的火，点燃每一颗纯洁的心灵。后者留在卡美拉继续艾哈迈德的工作，维护他的圣道，解答门徒的困惑。但艾哈迈德任命年仅二十二岁的赛义德·卡齐姆为继承人，激起了一些主要门徒的愤恨和嫉妒。慑于其名望，最终都顺服了，至少是表面上的。艾哈迈德离开后，门徒开始反叛，以各种方式对赛义德·卡齐姆发难。他们抗议道："四十年来我们让那自负的谢赫·艾哈迈德的虚伪教义毫无阻碍地散播，我们再也不能忍受他的继承人同样的骄矜态度。他不接受肉体再生的信仰，反对穆罕默德上天堂的字面的解说，把先知再来的日子当作是预言，他的异端邪说违反了正统的伊斯兰教。"②

他们对赛义德·卡齐姆说："倘若所期盼的'应诺者'能提高我们的地位，并且保留我们所珍视的一切，那么我们不但愿意而且渴望接受他。但是，倘若他的来临意味着我们必须放弃所珍视的一切，甚至还意味着面对死亡，那么他说什么甜言蜜语我们也不动心。"③ 这些抗议透视出谢赫教派与正统什叶派在教义的不同，也预示着改革正统教义所面临的巨大威胁。

他们的抗议声越大，赛义德·卡齐姆传道的决心就越坚定。他致函给谢赫·艾哈迈德，在书函中详述反对者对他的诽谤及他们的立场。他试图向谢赫·艾哈迈德探询自己注定要面对极端盲目且顽固的反对者多久，同时祈求他暗示那应诺的显圣者何时将降临。谢赫·艾哈迈德回答道："请信赖你的上苍的恩泽，不要为他们的胡作妄为伤心。这圣道的奥秘将显现，这讯息的秘密将被公布。我不能多言，更不能指定显现的时间。他的圣道将于回历一二六八年（公历 1852 年）后为人们所闻。不要向我追问，如果我对你揭露这些事物会使你更痛苦的话。"④ 这种情形使他越发坚定地要执行谢赫·艾哈迈德的指示。谢赫·艾哈迈德于公元 1826 年在麦地那圣城附近去世，享年 81 岁。

赛义德·卡齐姆受到内外的攻击，决定向外寻求精神和教义支持，向内寻

---

① Nabíl-i-Azam. *The Dawn-Breakers*［M］. trans. & edit. Shoghi Effendi. Wilmette：Bahá'í Publishing Trust，1996. 10.

② Ibid.，16.

③ William Sears. *Release the Sun*［M］. Wilmette：Bahá'í Publishing Trust，1995. 4.

④ Nabíl-i-Azam. *The Dawn-Breakers*［M］. trans. & edit. Shoghi Effendi. Wilmette：Bahá'í Publishing Trust，1996. 10.

找骨干和坚信者。他试图派出使徒争取一位教会领袖的帮助，在无人响应的情况下，后来被巴布称为"门之门"的穆拉·侯赛因（Mulla Husayn）不辱使命，澄清了这位宗教领袖认为的所谓矛盾之处，揭示了其中的真义，征得了一位叫哈芝乙·穆罕默德的教会首领的支持。① 这位宗教领袖写了一张宣誓卡，证明它尊崇谢赫·艾哈迈德和赛义德·卡齐姆的崇高地位，并宣称任何背弃他们的人即是背弃了先知穆罕默德的圣道。赛义德·卡齐姆对穆拉·侯赛因的推崇使门徒们猜想后者就是他们经常说的允诺者。

（二）"施洗约翰"

赛义德·卡齐姆已不仅是一位谢赫·艾哈迈德的忠实信徒，他也是一位预言者。他经常说；"你们亲眼看见祂，却不能辨认出祂。"② 在那些日子，赛义德·卡齐姆知道那应诺而来的圣使显现的时刻，已经越来越近了。他有步骤地、逐渐地、谨慎地、机智地尽力移除阻碍人们辨认上苍所隐藏的财宝的障碍。他再三地提醒他的门徒，他们所等待的圣使，不会由神秘城雅姆卡和雅姆沙来，他甚至暗示，他就在他们之中。一位门徒询问他显圣者的征兆，他回答说："祂属于贵族，祂是先知穆罕默德的后裔，祂年轻，有先天的知识，祂的学问不是来自谢赫·艾哈迈德的教义，而是来自上苍。我的学问跟他相比，只是沧海一粟。我的成就在他的圣容前，只是一点尘埃，不，这差别实际上无以测量。祂的身材中等，不抽烟，极其虔诚。"③ 有些赛义德·卡齐姆的门徒，虽然听到他们的老师说出以上的征兆，仍然在猜想赛义德·卡齐姆便是那应诺而来的显圣，因为这些征兆都在他身上找到。难怪赛义德·卡齐姆对公开宣扬他即是那应诺而来的显圣者时极为不快，险些将这位门徒逐出门墙，因为无论是谢赫·艾哈迈德还是赛义德·卡齐姆，他们认为自己的地位同允诺者相比都极为卑微。了解基督教的人当然会不自觉地将他们与施洗约翰相比，"那在我以后来的，能力比我更大，我就是给他提鞋也不配。"（马太福音3：11）同犹太教历史上预言弥赛亚降临一样，在19世纪中叶，预言显圣者的预言家也不止一人。他们同样具有施洗约翰特征。

（三）"塔基雅"原则

赛义德·卡齐姆践行着谢赫·艾哈迈德的信仰，他知道允诺者是谁，但并不立刻点破，只是勤奋地为宣示的时刻做着准备。他自知他的使命就是辅佐允

---

① Nabíl-i-Azam. *The Dawn-Breakers* ［M］. trans. & edit. Shoghi Effendi. Wilmette：Bahá'í Publishing Trust，1996. 24.
② Ibid.
③ Ibid.

诺者弘扬圣道，甘当献身者的仆人。不点破除了时机不成熟或人们心理准备不足外，还与什叶派较为普遍地实行"塔基雅"（阿拉伯语 Takīya 的音译，原意为"谨防"，指信仰的内心保留）策略有关。即为防避宗教迫害而隐瞒内心的信仰。遇有必要时，不仅可以否认自己的教籍，放弃履行宗教仪式，甚至可以辱骂自己的信仰，但这只是在口头上，内心对自己信仰的忠诚则丝毫不减。这是《古兰经》（16：106）所认可的一项原则："既信真主之后，又表示不信者——除非被迫宣称不信，内心却为信仰而坚定者——但为不信而心情舒畅者将遭天谴，并受重大的刑罚。"遵循哈乃斐教法学派的逊尼派和哈瓦利吉派都不同程度地奉行，但将其作为基本教义之一的则只有什叶派。这里需要指出的是，什叶派之所以这样做，不是自由选择的结果，而是为形势所迫。长时期内，逊尼派在大多数地区一直占统治地位，掌握着政权；什叶派是宗教上的少数派，为摆脱迫害和减少流血牺牲，不得不采取这种策略。但是到了巴布教时期甚至巴哈伊教时期，其教徒放弃了这一教义，直至现代伊朗已有大批巴布及巴哈伊教徒被迫害致死。

（四）银杯和光的隐喻

巴哈伊教史作者纳米尔·阿仁（Nabil-i-Azam）通过记述细节来表现神圣的力量。根据赛义德·卡齐姆的门徒谢赫·哈山记述，一天他对他的门徒说："有一位特殊的、崇高的人物要来，我们必须拜见他。"赛义德·卡齐姆拜见巴布时的记述：房中有一个银杯，年轻的主人将那银杯盘盛满了水递给赛义德·卡齐姆，对他引述《古兰经》（76：21）的一句话说道："他们的主将赐他们一杯纯净的饮料。"① 银杯象征伊斯兰的宗教习俗要发生变化，因为依照伊斯兰教的戒律，一位虔诚者是不准用银杯的。《古兰经》的引语暗示屋子的主人就是世人的主人。赛义德·卡齐姆对那青年非常恭敬。三天过后，又看见那青年来到赛义德·卡齐姆布道的地方。他坐在赛义德·卡齐姆的门徒之中，坐靠近门边的地方，恭谨地倾听着赛义德·卡齐姆跟门徒们讨论。当赛义德·卡齐姆发现青年时，马上停止说话。有一位门徒请求他继续讲解，却看着巴布说道："我还须说什么呢！真理比投射在那膝上的光线还要明显。"② 所说的光线的确投射在巴布的膝上。询问者问道："为什么你不揭露他的身份呢？"赛义德·卡齐姆以手指指向自己的喉咙，表示倘若他泄漏显圣者的身份，必定马

---

① Nabíl-i-Azam. *The Dawn-Breakers* ［M］. trans. & edit. Shoghi Effendi. Wilmette：Bahá'í Publishing Trust，1996. 25.

② Ibid.，26.

上被置于死地。这使谢赫·哈山更加困扰了。谢赫·哈山曾听老师说，这时代的人迷误已深，甚至你指着那应诺而来的显圣者对他们说："他的确是大家所至爱的主。"他们仍然不相信，也不认识他。谢赫·哈山看见赛义德·卡齐姆实际上用手指指着那投射在巴布膝上的光线，然而，却没有人明白他的意思。① 这里的光隐喻上帝投射在显圣者身上的光。

（五）"两次吹响号角"的预言

赛义德·卡齐姆描述允诺者道："我看见他有如东升的太阳。"如同施洗约翰警告那些等待耶稣降临的人们一样，他警告门徒说："上帝的王国近了。"他预言门徒可能因其信仰而殉道："当心呀！在我去世之后，莫要让尘世的虚华将你们蒙骗。在你们寻觅他时，你们应当弃绝所有的安逸。尘世的财富和你们的亲人，你们应当远离一切世俗之物，谦卑地恳求上帝引导你们走上正道，切莫松懈寻找和发现'应诺者'的决心，要坚定不移，直至'应诺者'选定你们作为他的伴侣。任何一位为'应诺者'而畅饮殉道之杯的人，皆是受赞美的。"②

赛义德·卡齐姆预言两位显圣者接连出现。赛义德·卡齐姆向他的一些门徒许诺，他们不仅能得到面见圣使的喜悦，而且还能亲眼见到他的继承人。他说："在第一声号角吹响之后，将有另一声继起，万物皆将复苏，并更加生机盎然。"③ 赛义德·卡齐姆反复告诉他们，他们将要见到的圣使不是一位，而是两位，也就是所有天启圣书中所应诺的"末日之际"的"成对"显现。巴哈伊信徒和巴哈伊教史学者将赛义德·卡齐姆的预言同《圣经》和《古兰经》中的预言联系在一起。这两位圣使的连续呈现，将证实约翰在《启示录》中提及的有关"第二个和第三个悲痛"的预言，该预言称"第三个悲痛"会紧跟着"第二个悲痛"迅速到来（《圣经·启示录》11：4），还将证实《古兰经》中所说的，在"末日之际"会有紧紧相随的"两次吹响号角"的预言（《古兰经》39：68）。赛义德·卡齐姆的预言用太阳类比，向门徒们保证，随着期待黎明之后，应诺的太阳将会显现。他说："在前面的星辰落下之后，后面的太阳将会升起，并且照亮全世界。"④ 预言家预言的事件和时间是预言有效性的标志。赛义德·卡齐姆向他的门徒们指出，在他们的时代预言就将实

---

① Nabíl-i-Azam. *The Dawn-Breakers* ［M］. trans. & edit. Shoghi Effendi. Wilmette：Bahá'í Publishing Trust，1996. 28.

② Ibid.，40.

③ Ibid.，41.

④ Ibid.，41.

现。他这样说："在回历 1260 年（公元 1844 年），地球将被他的光芒所照亮，倘若你们能活到回历 1270 年（公元 1853 年），你们将会亲眼目睹世上所有国家、统治者、人民及上帝的宗教如何更新。"①

四、从穆拉·侯赛因到巴布

（一）预言者被预言

巴哈伊教史记述梦境，将梦境同现实联系起来加以印证。这反映了东方的信仰传统。赛义德·卡齐姆在生命的最后一年里，离开卡尔巴拉去谒拜邻近的圣地。旅途中，有一次，他停在了路边的礼拜寺里做晌礼。当他站在一棵树的树荫下时，突然来了一个阿拉伯人。这位阿拉伯人走近赛义德·卡齐姆，对他说："三天前，我在附近的一个牧场放牧我的羊群。突然间我睡熟了。先知在我的睡梦中出现，他对我说：'牧人啊，你仔细听我对你说。你要留在这座礼拜寺附近，三日之内，会有一位名叫赛义德·卡齐姆的人，在他的门徒陪伴下到此地。请你以我的名义对他说：'喜悦吧，因为你离开尘世的时辰已经近了。在你返回卡尔巴拉三天之后，你就会飞升到我的身边。'不久之后，真理的他就会显现，届时，世界将为他脸上的光辉所照亮。"赛义德·卡齐姆临近死亡，他的同伴为此而深感悲痛。赛义德·卡齐姆宽慰他们说："难道你们不正是为了寻觅真理才对我寄予如此的厚爱？难道你们不希望我死去，以便让'应诺者'显现吗？"② 直至生命的最后一刻，赛义德·卡齐姆都在鼓励他的门徒们不断地寻觅。赛义德·卡齐姆回到了卡尔巴拉城。在抵达的当天，他就得了病。正如先知在牧羊人的梦中所预言的那样，三天之后，赛义德·卡齐姆就去世了。

前文说道穆拉·侯赛因对赛义德·卡齐姆充满了爱和敬意，是后者选定的得力助手。他衡量先知有自己标准，那就是，要求自称"应诺者"的人用完全不同于现在的风格和语言，为《古兰经》中尤素福一章（即第十二章）写下一篇注释。有一天，穆拉·侯赛因在无人时单独恳请赛义德·卡齐姆给他写下那篇注释。赛义德·卡齐姆回绝道："这非我的能力之所及。但在我之后降临的那位伟人，无须你请求便会把这篇注释启示给你。这篇注释将成为证明祂之真实性最明显的证据之一。"穆拉·侯赛因问赛义德·卡齐姆：《古兰经》

---

① William Sears. *Release the Sun*［M］. Wilmette：Bahá'í Publishing Trust, 1995. 8.

② Ibid. , 8.

中的这一章为何称作"最好的故事"？赛义德·卡齐姆答道："现在不是解释原因的合理时机。"① 他的这句话向人们暗示：实情将于未来被先知揭示。

（二）继承赛义德·卡齐姆的遗愿

赛义德·卡齐姆的遗愿反映了关于寻找应诺者的宗教思想。当穆拉·侯赛因回到卡尔巴拉时，赛义德·卡齐姆已经去世。尽管穆拉·侯赛因心情也十分沉重，还是强忍悲痛去安抚哀伤的门徒。他问众门徒："我们已故的领袖的夙愿和遗志是什么？"穆拉·侯赛因得到了如下的答复：

1. 赛义德·卡齐姆经常向门徒暗示应诺者已经降临，所以一再命令他们离开家乡，分赴各地去寻找"应诺者"。

2. 他们要寻找的人现在已经生活在他们中间，只有坚持到底才能找到他。

3. 唯有勇敢、虔诚、纯洁的动机并专心而不懈地寻找，方能引导人们来到他的面前。②

赛义德·卡齐姆的信念是允诺者已经降临，他（袖）不会自行出现，要信徒们寻访，坚持到底才能找到，寻找的动机必须纯洁。同赛义德·卡齐姆一样，穆拉·侯赛因也否认自己是"应诺者"。但信徒都同意由他因做他们的领导者，于是同声说："我们对你的信任无以复加，即使你自称是'应诺者'，我们也将毫无异议地服从你。"穆拉·侯赛因感到非常震惊，他大叫道："求上帝保佑，我决无法与袖相比。在袖面前，我只是一颗尘埃啊！"穆拉·侯赛因知道自己是在白费口舌，定下自己的计划，并且开始寻找"上帝的钟爱者"，与允诺者见面。

为了准备这次寻访，穆拉·侯赛因隐居修行四十天，由此证明寻访者必须的条件是虔诚和纯洁。静修一结束，穆拉·侯赛因就离开了卡尔巴拉，他决心不停地寻觅允诺者，赛义德·卡齐姆的预言无数次回荡在耳边。

（1）"在回历 1260 年（公元 1844 年），袖的圣道将会显现，袖的名字将传扬国外。"

（2）"在袖的圣名中，圣徒'阿里'的名字，写在先知'穆罕默德'的名字的前面。"

（3）"在回历 1260 年，将栽植下神圣的引导之树。"

（4）"信仰袖的教士和追随者都是伊朗的波斯人。"③

---

① William Sears. *Release the Sun*［M］. Wilmette：Bahá'í Publishing Trust，1995. 5

② Ibid. ，10.

③ Ibid. ，11

　　寻访允诺者的记载同样充满神秘。1260 年已经到来。穆拉·侯赛因立刻前往波斯，他凭借着灵感的指引来到布什尔（Búshihr）。但一股磁力又引导他向设拉子城走去。在设拉子城门口，穆拉·侯赛因吩咐他同行的兄弟和侄子在礼拜寺等待他的归来。穆拉·侯赛因说："有样东西把我的心引向城内。但我将与你们相聚，并一起做晚祷。"日落前数小时，穆拉·侯赛因看见一位容光焕发的青年。这位青年走向穆拉·侯赛因，便微笑着向他致意。他友善而和蔼地同穆拉·侯赛因拥抱，就像见到亲密的老友。起初，穆拉·侯赛因以为此青年是赛义德·卡齐姆的一个门徒，听到自己来设拉子的消息便出来迎接他。穆拉·侯赛因回忆道："他热情地邀请我去他家作客，以消除旅途劳顿。我对他表示歉意，并告诉他我的两位同伴正等着我回去。他答道：'将他俩托付给上帝吧，上帝肯定会保佑并看护他们的。'说完，青年转身吩咐我跟他走。这位青年温文而又不容反驳的态度，深深吸引了我。他稳健的步伐、不凡的气度，都加深了我对他初次的良好印象。"

　　穆拉·侯赛因以对先知崇敬的口吻描述与巴布的初次见面，渗透着神秘的不可抗拒的力量的驱使。穆拉·侯赛因站起来告辞，贸然地说："午祷的时间到了，我答应同他们去伊罕尼教堂祈祷。"他极其温和有礼地说："你必定已经依照上苍的意愿，安排回去的时间，祂已命定你留下来，你不用介意违背了诺言。"他尊贵肯定的话，使穆拉·侯赛因无言以对。穆拉·侯赛因再次洗涤，准备祈祷，他也站在我身边祈祷。在祈祷中，穆拉·侯赛因把心中对这意外的会面与劳苦的追寻所受的感触倾泻出来。穆拉·侯赛因祷告道："我的上苍啊！我已经尽了一切能力，至今仍然找不到你所承诺的圣使。我见证你的话是不会落空的，你的承诺是真实的。"

　　（三）验证允诺者的两个标准

　　米尔扎·艾哈迈德转述给阿仁的经历说明允诺者与寻访者态度上有较大的一致性。寻访者是积极主动的，被寻访者用自身的特质说明寻访者所知晓的验证标准都显现于被寻访者。米尔扎·艾哈迈德回忆穆拉·侯赛因的讲述。那难忘的一晚是回历 1260 年 5 月 5 日（即公元 1844 年 5 月 22 日）的前夕，太阳下山一小时，年轻的主人向穆拉·侯赛因问道："你以为赛义德·卡齐姆去世后，谁继承他成为你们的领袖？"穆拉·侯赛因回答道："他临死前训令我们离开家园，散布出去追寻那应诺而来的至爱者。我已依照他的训令跋涉到波斯，我要完成他的志愿，追寻我的目标。"他追问道："你的老师是否曾详细地告诉你那应诺而来的圣使的特别形态？"穆拉·侯赛因回答道："有，他有纯洁的家系，他是显赫者的后裔，是法蒂玛的后代。至于他的年龄，是二十至

95

三十之间，他赋有先天的知识，他的身材中等，不抽烟，身体没有缺陷。"他听了停顿了一下，便庄严地宣布道："看吧，这些征兆都在我身上显现了。"他逐一地解释穆拉·侯赛因所提及的征兆。穆拉·侯赛因很惊奇，不过，很有礼地答道："我们所等待的他是一位极其圣洁的人。他要启示的圣道是俱有万钧之力的。自命为他的化身者，必须应验了许多不同条件。"赛义德·卡齐姆时常提及他广博的学问，他时常这么说：'我的学问与他所赋有的学问相比，只是沧海一粟。我所获得的学问，在他广博的学问面前，只是一粒微尘，其差别是难以估量的。'"①

穆拉·侯赛因开始追寻那应诺而来的显圣时，已决定用下列两个标准来判断任何宣称是应诺而来的卡音的真伪。第一个标准是穆拉·侯赛因创作的评论，任何人有能力解释穆拉·侯赛因的评论文所含的深奥意义的话，他将向对方提出第二个问题。要对方毫不犹豫地启示一篇尤索福章的评论，论点必须新颖。穆拉·侯赛因曾私下要求赛义德·卡齐姆作过类似的评论，后者拒绝了说："这实在已超越了我的能力。然而，那继我而来的伟大者，将不在你的请求下，启示给你。那评论必将含有祂的真理的最重大证据，最清楚地证明祂的崇高地位。""将不在你的请求下"② 这一记述的神秘性在于证明允诺者的非凡力量和智慧。穆拉·侯赛因反复地想着这两件事时，主人则说道："请仔细看看，赛义德·卡齐姆所提及的他，不就是我吗?"穆拉·侯赛因只好把自己所创作的评论交给他看，并说道："请你以宽容的眼看看我这本书，若有缺点，请多包涵。"

（四）启示"尤素福"章

他仁慈地答应了，翻开书本粗略地看看其中几段，然后把书本合上，开始解答所有的问题。他在极短的时间内，满足了穆拉·侯赛因对他的期望。青年更进一步把一些主教以及谢赫·艾哈迈德和赛义德·卡齐姆所不曾讲过的真理解释给他听。穆拉·侯赛因描述说，这些真理具有万钧之力，是从来没有听过的。过后他对穆拉·侯赛因说："倘若你不是我的客人，你必已陷入可悲的境地，惠及一切的上苍恩泽，已拯救了你。只许上苍考验祂的仆役，不许仆役依照自己无效的准则来判断上苍。倘若我不能解除你的困扰，我所反映的真理能被视为无足轻重，或我的知识能被指控为谬误吗？不！凭公正的上苍为誓！今

① Nabíl-i-Azam. *The Dawn-Breakers* ［M］. trans. & edit. Shoghi Effendi. Wilmette：Bahá'í Publishing Trust，1996. 55.

② William Sears. *Release the Sun* ［M］. Wilmette：Bahá'í Publishing Trust，1995. 5

日，东西方的国家和人民，必须赶紧趋向我的门槛，寻求仁慈的我的恩泽。任何犹豫不前的人，必将蒙受可悲的损失。世人不是曾证明，创造他们的基本目的，是为了让世人认识祂、崇拜祂吗？世人必须好像你这样自发地、热诚地起来追寻他们的至爱者。"① 他又继续说："现在是我启示一篇尤索夫章评论的时候了。"他拿起笔来，急速地书写，以不可相信的速度启示了"姆陆书简"即《〈尤索福〉评注》的第一章。他一面书写，一面朗诵，那柔和的音调，更增加他启示姿态的威力。他启示的句节，如行云流水，滔滔不绝。他一口气便把"姆陆书简"启示完毕。那时是日落后两小时十一分，那天晚上是回历1260 年 5 月 5 日（1844 年 5 月 23 日）的前夕。他宣布道："这个时刻，在未来的许多年代，将被当作是最伟大、最有意义的节日庆祝。你须向上苍感恩戴德，因为祂已仁慈地协助你达到你心中的愿望，使你得以畅饮祂圣言的美酒。"②

穆拉·侯赛因现在才明白圣传中穆罕默德的名言："我已为纯正、正直的仆役们预备了眼不能见、耳不能闻、心不能想象的美质"的意义。穆拉·侯赛因被青年人的言辞惊呆了，忘记了时间和有人在等待他，他经历了圣书所说的一切喜悦，一切不朽的荣耀，置身于所谓"无忧无愁"的境地。后来，青年又这样地对穆拉·侯赛因说："你这第一位相信我者啊！我真正地宣布，我是巴布，是通往那栅门的门。开始时，必须要有十八位纯洁的灵魂自动地接受我，认识我启示的真理。他们须不受警戒，不受邀请，自己独立地来找寻我。达到这数目时，我将选择其中一位，陪伴我去麦加和麦地那朝圣。我将把上苍的讯息传给麦加的住持（Sharif）。然后，我将回到古菲，在那神圣的教堂显示上苍的圣道。你必须对亲友及任何人保密，你必须在伊罕尼教堂里祈祷及传教，我将会去跟你一起祈祷。你必须小心在意，不然，你对我的虔敬态度将泄露你对我的信仰。你必须这样做，并继续保留这样的态度，直到我要去希贾兹（Hijaz）时为止。在出发前，我们将委派每个人一个特别任务，让他们去完成。我们将指示他们宣扬上苍的圣言，复苏人们的灵魂。"③

（五）第一个巴布教的传道者

穆拉·侯赛因得到了无比的力量，感受到了巨大的喜悦。他自己感到好比

---

① Nabíl-i-Azam. *The Dawn-Breakers*［M］. trans. & edit. Shoghi Effendi. Wilmette：Bahá'í Publishing Trust，1996. 61

② Ibid.，61.

③ Ibid.，63.

是加百利①的化身。穆拉·侯赛因的喻义显然属于报讯的天使，他向全世界呼吁到："啊！醒来吧！晨光已冲破了黑暗。起来吧！祂的恩惠之门已敞开。世俗的人们啊！进去吧！那应诺而来的已降临了。"② 穆拉·侯赛因的机缘、威信和学识，使他成为第一位巴布教徒和第一位巴布教的传教者。他向设拉子的教会领袖、政府要员和众门徒讲授了寻求到的真理，宣布了允诺者即将降临。穆拉·侯赛因数次被巴布找去面谈，通宵达旦。可见，出于对巴布自身的保护，使巴布处于隐身状态，穆拉·侯赛因确实担任了约翰的角色，即"那在我以后来的，反成了在我以前的，因为他本来在我以前。"（约翰福音1：15）当然在巴哈伊教的解说中也有将巴布视为约翰的，即视为巴哈欧拉的先声。

从谢赫派到巴布教的诞生，显圣者的显圣至关重要。但是显圣者并不是自己主动站出来自称"上帝使之显圣者"或"马赫迪"的。从巴布被认定为显圣者这一过程来看，巴布在寻访者找到他之前处于一种不自知的状态。巴哈伊教史详细记录了巴布与寻访者心目中显圣者的相似点。还有一些巧合及预测的应验、谢赫派的领袖对于显圣者身份保守秘密的原因，等等，这一切都增加了神秘感。我们无法用其他史实去证实或证伪，只是将这些宗教经验整理出来，使之脉络明了，并由此证明巴哈伊教神秘主义的宗教传统。巴哈伊教，虽然不是大肆渲染这种神秘，但还是适当地利用这些宗教经验传教。

---

① 加百列，即 Gabriel，《圣经·旧约》记载加百列具有破坏人间一切污秽事物的职责，据说本为神最为宠信的天使，事迹亦包括为耶稣的受胎、复活和诞生等报讯，而最著名的事迹即为向撒迦利亚显现，其子约翰将诞生，向玛莉亚显现并告知她怀有圣子耶稣。加百列在最后审判中负责鸣喇叭以示死人的复活，神秘学中认为加百列是为死转生的天使，引导灵魂转生而使女性受胎。她在犹太教和基督教中均为与生命过程相关的天使，如受胎报知、复活、慈悲、启示乃至于死亡等等。伊斯兰教则视她为真理天使。加百列在伊斯兰教中称之为吉卜利里或哲布勒伊来（阿拉伯语 Jibrāīl 的译音），比基督教的加百列更受重视，因向先知穆罕默德传达神的话语而著名，是伊斯兰教四大天使之一，在《古兰经》麦地那篇中出现3次。她向隐修中的穆罕默德传达神谕，使之受命为圣。

② Nabíl-i-Azam. *The Dawn-Breakers* ［M］. trans. & edit. Shoghi Effendi. Wilmette：Bahá'í Publishing Trust，1996. 65.

第三节 巴布对"尤素福"章评论的意义

一、《〈尤素福〉评论》的背景

谢赫·艾哈迈德预言、传道、寻访，同时培养信徒使之成为显圣者降临时接受新教义的支柱。他对赛义德·卡齐姆非常敬重。赛义德·卡齐姆已不只是一位谢赫·艾哈迈德的忠实信徒，他也是一位预言者。预言家预言的事件和时间是预言有效性的标志。赛义德·卡齐姆向他的门徒们指出，在他们的时代预言就将实现。他这样说："在回历 1260 年（公元 1844 年），地球将被他的光芒所照亮，倘若你们能活到回历 1270 年（公元 1853 年），你们将会亲眼目睹世上所有国家、统治者、人民及上帝的宗教如何更新。"①

赛义德·卡齐姆派出寻找显圣者的门徒穆拉·侯赛因对前者充满了爱和敬意，是前者选定的得力助手。他衡量先知有自己标准，那就是，要求自称"允诺者"的人用完全不同于现在的风格和语言，为《古兰经》中"尤素福"一章（即第十二章）写下一篇注释。1844 年 5 月 23 日，穆拉·侯赛因启程前往波斯，来到设拉子，见到了巴布。当晚巴布就启示了一部书简—"姆陆书简"（Surih of Mulk），即《〈尤素福〉评论》的第一章。

巴布的宗教思想以《古兰经》为依托。在被囚禁于马库（Mah-Ku）堡垒期间完成了九章《古兰经》的评论。对于"尤素福"一章的评论（参见《圣经》：创世纪：38）可以测定评论人对于经文内容的理解和态度。比如哈瓦利吉派就不承认这一章为安拉的语言，认为其中对于权贵之妻与尤素福调情的情节描述是不纯正的。对于这一章巴布是承认的，并认为其中蕴含着真理。谢赫·哈桑记述道："有一天，巴布问我说：'关于这些评论，你比较喜欢那一章？依你的估计，我最近启示的这章评论和那章对尤素福的阐释，哪一章比较优越？'我回答道：'我想还是那章对'尤素福'的评论比较美妙和有威力。'他听了笑道：'你对最近的这章评论的要旨和文句还大大熟悉，珍藏于这章评论的真理，比较迅速及有效地致使寻求真理者，达到他要追求的目标。'"② 由

---

① Nabíl-i-Azam. *The Dawn-Breakers* ［M］. trans. & edit. Shoghi Effendi. Wilmette：Bahá'í Publishing Trust，1996. 48.

② Ibid.，30.

此看来，巴布认为这一章寓意深刻，理解了这一章便踏入了真理之门。波斯伊斯兰教苏非派诗人哲拉鲁丁·鲁米（Jalal al-Din al-Rumi，1207－1273）还将雅各闻到约瑟的芬芳而复明写入诗歌（见《渴望是神秘的核心》）。可见这个故事的宗教含义是深刻的，也是美妙的。

二、《〈尤素福〉评论》的结构及内容

这篇评论的题目是《〈尤素福〉评论》（*Tafsir Surat Yusuf*，Commentary on the Surih of Joseph），也叫《伽瑜慕·阿斯玛》（*Qayyúmu 'l-Asmá*'，Maintainer of the Divine Names 或 *Ahsan al-Qisas*，The Best of Stories）。这个评论仿照《古兰经》的结构（如"尤素福"一章共 111 节），共 9300 行，111 章，每章42 节，每章前都有一些不相关联的字母组合作为起始。除了《古兰经》外，其他伊斯兰著作不见使用，至少不在同一部著作中使用。这样做意味着，作者行将宣布启示。

但是这一普通的标题（即"阐释"，Tafsir）会使具有阿拉伯历史文化背景的人认为，这是一篇严格依从伊斯兰注经传统的阐释著作。相反，除了题目与代表性的传统著作一致之外，其余几乎没有共同之处。之所以使用这一题目，是表明与传统文化保持着联系，同时著作的主体显示与传统的分离。

这部作品集中解读《古兰经》的第 12 章。这章的内容与《圣经》（创世纪 37、39、42、44，45 章）约瑟（即尤素福）的故事相同。但是巴布以这一章为出发点阐释革新的思想。在伊斯兰文化背景下，穆罕默德是最后一位先知，即封印先知，是最后一位启示者。这一信条在历史上曾被伊本·阿拉比（1240）挑战过，阿拉比声称他的著作就是启示。但还没有人明确声称自己的著作就是"新的《古兰经》"。巴布（1844 年 12 月）开始宣布自己是处于穆斯林和伊玛目之间的"门"。而根据什叶派的传统伊玛目就是活着的《古兰经》文本，即会说话的《古兰经》，遗传下来的《古兰经》则是沉默的《古兰经》。之所以称这个阐释是"最美的故事"（*Ahsan al-Qisas*）意在表明这个阐释即是新的《古兰经》。《古兰经》（尤素福 12：3）："我借着启示你这部《古兰经》而告诉你最美的故事，在这以前，你确是疏忽的。"他预示了自己将殉道。在 58 章中他说："完全是为了你，我牺牲了自己；完全为了你，我忍受咒骂，在寻求你的爱的道路上，我别无所念，只渴望殉道。"

这是巴布较重要的作品之一。其他作品只是对《古兰经》中某一章作有限的阐释，但这部作品则对其中的一章作全面阐释。作品分为两个部分，第一

部分讨论《古兰经》、圣训以及谢赫派宗教文献中对于"蜜蜂"的理解。在这一章中记载，"你的主曾启示蜜蜂：'你可以筑房在山上和树上，以及人们所建造的蜂窝里。然后，你从每种果实上吃一点，并驯服地遵循你的主的道'"（《古兰经》16：68~69）。在上下文中提示"此种确有一种迹象。"表明"真主确是全知的，确是全能的。"同一章中启示："〔我曾派遣他们〕戴着一些证明和经典，〔去教化众人，〕我将使你教诲，以便你对众人阐明他们所受的启示，以便你思维。"（16：44）这里的联系表明了无论衬衫还是墓帐甚至"蜜蜂"都是上帝的全能的显现，具有同一权能的象征含义。这种跳跃性的互文思维是巴布"优素福章评论"的一个主要特点。"蜜蜂"和"衬衣"（见《古兰经》尤素福18：25~28）这两个象征的解释；第二部分逐节阐释"尤素福"，涉及风格和内容。作品解释了"尤素福"的含义及人们感兴趣原因。巴布用象征的手法解释了"衬衣"寓意圣职长袍、白色法衣、袈裟、复活。同时衬衣象征嫁祸者的罪和受难者的清白。尤素福的兄弟用以欺骗雅各，权贵的妻子则用以栽赃。雅各被蒙骗，因思念儿子而失明，儿子尤素福"死"（他相信儿子已经死亡）而复生（家人团聚），尤素福差人用衬衣蒙住雅各的脸而使之复明。尤素福受难后反得福报，兄弟悔罪，家人认识上帝智慧、慈恩。巴布指出，尤素福的衬衫所代表的权能与先知墓帐的权能等同。衬衫这一象征立刻与《古兰经》第16章的"蜜蜂"联系起来。他们穿着一样的衣袍与外界保持一样的距离。

衬衣或衣袍的象征意义由古代的圣人和先知发展而来。与此相同的象征物存在于萨满教、犹太教、基督教、佛教以及印第安及南太平洋的原始宗教之中。《多马行传》（Acts of Thomas，此书是公元二世纪初多部启示性经文资料的汇编。其中记载耶稣复活后的行踪）描述耶稣穿着光的衣袍。在圣训中，尤素福的衬衫被视为实现先知本质和神力功能的证明。这个衬衫与《圣经》中的"创世纪"（37：3）中的"衣袍"等同，这个衣袍既体现着父爱，又引来了众兄弟的嫉妒。传统上，将优素福比为"卡因"或"马赫迪"。当不信上帝为唯一神的人发誓要烧死易卜拉欣时，加百利天使给易卜拉欣带来了一件衬衫，他穿上以免受伤害（《古兰经》21：68~69）。因此，衣袍又有文明、新生、保护、知识等含义，而先知的衣袍便与尤素福的衬衣有了可比较的基础。在苏非派的传统中，衣袍赠予那些修道至一定阶段的人。根据苏非教派苏哈拉瓦迪教团的观点，衣袍就是尤素福衬衫的象征，它来自上天，保护过被投入火中的亚伯拉罕，象征苏非领袖与求道者之间的关系。对于谢赫派来说，谢赫就是求道者通向上帝的恩惠之门，也就是通向显圣者之门。衣袍给求道者带来和平，如同尤素福给雅各带来光明和安宁。

亚伯拉罕（易卜拉欣）被脱光衣服投入火中，天使长加百利给他披上天堂的丝衣。亚伯拉罕死时将其传给儿子以撒；以撒死后将其传给雅各；雅各死后又将其传给约瑟，即《古兰经》中的尤素福。当尤素福被其兄剥光衣服投入井中之时，加百利赐给尤素福带有天堂馨香的衬衣，成为联系神秘知识及沟通传递者和求道者的纽带。在什叶派的著作中，"披衣人"意指穆罕默德、阿里、法蒂玛、哈桑、侯赛因。在圣训文献中，尤素福的衬衣被视为实现显示预言本质和魅力的功能，《古兰经》中衣袍的故事与《圣经·创世纪》中 37 章"带袖的衣袍"的故事相同，但衣袍既是父亲对儿子表达大爱的凭借，也是引起兄弟们嫉妒的原因。上文所说的衣袍经由先知一代代传下来，由于伊斯兰的传统也认为尤素福是卡因（Qa'im）或马赫迪（Mahdi），也就是穆斯林所说的允诺者（Promised One），因此认为"衬衣"曾在尤素福的后代（如第六伊玛目加尔法·萨迪克）中流传，而现在（8 世纪）在卡因手中。总之，衣袍是权威的象征。

谢赫派实际上将"尤素福的衬衣"（shirt［qamis］of Joseph）与墓帐（the curtain［satr］of the tomb or mausoleum）联系起来而获得了相同的隐喻或功能。国外学者托德·劳森（Todd Lawson，1997）对此有深入探讨。我们知道，谢赫派为巴布运动提供了纵深的历史知识背景，因为运动初期的追随者都是谢赫派教徒。巴布称其为老师的赛义德·卡齐姆在他的诗作（*Ode on the Letter 'L'*，1843～1844）讲，先知坟墓的幔帐比喻尤素福的衬衣，先知坟墓的幔帐所释放的精神芬芳远远胜过后者。而根据巴布的阐释，尤素福的衬衣与先知圣墓的幔帐具有同等的精神全能。谢赫·艾哈迈德到卡尔巴拜谒圣墓，晚年选择圣墓而居。赛义德·卡齐姆说，不管优素福衬衫芬芳有多么大的威力，也不能与先知的圣幕相比。有趣的是，优素福衬衣的威力来自优素福已经将衬衫亲自穿过这一事实，它的威力并非直接源于上苍。实际上，雅各不可能在那么远的距离就闻到衬衫的芬芳。因此，尤素福德衬衣的芬芳或威力间接来自上苍，具有象征性，同时具有媒介力量。托德·劳森解释说，尤素福（约瑟）和雅各共同形成了"先知印玺"的一个"面"（an "aspect" of the "seal" of the prophets）[1]。既然雅各所获得的芬芳（衬衫的精神力量）来自于物质世界的直接接触，而不是直接源自于上苍，那么从先知圣墓获得的芬芳因

---

[1] B. Todd Lawson. Translation of and Commentary on the *Qayyum al-Asma'*, Sura 93［EB/OL］. bahai-library. com/provisionals/qayyum. al-asma. html～80k～2009～3～23.

直接源自上苍就更加浓郁。优素福的衬衫可以使雅各双眼复明，那么接近先知圣墓的"衬衫"（墓帐）将使那些将圣墓视为"现实之眼"（eye of reality）的人获得精神视力。这种解释说明了巴布将衬衫与圣墓等量齐观，同时他具有透过表面的形式将各主要宗教联系起来认识不同宗教本质的能力。

三、《〈尤素福〉评论》的价值及影响

这篇阐释著作是巴布的第一部经典，此经对于巴布信徒犹如《古兰经》对于穆斯林。巴哈欧拉将这部著作视为巴布的"众经之首"，是"第一本也是最伟大和最重要的"。[1] 原文由波斯文写成，由巴布的十八门徒之一的女诗人达希礼（Tahirih）翻译成波斯文。[2] 这一章的启示是巴布的第一个成果，赢得了信徒的忠诚和支持。通过这部作品他宣布自己是认识"显圣者"之门。它引起了化斯省省长胡赛音·汗的嫉恨，预示了设拉子迫害巴布教徒第一次浪潮的来临。阿芬第评价说，此经标志着巴布教义的宣示，还在于巴布"预言了在后期之天启中那位'真正的约瑟'（巴哈欧拉）将遭其主要的敌人和其胞弟的毒手"。[3] 巴哈欧拉的胞弟叶海亚几次曾谋害巴哈欧拉。据说巴哈欧拉的死是其弟的支持者投毒所致。该启示引发了侯赛因·汗的怒火，促发了最早对巴布教徒的迫害。

紧接着这部书简，巴布首次开始开向穆罕默德沙、奥斯曼帝国苏丹及其首相启示书简。巴布以《古兰经》"尤素福"章为阐发基点严正警告各国国王及其后代的即位者；预示了穆罕默德沙王的不幸结局；对全体穆斯林教士提出告诫；对所有什叶派教徒给予提醒；热情赞美即将到来的上帝的显圣者的美德；用无与伦比的语言宣告了巴布运动的独立性和普遍性；揭示了这一运动的重要性；指示西方人民在各自的城市弘扬并援助圣道；告诫世界各个民族知晓上帝的威严；用"严酷的火"来描述蔑视新启示的圣法的人所遭受的惩罚；预言了自己将要殉道；赞美巴哈教徒所获得的崇高荣誉；预言了伊玛目们会顽固地破坏圣道而使巴布教徒遭受痛苦等。这部评注书简在几乎整个巴布运动中被视为巴布教徒的《古兰经》，而其中"姆陆书简"是最具挑战性的。

---

① Shoghi Effendi. *God Passes By* ［M］. Wilmette, Illinois：Bahá'í Publishing Trust，1974：22.

② Nabíl-i-Azam. *The Dawn-Breakers* ［M］. trans. & edit. Shoghi Effendi. Wilmette：Bahá'í Publishing Trust，1996. 73.

③ Shoghi Effendi. *God Passes By* ［M］. Wilmette, Illinois：Bahá'í Publishing Trust，1974：22.

第四节 巴达希特会议及巴哈欧拉在会议中的影响

一、会议的背景和目的

1844年5月23日巴布宣布使命，12月20日又宣布自己是人们期待已久的"卡因"。巴布教徒称为"巴比教徒"。三年之后，即1847年7月，巴布被囚禁于阿塞拜疆（Azerbaijan）的马库（Mah-Ku），建立了宣示宗教的基本法律，以替代《古兰经》。巴布带有双重使命：（1）宣示新的宗教的诞生，（2）为更为强大的启示宗教的来临铺平道路。这个双重使命称为"小圣约"（Less Covenant）。第二年，他受到一群什叶派教士的审问，被斥为异端，判处死刑。4月10日，巴布被转移到伊朗西北部的石里克（Chihriq）要塞。

根据纳米尔·阿仁的记载，在巴哈欧拉的努力下，巴布的重要门徒达希里获救，同时吩咐达希里到呼罗珊去。不久巴哈欧拉也起程到呼罗珊。此时，巴布运动的重要骨干，此时暂时的实际领导人古杜斯也在呼罗珊省的马撒（Mashhad）。"一大群追求真理的人不断从四面八方到马撒寻找穆拉·侯赛因，通过他得以谒见古杜斯。"① 但是马撒市乃至整个呼罗珊省都陷入动荡不安之中。门徒的生命受到极大的威胁，或来自敌对的教徒，或来自政府。古杜斯决定让穆拉·侯赛因带领一大群忠实的同伴离开马撒市，自己和另一个重要门徒则到马赞德兰去。再次见面的地点不确定。此后，古杜斯得知达希里获救和巴哈欧拉离开德黑兰去呼罗珊的消息。古杜斯来到了巴达希特时，这里已聚集了教友。闻讯巴哈欧拉在沙陆，于是古杜斯决定赶往沙陆，但他即将到达沙陆时，得知巴哈欧拉和达希里已经离开沙陆去了巴达希特。当巴哈欧拉得知古杜斯一行去了沙陆，就决定去见古杜斯。此时巴哈欧拉带着古杜斯又回到了巴达希特。② 以上这段记述表明，事先并没有选定会议地点，巴达希特并不是事先选定的会议地点。古杜斯本人也对穆拉·侯赛因说："我们将在上苍命定的地点会面。"③

1848年6月7日，在密尔萨·侯赛因·阿里（巴哈欧拉）的实际领导下，

---

① Nabíl-i-Azam. *The Dawn-Breakers* [M]. trans. & edit. Shoghi Effendi. Wilmette：Bahá'í Publishing Trust，1996. 288.

② Ibid.，292.

③ Ibid.，290.

在马赞德兰边界的巴达希特村（Helmet of Badasht）召开了一次历史意义的会议，宣布巴布的声明，以便达成共识。会议有两个灵魂，两个支柱。两个灵魂：一个是巴布，另一个就是巴哈欧拉。两个支柱：一个是古杜斯，另一个就是达希里。巴布为每一个与会者启示了一则特别的书简。自抵达巴达希特至散会期间，所有与会者都由巴哈欧拉款待。就在这次会议上，当时还称名为密尔萨·侯赛因·阿里的巴哈欧拉给每一位与会信徒授予了新的名字，但没有暴露授予者的名字。他采用了"巴哈"（荣光）的称号，巴哈欧拉，即"上帝的荣光"。巴布正是运用这些名字为每一个人启示了一份书简。出席会议的总计81人，来自不同的省份。会期共21天。会议具有双重使命，一是决定应该采取的步骤，以消除人们的误解，让他们知道巴布的信徒不是伊斯兰教的一个支派，而是一个有自己的先知和圣书的独立的新教。完成《默示录》的启示，废弃《古兰经》的法律和礼俗，实现与过去的决裂。二是研究如何将巴布从石里克监狱中拯救出来。第一个目的显然成功地实现了，第二个目的从一开始就失败了。这次会议的方向之舵掌握在巴哈欧拉手中，是巴哈欧拉使会议达到了高潮。有几件事情标志着巴布运动及巴布教正在发生变化，如巴布教徒女诗人达希里摘掉面纱事件便是其中之一。

二、会议的过程及内容

巴布的门徒渴望摆脱过时的宗教法规、长老制度及旧式的传统与礼仪的束缚。达希里本人成了倡导这种新主张的先驱。她是巴布的重要门徒，也是一位著名的宗教学者和诗人。1848年的初夏，她冲破重重阻力来到巴达希特。八十一名最著名的巴布门徒，聚首该村商讨有关事宜。一天，她揭去了象征妇女低下地位的面纱，出现在公众面前。这犹如晴天霹雳，使那些虔诚的教友们也惊异至极。这个出人意料并且是从未有过的举动，使他们吓得呆若木鸡或面露怒容，有人割破自己的喉咙奔出屋外。达希里的脸上呈现出胜利的喜悦，因为崭新的一天已经开始。她庄重、平静地从座位上站起来，毫不理会她不戴面纱出现在公众面前而引起的骚动。当时，一个女性让男人看见自己不戴面纱的脸，被认为是件可耻的事情。根据伊斯兰的传统，面纱是遮蔽"羞体"之物，《古兰经》说："你对信士们说，叫他们降低视线，遮蔽下身，这对于他们是更纯洁的。"（24：30）又说："你对信女们说，叫她们降低视线，遮蔽下身，莫露出首饰，除非对他们的丈夫，或她们的父亲，或她们的丈夫的父亲，或她们的儿子，或她们丈夫的儿子，或她们的弟兄，或她们的弟兄的儿子……或不懂妇女之事的儿童……"（24：31）。

可是，达希里目光远大，相信巴布的教义洗涤一切固有的旧传统，女性的不平等和受奴役的日子即将宣告结束。她精神抖擞，容光焕发，高声呼唤："今日应该是大家欢庆的节日，今日是旧枷锁崩裂的日子，所有促成这个成就的人，一起庆祝吧！"① 她喜悦地向大会发出恳切动人的呼吁：上帝的臣民受奴役、遭屈辱的岁月已经一去不复返。她在返回的德黑兰的路上遭到搜索队逮捕，在被软禁在市长家中时，利用有限的自由继续传教。她公开谴责不公正地束缚了东方女性许多世纪的一夫多妻制、妇女戴面纱等陋习。她让她们明白旧日的宗教将女性处于卑微的地位。她唤醒她们，让她们了解巴布的信仰赋予女性自由、尊严，从而赢得了她们的理解和支持。一些保守的教友指控她轻率地抛弃了遵行已久的传统。巴布听了信徒们的指控，回答说："力量与荣耀之舌既已称她为达希里（意即纯洁的），我还有什么话说呢？"由此可以断言，我们绝不能设想巴布教徒对于男女平等的教义会直接接受，也不能设想如果接受就会有一致的认识。还可以看出，巴布教徒此时并不清楚自己所信奉的教与《古兰经》是一种怎样的关系和怎样的距离。巴哈欧拉每天启示一则书简，指定一位教友向其他教友宣读。据记载：

> 在那个值得记忆的集会，每天都有一些新法被订立，旧传统被废除。那保卫崇高的伊斯兰教法规的面纱被严正地扯了下来，人们长久以来盲目崇拜的偶像，已被粗暴地打碎。没有人知悉，这些大胆的革新由何处开始，没有人知悉哪一个是指使之手，甚至那个赐名给每一位与会者的身份，都不为与会者所熟悉。每个人只依照自己的了解能力来猜测。倘若有，也只有极少数的人揣测到是巴哈欧拉主持这个彻底及勇敢的改革。②

这一记述表明巴哈欧拉肩负起了领导巴布教派的重任并已开始将他本人的思想渗透在教义中。

会议期间，巴哈欧拉以其超人的智慧弥合了一场即将发生的教派分裂。由于教义和教规等的一系列改革，巴布信徒们的生活习惯，发生了革命性的改变。他们崇拜的态度，经历了突然性的基本转变，热诚的崇拜者向来所谨守的祈祷仪式都被彻底地抛弃了。于是出现了保守派和激进派的矛盾。然而，在那些热诚地起来推行改革的人之中，出现了很大的困扰。有少数的同伴指责改变

---

① Nabíl-i-Azam. *The Dawn-Breakers* [M]. trans. & edit. Shoghi Effendi. Wilmette：Bahá'í Publishing Trust, 1996. 295.

② Ibid., 297.

得太过激进，近乎异端。他们拒绝废除他们认为神圣的伊斯兰教教规。有些却把达希礼看作是唯一的判断者，只有她有资格要求忠诚者绝对服从。另一批不赞成她的行径的人，听从古杜斯，他们认为他是巴布的唯一代表。只有他有权决定这样重要的事。一些人则承认古杜斯和达希礼都有同样的权力，他们把整个事件看作是上苍遣下来的考验，来辨别忠诚者与不忠者，把真正信仰者和虚伪者分开。由于两个人在教途中的地位和影响，他们的争执及其解决对于这一新兴宗教的命运至关重要。但是两个人互不相让到了互相贬低的程度。这紧张的局面持续了几天，直至巴哈欧拉调停为止。他以高明的方法，成功地使双方妥协，他把尖锐的冲突所造成的伤痕治好，诱导双方为圣道建设性地服务和贡献。

三、会议的结果和性质

巴达希特会议的目标达到了，一个新秩序的号角声响起了。约束人们的旧习俗，被这勇敢的挑战一扫而清，开辟了显示新律法与戒规的道路，引进一个新天道。阿芬第称在世界宗教史上还没有这样壮丽的重大转折。没有哪一次宗教变革像巴达希特会议所处的情景那样，即从黑暗的、张牙舞爪的宗教狂热势力、教士势力、正统宗教势力以及迷信势力中以令人惊讶的勇气突然、彻底地解放出来。① 这确实是不同寻常的，因为与会者只有一位女士和为数不多的男士，便担起了彻底改变宗教信仰的重任，且全国信徒们的主要领导人又在狱中不能临场主持。吹响号角的是与会的唯一女性，她号召人们同一千二百多年以来的礼法彻底决裂，这里需要无与伦比的胆识。巴达希特会议 20 年以后，另一个号角相继吹响，宣布了另一次启示法律的形成。当然，巴哈伊教法律的形成过程是脱离伊斯兰教律法的过程。这一脱离的历史可能性是奥斯曼帝国的衰微，这实际上是脱离了波斯什叶派的法律。虽然奥斯曼帝国的法律是以《古兰经》及伊斯兰教圣训为基础的宗教法律，近代也有改革图新的努力，但终究不能挽回颓势。巴哈欧拉宣示的《至圣经》预示了这一脱离的必然性，果然在一些伊斯兰国家发生的宗教法律世俗化证明了这一预言。这一切都为这部法律获得普遍承认奠定了基础。巴达希特会议是一次决定巴布教命运的宗教改革会议。巴布因为失去了自由不能临场，或出于对信徒们的信任，或者依从巴

---

① Nabíl-i-Azam. *The Dawn-Breakers* ［M］. trans. & edit. Shoghi Effendi. Wilmette：Bahá'í Publishing Trust，1996. 297.

哈伊教史的记述，巴布预知了自己的未来或使命，将实际的领导移交给了那位"允诺者"，宗教改革就在不暴露改革者身份的情况下发生了。巴达希特会议也是一次避免宗教分裂的一次会议，巴哈欧拉努力化解矛盾。与会者欢呼旧秩序即将结束、新秩序即将诞生。

第五节　巴布教义的经典——《默示录》

一、《默示录》的产生背景和地位

《默示录》（又译为《白彦经》或《白扬经》）是巴布最著名的作品，他的教义主要体现在这部著作中。实际上，巴布教义在他被捕之前就已经基本形成。1844 年 5 月 23 日，阿里·穆罕默德宣布自己是就是通向隐遁伊玛目的"巴布"——门，人可以通过他去了解隐遁伊玛目的旨意。在麦加朝圣期间，于 12 月 2 日又宣布自己是卡因，他要建立平等、公正与幸福的"正义王国"，建立新宗教。1847 年 3 月 29 日巴布被正式逮捕，7 月被囚禁于马库（Mákú 或 Máh-Kú）9 个月。在狱中，他写出《默示录》。该书的阿拉伯语 Al Bayan，意为"清楚、明白、说明、解释"等。阿芬第将其译为 Exposition。① 这部作品没有完成，巴布就被政府杀害了，但他临刑前交代说"上帝使之显圣者"将会完成，或托付某人完成。巴布的话语意在完成他开创的宗教运动，而不在作品本身。或者应理解为以其他的著作方式完成而不局限于该作品本身的接续。

对《默示录》的认识和评价涉及巴布教史、巴布的历史地位、巴哈伊教与巴布教之间的关系等问题。首先看巴哈欧拉对这部经典的评价。巴哈欧拉对这部经典极为重视，在多部著作中引用巴布的经文（如《致狼子书简》），对他的诠释也是最令人信服的，如对巴布说的"我乃首个信仰上帝的奴仆"以及波斯文《默示录》中的"真确地，我就是上帝"作了合理的解说。② 他又说："在《默示录》原点上巴布用真理尊上帝之命证实了一切降在他身上的使命和全能。他就是突破黑暗的晨晓之光。"③ 巴哈欧拉总是将《默示录》与

---

① Shoghi Effendi. *God Passes By* ［M］. Wilmette：Bahá'í Publishing Trust，1974. 24.

② Baha'u'llah. *Epistle to the Son of the Wolf* ［M］. Wilmette：Bahá'í Publishing Trust，1988. 140.

③ Baha'u'llah. *Tablets of Baha'u'llah* ［C］ Compiled by the Research Department of the Universal House of Justice，Haifa：The Universal House of Justice. 51

《古兰经》、将穆罕默德与巴布相提并论，声称他的《至圣经》中的许多法律与《古兰经》和《默示录》密切相关，将《至圣经》视为《默示录》的完善，视为对后者的模仿。① 前者作于 1873 年左右，也就是后者问世 20 多年以后。在巴哈欧拉隐居苏莱曼山区的 1854～1856 年或者更早一点的"巴达希特会议"（1848 初夏）时期，巴哈欧拉就已经开始思考完善这一宗教了。《至圣经》是他完成改革创立新教的最终标志（巴哈欧拉于 1863 年宣布为显圣者）。可见由巴布教向巴哈教转变是一个历经十年左右的过度。世界正义院在为《至圣经》所作的导言中说："巴布表达了他制定的法律的临时性，需要得到未来的显圣者的承认。因此，巴哈欧拉接受了《默示录》中的一些法律，修改了其他的法律，而将许多法律搁置起来。"② 这一表述支持了巴布与巴哈欧拉的继承关系。

《默示录》的创新之处从它与伊斯兰教的主流教义的比较中看出来。因为该书系统阐述了巴布教派的教义、律法、礼仪和社会改革思想，所以开始与《古兰经》一样受到尊崇，后来则取代《古兰经》，成为该派的基本经典。阿芬第在其《神临记》中将《默示录》评价为"一座关于新天启之法律与规诫的纪念碑式的宝库，一座珍藏了巴布关于'上苍将使之显现者'的绝大部分论述、赞美和警言的宝藏"。③ 巴哈欧拉实现了巴布的预言，如巴布预言，自《默示录》降示 9 年后，最伟大的启示将会降临。④ 1856 年 3 月 19 日，巴哈欧拉从苏莱曼尼亚回到巴格达。从这一时间到 1862 年之间，巴哈欧拉开始大量著述，发表了重要著作《七谷之书》《确信经》《隐言经》等。1863 年 4 月 22 日巴哈欧拉宣布自己是巴布预言的显圣者。正如巴布所说："今日的《默示录》是一粒种子，可是待到'上帝使之显现者'降临时，它就会进入完善的阶段。"⑤

二、《默示录》的基本内容和思想

《默示录》系统阐述了该派的教义、律法、礼仪及社会改革和主张，成为

---

① Baha'u'llah. *The Kitab-i-Aqdas*［M］. Wilmette：Bahá'í Publishing Trust，1988. 8.
② Ibid. ，8
③ Shoghi Effendi. *God Passes By*［M］. Wilmette：Bahá'í Publishing Trust，1974. 24.
④ Baha'u'llah. *Epistle to the Son of the Wolf*［M］. Wilmette：Bahá'í Publishing Trust，1988. 140.
⑤ The Bab. *Selections From The Writings of The Bab*［M］. trans. Habib Taherzadeh. Haifa：Bahá'íWorld Centre，1976. 107.

该派基本经典，用以取代《古兰经》。这部波斯文《默示录》共 9 章，除最后一章外，每章又包括 19 节。此外巴布还启示了一部阿拉伯文《启示录》，写于 1848 年左右，称为波斯文《默示录》的姊妹篇。阿芬蒂认为，两相比较，"这一部篇幅小，不如前一部重要。"①

（一）巴布的渐进性启示历史观。对于历史的观感大致有两种，一是历史周期理论，如希腊人（信奉亚里士多德）和印度人（信奉佛陀）那样，认为历史只是重演；一是直线历史观，如犹太教徒和琐罗亚斯德教徒的观念，认为历史是一个直线的运动。《默示录》则认为历史是一个周期渐进的过程。主张是：伊斯兰教时代已经结束，巴布教派所开创的时代已经到来。人类社会的各个时代，是依次按周期递嬗发展的，当一个旧的时代结束之时，一个新的时代就必然会到来，新时代一定会超过旧时代。每一个时代都有自己的特殊制度与法律，当旧的时代结束之时，与该时代相适应的旧制度、旧法律也随之废除，新的法律、新的制度随之代替。理由是上帝从来不中止他的创造，"由于万物都在新的创造中提及，由此证明上帝的创造既不是开始又不是终结。""祂会重新创造万物"（return the creation of all things）。"创造和命令都归于上帝，无论是过去还是现在，祂是一切世界之主。""当最后的审判到来之时，上帝会同显圣者创造并降示新的《古兰经》。"这是一个进步和完善的过程，意为上帝创造万物的目的是"万物通过下一个复活的显圣者在点化提及的过程中臻于完善"。这就意味着历史是不断更新中前进的。不同时代的不同圣道的宣示如同地平线上不同位置升起的同一个太阳。《默示录》主张，人类不能直接从上帝那里获得天启从而获得新生，必须通过上帝派遣的显圣者。安拉作为至高无上的存在，其本体是绝对存在的，也是超自然的，因而人是不能直接认识安拉的，而巴布本人认为自己是新先知，他自己就是反映安拉的镜子，是通向认识安拉、认识真理之"门"。不同的时代上帝通过不同的门降示不同的宗教。《默示录》是新的《古兰经》，是一道门，上帝要显圣者代表上帝的意志颁布它并完成这一使命。他号召《默示录》的人们，检点自己的灵魂，圣化自己的人格，为上帝的第二次创造做好准备。《默示录》及其作者是新时代的原点（Primal Point），所有被造物都要回到这个原点上来，在上帝的命令下接受第二次创造。先知与上帝的关系如同镜子与太阳的关系。不同时代反射的是同一个太阳，都是反射光而不是上帝本身，只有通过这面镜子才能透视出宇宙本体的奥秘。上帝通过显圣者显现其自身。"那些不回归他（显圣

---

① Shoghi Effendi. *God Passes By* [M]. Wilmette：Bahá'í Publishing Trust，1974. 24.

者）的，必不被我接纳"① 在谈及新的显圣者与先前的显圣者的关系时，巴布以上帝的口吻启示说："第一部经文（指《古兰经》）是我的道，通过显圣者穆罕默德之舌降示；第二部经文是我的道，通过上帝之门的口降示。任何信仰第一部经文的信徒，如果希望与信仰不弃不离，就毫无选择地相信第二部经文。"②

（二）《默示录》提出改革伊斯兰教法规，对伊斯兰教法所规定的宗教功课与教律持批判态度，尤其是提出伊斯兰教的功课要改革，主张简化宗教仪式，礼拜、斋戒、净礼。礼拜不必在规定的时间和地点进行，取消伊斯兰教的集体礼拜聚礼，只在举行葬礼时规定一些必要的集体仪式。斋戒不需要 30 天，只用每年最后一个月的 19 天即可。该教还否定伊斯兰教圣地麦加的地位，确定巴布本人的出生地为圣地。对于数字 19 的崇拜体现在宗教礼仪的多个方面。巴布领导的谢赫派中特选的"上苍之门徒"是 18 位，加上巴布共计 19 位。《默示录》援引《古兰经》（74：30）的经文说："上帝启示我们：'管理它的，共计十九名。'"③ 而这个数字又与对穆罕默德、阿里、法蒂玛、哈桑、胡赛因名字的拆解合成而成为 19 这一数字的神秘解说有关。《默示录》的每一章用 Váhid，即"独一的神"（Unity），每个字母 6、1、8、4，合起来是 19。体现了数字神秘主义的传统。

三、《默示录》的价值及不足

《默示录》反映正在萌芽的商业资产阶级的经济观念，同时反映了波斯下层阶级要求改善生活境遇的愿望。他的重要性在于它是巴布创立宗派的重要依托，也是巴哈欧拉启示经文的重要基点。但是巴哈伊教对于巴布的包括《默示录》的经文进行了摘选，以供巴哈伊教徒阅读研习。上文说过，阿拉伯文《默示录》没有波斯文的重要，无论从篇幅上还是从教义上或内容上都是一个事实。但是比较而言，无论是波斯文还是阿拉伯文的《默示录》较少被引用、翻译甚至研究，这还有其他的原因。其中最主要的就是其中的一些观点恰好是巴哈欧拉以来巴哈伊信仰改革的内容，比如排他主义、非和平方式解决宗教及社会问题的倾向以及其他不可思议的教规和宗教礼仪等。

---

① The Bab. *The Persian Bayán* ［M］. trans. Dr. Denis MacEoin. *Bayan*，Bab 1，*Wahid*2.

② Ibid. ，*Bayan*，*Bab* 1，*Wahid*2.

③ Ibid. ，*Bayan*，*Bab* 4，*Wahid*2

（一）《默示录》没有处理好宗教信仰中的一些基本关系。《默示录》没有处理好灵性知识与其他知识、新的启示与旧的启示（如《默示录》与《古兰经》）之间的关系，宗教信徒与非宗教信徒、巴布信徒与非巴布信徒、巴布教与其他宗教等之间的关系。这些矛盾，巴哈欧拉在领导巴布运动后逐渐走向化解这些矛盾的道路，构成了巴布教向巴哈伊信仰转化的必然。巴布具有反文化的倾向，如规定拥有的书籍不能多于 19 本。① 巴布的排他主义在波斯文和阿拉伯文《默示录》中都有体现，如"如果不信仰巴布信仰，即便到了地狱也不会找到避难所。"② "那些不接受巴布和巴布宗教的人，在可能的情况下他的所有财产应该予以剥夺；如果接受巴布，他们的财产应该返还"；③ "每个巴布教国王都不应允许非巴布教徒居住在自己的领地内。这对于其他巴布教徒同样具有约束力，只有那些与巴布教徒做生意的商人才允许居住下来。"④

（二）关于巴布主张和平还是主张武力的问题，反对巴布教派和巴哈伊信仰的教派仍然持有不同意见。我们认为，巴布没有终止用战争手段解决信仰问题，比如巴布说，"为了安拉，你有义务战斗，不要与拒绝巴布教的人和平共处。"⑤ 这些激进的观点正是巴哈欧拉改革的部分，并将这一宗教改革为和平的宗教。巴布的教义与上层的利益发生冲突，当巴布的努力转向下层时，因为上层合力围剿巴布教徒，⑥ 驱赶和迫害加剧了矛盾，加上伊斯兰教教士及民众对巴哈教派的仇视，⑦ 起义便发生了。但是巴布并不主张完全用武力解决信仰问题也有证据，他认为："通向圣道的路充满了关爱和情感，不是充满了武力和胁迫。这一直是上帝过去沿用的方式，将来仍然是这一方式。"⑧

《默示录》含有激进的教义和思想，必然引发新的社会对抗和冲突，对于宗教的发展和宗教要实现的社会改革目标极为不利。巴布也说，他的法律是暂时的，有待于未来法律对这一法律的接受和取舍，因此巴哈欧拉的《至圣经》

---

① 赵伟明：《近代伊朗》［M］. 上海：上海外语教育出版社，2000. 264.
② The Bab. *The Persian Bayán*［M］. trans. Dr. Denis MacEoin. *Bayan*，*Bab* 5，*Wahid*4.
③ the Bab. *The Persian Bayán*［M］. trans. Dr. Denis MacEoin. *Bayan*，*Bab* 1，*Wahid*2 www. h-net. org/ ～ bahai/trans/bayan/bayan. htm-5k，2009 ～ 3 ～ 7.
④ the Bab. *The Persian Bayán*［M］. trans. Dr. Denis MacEoin. *Bayan*，*Bab*4，*Wahid*8.
⑤ The Bab's *al-Bayan al-ʾArabi*；Arabic Bayan［EB/OL］. *Arabic Chapter* 1.
⑥ 赵伟明：《近代伊朗》［M］. 上海：上海外语教育出版社，2000. 152 ～ 153.
⑦ Nabíl-i-Azam. *The Dawn-Breakers*［M］. trans. & edit. Shoghi Effendi. Wilmette：Baháʾí Publishing Trust，1996. 161，219.
⑧ The Bab. *Selections from the Writings of the Bab*［M］. trans. Habib Taherzadeh. Haifa：BaháʾíWorld Centre，1976. 75.

认可了其中的一些基本教义而摒弃了其他的教义。在巴哈欧拉的努力下，对巴布教义进行了革新，于是由巴布教派及巴哈教派逐渐发展为一个新的宗教信仰。

第六节　巴布的《七个证明》：预言性的新天启形成

一、《七个证明》的写作背景

1844 年 10 月，巴布到麦加朝圣。12 月 20 日宣布自己是"卡因"。1845年 1 月 10 日来到麦地那。此后巴布的名声更加响亮，引起了教士及政府官员的恐慌和愤怒，逮捕和迫害也随之而来。虽然这时巴布已经遭到过官方的逮捕并随后由其舅父保释，但事情并未平息。在设拉子，教士们开始向他的教义提出挑战，巴布的人身一直处于危险之中，巴布的门徒将其教义散布到全国各地，巴布的声望也传遍全国，连首都和各省的大官都能听到。一阵探讨的热潮在宗教领袖与平民之中兴起。政府和教会要人，派出最有才干的代表或亲自去查询探讨这新运动的真相。史料记载巴布甚至可以预先知晓前来考问的问题，即使是国王派去调查的最博学的希乙雅耶在见过巴布三次后也成了巴布的信徒，这使国王大为震惊。① 有些人对巴布教徒也产生了恐惧和仇恨。当穆拉·侯赛因来到设拉子时，那里的人说道："他又到我们的城市来了，他又提倡叛乱了，想跟他的领袖来攻击我们这个由来已久的神圣制度。"② 但信服巴布的人也与日俱增，甚至还有各派教士和宗教领袖。比如痛斥什叶派腐败的教士制度姆拉·穆哈默德·阿里，他读了调查者带回的"阿斯玛书简"后便当着众多教士的面发誓忠于巴布及其教义。③ 多数教会领袖、教士及高官顾及的是自己的特权地位，由于无力迎接巴布的论战，因此选择退却，但骨子里却是仇视。首相哈芝米萨阿卡斯听闻国王有一天可能与巴布见面并与巴布为友而导致他失宠，于是为了阻止会面，写了一封信给伊斯法罕的宗教领袖，指责他疏忽了保护伊斯兰教的责任，又说："我们希望你全力抗拒那违反国家和人民的利益的邪说。相反的，你似乎在亲近甚至颂扬这无名的、卑劣的运动的创始者。"一位宗教领袖则说："如果我们信服于他的主张，我们的名誉、特权和

---

① Nabíl-iAzam. *The Dawn-Breakers* ［M］. trans. & edit. Shoghi Effendi. Wilmette：Bahá'í Publishing Trust，1996. 173 ~ 174.

② Ibid.，168.

③ Ibid.，139.

地位便丧失了。不但如此，我们将被迫承认他以后的主张。"①

会见和辩论都不可避免，这赢得了人们对巴布的更大尊敬，也增加了宗教学者的敌意，他们意识到巴布的思想已经渗透了伊斯兰教的坚固堡垒，颠覆他们的根基，于是他们召开一个集会，写了一份文件，由该市所有的教士们（除两人外）签名盖章，宣判巴布应受死罪。穆罕默德沙王有会见巴布之意，倾听巴布对社会及宗教改革的意见，可首相哈芝米萨阿斯从中阻挠，诱使国王把巴布驱赶到偏远的角落。经过辗转，1847 年 7 月巴布被囚禁于马库，到 1848 年 4 月，巴布完成了四个重要的著作（因使用的语言和内容有不同之故）：两个《七个证明》（Dalá'il-i-Sab'ih，The Seven Proofs）和两个《默示录》。两者的关系是，后者是前者主体，前者作为后者的护卫，是巴布写的申辩书，用以维护他的主张和立场。

二、《七个证明》基本内容

《七个证明》也许是因禁于马库期间的中后期启示的作品，一个是波斯文的，一个是较短的阿拉伯文的，后者也可看成是对前者的校订和解说。阿拉伯文的《七个证明》是 14 页，每页 19 行或更少。阿拉伯文《七个证明》知之者较少，引述者不多，也从来没有完整地译成任何欧洲语言，只是在 20 世纪 60 年代由阿扎里巴布教徒（追随巴哈欧拉堂弟叶海亚的教徒）在 20 世纪 60 年代中期于德黑兰根据 4 个现存的手抄本出版过一次，因而客观上不代表《七个证明》的整体。他的文体特征是阿拉伯著作连祷文体，以每个文句开头的字母构成或暗含阿拉伯语的"唯一"，类似中国的藏头诗。而波斯文《七个证明》是 70 页。在文体上，《七个证明》兼容了伊斯兰传统及现代的预言及证明形式。

首先是认识上帝可能性的证明，这是宗教和圣法的根本。只有认识上帝的神圣统一性，才达到了认识的圆满。当我们表达了上帝的神圣性、至高无上性以及他的无与伦比的威仪或者说上帝的神圣性时，或者认识到上帝超越了所有人类所能描述的属性时，我们就获得了圆满。还要知道，认识上帝除了通过认识神圣真理的破晓之光的显圣者之外，别无他路。② 在伊斯兰世界有七个强大

---

① Nabíl-iAzam. *The Dawn-Breakers* [M]. trans. & edit. Shoghi Effendi. Wilmette：Bahá'í Publishing Trust，1996. 204.

② The Báb. *Selections From the Writings of the Báb* [M]. Haifa：Bahá'í World Centre，1982. 107.

的君主统治，他们无一知晓显圣者巴布，如果知晓就会相信他。不认识显圣者，就会在离开这个充满欲望的世界时仍然没有意识到，他们所期待的已经降临。君主们仍然固守着福音书，等待着上帝先知穆罕默德的来临，但是当他真的出现时，却不能认识他。他们花费大量的金钱却无丝毫念头任命官员委以重任认识上帝的显圣者，① 以证明显圣者具有特异之能力。

上帝派遣先知此次显圣开始于回历 1260 年（1844 年）由巴布宣告，结束于 1280 年（1863 年），顶峰的标志是《默示录》降示。他教导每一个人等待允诺者卡因的降临，从穆罕默德以来的所有这一切都要通过卡因的降临而获得完满。上帝使之显圣者带着上帝使徒的证据，因此没有一个信仰伊斯兰教的信徒会怀疑显圣者圣道的真确性，因为这是记写在只有上帝才有能力显示的《古兰经》上的。1270 年来，没有一个《古兰经》的信徒见证过具有确凿证据的人。现在上帝已经用最高的证明使人类长久期盼的允诺者显圣，没有人能够想象从什么地方显圣。巴布描述了显圣者的年龄，超乎所有人的天启知识。他未受过教育，却能够以惊人的方式启示诗句和圣言，上帝在他身上显示了如此强大的力量，他竟然在 5 天 5 夜的时间里不间断地启示了内容相当于 23 年时间降示的《古兰经》那样多的圣言。巴布叫人们根据这一能力思考和反思一下，应该能得出这就是显圣者应有的特征。② 再看允诺者为求道者获得拯救而为他们允诺的无尽恩惠和慷慨，可以看到他代表了创造的本原。他张扬这样的诗句："真确地，我就是上帝"，将自己等同于穆罕默德后代允诺者卡因降临的门"巴布"。③

巴布提出了一系列论辩的理由。他认为，认识真理的持有者就是认识上帝，爱真理的持有者就是爱上帝。如果《古兰经》的信徒能像他们将证据用在不信仰《古兰经》的人，那么任何人都会认识真理，任何人都会得救。基督徒会辩称，如果我不懂《古兰经》，我怎么会将《古兰经》奉为证词。如果不理解《默示录》，怎么会承认它是证词。用什么标准去承认伊斯兰的宗教呢？这难道不是你从来没有目睹的先知吗？这些难道不是你从来没有目睹的奇迹吗？他意识到他的身份不会被人认识。正如《古兰经》中所说那些不信道的人，在"上帝的使徒"（这里指显圣者）宣示教义时，他们会说"他是个疯人"（《古兰经》68：51）。如果他们是这种人，那么他们就是他们的谬误信仰

① The Báb. *Selections From the Writings of the Báb* [M]. Haifa：Bahá'í World Centre，1982. 107.
② Ibid.，118~119.
③ Ibid.，119.

的见证。上帝的见证就是最高的证词，如果世人见证了一个事物，而显圣者见证为另一个事物，那么除他之外任何人所见证的都将归于虚妄，因为只有通过他一个事物才存在。那些寻求真理的人在处理他们自己的失误时会满足于两个正确的见证人，但是即便有了这么多正直见证人的证词，他们对神圣真理的持有者仍然持有疑虑而不信任。①

人们仍然无休止地要求神迹，可是他们要求"上帝使徒"所做的这一切都是一些无效的幻想。这种要求神迹出现去验证"上帝使徒"的做法在《古兰经》中就已经被弃绝。他们会提出，"我们绝不会相信你，除非你在地上掘地成泉喷涌如柱；除非你凭空幻化出花园，生长着棵棵棕榈，布满碧绿葛藤；……除非你让天塌陷，正如你可造出天空；除非你让上帝和天使出来为你担保；除非你有一屋子的黄金；除非你飞升入天；除非你给我们讲下一本我们可读的书。"巴布申辩说："我难道不是人吗？不是上帝的使徒吗？"② 对于不信者提出的要求作的回答证明巴布的"门"的地位或显圣者的地位是介于人性和神之间的，是上帝的代言人而不是上帝本身。巴布提出公平对待显圣者，默认上帝所显示的任何证明，而不是依从自己的悬想。如果要满足人们的这些愿望或悬想，那么世上一个信仰者都不会剩下。当然如果满足了人们的愿望，人们就会毫不犹豫地相信。可是人们会不断地提出各种愿望来满足自己的私欲。信徒的最高目标是保证上帝的愉悦，信徒怎么可以追求与上帝的愉悦相矛盾的东西呢？

巴布用有力的证据说明显圣者再次降临时证据的性质以及要求证据的限度。他解释说，信徒只有与上帝的信使保持一致的前提下才是荣耀。当时基督教传播时，教徒不足70人，且人数增长缓慢。今天基督教世界的学者被视为维护基督训导的人，可就是他们成了阻碍人们接受圣道的原因。他发问道："你们还要步其后尘吗？"基督的门徒将自己托付给教士们祈求在"复活之日"获得拯救，可是他们服从于他们的结果却是进入了火狱。当"上帝的门徒"真的复活降临时，他们将自己封闭起来拒绝承认他是上帝提升的先知。他再次发问道："你们要步其后尘吗？"每个国家都能看到许多精神领袖，他们失去了辨识真理的能力，每一个民族中都可以发现五花八门的追求神迹和奇迹的人。巴布告诫人们要思考一下，应同情你们自身，不要转移注意力从而离开你寻求的证据，不要悬想过后去寻求证据，无论是当学者还是当一个信徒本身都

---

① The Báb. *Selections From the Writings of the Báb*［M］. Haifa：Bahá'í World Centre，1982. 121.
② Ibid.，122.

不会给你带来光荣。当学者，知识成为荣耀；当信徒，忠于宗教领袖成为荣耀，仅仅只有在信徒的这些荣耀与上帝的意愿保持一致的前提下才是一种荣耀。同样，信徒只有与上帝的信使保持一致的前提下才是荣耀。基督的门徒，急于得到上帝的恩惠，却没能得到"上帝门徒"的恩惠，而这个恩惠与上帝的恩惠是统一的。①

巴布认为，圣书也是有限的，不能无休止地要求。人们追求圣道，可是若将启示的真理用相近的证据全部展示出来，那么天地之间所有的书卷都不足以容纳。然而论题的本质是，永恒的上帝毫无疑问地为显圣者划定了独立王国，尽管如此人类也无法接近那至高无上的神圣本质。没有哪一个被造物像上帝认识被造物那样认识上帝，没有哪一个被造物像上帝赞美被造物那样值得上帝赞美。上帝无与伦比。上帝创造无始无终，否则的话上帝会终止降临一切恩惠。"上帝提升了先知启示了圣书，其数量如同世界上的被造物，这一过程是没有止境的。上帝的圣名显现在所有造物上，漂流在上帝圣名的海洋上，可是上帝已经通过其造物并为人类所认识以及被其仆人描述而得到圣化。一切所见均处于上帝的意志。一个被造物怎么能够认识上帝的同一性呢？上帝的存在本身就证明了上帝自身的同一性。每一个被造物由上帝赋予形态，就其本质而言是上帝的见证。这就是那些航行在真理的海洋之上的人期望寻求的至高智慧的证据。②

巴布以太阳的寓意证明上帝唯一并将其意志不断撒播在不同显圣者身上。如果你航行在造物的海洋上，"首要的纪念物"，就是上帝的意志，祂像太阳一样。上帝通过自己的全能创造了自己的显圣者，上帝通过自己的命令从没有开始的开始使显圣者显圣于每一个神圣律令中。上帝也会在没有终止的最终时刻，根据其意志不可征服的意愿继续显示显圣者。显圣者如同太阳，太阳不断地升起直至没有终点的终点，然而从来没有、将来也不会有一个以上的太阳。即使太阳降落，从来没有、将来也不会有一个以上的太阳。正是这个原点意志（Primal Will）在每一位先知身上光芒万丈地体现，在每一部启示经文中宣说。③

上帝的原点意志首先体现在亚当（即《古兰经》中的阿丹）身上并使之显圣。在诺亚（即《古兰经》中的努海）时代，显圣体现在诺亚身上。在亚伯拉罕（即《古兰经》中的伊卜拉欣）时代，显圣体现在亚伯拉罕身上。在

---

① The Báb. *Selections From the Writings of the Báb* ［M］. Haifa：Bahá'í World Centre, 1982. 124.

② Ibid. , 125.

③ Ibid. , 126.

摩西（即《古兰经》中的穆萨）时代，显圣体现在摩西身上。在耶稣（即
《古兰经》中的尔撒）时代，显圣体现在耶稣身上。在使徒（即上帝的门徒）
时代，显圣体现在使徒身上；在穆哈默德时代，显圣体现在穆哈默德身上；在
《默示录》时代，显圣体现《默示录》的原点上；在上帝使之显圣的时代，显
圣体现在允诺者身上。在允诺者之后，显圣仍然会体现后来的显圣者身上。因
此，这就是"上帝门徒"话语的内在含义，他说："我是所有的先知，我闪耀
在每一位先知身上之光一直且将永远来自同一个太阳。"①

波斯文的"七个证明"概括如下：

1. 《古兰经》高于它以前所有先知的圣言和权能；

2. 巴布的《默示录》同《古兰经》一样不可仿效；

3. 巴布未受教育却启示了如此神圣的诗句；

4. 哪怕启示其中一句圣言也足以证明其先知身份；

5. 确认先知身份的依据是神圣诗句而不是展示奇迹；

6. 伊斯兰教真理的神圣证明是充分的，否则就会被质疑，不会被欣赏和
理解，而《默示录》的神圣证明如同《古兰经》；

7. 万能的上帝会支持并保护先知而不是与其对抗。

三、《七个证明》的重要意义

《七个证明》的法文译者 A. L. M. Nicolas 评价说："《七个证明》是巴布的
论辩作品中最重要的一部。"② 阿博都巴哈谈论了这部作品的写作背景及重要
性，他说："在囚禁于马库期间，巴布写了许多著作，其中最重要的应特别提
到波斯文《默示录》和《七个证明》。两部作品都含有这一时期写下的丰富的
关于显圣者的证据。"③ 阿芬第证实说"囚禁马库期间，祂的著作涵盖各类主
题，启示的数量加起来超过 50 万个诗节。"④

巴布曾参加过多次宗教辩论。无论出于何种境况，巴布从不间断写作。监
狱的安宁似乎更适合他写作或启示经文。《七个证明》是巴布写的申辩书，用
以维护他的主张和立场，内容集中证明这一点：他的新的天启著作《默示录》

---

① The Báb. *Selections From the Writings of the Báb* ［M］. Haifa：Bahá'í World Centre, 1982. 126.

② See note 2 in *The Dawn-Breakers* by Nabíl. trans. & edit. Shoghi Effendi. Wilmette：Bahá'í Pub-
lishing Trust, 1996. 252

③ Ibid.

④ Shoghi Effendi. *God Passes By* ［M］. Wilmette：Bahá'í Publishing Trust, 1974. 22.

具有的《古兰经》的神圣地位。为证明他的著作是神启及其作者具有启示者的地位，他提出了七个证明。早期基督教所凭依的证明文本主要是希伯来《圣经》和其他宗教作品或预言性的作品。同样，巴布的《七个证明》同巴哈欧拉主要证明著作《确信经》一样都是证明性作品。两者为新的宗教真理提出证明，并鼓励其追随者同样提出证明以维护圣道。

《七个证明》是护教作品，而护教具有西方先知宗教的特点，后来发展为护教学（Apologetics）。先知若想晓谕世人所说的是真理以及启示者的先知地位，必然要经受信徒或寻求真理者的质疑。基督教信仰自有辩护性，总体上并不提倡盲信。从耶稣回答法利赛人开始，护教学在基督教中开始发展，最终建立了一门学科。无论是基督教世界还是伊斯兰世界，在哲学、神学、修辞学等学科的呵护下，护教传统培养了理性精神，也锻造了西方的法律体系和伊斯兰教的教法学。巴布教意识到创立新的宗教派别所需要的理论支持。无论是马丁·路德时代的欧洲，还是巴布时代的伊朗，至少在表面上，正统教会都以法庭的形式为提出异说者提供申辩的机会。但是在形势严酷的伊朗巴布将自己的名誉和生命置之度外。《七个证明》是为信徒解除疑虑和为信仰护教而写的。官方教会为了狭隘的利益并不深入探查其中的真理性成分，必欲迅速铲除而后快。从护教方面来讲，巴哈伊教的许多经典作品都是在护教的动机下产生的，如巴哈欧拉的《确信经》、阿博都巴哈的《若干已答之问》等。

第七节　《圣名录》的思想

一、《圣名录》的成书动机

巴哈伊世界中心档案部收录了巴布的 190 份书简，还有 5 部最重要的著作，《圣名录》（*Kitáb-i-Asmá'*，即 The Book of Names）是其中之一。其余四部是波斯文《默示录》、阿拉伯文《默示录》《七个证明》和《〈尤素福〉评论》。巴布著作选集便是从这五部著作中选出的。《圣名录》的写作动机是为了使信徒保持团结，等待允诺者到来，他嘱托信徒忠诚地对待"尊敬的允诺者"（the Promised Beloved，指巴哈欧拉），警告他们不要让任何事情，甚至包括《默示录》在内，阻挡认识允诺者的视线。"Kitáb-i-Asmá"是阿拉伯语，意思是"名字的书"，阿芬第的著作及译著在提到这部作品时也用这个书名，这部著作并没有全译，部分译文收录在《巴布著作选集》中。同《默示录》一样，全书分为单元，单元又分为章。虽然在巴布的其他著作中，巴布也描述了允诺者，但是在这部著作中，他仅仅警告他的信徒对待允诺者应采取什么样的态度，应采取什么样的行动。因为当"上帝将使之显现者"来临时，他（允诺者）会对他们满意。书中告诫弟子们要谨言慎行，抛弃一切仇恨和偏见，因为仇恨和偏见是妨碍他们发现允诺者的烟幕。信徒应该具有良好行为使"上帝使之显现者"满意。门徒中有些自负于观念，有些自负于学识。巴布敦促他的门徒放弃他们的傲慢态度。

二、《圣名录》的基本内容

《圣名录》重申了团结的重要。《默示录》已经降示，不要互相指责，因为信徒们是同一棵树上的叶子和果实，要首先审查自己而不要看别人，不弃不离，等待显圣者，信徒们要不屈不挠。相互指责这，待复活之日将会受到谴责。此外，还要与自己的内心达成和平。巴布告诫信徒《古兰经》作为一个时代已经结束，要以新的言行迎接新的显圣者。正如巴布所说："《默示录》的人们啊，切莫像《古兰经》的人们那样行事，否则夜间（指两个启示颁降之间的历史阶段——笔者注）所获果实将化为乌有。"① 不要把宗教信仰当成获得物质利益的手段。忠于信仰，在"复活之日"定会获得上帝的恩惠，也会受到尊重。因为争执者地位低下，远离上帝。②

要寻求上帝，就要寻求显圣者。如果珍视登录圣名的愿望，就会得到鉴别显圣者能力的见识。信仰者的心成为破晓的黎明，名字列入《圣名录》。信仰者是一面面镜子，置放在太阳下，接受启蒙之光。③ 如果有人提出了圣道并提出了证据，那么那些拒绝接受的人也应该像提出圣道者一样提出证据，才能构成有效的反驳。如果他们能够提出，那就证明提出圣道者的话语是虚妄的。巴布回顾历史时说，质疑"上帝门徒"穆罕默德的人不计其数，但最终都证明他们所提出的反面证据苍白无力。今天上帝用真理的全能证明真理为真理，使他们接受新的启示。④

巴布认为，信仰新的启示及其显圣者需要敞开心扉，这是上帝赋予人及一切造物的能力，除非信仰者自我遮蔽。巴布解释了信徒的传道义务，如果一个

① The Bab. *Selections From The Writings of The Bab* ［M］. trans. Habib Taherzadeh. Haifa：Bahá'íWorld Centre，1976. 127.

② Ibid.，129 ~ 130.

③ Ibid.，131.

④ Ibid.，131 ~ 132.

信徒帮助一个灵魂敞开了心扉接受"上帝使之显圣者"的圣道，那么这个信徒的内在自我就充满了伟大圣名所给予的灵感。这是寄托于信徒在"复活之日"（Days of Resurrection）要完成的使命。如果信徒能够打开众人心扉，助其驱散心头的疑云，他们就会得到上帝信仰的接纳。因此信徒们要展示所能，为显圣者打开一个灵魂的心扉，这会比每一个善行更为重要。一位同信仰显圣者及其本真相比，善行是次要的。① 这里同基督教中的施洗约翰敦促信徒们所说的"修直主的道"有类似之处。在精神上的觉悟胜过一切。信徒都有传道义务，这为巴哈伊教务制度改革奠定了基础。

巴布反对宗教论争，首先因为论争不利于人们认识显圣者、接受显圣者。他说："聆听每一个灵魂的言语，把握其证据以验证真理。若不能于其言语中发现真理，也不要将其言语作为攻击的目标，因为这样做有违于《默示录》的训诫，导致无益的争辩和不合，或许这样便可以在'复活之日'不参与争论，同时不会与'上帝使之显圣者'争论。"②

"复活之日"就是"上帝使之显圣者"显现。但是仍然有自认为握有确定无疑证据的求道者认为他（袘）的圣道没有真理。上帝的道是降示给全人类的，是只有显圣者才能启示，显圣者启示的经文同时来自显圣者的主，即上帝。这是普通人所无法实现的。伊斯兰世界多少人宣称自己的道是圣道，从者如云，却未发现一个证据。如果不能在一个人身上辨别上帝的证词，也就不会显现真理的全能。巴布允诺，上帝不会使任何人失望，它会给出证据和因由，条件是要谨守圣道、遵行《默示录》的命令。③ 巴布的生命观是：在显圣者降临时，也就是复活之日，真正意义的生命才开始。感念显圣者就是感念上帝。人心如镜，反射显圣者所意欲给予的知识。巴布描述了上帝的宽仁、博大、全能，上帝不在任何人的心中设置障碍，上帝会使一切人欢心。④

巴布告诫《默示录》时代的人要吸取教训，莫要重蹈过去的覆辙。在穆罕默德时代的一些人自以为在赢得上帝的欢心，自以为是真理的追求者，事实上他们已经自绝于上帝。《默示录》时代的人们要警惕，反思过去时代人们的愚行，不要模仿过去时代的人们，不管现在所奉的经文是什么，《古兰经》也好，《福音书》也好，其他任何的经文也好，都要回到《默示录》上来，否则

① The Bab. *Selections From The Writings of The Bab* ［M］. trans. Habib Taherzadeh. Haifa：Bahá'íWorld Centre，1976. 133.
② Ibid. ，134.
③ Ibid. ，134～135.
④ Ibid. ，145～146.

就像走失的骆驼一样，找不到草原。固执的人们在上帝恩惠之洋面前祈求几滴水都不可得。祈求接近真理之洋的人们，上帝的证词已经在《默示录》中完满体现。莫言上帝拒绝给人们恩惠，上帝始终如一惠泽万物。①

巴布允诺了接受《默示录》的人们所得到的回报。那些拒绝接受者将获得一切不利，尽管其言行并不越轨且符合《默示录》。那些接受者会得到上帝的恩惠，尽管他们有过，但其过失是在"夜间"（《默示录》颁降之前）所犯，一定会得到上帝的原谅。那些遵行《默示录》者将沐浴在上帝的荣光之下，居住在上帝的天堂花园。②

巴布教导信徒如何对待新宗教与旧宗教之间的关系、新经文《默示录》与旧经文的关系。他说要坚信《默示录》，否则信徒们已经知晓的旧经文就无益于自己。接受新经文的降示者，他是上帝命令显圣的，否则就会远离上帝这个一切信使、一切经文的源头。③ 也就是说巴布对于传统是继承的，但是条件是要革新，在新的有益于社会和人类福祉的基础上对旧的信仰批判吸收，或重新解释。

既然信徒忠实地信奉过去的宗教，由于过去的宗教都来源于同一个上帝，那么在新的时代，就应该接受以同样方式降示给卡因（或称为马赫迪）的圣书《默示录》。巴布宣称这与降示给穆罕默德的圣书具有同等价值的圣书是在两天两夜完成的，如果不反思一下，那么《默示录》会变得更加令人困惑，因为它以这种超乎寻常无与伦比的速度降示让每个人，即便饱学之士，都哑口无言。④ 巴布将自己的地位仍然确立为"门"，既信徒们通向真理的途径。也就是说《默示录》是一个过渡。他说："识别真理的标准直至复活之日才会显现，热爱真理的人切记。但在复活日之前，应该根据已经启示的《默示录》来区别正误。"⑤

那些置身新经之外的人实际上没能真正理解《古兰经》的意义，也没能理解伊斯兰信仰的意义，否则他们不会离开创造他们供养他们并期望他们为其行正道的上帝。那么多的经文章节降示考验人们是否意愿接受？可是事实证明他们从来都没有接受。上帝以其自身显示给人们，可是人们却认不出他来。人

---

① The Bab. *Selections From The Writings of The Bab* ［M］. trans. Habib Taherzadeh. Haifa：Bahá'íWorld Centre，1976. 136～137.

② Ibid. ，138.

③ Ibid. ，132～133.

④ Ibid. ，139.

⑤ Ibid. ，143.

们终生追求上帝的福泽，却在显圣者来临时拒绝承认他。① 巴布描述了上帝的博大胸怀，来自上帝生命之水的汪洋化成喷涌的泉水从"上帝使之显圣者"身上流溢出来。而人们仍然可怜地像沙漠中的骆驼漫无目标地游来荡去寻找哪怕是一滴生命之水。他们拒绝畅饮已经呈现的甘泉，因而已经连《圣经》《古兰经》以及其他任何圣书时代的人都不如了。他指出，那些含泪恳求显圣者来临的人，有的仍然会犹豫不决。巴布许诺信仰《默示录》的人会得到见证，就像信奉《古兰经》的人们一样。他要人们将《默示录》视为区分真理和谬误的标准，它既验证真理又验证谬误；相信它就要将自己视为真理的见证。他认为，全能的上帝可以将光变成火（即灾难），也可以将火变成光（即福祉）。②

巴布在这部著作中强调了一个《默示录》最有特色的教义，就是不要对任何人做出论断（即否定和排斥的言论）。原因是这会使信徒们用这种习惯论断上帝。论断者常常自以为是，但是上帝的道无人能知其终始，任何论断都是有偏差的。同样，信徒们期盼着显圣者来临，也会对显圣者做出漫不经心、随心所欲的论断。这一观点与耶稣的告诫是一致的。耶稣说"你们不要论断人，免得你们被论断。因为你们怎样论断人，也必怎样被论断"（马太福音7：1～2）巴哈伊信仰以多种形式继承了这一教义，比如不设立教士制度，不设传教士，是不是真正的巴布教徒不用任何人做出判断，一切唯有上帝知道，等等。巴布让信徒坚信，"'上帝使之显圣者'就是信徒中的一员。他在复活之日显现。"这就告诉信徒们，他们所想象的显圣者的形象等等期待并不符合实际，因而要求信徒耐心等待。正如上帝在《默示录》之前已经给人类树立了多个先知一样，上帝也会再次降下先知。巴布强调，要认识上帝，就要寻求并践行他的道。现在新的圣道已经出现，就要探索显圣者的著作，不了解便不知其是否为上帝的圣言。③

三、《圣名录》的价值及特点

《圣名录》有力地辅助了《默示录》的传播，进一步增强了信徒们的信念，是典型的护教作品。它以浅近的道理解释了新经文与《古兰经》之间的

---

① 　The Bab. *Selections From The Writings of The Bab*［M］. trans. Habib Taherzadeh. Haifa：Bahá'íWorld Centre，140.

② 　Ibid.，141～142.

③ 　Ibid.，144.

关系，也说明了《默示录》与显圣者降临时颁降的经文的关系，强调了在显圣者降临之前，笃信《默示录》的重要性。巴哈欧拉在提到《圣名录》时，将它象征化，即将巴布视为显圣者并信仰其教义的信徒已经列入了圣名录。他说："不久，上帝的方舟将驶向你，向在《圣名录》中提及的巴哈信徒显圣。"①

这部著作有几个特别之处。一个有趣的地方是，这本书将巴哈欧拉描述为"上帝的原初面纱"（"the Primal Veil of God"），意味着如果发现了巴哈欧拉，就发现了上帝。"面纱之上，所见无非上帝，面纱之下可识别发源于上帝的一切。上帝不可见，不可接近，祂至高无上，敬爱无比。"② 另外，就是在这部著作中，巴布教，也是巴哈伊教，首次用一棵树上的树叶和果实来类比人类的统一："我们从同一棵树上创生了你们，使你们如同同一棵树上的叶子和果实，或许你们可以变为相互安慰的本源。"③ 巴迪历书（Badí Calendar，即巴哈伊历书）也是首次在这部圣书中建立，后被巴哈欧拉采用。

关于果实的比喻经常被引用。"一个人种下了果园，栽种了各种果树，当显圣者来临时，你却以他的名义占有了它。待他出现在面前时，你却将他拒之门外。""我们栽种了《古兰经》这棵圣树，赋予所在的果园各种果实，你来分享果实，我们来收获我们的果实，而你却佯装不认识主。""你所占有的我们宣布为非法，我们是权衡者。""我们以上帝使之显圣者之名种下了《默示录》这个果园，允诺你在此居住下来直至显圣者降临。然后上帝使之颁降圣道，我们剥夺一切你所自称属于你的财产，除非经过主的允许，方可重新拥有。"④ 前后的比喻都是指精神性的财富。

---

① Baha'u'llah. *Tablets of Baha'u'llah* ［M］. Haifa：Bahá'íWorld Centre，1988. 4.
② Ibid. ，131.
③ Ibid. ，127.
④ Ibid. ，135.

第四章

巴哈欧拉传道时期的宗教活动及教义

第一节　巴哈欧拉的身世及历史地位

一、巴哈欧拉的家世及所受教育

巴哈欧拉 1817 年 11 月 12 日诞生于波斯帝国首都德黑兰的一个富有而显赫的贵族家庭，原名密尔萨·侯赛因·阿里（Mirza Husayn Ali），后来才以巴哈欧拉（Baha'u'llah，波斯文意为"上帝之荣耀"）这一称呼著称于世。他的祖先，母亲方面源自神圣的亚伯拉罕第三个妻子卡图拉（Katura）家族，父亲方面源自波斯古代先知琐罗亚斯德。先辈中有好几位做过波斯国王，是古波斯帝国最伟大的萨萨尼王朝（Sassanid 公元元 226～651 年）最后一位国王亚兹第格德的后裔。在波斯北部，他的家族是最古老也是最有声望的家族之一。他的父亲米撒保惹，是朝廷大臣，做过马赞德兰省的省长，以政治才干和杰出的书法而闻名朝野。巴哈欧拉气质非凡，人格脱俗，乐善好施。不但他的亲人及朋友敬爱他，陌生者也不由自主地被他所吸引。他在富有而舒适的贵族环境中成长，没有受过正规的学校教育。在描述巴哈欧拉的童年时，阿博都巴哈这样写道：

巴哈欧拉，"受福佑的美尊"，出身于波斯贵族，自幼即从亲友中脱颖而出，他们认为："这个孩子有超凡的力量。"他的学识和职能超出了自己的年纪所能。作为新知之源，他出类拔萃。所有认识他的人皆为其少年早成而惊奇，他们常说："这样的一个孩童是不会存活的。"原因是德黑兰的波斯人普遍相信早熟的孩子会夭折。所有那些向他求教的人所提出的难题他都能解决。不管什么会议，无论是科学会议还是神学讨论会，人们都发现他成了对于所提出的深奥而抽象的问题做出解释的权威。①

巴哈欧拉 18 岁结婚，妻子阿丝伊·郝侬（Asiyih Khanum），也出自名门望族。22 岁时，他父亲去世。按照惯例，儿子可以接替父亲的职位。首相要他继任父亲的职位，他却拒绝了向他敞开的仕途。首相曾这样说过："随他去吧！他的想法跟我们不一样，我无法了解他。他的人生有着更伟大的目标。这个职位对他来说太低了。"②

当时，神学和哲学问题是神学博士们的领地，波斯的贵族感兴趣的仅是骑马、剑术、书法和一些波斯的古典诗歌。巴哈欧拉从未上过任何学校，但受到良好的家庭教育。少年时就能背诵很多古诗。巴哈欧拉有很多诗作，是名副其实的优秀诗人。最为令人惊讶的是他毫无拘束地和神学家们讨论深奥难解的问题，并且一次又一次地以明确的理论和不可辩驳的逻辑，令听众叹服。他的态度令人钦佩。通常，一般人在侵犯他人领域时会变得骄傲跋扈，而巴哈欧拉却总是谦逊、亲切而忍让，从不让任何人不悦或不安。这种谦卑来自他对上帝的敬畏和对真理的热爱转而对一切造物（包括人类）的尊重。虽然他所交游的是上等阶层，然而他从不迟疑地救助穷人及失败者，他的家成为一个避难所，因而年轻时就被称为"穷人之父"。他知识渊博、智慧超群、语言流畅、天性仁善，受到所有人的敬爱。

二、成为巴布的信徒

各个时代的信徒，众多的教派几乎都确信千禧年或世界末日即将临近。教徒们推算降临的时间。而 19 世纪初期，东西方都期待着救世主出现。由于科学发明和工业化的过程及深远影响，因此人们为物质成就而激动，同时又为生存目的所困扰。各种宗教的虔诚信仰者和神学家们都在各自的经典中找到了救世主即将临近的证据。在欧洲和美国，千禧年论（Millennialism 或 Chiliasm）和末世论（Eschatology）围绕着"世界末日"和"基督再临"展开预言，许许多多的教派因而兴起，例如坦普尔教派（圣堂会）、米勒教派（基督再临教派）、耶和华见证会、七天降临会等等。坦普尔教派和米勒教派认为他们已经在基督教经文中找到了证据支持他们的这一信念：历史终结，耶稣基督即将复

---

① Abdu'l-Baha. *The Promulgation of Universal Peace* ［M］. Wilmette, Illinois: Bahá'í Publishing Trust, 1982. 25.

② 李绍白：《人类新曙光—巴哈伊信仰》［M］. 澳门巴哈伊出版社，1995. 273.

临。一些教派明确计算出基督再临之日将介于 1840～1847 年之间。在伊斯兰世界也早已流行，如逊尼派的"马赫迪"降世思想，什叶派的"伊玛目"复临思想。另外，伊斯兰世界对于被称为盛世的阿巴斯时代（749～1258），还深深地怀恋，希望奥斯曼土耳其帝国或伊斯兰世界重新崛起。一些神学家相信《古兰经》和伊斯兰教传统中各种预言的应验已迫在眉睫，两位圣者"卡义姆"和"卡尤姆"将在波斯相继显现于世。伊朗的另一个宗教背景琐罗亚斯德教，其宗教教义在中世纪也发展了以一千年为周期的圣王（Saoshyant）降临带来和平的学说。

"千禧年"思想在伊朗以"巴布运动"的方式出现了。1844 年 5 月 23 日，波斯名城设拉子的一个青年商人赛义德·阿里·穆罕默德（Siyyid Ali Muhammad），即巴布，向前来寻求伊斯兰教"隐遁者"的年轻神学家穆拉·胡赛因宣示教义。从 1844 年到 1863 年，波斯的所有阶层都被卷入一场希望与激动的风暴之中。巴布振聋发聩地宣告：上帝之日已临近，他自己就是伊斯兰教经书中许诺将出现的那位"上苍之门"；人类生活的各个方面将被重新建构，人类正站在一个新纪元的门槛上，就要见证生活的各个领域剧烈动荡。他取名为"巴布"，代表着那道门，经由它，全人类期待着的所有经典提及的"允诺者"将出现，而他将为之而铺路牺牲，后来他将一封没有写明收件人姓名的书简交给他的第一位门徒穆拉·侯赛因，嘱他去德黑兰交给一位"在天庭中地位非常崇高的人"。据记载，同找到巴布的经过一样，依靠内心神秘力量的引导，穆拉·侯赛因找到了巴哈欧拉；巴哈欧拉浏览了巴布书简的头几行，即当众宣布："我证实，此伟人乃正良者之主，所有人都应信仰他。"[①] 然后，他以自己的声望、地位和财富热情坚定地宣扬这一年轻人的信仰。当时，巴哈欧拉 27 岁，已经成为巴布的信徒。

三、成为巴布信仰的一个领袖

巴布的宣告很快吸引了很多追随者，这一宗教运动像原野之火在波斯各地蔓延开来，震撼了波斯自中世纪以来积沿成习的宗教、道德、风俗。巴哈欧拉挺身宣扬这一真理。1844 年他首先到他的家乡马赞德兰德诺尔传教，以雄辩的辞令和不同寻常的表达方式，深深地打动了神学家派来挑战巴哈欧拉的优秀

---

① Nabil. *The Dawnbreakers*. trans. & edit. Shoghi Effendi. the National Spiritual Assembly of the Bahá'ís of the United States，1974. 106～107.

学生。派来的两位学生也成了巴布教义的追随者。① 两位学生突然归附了巴哈欧拉的消息很快传开，教会的掌权者、政府官员、商人及农民都聚集在巴哈欧拉的住宅，听他宣扬圣道。巴哈欧拉的成功传道影响深远，为这一新生教义的传播增加了推动力。1848 年 6 月 7 日，在呼罗珊的巴达希特，讨论这一新信仰与传统伊斯兰教的关系，探讨巴布信仰是宗教的改革还是更新，并寻找解救巴布的办法。巴哈欧拉是这次大会的舵手，他以一种灵活而有智慧的方式化解了激进派与保守派之间的论争，达成了共识：巴布之启示不是伊斯兰教的分支，而是一个新的独立宗教。

1850 年 7 月 9 日，当局受到教士的煽动，以"危害国家安定"和"叛教者"的罪名在大不里士广场将巴布枪杀。这些事件在当时引起了欧洲有影响力的社会阶层的注意和同情。随后，几乎巴布所有最杰出的门徒都被谋杀，巴哈欧拉由于他的家族声望幸免于死，却受到鞭罚。1852 年 8 月 12 日，由于巴布的被枪杀而失去理性的年轻人决心为其主人及其殉道的弟兄们报仇，用装有鸟枪子弹的手枪向沙王射击。沙王只受了擦伤。两名刺杀者不久就被以极端的方式处死。刺杀行动激起了整个波斯教会的愤怒。他们叫嚷着，必须对这些危险分子施以空前严厉的惩罚，才足以阻止那逐渐吞没国家与穆斯林教的浪潮。

虽然巴布的信徒们，从新教义的诞生开始，即已严格地遵行领袖们的训诫，避免暴力行动，忠于政府，然而，教士和什叶派的信徒们故意曲解巴布的教义，误导政府，促使政府将巴布的信徒剿灭。② 沙王的母亲对于刺杀事件一直怒气未消，她指责巴哈欧拉是这个事件的幕后指使，要求国王处死巴哈欧拉。③ 于是，在全国引发了一次对巴布所有信徒的迫害的浪潮。每天都有巴比信徒被拉出去以各种极刑处死。虽然巴哈欧拉与刺杀这一行为完全无关，却被当作背后指使者关进了德黑兰恶臭熏天、传染病肆虐的地牢——"黑坑"，在他的脖子上套上了 52 公斤重的铁链。这里拥塞着 150 名囚犯，有窃贼、杀人犯和强盗。巴哈欧拉在这样的地牢中度过了 4 个月。也就是在这样的地牢中，巴哈欧拉领受了神圣的使命，他用自己的言辞作了生动描述：

一天晚上，在梦中，这些高尚的语言在四周回响："诚然，我等将使你用你自身和你的圣笔战胜一切，切莫因此遭遇而悲伤，亦勿感恐惧，因为你身处

---

① Nabil. *The Dawnbreakers*. trans. & edit. Shoghi Effendi. the National Spiritual Assembly of the Bahá'ís of the United States, 1974. 116.

② Ibid. , 601 ~ 602.

③ Ibid. , 634.

平安。不久，上帝将通过你自己和你的名召集世界之宝藏——协助你的人，上帝已经复活了这些认知上帝之人的心。"①

在另一段中描述了获得神启之后的感受：

在那些日子中我躺在德黑兰的地牢中，枷锁重量的痛苦及空气的污浊使我只能有短暂的睡眠；在一次偶尔的小憩中，我觉得有东西自我的头顶灌流下来，遍布我的胸怀，仿佛一股巨大洪流自高山之巅向大地倾泻。我浑身好像被火焚一般。此时，我低声吟诵出的一切无人能领悟。②

天启由上帝的代表——圣女促成。巴哈欧拉记述了圣女出现在他面前的情景：

正当我被苦难吞没之时，我听到一个令人感到无比神奇、又至为甜美的声音从头顶上方传来，我转过脸去，看到了一个圣女——我主圣名的化身——悬浮在我面前的空中。……她的双颊洋溢着上帝荣耀。她高仰起她那摄人心魄的嗓音，……向天地间所有的人们宣告："以上帝之名！这是所有世界最受爱戴者，而你们尚未理解；这是你们中上帝之美尊，祂无上权威的力量，但愿你们能领悟。这是上帝的隐秘和祂的宝藏，是上帝的圣业和启示与创造王国中祂给予所有人的荣耀。③

在东西方宗教及神学中关于宗教体验的记载较多。先知有关神圣天启的体验在一些资料中有所暗示，如有关佛陀得道、摩西在西奈山接受天启法律、耶稣的神迹以及穆罕默德的修行等。甚至宗教改革者马丁·路德也有类似记述。巴哈欧拉的宗教体验除了惊人的著述外，还表现为梦境、全身心的感受或同样的命令式的声音。

由于巴哈欧拉声望极高，又是贵胄出身，国王和当权者对待他不会像对待普通的巴布信徒那样，随意将他处死。于是，他们开始寻找巴哈欧拉企图刺杀国王的证据，但终归失败。当权者不敢公开杀害他，于是就企图毒死他，阴谋虽未得逞，但毒药的影响却延续了多年。在确保巴哈欧拉获释方面，俄国公使起到了举足轻重的作用。加上巴哈欧拉被证实无辜，当局决定将他释放，但波斯王朝和宗教领袖惧怕他的影响力，又决定将他流放，并没收他的所有财产。

---

① Baha'u'lláh. *Epistle to the Son of the Wolf* [M]. Wilmette：Bahá'í Publishing Trust, 1988. 21.

② Ibid., 22.

③ Shoghi Effendi. *God Passes By* [M]. Wilmette, Illinois：Bahá'í Publishing Trust, 1974. 101～102.

还有个条件，就是必须将他流放他国。根据当时波斯的制度，巴哈欧拉有选择流放地的权利。俄国公使主动提出在流放途中保护巴哈欧拉，并邀请巴哈欧拉去俄国避难。巴哈欧拉谢绝了这位公使的好意。他选择了当时属于奥斯曼帝国的巴格达。① 从此巴哈欧拉和他的家人永远离开了他的诞生地波斯。

在严寒的冬天，缺衣少食，在蜿蜒积雪的山路上向巴格达行进。从1853年1月12日开始到同年的4月8日，行走历时近3个月。由于狱中的4个月煎熬，到达巴格达时，巴哈欧拉已是疾病缠身。地牢的折磨和长途跋涉的艰辛，使他濒临死亡边缘。但他一旦复原过来，便开始了重新整顿巴布社团的工作。那时巴布信徒已失去了导师的指引，陷入颓丧和混乱的境地。一些冒险者被野心或幻觉所鼓动，纷纷出来宣布自己就是巴布所预言的"允诺者"，结果巴布社团分裂成了许多小的派系。巴哈欧拉开始重新教育和团结这些迷失的巴布信徒。但他在信徒及当地社团中的声望与日俱增，因此受到他同父异母之弟、巴布社团的名义领导人密尔萨·叶海亚的嫉妒。后者开始暗中诽谤，制造分裂。于是巴哈欧拉隐退到库尔德斯坦的深山中，在荒郊野地与野兽为伴，与世隔绝地过了两年完全孤独的生活。值得注意的是，这种与人类社会隔绝的事件也曾发生在以往先知的生活中，如摩西、佛陀、基督、穆罕默德。逐渐地，巴哈欧拉的声名在苏雷曼尼亚地区传开了，附近的人不知道他的身份，但都被其仁慈及智慧所吸引，纷纷前来向他求教，称他为"达维希·穆罕默德"。② 终于，他的声名传到了巴格达。1856年，在流亡的巴布信徒的急切恳求下，巴哈欧拉回到了巴格达。失去了巴哈欧拉的引导而陷入更深的纷争与不和之泥沼中的巴布信徒，经过这场考验，都认清了巴哈欧拉才是唯一有力量团结引导他们走向正道的人。

在巴格达逗留的10年里，巴哈欧拉启示了大量书简和著述，其中三本最著名的经典是《隐言经》《七谷书简》和《确信之道》。《隐言经》是他1858年漫步于底格里斯河畔时作的散文诗，汇集了他领受的生命之哲理和爱之奥秘。《隐言经》也许是巴哈欧拉著作中翻译最广的一本书。它已成为各民族信仰者涤清心灵之尘埃的清泉。《七谷书简》是为答复一位苏菲教派领袖而作的，它的神秘之美无与伦比。对于有道教背景或追寻崇高超越之境的读者，这本书将展示出无穷奥秘。《确信之道》是为回答巴布的一位舅父就巴布之使命

---

① Nabil. *The Dawnbreakers*. trans. & edit. Shoghi Effendi. the National Spiritual Assembly of the Bahá'ís of the United States，1974. 650.

② 达维希，Dervish，波斯文，原意为"行乞者"、"托钵僧"，后用来称呼苏非教团高级成员。

与身份提出的疑问而作的，仅在两天中就启示完成，其长度相当于一部《古兰经》。关于这些经典可参见相关各节。

四、宣示为"允诺者"

巴哈欧拉在巴格达赢得了很多信徒，当局惧怕他的影响再一次将他驱逐，办法就是将他与他的教徒分开，于是决定将巴哈欧拉驱逐出巴格达。"他们（即反对巴布信徒的人）的声音日渐聒噪，纳西瑞丁沙王获得了警告，透过伊朗大使的诉求，鄂图曼（即奥斯曼）政府当局决定召巴哈欧拉前来君士坦丁堡。"① 奥斯曼总理写信给巴哈欧拉，以谦逊的口气邀请他到奥斯曼帝国的首都。他即将离开，信徒和巴格达市民都非常悲痛，虽然在巴哈欧拉的呵护下，巴布的教团已经重振精神。在巴格达的生活临近结束时，他以梦境和书简的方式预言了未来发生的事。巴布所预言的"允诺的日子"也临近了。

巴哈欧拉将离开，这一天却变成教徒们享受巨大的欢乐的一天。1863 年 4 月，在离开巴格达之前，巴哈欧拉来到在底格里斯河畔一个名为"蕾兹万"（天堂）的花园里。从 4 月 21 日向几位教徒宣示了这一喜讯。22 日则在这个花园向来此聚会的所有教徒宣示了他是"巴布宣示和允诺的人"。从此，4 月 21 日到 5 月 2 日就是每年庆祝的"蕾兹万"节。这一节日的意义在于它帮助宣传了巴哈伊教，坚定了教徒的信心。他就是巴布为之牺牲了生命的"上帝将使其显者"。巴哈欧拉揭去了遮隐他身份的面纱，这无疑给教徒以巨大的鼓舞。1863 年 5 月 3 日，巴哈欧拉由他的家庭和挑选的同伴陪伴着，在眼含热泪的大众的拥戴欢呼声中，在权威者们的送行下，巴哈欧拉骑马离开巴格达，前往奥斯曼帝国的首都君士坦丁堡。他们在此又逗留四个月。

波斯政府继续对他们进行迫害，它通过其驻奥斯曼帝国的大使与奥斯曼统治者苏丹展开了一个周密地反对巴哈欧拉的活动。当时帝国的首都聚集了许多从波斯来的阴谋家和政治游客。巴哈欧拉从不与这些人有任何联系。他的冷漠使波斯大使更加不遗余力地说服当权者对巴哈欧拉采取行动。巴哈欧拉平静、安详地等待着君王的判决。在这位大使的不断蛊惑和说服下，奥斯曼当局终于下达了命令，将巴哈欧拉流放亚得里诺堡（Adrianople，土耳其城市埃迪尔内 Edirne 的旧称）。这是他第三次流放。没有任何罪名，也未经任何审判，巴哈

---

① 白有志（H. M. Balyuzi）:《阿博都巴哈——建设新世界秩序的先锋》[M]. 澳门：新纪元国际出版社，2001. 13.

欧拉被当作国家囚犯突然押往亚得里诺堡。巴哈欧拉对这道命令的回应是一个具有超常勇气的行为。他立刻启示了一则书简给苏丹，指责他和他的大臣的不成熟和无能。当首相读到这封信时变色到："此信就有如王中之王向他最卑微的附属国的国王发出的命令和纠正其行为一样。"① 这次流放途中，巴哈欧拉向所有的巴布信徒公开宣告了其使命及地位，绝大多数的巴布信徒都欣然接受了他的权威。从此追随巴哈欧拉的信徒被称为"巴哈伊"。在从君士坦丁堡到亚得里诺堡的 12 天的旅程中，巴哈欧拉的启示之阳逐渐升到辉煌之顶峰。

从 1867 年 9 月开始，巴哈欧拉启示了一系列书简②，致当时最有权威的世界统治者、欧洲强国的国王和统治者以及罗马教皇，召唤他们高举公义旗帜，用他们的力量来终止苦难和战争，同时向他们宣示了他神圣的使命，宣称一个新纪元已经破晓，召唤他们遵循正义和中庸之道，警告他们在世界政治和社会秩序中将出现灾难性的剧变，告诫他们以集体安全的原则一劳永逸地建立起世界和平。遗憾的是，除了英国女皇维多利亚持较为公正的态度外，大多数统治者都轻蔑地忽略或拒绝了。综合历史记载，巴哈欧拉向世人的宣示或启示经历了三个阶段。第一阶段开始于德黑兰监狱的地牢中，巴哈欧拉表述了他受到天启示的感受。第二阶段开始于将离开巴格达时的雷兹万花园，他向信徒宣示了使命。第三阶段就是从君士坦丁堡到亚得里诺堡再到阿卡监狱，他的权威达到顶峰。巴哈伊教认为，正如巴哈欧拉所预言的那样，不听从巴哈欧拉警告的君王都遭遇了国内的革命浪潮冲击，各个皇朝和王权相继倒塌，宗教领袖权威接连丧失。巴哈伊教还相信，这些预言可以说预测了第一次世界大战与第二次世界大战的恶果，因为这是毫无节制地追求物质文明所造成的。他慨叹道：

虽然悲惨和不幸围绕着世界，但是却无人停下来想一想此种现象的原因或根源所在，每当至真圣道出言警告世人时，你瞧，他们竟谴责他为离间者，并且拒绝接受他的主张，此种行为真是令人困惑不解！③

巴哈欧拉的同父异母之弟密尔萨·叶海亚此时公开与巴哈欧拉对抗。在信徒中引起极大的混乱。信徒中的许多人才刚刚觉察巴哈欧拉的地位。巴哈欧拉的声誉在亚得里诺堡广泛传开了。土耳其官方包括省长和各教派领袖对巴哈欧

① Shoghi Effendi. *God Passes By* [M]. Wilmette, Illinois：Bahá'í Publishing Trust, 1974. 160.
② Adib Taherzadeh. *The Revelation of Baha'u'llah* [M]. Oxford：George Ronald, 1992. 108 ~ 125.
③ Baha'u'llah. *Gleanings from the Writings of Baha'u'llah* [M]. Wilmette：Bahá'í Publishing Trust, 1976. 217.

拉都非常尊敬。同时，许多波斯及附近地区的信徒们大批地向亚得里诺堡涌来畅饮巴哈欧拉启示之泉。这刺激了叶海亚和他的同伴们，他们利用当时土耳其统治的欧洲各省不稳定的政治形势，诬陷巴哈伊信徒企图与保加利亚和欧洲君王协作推翻土耳其的统治，引起了奥斯曼帝国政府的恐慌，再一次加剧了教团分裂的局面。密尔萨·叶海亚在伊斯坦布尔被逮捕。不久巴哈欧拉的住所被士兵包围。波斯和奥斯曼政府抓住这一机会打击这一新生宗教的信徒。巴哈欧拉再一次面临流放，同时面临与其钟爱者分离的命运。最后证实巴哈欧拉及其家属还有信徒约70人（包括密尔萨·叶海亚的两个追随者）被流放到监狱城阿卡。密尔萨·叶海亚及其追随者被放逐到塞浦路斯。

五、监狱城阿卡的严酷而伟大的生活

1868年8月12日，他们离开亚得里诺堡，8月13日到达阿卡。它位于巴勒斯坦圣地海滨，这是帝国最严酷的监狱，称为"世界之尽头"的堡垒城市。巴勒斯坦是世界三大一神教（犹太教、基督教、伊斯兰教）发源地，数千年来在人类的期望中一直占据独特的地位，而阿卡是历史上有名的堡垒城市。《旧约》中几位先知都预言过它的荣耀，穆罕默德也赞美过这座城。大卫王曾很庄严地昭示："敞你的大门，荣耀之君王，万君之主将会进来。"以西结预言："以色列的上帝之荣耀将从东方来"；在巴哈欧拉到达之前的几个星期，德国新教"圣堂会"运动的领导人从欧洲起航抵达卡梅尔山脚，建立了一个侨居地，来迎接他们确信即将再次降临的基督。

监狱的恶劣环境意味着生存下来就是个奇迹。首先，进到这里意味着没有获释的希望。这里关押着帝国罪行最严重的杀人犯和强盗。其次，关在这里意味着不久就会死亡。城里没有任何清洁水源，空气污浊，疾病流行，传说鸟飞过阿卡也会窒息而死。最强壮的犯人不过几年也会死去。巴哈欧拉和他的家人及同伴先被严密监禁在军营的一个监狱里，条件非常肮脏恶劣，不久疾病传播到所有的人，其中三个同伴死去，看守却不肯埋葬他们的尸体。第三，关在这里意味着活着就要忍受精神的折磨。他们被当作危险的异教邪说者和阴谋分裂帝国的危险分子，还面临城里其他居民的敌意和仇视。有一些信仰者从波斯出发穿越了西部的高山，跋涉了伊拉克和叙利亚的酷热沙漠而来，却被高耸的围墙将他们与心中的钟爱者隔开，远远地他们望见铁窗内巴哈欧拉向他们挥手致意的身影，而这便足以在他们心中重新燃起更炽烈的信仰与忠诚的火焰。

一个令人悲伤的具有传奇色彩和预言性质的意外发生了。在这里，巴哈欧拉失去了他钟爱的 22 岁的小儿子，称为"最纯洁之枝"的密尔萨·美迪。一天日落时分他在监牢的屋顶上，沉浸在祈祷之中，不幸从天窗中跌落下来，受到致命创伤。在他临死时祈求痛心的父亲准许以他的生命作为牺牲，以便获准那些被拒绝来到巴哈欧拉尊前的人们实现愿望。①

六、有限度的自由

4 个月后，监狱的大门打开了，巴哈欧拉及其家人移居到城内一栋小屋中，虽仍处在看管之下，但有了更大的自由。渐渐地，阿卡的执政官及宗教领袖们了解到他们的囚犯并不是一个平凡人物，而是一个具有超绝天赋与力量的伟人。他们被他的仁慈天性和尊贵举止所吸引，并惊异于他对于人类事物的知识。虽然他仍是他们的囚徒，他们却成了他忠诚的敬仰者。新总督公开表示，巴哈欧拉可以随时离开阿卡城到乡间去。这一切似乎证明如果不是神力，那么至少是知识和精神努力征服了敌视巴哈伊信徒的人们。

在被他称为"至伟监狱"的阿卡，巴哈欧拉完成了他启示周期最重要的一部著作，这就是被称为"最神圣之书""世界文化之宪章"的《亚格达斯经》（又译《至圣经》），它概括了巴哈欧拉"新世界秩序"的根本法律、原则和组织体系，是他的教义之"母经"。巴哈欧拉已在阿卡土黄色的围墙中被囚禁了 9 年，其间没有见到过乡野的绿色。在阿卡城，伊斯兰护法者的数次恳求下，巴哈欧拉终于同意移居到城墙之外，居住在巴基的一栋楼宇里，一直到1892 年去世。巴基离阿卡有几公里远，靠近蓝色的地中海，被美丽的乡野包围着，在这里他有选择地接见前来的拜访者，并启示了大量的书简，进一步阐释和补充了新时代的原则和法规；这些书简被包括在《巴哈欧拉之书简》中。1890 年，巴哈欧拉在卡梅尔山上立起帐篷，启示了《卡梅尔山书简》，这篇书简充满了胜利和喜悦："所有的荣耀都归于这个日子，在这个日子里慈悲的芬芳吹拂着万物，这个日子是那么受到祝福，是过去所有年代所有世纪都不能比拟的。"巴哈欧拉的启示接近尾声，最后一篇书简是《致狼子书简》。1892 年5 月 29 日，巴哈欧拉在巴基逝世。

从阿卡城到巴基大厦的平原上都挤满了前来哀悼的人群。不同信仰、宗派的领袖、政府官员、祭司、学者、诗人、穷人、富人、犹太教徒、基督徒、什

---

① The Universal House of Justice. *Messages 1963 to 1986* ［C］, Wilmette：Bahá'í Publishing Trust，1976. 747.

叶派穆斯林、苏菲派穆斯林——都来向他致敬，为他们的损失哀伤、悲泣，唁电、悼词和颂诗从四面八方涌来。而24年前的夏天，当他到达阿卡城的海边时，等待他的是群众的辱骂和敌视，其人生旅途之对比令人惊异。高贵优裕的早期生活，接受使命后失去了一切世俗的财富，两次被囚禁，四次被放逐，40年充满苦难与灾祸的流放生涯，遭受自己兄弟的背叛，统治者的压制和群众的辱骂攻击；然而他却笃信而平静地伫立，没有任何逆境可以动摇他，没有任何巨变可以阻挠他。他40年不停地召唤人类转向真理、正义与和平，他赐予信仰者珍贵的礼物——新生。他感动了人们的心灵。连很多曾否定他、攻击他、迫害他的人也被他的吸引力和尊贵和蔼所征服。有关自己的命运，他这样写道："亘古美尊答应了去承受锁链的束缚，以使人类能从束缚中解放；接受了成为这'最坚强堡垒'之囚犯，以使人类能获得真正的自由。他饮尽了悲伤之杯的残渣，以使地球上的各族人民能获得永恒的喜悦与幸福……我们接受了被贬辱，以使你们能升到崇高之地位；我们承受了无穷的磨难，以使你们能繁荣昌盛，看哪，那为了重建整个世界而来的他，是如何被那些'与上帝平起平坐者'逼迫居住在这最荒僻之城！"①

七、巴哈欧拉的著述

巴哈欧拉的著述主题广泛深远，其他人的著作不能比拟。从个人的品行标准到人类事物的管理方法，从精神领域的奥秘到物质世界的规律，从微观世界到宏观宇宙，从亘古到今天到未来，无所不及。他的著述方式也和一般人不同。一般哲学家、思想家的著述是反复思考的结果，写成后也几经修改，而他的所有著作全都是以飞快的速度一次性完成，所有经文，无论是波斯文的，还是阿拉伯文的，都是完美的诗歌或韵文，从内容到风格都无与伦比。他启示的速度如此之快，以至秘书要用飞快的速记才能勉强跟上，有时在一个小时内会启示出1000经节，美妙无比的诗篇如同江河滔滔涌流。一个旁观者证言：他启示的话语的力量使得房间的墙壁似乎都在震动，此时无人敢直视巴哈欧拉的眼睛。他保留下来的著作收集起来超过15000件，100卷以上。原稿全部保存在今天的巴哈伊世界中心的史料馆中；一部分著作已翻译成了800余种语言，成为世界各民族信仰者精神净化和指引的源泉。巴哈欧拉的经典分为四大类：

---

① Baha'u'llah. *Gleanings from the Writings of Baha'u'llah*［M］. trans. Shoghi Effedi. Wilmette：Bahá'í Publishing Trust，1976. 99.

（1）律法及教规类；（2）沉思、灵交类，如祈祷文、诗歌、散文等；（3）诠释类；（4）论辩类，如论文与书简。

八、印象与评价

从巴哈伊教诞生开始，东西方的有识之士就对巴哈欧拉做出了各种正面评论。英国剑桥大学东方学者爱德华·布朗记述道："这时再无须问我是站在谁的跟前了，我向那为大家所崇拜敬爱，连国王都要嫉妒，皇帝都要慨叹不如的人深深鞠躬。"① 佐尼牧师（Rev. J. K. Chevne）这样证言："倘若当代有任何先知，我们就必须转向巴哈欧拉。他的言行便是最好的判断，他是最崇高者。"1992 年 5 月 28 日在巴哈欧拉离世 100 周年的纪念会上，巴西众议院举行了全体会议，纪念巴哈欧拉逝世 100 周年。各个党派的众议员们发表了对这位人类的先知致敬的赞辞："巴哈伊信仰的普遍实用性、及时性和远见卓识值得我们来到这次大会颂赞巴哈欧拉，他的教义体现了所有人民——无论民族和信仰——的最深刻最美好的宗教"，"我发现自己被那起源于一个人之笔下的浩瀚的宗教著作所眩惑，这些著作在无法想象的条件下完成，而处处体现着优雅的热情、庄严的权威、无与伦比的道德勇气、艺术的魅力和预言的口吻。巴哈欧拉——就是这巨著的作者之名。"② 而在巴哈欧拉离开人世 100 年后，他所带来的教义已经环抱了整个地球。这本身就是对巴哈欧拉的敬仰。

考察巴哈欧拉的地位有两个角度，一个是他在巴哈伊教中的地位，一个是他在世界宗教史中的地位。关于前者，守基·阿芬第在其《巴哈欧拉之天启》中已有经典性的说明。在巴哈伊教史上，首先是对他显圣地位的否定，如他的同父异母弟叶海亚；其次是对巴哈欧拉显圣者地位的怀疑，如巴布的大舅父（Haji Mirza Siyyid Muhammad）；再者就是对他在巴哈伊教中显圣者地位高低方面的疑问。巴哈伊教内部的权威论断便是阿芬第，而巴哈伊教的信徒和该教的研究者并没有争议。对于不了解巴哈伊教的人而言，巴哈欧拉在教内的地位的表述方式需要明确。

阿芬第将巴哈欧拉放在巴哈伊教演进的整体中评价，将巴哈欧拉作为这一整体链条中最重要的一环来看待，而不是将他与显圣者巴布和巴哈伊教的阐释

---

① William Sears. *Release the Sun*［M］. Wilmette：Bahá'í Publishing Trust，1995. 216.

② Baha'i International Community. *Who is Writing the Future*［M］. Haifa：The Universal House of Justice，1999. 216.

者阿博都巴哈分割开来。阿芬第写道:"这幅令人迷醉的神奇画卷的主要人物乃是高高屹立的无可比拟的巴哈欧拉,那么超凡之尊严、宁和,令人肃然起敬,其光耀不可企及。另一个类似的人物巴布,虽然其地位逊于巴哈欧拉,却被赋予了与他一起掌握这个至高天启之命运的统领权,他以其青春的巴哈欧拉之天启光辉照耀着这幅心灵的画卷,他有无限的温柔,不可抗拒的魅力,无比卓绝的英勇,在他那短暂而又多事的一生中所发生的戏剧性事件是空前绝后的。最后出现的一位阿博都·巴哈,虽然他的地位自成一级,并且他所属地位之类别完全不同于先前的两位人物,但他以其生气勃勃、富于吸引力的个性反映出只有上帝之神圣显示者才被赋予荣耀与威权。在这一点上,任何人——无论其地位如何崇高——都无法与之竞争。"①

巴哈欧拉是启示周期的承启标志。巴哈欧拉不仅在巴哈伊教史中具有至高无上的地位,而且在人类宗教史中也具有无与伦比的地位。在巴哈伊教中,根据阿博都巴哈的推算,这个周期至少要延续五十万年。② 姑且不论这个推算是否准确,我们通过实事来说明巴哈伊教在世界宗教史上所具有的影响潜力。世界上的各个宗教、各个意识形态、各个阶层、各个领域、各个学科、各个组织以及各个国家和地区,都有人在关注、研究、讨论巴哈伊教,讨论巴哈欧拉的影响。"巴哈欧拉创立了一派内容广泛的具有综合性质的世界学说。这一学说无论在理论上或在实践上都具有更温和、中庸和兼容的性质,因而属于一类更适合现代人和现代社会需要的现代型宗教。"③ 巴哈欧拉或者说巴哈伊教将在世界人类文明中发挥怎样的作用,现在还无法用任何比较的或类比的方式加以估量。巴哈伊教将所有的宗教天启放在一个时间序列中,在人类所记录(口头的或书面的)的历史中,巴哈欧拉是一个启示顶峰。巴哈欧拉说:"所有过去的天启已达到了它们的最高点,达到了它们最终极的顶峰。"④ 如果从现实利益方面考量,巴哈欧拉也是一个不可为任何世人所忽视的人物,他的思想是任何思想家都不能视而不见的。人类的导师往往出现在人类历史出现危机的转折关头。无论如何,随着人们对巴哈伊教的了解,巴哈欧拉正在越来越多的人心中树立起了人类导师的形象。他的影响远远超出了宗教的范畴。作为"人类的导师","他预示了人类社会将进入全球性的文明发展阶段","在他浩瀚的著作中,不仅包括了世界联邦、世界和平、文明与环境的现代问题的论述,

---

① 邵基·阿芬第:《巴哈欧拉之天启》[M].澳门:巴哈伊出版社,1995.1~2.
② 同上,8.
③ 李绍白:《人类新曙光—巴哈伊信仰》[M].澳门:巴哈伊出版社,1995.300.
④ 邵基·阿芬第:《巴哈欧拉之天启》[M].澳门:巴哈伊出版社,1995.10.

也给自古以来一直困扰人类的种种神学和哲学问题做出了解答。"① 阿芬第感慨地说："除了巴哈欧拉——上帝在这个时代的代言人——的声音以外，还有什么别的能够引起彻底的社会变革，就如同他已经在那些彼此截然不同的、表面上难以调和的、在全世界组成了一个宣称信仰他的整体的那些男女心中所完成的变革一样呢？"②

第二节　隐居苏莱曼尼亚接触苏非教团

一、巴哈欧拉的自我流放——隐居苏莱曼尼亚

巴达希特会议（1848 年 6 ~ 7 月）后，每个与会者都把会议发生的事件传播给教友。由于什叶派及政府的迫害加剧，马赞德兰、赞简和尼利兹发生了什叶派和巴布教派的武装冲突。几个巴布的重要门徒被杀。当时巴哈欧拉被囚禁于阿穆尔（Amul）城，政府军包围马赞德兰谢赫塔巴斯陵寝时，巴哈欧拉不在场。穆拉·侯赛因于 1849 年被杀于撒克达巴斯城堡。同年，古杜斯（Quddus）被杀于巴法鲁什城（Bárfurush）。③ 被称为波斯大智者的瓦希德于 1850 年 6 月 29 日在尼利兹被处决。④ 巴布于 1850 年 7 月 9 日在大不里士就义。⑤ 达希里在返回途中也遭逮捕，1852 年 8 月被杀于德黑兰。⑥

反对巴布教派的人煽起穆罕默德沙王对巴哈欧拉的怒火，理由是巴哈欧拉是上数三地激变的主谋。巴哈欧拉被怀疑为幕后指使，于是巴哈欧拉于 1848 年 12 月遭到逮捕。教士们已经判他死刑，政府官员和行政大臣则担心引发更多的暴乱。⑦ 巴哈欧拉则坦然应对，用自己的智慧应对教士们的指控。

巴布就义 2 年后，即 1852 年 8 月 15 日，两名巴布教徒为了替巴布报仇，擅自行动，刺杀纳斯鲁丁沙王未遂。这一事件导致了整个巴布教团受到怀疑、

---

① 陈丽新：《东方著名哲学家评传·西亚北非卷·巴哈欧拉》［M］. 主编. 黄心川. 西亚北非卷主编. 蔡德贵. 济南：山东人民出版社，2000. 495.

② 邵基·阿芬第：《巴哈欧拉之天启》［M］. 澳门：巴哈伊出版社，1995. 92.

③ Nabíl-iAzam. *The Dawn-Breakers*［M］. trans. & edit. Shoghi Effendi. Wilmette：Bahá'í Publishing Trust，1996. 140.

④ Ibid.，494.

⑤ Ibid.，510.

⑥ Ibid.，626.

⑦ Abdu'l-Bahá. *Paris Talks*［M］. London：Bahá'í Publishing Trust，1995. 75.

迫害，许多教徒遭到处决。得知刺杀事件，巴哈欧拉意识到他作为巴布教派的领袖必然受到怀疑，于是亲自去当局说明情况，他立即遭到逮捕，监禁长达 4 个月后，当局发现他与此事并无牵连，于是将他流放。狱中的神秘经历使巴哈欧拉坚信他注定要肩负起领导巴布运动的领导责任，因此他选择了流放伊拉克。虽然当时的伊拉克在奥斯曼的管辖之下，是什叶派穆斯林朝圣的必经之地，这样他可以轻易地了解伊朗的事态。巴哈欧拉及其随行人员于 1853 年 4 月 8 日才抵达巴格达。

　　一些巴布教徒自愿选择与巴哈欧拉一起流放，其中包括巴哈欧拉同父异母的弟弟叶海亚。巴布被监禁在马库期间（1847 年 7 月至 1848 年 4 月 10 日），曾写信给巴哈欧拉，要他扶持叶海亚。后来巴布任命叶海亚为巴布教团名义上的领袖，可是巴哈欧拉被流放后，叶海亚乔装逃离了伊朗，后来又加入了巴哈欧拉流放的队伍来到了巴格达。这一小股巴布信徒迅速发生分裂，展开了巴哈欧拉与其弟的权力斗争。巴布之死、马赞德兰等地的巴布信徒起义军被政府军击败，谋刺沙王未遂所有教徒招致迫害（1852 年 8~9 月间），所有这一切都是促成巴布教派高层领导分裂的原因。叶海亚与教徒保持距离，化妆潜藏身份，经常派出巴哈欧拉在内的代表替他处理教务。如此种种引起了教徒们的普遍不满，可是这种局面几乎无人认真对待。尽管一同流放到此，但叶海亚却疏离巴哈欧拉，经常与他作对，甚至企图毒死巴哈欧拉。巴布被处决到巴布教徒被迫害的两年期间，有许多人声称是巴布运动的领导人。叶海亚起初拒绝谴责这些声明，因此没能根除分裂的浪潮。由于他的威信每况愈下，于是变得不择手段。1856 年竟然暗杀了一位声称是巴布运动领导人的教徒。

　　1853 年至 1854 年间，巴哈欧拉针对 4 年来巴布教徒所遭受的灾难并敦促进行改革，因此激起安于现状的教徒的恼怒。目睹伊拉克的巴布教徒的内讧，巴哈欧拉非常伤心，同时期望避免另一次分裂，于是他于 1854 年春引退伊拉克库尔德斯坦苏莱曼尼亚山区叫萨盖鲁（Sar Galu）的地方。在山野之中，他过着苦行者式的圣徒生活，与世隔绝。他虔诚的修行逐渐声闻遐迩，开始时引起了一个苏非教团的注意，并尝试与他接触。教团的领袖伊斯玛依（Shaykh Ismál）终于说服巴哈欧拉来到苏莱曼尼亚（Sulaymánnníyyih）的神学院里居住。这里大部分是库尔德人。哈立迪苏非是把巴哈欧拉当作伊朗客人与之相识的，而且认为他是一个隐士，也许还认为他的出现能给他们带来福佑。渐渐地，他们发现巴哈欧拉身上所带有的贵族风范和气质，于是断定他不只是一个山野隐士而已。一日，看见他那超胜绝伦的书法，苏非们相信这位客人既有修养又有学问，于是邀请他一起研读经文，参加小组讨论。有一个消息传到巴格达说，北方的山区里，出现了一位德性超凡的贤人。阿博都巴哈及其他巴布信徒认为，这个人就是巴哈欧拉。于是派出信徒去寻找他，并恳求他回来。巴哈欧拉的长期失踪，显露出巴布社团迫切需要他。1856 年 3 月 19 日，巴哈欧拉在喜悦和欢呼声中回来了。

二、苏非纳合西班底哈立德教团的宗教背景

这个苏非教团是纳合西班底哈立德教团。纳合西班底①创立于 14 世纪的中亚，是伊斯兰神秘主义苏非派正统教团，流行于印度、中国、中亚及印度尼西亚等地。奉第一代哈里发阿布、阿克巴为始祖。该教团势力低微，主张低声祈祷而反复诵念同样的祷文。该教团反对狂热仪式，反对崇拜圣徒陵墓。后来教团又分裂为两个支派，其中一支派由印度伊斯兰教神秘主义教义学家艾哈迈德·西辛迪（Ahmad Sirhindí，1564－1624）创立称为穆加迪迪亚教派（Mujaddidiyyah），另一支派由谢赫·哈立德（Shaykh Khálidí，或 Khálid Shahrizúr，哈立德·沙里祖里，? －1827）创立于伊拉克库尔德斯坦地区，称为哈立迪亚（Khálidiyyah）。

西辛迪成年时正值印度莫卧儿帝国皇帝阿克巴试图融合各派从而树立新信仰以统一帝国之际。他于 1593～1594 年间参加了印度苏非派最重要的纳合西班迪教团。他提出"见识同一"说，即世上只有由信徒心灵意会的主观统一，并无客观统一。他代表了印度都市穆斯林精英的观点，反对教派融合，反对民众由印度教改宗伊斯兰教，也反对阿克巴朝廷中倡导的教派融合而成的新教，但坚持与伊斯兰教法在更广泛意义上的统一。他不仅撰写辩论文章反对什叶派和印度教，而且驳斥有伊本·阿拉比（Ibn árabí）神秘学派倡导的实体一元论教义。有些印度穆斯林运用实体一元论学说与印度教吠檀多（Vedānta，印度六个正统哲学中影响最大的一个学派）融合。西辛迪则认为宇宙与上帝的统一不是一个有存在地点的客观事实，而是一个带有知觉所在地的主观经验，因此他竭力用感觉统一（unity of perception）替代存在统一（unity of being）。这在巴哈伊对于天堂的解释中看到一致之处，即天堂是接近上帝的状态，并非与上帝合一。西辛迪声称自己是第二个千禧年伊斯兰教的革新者，他进而宣布自己是卡因（Qayyúm），即将上帝的恩惠传递给信仰者的至善之人。经过西辛迪的改革，印度纳克西班底于 17 世纪颇有起色，因此 18、19 世纪在整个伊斯兰

---

① 参见金宜久主编：《伊斯兰教小辞典》［Z］. 上海：上海辞书出版社，2001.44～45.

世界的改革运动中发挥重要作用。

18 世纪纳合西班迪的另一个思想家，德里（Delhi）的 Shāh Waliyu'lláh 也致力于宗教改革，但他并不反对存在一元论的教义。他支持对"先知"（穆罕默德）口头流传进行深入研究，力主允许穆斯林教法学家在伊斯兰法律判决中行使个人解释的自由，以达成伊斯兰法律判决，反对盲目模仿。同样，巴哈伊教将因袭模仿（blind imitation）视为信仰的大敌，这一论题在许多重要文件中都有阐释。

印度的纳合西班底教团的宗教改革或复兴思想对伊斯兰世界产生了广泛影响。伊拉克库尔德斯坦的纳合西班迪卡里迪亚支派深受印度西辛迪教派的影响。创始人谢赫·哈立德旅居叙利亚，接触印度苏非，后负笈印度求学，参加了几个苏非教团，包括纳合西班底教团。最后经伊朗返回库尔德斯坦。他与什叶派展开了激烈论辩，近乎武力相向。他于 1811～1812 年在苏莱曼尼亚传教。据说他也同当地其他苏非争论教义，有些苏非宗教领袖具有很大的政治背景。随后从纳合西班底教团产生哈立迪教团（Qádiriyah）。哈立迪教团也是伊斯兰教神秘主义苏非教团，强调慈善、谦卑、虔诚和节制，组织松散，各地教团可自行制定祈祷仪式，信徒广布于北非、中亚和印度，但与前者在教义上有争执。哈立德逃到大马士革，继续传教，1827 年病逝。他的影响在大马士革、苏莱曼尼亚以及巴格达持续不断，因此信徒自称哈立德教徒，尊哈立德为教主。库尔德斯坦一些显赫的家族转化成了哈立德纳合西班迪教徒。库尔德斯坦的苏非派谢赫们的权势在增长，可地方世俗机构和组织却在走向分裂。1842年地方酋长巴班家族酋长马哈茂德·帕夏在卡加尔王朝的军队进攻面前归顺。1847 年伊朗放弃了对苏莱曼的主权以及其他周围地区，致使它们归属于奥斯曼土耳其。1850 年奥斯曼废除了最后一位巴班家族的头领阿布杜拉·帕夏，对库尔德斯坦实行更直接的管理。在这种不稳定的政治状态下苏非教团起到了社会整合的作用

三、苏非纳合西班底哈立德教团与巴布教的教义关系

同巴布教徒一样，纳合西班底教徒也有改革伊斯兰教教义即修持方式以纯正伊斯兰教的愿望。纳克西班底教义属于新的正统派苏非运动，它所带有的改良主义通过加强关于宗教仪式方面的律法来对抗非穆斯林世界的现代主义运动。同样，这种坚持传统与除旧更新的混合的方式也存在于谢赫派和早期的巴布教派中。比如巴布教派倾向于反对盲目遵循传统，但早期的巴布教派还在伊

朗十二伊玛目什叶派的笼罩之下，因此仍然受伊斯兰教法的约束。这种情况存在于巴布声称自己是马赫迪之前（1844）的谢赫派。甚至在巴达希特会议上，这种矛盾仍然存在。在巴达希特会议以后，巴布派与苏非主义的许多方面都不一致，像西辛迪一样，他们拒绝承认存在一元论的教义，拒绝承认先知在人认识上帝之道的中介地位。虽然纳克西班底信徒对什叶派怀有敌意，但是对于什叶派的十二伊玛目派却常常持有肯定的态度，因此，由于巴布教派源自十二伊玛目派，巴哈欧拉带有的什叶派观点就不一定引起的纳克西班底信徒的反感。

当时巴布教和纳克西班底代表了19世纪中东地区两股截然不同的宗教改革浪潮。但是两教信徒有共同的愿望，就是清除数世纪积累起来的宗教弊端，净化信仰。可是纳克西班底教徒却满足于伊斯兰逊尼派那种神学和仪式上的改革，而巴布教徒则相信，只有弥赛亚即允诺者降临人类才能得救，人类遭受的社会及心理等疾病才能得到医治，除此之外别无他法。

教团领袖伊斯玛依与信徒们研读的是伊斯兰神秘主义苏非派神学家伊本·阿拉比的作品《麦加的默示》。巴哈欧拉不仅就几页经文写了一篇评述，而且还纠正了阿拉比某些神秘主义的安大路西亚学派的观点。为了清楚地了解巴哈欧拉此时的宗教思想，有必要在此简述阿拉比的基本思想（并参见第三章第三节）。

伊本·阿拉比生于西班牙南部的穆尔西亚，早年曾就学于塞维利亚和休达，后在突尼斯信奉苏非主义。1201年，他开始长途旅行，经埃及到麦加朝觐。接着游历伊拉克、叙利亚和安纳托利亚等地，最后定居大马士革，毕生从事神学的研究和教学。他博采各教派学说为其所用，吸纳逊尼派、什叶派、伊斯玛依派、苏非主义、新柏拉图主义、诺斯替教和炼金术等内容，企图用神秘主义来解答一系列长期争论的问题，诸如"前定论"与"意志自由论"、"善"与"恶"、"真主的统一性"与"宇宙万物的多样性"等争论的命题。他把神秘主义发展成为有系统的"泛神论"思想，创立所谓"一元论"学说，视客观事物和人的自由意志为真主本质和属性的表现。他的学说可归结为：①安拉的存在是绝对的，是一切存在的本原。宇宙万物的存在是相对的，要么是现实的，要么是潜在的；万物既是永恒的也是潜在的。在对安拉的认识中，万物是永恒的存在物，而作为安拉的外部形式它又是暂时的非存在物；②安拉是超越宇宙的，而同时又存在于宇宙万物之中，超然存在和内在性是人得以认识安拉实在的两个主要方面。除安拉外，其他一切都要凭借安拉的意志而存在，要依事物的特有规律而行动。在进入存在状态之前，可感世界的事物有固定的原型潜存于安拉的精神之中，因而它是与神圣的实体和精神相结合的。这些原型是绝对的存在，是可感世界的中介物；创造性的、生气勃勃的、理性的宇宙原则，或者说第一理性，是穆罕默德的实际存在，也称作实在物的存在。这一原则最充分地表现为完人。完人是反映宏观宙一切完善属性的缩影，是宇宙的始因，是安拉愿意为人所认识的显灵，目的是让完人认识安拉，爱安拉，并为安拉所爱。由于人与万物是安拉的外部形式，因而容易将人和万物的地位与安拉混同，导致人"自我神化"的泛神论。

美国密歇根大学历史系胡安·里卡多·科尔（Juan R. Cole）借助巴哈欧拉的诗歌《鸽子的颂歌》分析了巴哈欧拉这一时期关于存在问题的宗教思想，认为纳克西班底苏非也许接受了上述这些存有疑问的思想，因为他们常说统一存在于经验和直觉之中，不存在于抽象的存在之中。在给一位谢赫的评论中，巴哈欧拉说，在"第七谷"（见《七谷书简》）旅行者获得了不同于卑贱自我迥异的状态，即超越了存在的一元，又超越了感觉统一，也就是超越了存在一元论和经验一元论两个阶段，这就证明巴哈欧拉了解纳克西班迪的教义，并且认为西班迪对于上帝与其所创造的信仰者之间关系的描述在最终结果上是不充分的。但是科尔认为："巴哈欧拉从谢赫派及巴比派的传统角度出发对于存在一元论的批评与纳合西班迪的改良主义思想具有共同的基点。"① 这就不至于同显圣者中介的地位发生冲突，因为存在一元论意味着信仰者与绝对存在融为一体，否定了多元存在的必然和价值，否定了精神上的统一，将人与上帝、先知都可以等量齐观。

第三节　巴哈欧拉所作长诗《鸽子的颂歌》的宗教含义

一、《鸽子的颂歌》研究的学术背景

宗教与艺术的分离是现代文化的一个特征，但是分离不是断裂，不断出现一些文学家和艺术家运用艺术表达宗教情怀，他们将艺术与宗教融为一体并实践其心性和精神的超越，如德国的莱辛、席勒，俄国的托尔斯泰，英国的杰里米·泰勒，美国的惠特曼、爱默生、梭罗、斯坦贝克，意大利的但丁，等等。

---

① Juan Ricardo Cole. Baha'u'llah and the Naqshbandí Sufis in Iraq: 1854~1856 ［A］. *Studies in Bábí and Bahá'í History* ［C］. Vol. 2. Edit. Juan Ricardo Cole & Moojan Momen. Los Angeles: Kalimá Press, 1984. 8.

巴哈欧拉的人类一家、宗教一体的观念与惠特曼包容差异弥合文化冲突的情怀毫无二致。很多学者都谈到了巴布运动向巴哈伊信仰的转化，但并没有深入分析这一转化的过程。美国密歇根大学历史系胡安·里卡多·科尔（Juan Ricardo Cole）教授选择了巴哈欧拉隐居苏莱曼山区这一时期（1854~1856）巴哈欧拉的诗歌《鸽子的颂歌》（Qasídiy-i-Varqá'íyyih, Ode of Dove, 1855）分析巴哈欧拉宗教思想的转变。① 科尔认为，这首诗综合了巴布教派和苏菲主义的思想，代表了早期巴哈欧拉神秘主义神学的思想，因而有利于了解巴布运动向巴哈伊教转化的过程。

先知型的宗教，其宗教的变革取决于宗教领导人的思想状况和变化。遭受打击的巴布运动使具有领导权威或影响力的巴哈欧拉用一种特殊的方式思考得失和前途。从巴布派向巴哈伊教转化虽是一个过程，但是这一过程持续时间不是长久的。这一转变维系在宗教领导巴哈欧拉的身上。

科尔在研究中将《鸽子的颂歌》译成英文。② 他的分析方法是先展示这一时期的历史背景，巴哈欧拉隐退的原因，苏菲派中纳合西班迪教团与伊拉克哈立德教团的派生关系的宗教思想及对巴布教派的态度等，然后介绍这首诗的创作起因。据科尔介绍，哈立德教团的谢赫·伊斯玛依（Shaykh Ismá'í）对巴哈欧拉对于伊本·阿拉比著作的评价印象非常深刻，因而邀请巴哈欧拉仿照 Ibnu'l-Fárid 的诗歌《路之诗》的韵步和韵脚创作一首颂诗。巴哈欧拉满足了对方的要求，于是写了一首长诗，约 2000 节，后从中选出 127 节，取名为《鸽子的颂歌》。

二、《鸽子的颂歌》的内涵及相应的表现方式

这首诗是巴哈欧拉三个最早的作品之一，通过这首诗，"天堂女神"第一次出现在所有巴哈欧拉的作品中。诗中融合了苏菲派的神秘主义和巴布教派的末世论思想。还涉及上帝本质的话题。此时巴哈欧拉对于上帝本质的认识倾向于不可知论，虽然他使用"云"（amá）（第 4 节）来象征上帝的本质特征，但仍然是处于遮蔽状态或不可知的属性。第 1 节和第 4 节表达末世的降临和新

---

① Juan Ricardo Cole. Baha'u'llah and the Naqshbandí Sufis in Iraq：1854~1856 ［A］. *Studies in Bábí and Bahá'í History* ［C］. Vol. 2. edit. Juan Ricardo Cole & Moojan Momen. LosAngeles：Kalimát Press, 1984. 1~28.

② Baha'u'llah's Notes to His Ode of the Dove (Qasidiy-i-Varqa'iyyih) ［EB/OL］. bahai-library. com/provisionals/ode. dove. notes. html-32k, 2009~3~11.

纪元的开始。如"她的降临使众星黯然失色"、"她吹响了终结的号角/她的气息驱逐着乌云投下的阴霾"。巴哈欧拉不是直接从上帝那里获得天启的，而是通过"天堂女神"传信，因为她是上帝的信使。诗中表达了对这位女神的思慕和渴望合一的炽热愿望。可以说这首诗是献给这位女神的，这是伊斯兰文学作品中爱情诗的传统意象。相比之下，穆罕默德经文中的启示天使则是男性，加百列（Gabriel）。真主安拉（Allah），创造了世界和人类及非人类，把《古兰经》（Qur'an）通过他众多天使之一的加百列（Gabriel）传给真主的最后一位先知穆罕默德，授予人类。巴哈欧拉由"天堂女神"引导窥见上帝的情节与但丁由贝雅特丽齐引导游历天界的情形类似。

在巴哈欧拉的第二部重要著作《万馐书简》（Lawh-i kull al-Ta'am，Tablet of All Food）中，作者同样表达了上帝的地位、性质，即上帝是不可为人类所理解的，上帝是神圣唯一的。其中将宇宙描述为一个由低至高的不同等级观点也渗透着苏非主义的思想。在11至12世纪出现的论述苏非派教义和实践的一些著作中，列出了通向真主道路的一系列上升的梯阶：悔悟、禁欲、克制、守贫、忍耐、信赖真主、服从真主的意志等等，随之而来的是宗教感觉方面的类似主题，诸如畏惧、希望、爱慕等等。① 巴哈欧拉也将宇宙描述成一个等级的世界，普通人、先知（或圣人）、上帝之中，最低的是人类，但是人类可以获得某些特性而取得更高的地位，上帝则为先知和圣人保留了这些更高的地位，而上帝则占据着最高的地位（háhút），一切都不可穿越的地位。同苏非主义不同的是，巴哈欧拉反对存在一元论，即不认为被造物可以与安拉融为一体，不认为客观事物和人的意志是安拉本体和德行的表现。一切低于至高点的地位都是上帝的创造，而不是神圣本质本身，即使是先知和最虔诚的神秘主义者也不能目睹上帝，或理解其本质。

《鸽子的颂歌》中，反映了巴哈欧拉的神学观念和形而上学思想，反映了他的千禧年论以及"天堂女神"意识。科尔通过对比研究证明，这首诗是对话结构而不是独白结构，与作者表达的思想具有一致性。巴哈欧拉的诗表现了企望与神圣之灵合一到不祈求与上帝融合为一的境界升华过程②。他最大的愿望就是上帝的临在，即上帝本质属性的显现，而不是那不可知的本质的显现。诗分5个部分：第一部分描述"天堂女神"之美（1～16行）；第二部分表达

---

① 郭宝华、王怀德：《伊斯兰教史》［M］，宁夏人民出版社，1992. 285.

② Juan Ricardo Cole. Baha'u'llah and the Naqshbandí Sufis in Iraq：1854～1856 ［A］. *Studies in Bábí and Bahá'í History* ［C］. Vol. 2. edit. Juan Ricardo Cole & Moojan Momen. LosAngeles：Kalimát Press，1984. 10～11.

与之结合的愿望（17~36 行）；第三部分"天堂女神"斥责诗人的悬想，告知她具有高不可及的属性并号召他为她殉道（37~61 行）；第四部分表达诗人对"天堂女神"指控的辩白，说明他已内心空无杂念，虚心等待她的降临，表示他愿为她献出一切（62~97 行）；第五部分"天堂女神"敦促他要超越他所获得的有限真理，撤去遮蔽他视线的面纱（98~127 行）。诗人向女神表达了他所遭受的迫害，请求她结束对他的放逐，申述了他遭受到的最极端的贬损和攻击，表达了世人对他的不公正的攻击，如此种种预示了他扭转巴布运动的思想端倪。诗人描述了女神的特点及属性，女神则否定了这些表述的准确性，同上帝的属性一样，女神的属性也是不可限定的。诗人的错误在于认为女神的形象是可以想象的。女神则要求诗人涤除自我。在回答女神指控诗人对其不忠时，诗人重述了自身的遭遇，慨叹支持者的消失，并将这种遭遇同以往先知的遭遇联系起来（28~33，72~74，81 行），如"批评者沾沾自喜让我通宵悲泣/我的拥护者离我而去使我整天恳求"。诗人表白了他的自我已经消弭，已经进入了至高的境界，同穆罕默德从麦加到耶路撒冷升入七重天面见上帝一样。诗人还联系他在德黑兰监狱接受的启示以及从伊朗到伊拉克的流放，他意在思考他是否具有同先知一样的使命。诗的结局是女神告诫诗人忘记他所有的知识和崇拜的对象。对于女神来说，一神论和多神论都是一样的，因为"偶像崇拜是统一"，"西奈山上最明亮的火光也是微不足道"（99~100 行），这是把巴哈伊信仰的一个重要思想表现。女神告诫巴哈欧拉，人类对于上帝的所有属性或本质的描绘都是有所不逮的，上帝超越了人类的所有表述，无论是一神论还是多神论；对于女神的描述类似儿童的"临画"，幼稚单纯（101 行）。女神开始时贬降诗人作为追求者的地位，告知诗人在所有追求者中他并不是最突出优秀的，所有的追求者都没有成功地与她合而为一（38~39 行）。但在近于结尾处，女神改变了责备口气，告诫诗人自以为近于女神者实际已经远离（116 行）。只要诗人仅仅抓住圣道的钢索，便可以窥见已经潜藏于诗人内心的天机，只是要求诗人保守秘密，如果泄露，世界转瞬间便化为乌有（121~123 行）。这里暗示诗人直接接受天启的先知地位。诗的结尾处，女神为在追求她的道路上流血的殉道者祝福。这里，诗人意在唤起对 1848~1852 年殉道的巴布教徒的怀念。

关于这首颂诗的历史意义，除了表达巴哈欧拉对巴布运动改革思想外，还可以澄清叶海亚与巴哈欧拉的关系，同时证明巴哈欧拉何时声明自己是巴布继承者的问题。根据阿扎利们的观点，巴哈欧拉直至 19 世纪 60 年代在有许多声明者的情况下才声称是显圣者。巴哈欧拉的这首诗作于 1855 年，而他宣布巴布精神复临的时间是 1863 年，距离他隐居于苏莱曼尼亚的 1854 年是 10 年。由此证明巴哈欧拉作为先知的身份长时间含而不露。这首诗还透漏出他改革巴布运动的愿望，比如他独立探索感到的孤独（76，87 行）。巴哈欧拉借助苏非主义的一些思想表达了只有注重内心修养才能为巴布运动重新注入新的活力，即用个人的内心转变代替叶海亚灾难性的军事斗争。他通过著述建立自己的宗教思想基础，终于在 1863 年宣布自己是巴布的精神复活。1867 年他彻底离开了叶海亚。此后，大部分巴比教徒追随巴哈欧拉，并自称为巴哈伊。

第四节 《隐言经》的历史背景、历史地位及影响

一、写作背景

巴哈欧拉的同父异母弟叶海亚（Mirza Yahya）在巴布就义前被巴布指定为在"允诺者"显现之前名义上的领袖。但由于对这一安排的理解不同，巴布社团发生分裂。1856 年，在流亡的信徒们的急切恳求下，同巴布信徒一道经过了迫害、放逐、分裂以及谋杀等严峻考验的巴哈欧拉回到了巴格达。1858 年，在曾经孕育出人类最古老文明的底格里斯河畔，尚处于流放中的巴哈欧拉在此散步、沉思，灵感如喷泉般涌现，启示了这部名为《隐言经》（The Hidden Words）的智慧之书。它用神秘的古典阿拉伯文和波斯文的散文诗体写成，共 153 节，分上下两集，上集 71 节，用阿拉伯文写成；下集 82 节，用波斯文写成。《隐言经》是巴哈欧拉包罗万象的启示中有关道德伦理教义的核心。它最初由巴哈欧拉的同伴根据记录整理而成，随后在巴哈伊信徒中手抄流传，直到 1932 年才以英文本的形式在伦敦首次公开出版。英文版是阿芬第在朋友的帮助下翻译完成的。[1] 它已被译成 120 多种文字。汉语界权威译本由李绍白译自英文《隐言经》。[2] 这部作品也许是巴哈欧拉著作中翻译最广的一本书，成为世界各民族信仰者和非宗教人士荡涤心灵之尘的清泉、向导和良师益友。

---

[1] Baha'u'llah. *The Hidden Words*［M］. trans. Shoghi Effendi. Wilmette：Bahá'íPublishing Trust, 1994.

[2] 巴哈欧拉：《隐言经》［M］. 李绍白译. 澳门：新纪元国际出版社出版，1998.

二、写作目的

"《隐言经》启示出人的真正精神本性，激励世人为天生高贵的命运发奋努力，阐明了人生持久进步与灵性升华所必需的精神与道德原则。它的主旨在于揭示出我们每一个人潜在拥有的德性、美质与能力，并通过神圣启示的力量和诚言笃行的榜样，帮助我们充分表现这些天赋。在物欲横流之世，《隐言经》予我们濯污以纯洁，灌顶以醍醐。它更伸张正义为贯穿人类事务的至高原则，指出了人类团结的必由之路，同时给这团结之旅提供了力量、希望和路标。"①

巴哈欧拉坦言了《隐言经》创作目的和评价，说该经是所有天启之灵性指引的精华，是上帝与人类心灵沟通的声音。② 巴哈伊信仰的圣护守基·阿芬第称《隐言经》为巴哈欧拉在巴格达宣布自己为显圣者之前的三个不朽著作之一。③ 其余两个分别是《确信经》和《七谷书简》。《隐言经》启示蕴涵深邃的精神真理，想象丰富，文笔隽永，催人奋进，是高尚人生追求者的无价珍藏。《隐言经》是宗教和艺术完美合一的典范之作。阿芬第描述该经文时说：巴哈欧拉漫步底格里斯河畔，沉思默想，感受上苍激励的话语修就《隐言经》。它玑珠荟萃，神妙灵动，潜移默化，犹如一粒充满活力的种子为世人铸就生命，让他们心灵得到调适，灵魂得到陶冶，行为得到端正。《隐言经》的卷首诗句恰当地描述了它的意义：

> 祂是荣耀中的最荣耀者，
> 本经自那荣耀之境降世，
> 由那权能之舌宣说，
> 曾启示给以往的先知。
> 我取其内在精华，
> 赋予其简洁形式，
> 当作天恩标志，
> 赐予正直之士。

---

① 李绍白：《〈隐言经〉·译序》[Z]. 见巴哈欧拉：《隐言经》[M]. 李绍白译. 澳门：新纪元国际出版社出版，1998.

② Baha'u'llah, *Tablets of Baha'u'llah* [M]. Haifa：The Universal House of Justice, 1988. 36.

③ Shoghi Effendi. *God Passes By* [M]. Wilmette, Illinois：Bahá'í Publishing Trust, 1974. 121.

使他们信守上帝圣约，

毕生努力履行祂的嘱托，

在精神世界获取圣德之宝石。

三、《隐言经》以爱为主题

　　《隐言经》以"上帝之子"的呼告的形式为上帝代言，上卷将圣美的名字赋予万众，如"人之子""灵性之子""存在之子""宣说之子""至高者之子"等，无一处贬降呼告，用圣洁语言摹绘圣道和圣庭的高雅尊贵。下卷的呼告语发生了重大变化，除少量褒奖的呼告语和平易的呼告语外，其余大部分都是贬降的呼告语。第一类褒奖的，如"正义之子"（使用一次），"灵性之子"（使用三次），"荣耀之子""圣爱之子""有心能明有耳能聪的人们""我的天堂的居民""至高乐园的人们""我圣座之伴侣"（各使用一次）；第二类是平易的呼告，如"朋友""我的子女""志同道合的人们""蒙恩的子孙""路上的兄弟""我的儿子""世人"；第三类是贬降的，如"尘土之子""飞逝的影子""欲望之徒""玩忽成性者""睿智之名愚蠢其实之徒""金玉其表败絮其中之徒""口头上的朋友""嗜欲成性的人""利欲熏心的人们"等。

　　上下卷的语言上的差异具有象征意义，上卷用阿拉伯语，表达了正面的普遍意义，下卷用波斯语，表达人类的有限性和缺陷，告诫人类所处的危机境遇。上卷主要表达上帝对包括人类的造物的爱，阐述了精神道德的基本准则，揭示了潜藏于每个人心中的精神美质。经常被引用的名言，如"我使你生来富有，你为何自陷贫穷；我使你生来高贵，你为何自趋卑贱"，"己有过，无非人；违此命，受谴责"等等。下卷主要表达对世人远离上帝之道的警告和悲叹。《隐言经》的上卷与下卷口气有所不同，下卷批判斥责的口气更加浓烈。这种风格差异有待研究。《隐言经》的主题就是爱，它是"一首爱的颂歌在底格里斯河上空回响。它的主旋律是亘古不变的崇高浪漫曲：造物主对其创造物的爱，上帝对人类的爱。在这里，各宗教所启示的永恒真理汇聚合一，意蕴深奥而又娓娓动听，宛如爱者向所爱者倾诉的耳际语丝。"①

---

① 李绍白：《〈隐言经〉·译序》［Z］. 见巴哈欧拉：《隐言经》［M］. 李绍白译. 澳门：新纪元国际出版社出版，2009.

四、《隐言经》上卷的含义解说

《隐言经》上卷1～37节呼唤人们认识上帝、认识自身、认识人神之间的关系。第一节呼唤人们审视自身的心灵：

> 灵性之子啊！
> 我首要的忠告是：
> 拥有一颗纯洁、仁慈和意气风发的心！
> 亘古、永恒和生生不息的王国就属于你！

"灵性之子"这一呼告语昭示世人认识自身的本质属性。开篇并没有直接将人们引向神，而是从自身开始认识神。接着将自身的存在与永恒联系起来。纯洁心灵，纯洁它就会进入永恒的王国。纯洁的主要意义就是追求正义，认识人与神的被创造与创造的关系，将其视为人神之间爱的关系。这一卷中表达这种爱的关系的著名诗句是第13节：

> 我使你生来富有，你为何自陷贫穷？
> 我使你生来高贵，你为何自趋卑贱？
> 我以知识之本质赋予你存在，你为何另寻他人指点？
> 我以慈爱之泥土塑造了你，你为何跟别人马后鞍前？
> 把目光转向自己！
> 你会发现：
> 全能、全权、自生自在的我，
> 在你心间！

这一节让我们反思传统宗教已将人降为卑贱之地位的总特征，从而成为文化人士猛烈抨击和批判宗教的因由。人自身的高贵源于神，因此认识神就要从自身开掘、升华心中已经存在的高贵品质，而不是转而他求。这样，人和神的关系就不是一种紧张的疏离关系。爱是相互的，神人之爱也是相互的。爱以遵守诫命为前提，这是新的圣约。38～40节强调了遵守诫命与爱的必然联系。但需求上帝之爱的旅途上充满荆棘。教人们认识到苦难的神意。爱的内涵是苦难，苦难是神对人的眷顾，这一内涵在49～51节中阐明：

> 珍爱者渴求磨难，
> 就好像反叛者渴求宽恕，

罪人渴求仁慈。(49)

在我的圣道上，

若不经历苦难的磨炼，

你怎能与满足于我喜悦的人同行？(50)

我施加给你的灾难，

就是我对你的眷顾。(51)

贫富观念是任何宗教经典避不开的话题。同样，这一话题涉及短暂和永恒之关系。《隐言经》52～57节告诫人们对待贫富的态度，如：

富贵临门，不必欢喜；

屈辱加身，切莫哀戚。

盖二者皆过眼云烟，

转瞬即逝。(52)

但并不是让人抛弃财富或以贫贱为荣，而是将这种境遇的变化与永恒的精神圣美相比，贫富荣辱只不过是短暂的存在，它们既可以成为灵魂的考验，也可以成为精神升华的途径。

第58～67节宣说了认识上帝的渠道，即以自己的理解力认识自己的心灵，因为人的纯洁的心灵是神的居所和殿堂，同时向信仰者启示认识上帝永恒性和威严的特质要从自身的存在出发，虽然充满荆棘和困惑。68～71节教导人们人类本质的一体性，因此应该团结和平，全体人类都是上帝赐予人类知识的宝库，这里有恩典和圣言，最后号召人们用心灵和行动乃至生命书写上帝的启示。

五、《隐言经》下卷的含义解说

第1～2节呼唤灵性的人们要有高远的志向，否则就会错过觌见上帝的荣耀。第3～12节吟唱出人们可以通往永恒殿堂的路径，如爱（第3节）、团结（第4节）、行动（第5节）、消除嫉妒（第6节）等，荣耀之峰和圣爱之树不过咫尺，要奋勇前行（第8节），"跨过怀疑之谷，攀上确信之峰"（第9节）。11～12节告诫人们避免尘嚣的干扰，就可以目睹上帝的圣美，聆听上帝的佳音：

蒙上眼睛，你就能看见我的圣美；

塞住耳朵，你就能听见我的佳音；

抛却学识，你就能获得我的真知；

舍去贪欲，你就能永享我的洪福。

圣美之外，闭目不视；

圣言之外，充耳不闻；

真知之外，不学不问。

有了纯洁之心、专注之耳和明亮之眼，

你就能进入我的殿堂。（11）

这种荡涤心灵的告诫与中国古代先贤的智慧语言何其相似！孔子说："非礼勿视，非礼勿听，非礼勿言，非礼勿动"（《论语·颜渊》）；老子有言："五色令人目盲；五音令人耳聋；五味令人口爽；驰骋畋猎，令人心发狂；难得之货，令人行妨。"（《老子》第12章）。

第13~16节急切地告诫人们莫要迁延，恐怕时不我待，与永恒之美失之交臂。

一旦听不到那神鸽之妙音，

你们就湮没于全然消亡之阴影；

尚未看到那玫瑰之圣美，

你们便复归于土和水。（13）

第17~19节描绘了神圣之城的魅力。第20~30节则以一种悲叹、伤感、遗憾甚至愤恨的口气批评人类所处的可悲境地。诗人辩驳道：

尘土之子啊！

你若想拥有我，

就别再求他人；

你若想仰望我的圣美，

就不要再看尘世及其一切，

因为我与他人的意志就像火与水，

绝不见容同一心灵之内。（31）

第31~44节转为耐心的劝慰，如"莫让自私和贪欲的逆风吹熄/你心灵之烛"；"莫为凡尘之欲望而放弃天国之统权"；"莫用永世之园换取必朽之世的粪土"等等。但是从第45节一直到结尾调子又转为沉郁和悲愤，对于"利欲熏心的人们""欲望之徒""以浮名俗利为荣的人""叛逆之徒""世上的暴君""玩忽成性者""嗜欲之徒"等给予严厉的斥责；对于"路上的兄弟们"

"尘土之儿女""移居者""世间的富人们""亚当的子孙""世俗之辈"等给予劝告,对于"女仆之子"等则给予安慰。可以说情感跌宕、一波三折。

总之,《隐言经》可以与中国的《道德经》相比较。老子对宇宙人生之道的心灵感悟宣说与巴哈欧拉的神人对话体现出的差异与共性,可以作为研究的一个切入点。这部散文诗风格的格言集,以真主之口吻表达了巴哈欧拉本人对信仰、道德和灵性精神的观点,成为巴哈伊教伦理的核心,体现了真主与人的灵魂的沟通,是天启灵性指引的精华。

第五节　《七谷书简》的宗教思想

一、《七谷书简》的背景

在巴格达逗留的10年里,巴哈欧拉启示了大量书简,其中三本最著名的经典是《隐言经》、《七谷书简》和《确信之道》。

《七谷书简》(*Haft-Vádí*,The Seven Valleys)创作于1858～1862年之间的巴格达,即巴哈欧拉从库尔德斯坦的苏莱曼尼亚返回之后。为了答复苏非主义教团哈立德教团(一个神秘主义的苏非派教团)领袖 Muhyi'd-Din 所提出的问题而写的。原文用波斯文写成。这位领袖所提的问题以及这一教派的一些基本观点是理解这部作品的关键。这一教团是伊斯兰世界的所有苏非教团中影响最广的教团,也是最古老的教团之一,其基本特点是最具有忍耐力和进步精神,教徒以慷慨、虔诚和谦卑著称。教团奉行通过神秘经验解释教义的伊斯兰教基本原则,比如人与安拉没有相似性,不能与之合而为一,先知介于人神之间,物质世界与精神世界之间有一"原型世界",即末世或来世,人有两个躯体分属两个世界,死后复生系人体在原型世界里发生的现象,等等。Muhyi'd-Din 是个法官,在与巴哈欧拉通信时,他辞去了工作,在伊拉克库尔德斯坦地区漂泊,度过余生。

阿芬第称《七谷书简》为"最伟大的神秘作品"。① 它是西方阅读到的最早的一批巴哈欧拉作品之一。首先译成法文(1905),而后译成英文(1906)。该作品使用的是诗化的语言,虽然不以诗行的形式排列。几乎每一行都有韵律,用词考究。翻译会丧失原文中的韵律。由于他是给一位苏非宗教背景的人

---

① Shoghi Effendi. *God Passes By* [M]. Wilmette:Bahá'í Publishing Trust,1974. 140.

写的，因此巴哈欧拉引用不少《古兰经》中的语句、典故，还有阿拉伯及波斯文化中的隐喻、诗句、谚语、传说等，文化内涵极为丰富。

它的神秘之美无与伦比。该书以一位旅行者的身份，来追求无人知晓的神秘王国，探索人类灵魂深处的奥秘。巴哈欧拉以诗一般迷人的语言，描述了灵魂由尘世之境趋近最高的灵性境界的精神历程所必须经过的七座山谷：探寻之谷、爱之谷、知识之谷、合一之谷、满足之谷、惊奇之谷、真贫和绝对虚无之谷，展示了灵魂具有的内在晋升的潜力、可能性以及灵魂由所在之境到达下一座山谷之前所应具备的条件。对于有道家和道教背景或追寻崇高超越之境的读者，这部作品更能展示出无穷的奥秘。道家的观念比如忘我、虚无、玄览、心游等有助于帮助理解，体验作者的神秘主义气息。但是详细比较道家或道教与《七谷书简》的超验观念会发现有些不同，比如这里设定的此岸世界与彼岸世界的距离意识，不可合而为一的观念等等。

二、《七谷书简》的宗教思想

灵魂的精神旅行经历不同的阶段，从此岸尘世到趋近上帝的其他境界。巴哈欧拉解释了七个阶段的不同意义和价值。在导言中巴哈欧拉说："旅行者从尘土筑就的居所出发到达天园的旅程经历七个阶段。有人称之为七座山谷，另一些人称之为七座城市。他们说，直道旅行者离开了自我，跨越了这些阶段，他才会到达亲近与和睦的海洋，才会品尝到无与伦比的美酒。"①

七个阶段是按顺序实现的。旅行的目标是归依"正道"，窥见"至爱"。在书的结尾处，他写道："这七个阶段在时间的世界中并没有可见的结果，但是这个旅行者，如果无形的坚定信念降临到他的头上，正道的护卫会帮助他，可以七步便完成七个阶段；不，是七口气或一口气，如果上帝愿意的话。"②这就是上帝的恩惠。这一点可以为"允诺者"的出现找到依据。

在导言中，巴哈欧拉预言新的纪元已经开始，是另一个时间循环的开始，使用的是印度教末世论（基督教、佛教、天主教等都有这一思想）。根据印度教的历史观，历史是循环的；末世是黑暗的时代，是毁灭的时代，也是"黄金时代"，是诞生的时代，万物就创造于这个黑暗和毁灭的时代。这一历史期

---

① Baha'u'llah. *The Seven Valleys and The Four Valleys* ［M］. trans. Marzieh Gail. Wilmette, Illinois: Bahá'í Publishing Trust, 1978. 3.

② Ibid., 40.

待在《巴布的遗嘱》以及其他巴布教派的文件中都有提及。导言开篇定下了全部作品的主旨和基调，即这是一个精神升华的旅行：

赞美归于上帝，祂创生万物于虚无，将先天地而生者铭刻于简牍，发自神圣话语，传神秘给人类的先知，幻化先知为启明圣书，开导虔信顺从的世人，让他见证万物（Kullu Shay）创生于黑暗与毁灭的时代，从永恒之巅、自超绝神殿传扬奇妙话音。最终，人人亲临显圣者的地位，亲身证实：除祂之外，别无上帝；人人皆可获得通向真理顶峰的路径，直至无人思忖他者，唯有思见上帝。①

这里传递了这样几个观念：上帝是唯一的，上帝造人的目的是为了让人认识上帝，上帝首先将真理传给先知，先知再将上帝的话语传给人类，将人类从黑暗中带入文明，人人都可以认识真理。

"探寻之谷"是旅行者的起点，穿越此谷关键在于耐心刻苦，还要有义无反顾的恒心。他需要涤除心中尘垢，弃绝先祖故道。决意避免因袭模仿，关闭尘世所有友情和敌意之门，开始精神旅行。他看到所有的造物都在心神不宁地寻找朋友，如雅各在寻找儿子约瑟。他向钟爱者的世界走去，每前进一步，都得到来自无形王国的助佑。纯粹的精神目标不可能在尘土中寻得。从而增加了他探索的热情。作者引述阿拉伯谚语说："用热情去寻找就一定能找到。"追寻者是为了与钟爱者合而为一，除此别无他求。然而，除非他牺牲一切才能达到目标。他的所见、所听、所悟统统都必须化为乌有，这样才能进入精神王国，也就是"上帝之城"。为了追寻上帝，需要付出艰辛；为了饮到与上帝团聚的甜美之酒，需要满怀热情。他所到之处，每遇到一个人，每深入到一团体，他都寻求钟爱者，寻求穆罕默德，寻求穆罕默德的秘密和钟爱者之美。

"爱之谷"中，旅行者犹如飞蛾扑火，燃起炽热的爱心。如果在上帝的助佑下，能够寻到朋友的一丝踪迹，享受到久别的钟爱者的芬芳，他就径直地进入爱之谷。在这里狂喜的天堂升起，渴求的阳光普照，爱之火焰燃烧，理性的成果燃为灰烬。既不追求无知无闻，也不追求博学多识。既不怀疑，也不坚信。他逃离有信仰和无信仰的两难境遇。所思者只有钟爱之人，为寻到钟爱者他愿意牺牲一百次。

"知识之谷"是求爱者摆脱爱的钳制而进入的境界。所谓知识就是上帝的

---

① Baha'u'llah. *The Seven Valleys and The Four Valleys* ［M］. trans. Marzieh Gail. Wilmette, Illinois：Bahá'í Publishing Trust，1978. 1.

知识，这种知识不是学而能知的所得。那些炫耀学识、自矜其功之徒无从获得真知。进入此谷，方知上帝启示隐含的神秘，发觉万事万物蕴含的智慧，甚至在面临痛苦和艰辛中，也可悟到上帝的仁慈和祝福。此谷又称"最后的有限之谷"。旅行者从怀疑中走出，开始敬畏上帝。他的内在之眼已经睁开，准备打开真理和笃信之门，关闭虚幻之门。用内在和外在之眼见证在造物和灵魂王国中复活的神秘。在海洋中发现水滴，在水滴中发现秘密。"劈开原子核，瞧，你会发现一个太阳"（波斯神秘诗）。旅行者在"知识之谷"所见都归于天命，仁慈的上帝所创造的一切都是完美无缺的。在非正义中可以发现正义，在无知中可以发现知识。如果他遇到了不公，他会平和地接受。如果他遇到愤怒，他会显出友爱。他满足于上帝的诫命，视战争为和平，即在战争中看见和平，在结束时看到开始，在愤怒中看见友好。知识的黎明已经破晓，旅行之灯已经熄灭（源自阿里的名言：熄灭灯盏，因为太阳已经升起）。"旅行之谷"描述了求索上帝知识的过程，暗示显圣者已经降临，无须继续寻找。但是诗人也同意苏非派神秘主义者坚持的信念：我们来自上帝，我们终将回归上帝。需要的是借助神圣灵魂的至道获得上帝之光。这就是旅行者在知识中的心态。

　　"合一之谷"描述旅行者发现了造物的有限性，认识到造物反映出的上帝的神性。旅行者意识到自身属于尘世的造物，并不关心自我，并且也没有自我；相反，他赞美上帝，为其创造了万物。"知识之谷"是人类有限性的最后一个层面。继续前行便是"合一之谷"，可以从绝对存在之杯中畅饮真理之泉，可以目睹众先知的尊容。旅行者穿过了多元性体现的面纱，逃离了肉体之躯的世界，登上独一存在的天堂。用上帝之耳聆听天籁，用上帝之眼观赏神秘。他发现自己已经无称名、无声望、无等位，唯有赞念上帝。他在自己的存在中看到的只是上帝的名。在旅行者已经经历的各个阶段中在不同的存在王国看到的万千变化都从自己的视域出发。太阳虽普照万物，但万物领受的光芒和反映出的颜色并不相同，这是因为万物的潜质各有不同。同样，在每一个时代和周期，显圣者将上帝的光芒投向万物，但是各个地方潜质不同，显圣者会投射强度不等的光芒。有的灵魂在知识之谷中拘泥于自我和情感的藩篱，陷于无知和盲目，无法接收到神秘之阳和永恒钟爱者的光芒，就不能登上至美者的殿堂。经历了"探寻之谷""爱之谷""知识之谷"后，旅行者的理解力和语言已经不同从前。有些人居住在同一性世界、表达同一性世界，有些人居住在有限世界，有些人居住在自我的等级世界，另一些人则完全被蒙蔽着。这样，物质的人就会将自以为是的意念强加给那些已在同一性之海畅游的人们。纯净的心如同镜子，用上帝之爱拂拭它，真正的太阳就会在其中闪光。光只有一个来源。神与人不同性，神的本质的神圣性超越上下、进出之类的描述，其永恒性无法用人类语言描述。没有人能知其本质，没有哪个灵魂能够找到通向其存在的路径。每一位神秘派的探寻者正是在"知识之谷"误入歧途，每一位圣徒在寻求理解上帝之本质时迷失了方向。上帝存在的证明就是上帝的迹象，上帝的存在就是其证据。上帝之光就隐藏在人心，受世俗感官的遮蔽。真正的旅行者不受言语棍棒的阻吓，不受暗示或警告的拦截。意为旅行者要自己独立探索真理。

经卷浩繁，但也不能完全容纳或穷尽唯一钟爱者的神秘。正所谓"知识只是一个点，无知者成倍地将它增加。"（《穆罕默德言行录》）作者引述了四种世界：时间世界、存续世界、持久世界和永恒世界。与此相对，提出了旅行者的四种爱的旅行路线：（1）从造物到真一；（2）从真一到造物；（3）从造物到造物；（4）从真一到真一。① 在有起始的时间世界，人是崇高的起点也是终点。起点和终点、外在性和内在性存在于人的真我之中。作者引述了伊斯兰教苏非派神秘主义诗人、教法学家、最伟大的苏非派诗人之一鲁米（Jalalu'd-Din Rumi，1207－1273）的诗句：

在爱的灵魂中燃起一堆火，
将所有的思想和言词统统烧掉。

作者指出苏非的所谓内在知识同起始真理相比是不真实的。他要求在精神上要贫乏自身，谦卑自体。旅行者所经历的阶段无不依靠自己的视域：每一个城市他会看到一个世界；每一个峡谷，他会找到一处泉水；每一片牧场，他会听到一首歌。神秘天庭的猎鹰在其胸中藏着令人惊奇的颂歌；波斯之鸟在灵魂深处拥有很多阿拉伯妙曲；这些都处于隐秘之中，而且将继续隐秘下去。这里，作者意指其将来的显圣。他又引述了鲁米的诗句暗示了他的地位：

我若发言，众人的心扉都会震破；
我若书写，许多的笔管都将断折。②

旅行者感到了和平，他将结束这一升华自身之谷而继续追随真一。

"满足之谷"中，旅行者超然物外。虽然他可能看来一贫如洗，或者似乎

---

① Conow, B. Hoff. *The Bahá'í Teachings*：*A Resurgent Model of the Universe*［M］. Oxford：George Ronald, 1990. 117.

② Baha'u'llah. *The Seven Valleys and The Four Valleys*［M］. trans. Marzieh Gail. Wilmette, Illinois：Bahá'í Publishing Trust, 1978. 28.

身受苦难，但终将自精神世界赋予财富和权能，也会最终赢得内心愉悦。幸福解释为真正信仰者的本质特征，借助获取物质财富不能获致，因为物质财富转瞬即逝。

在这个精神层面，旅行者燃烧了所有欲望的面纱，用内在和外在之眼，从内在和外在两个方向察明万物。由悲伤转为富有，由痛苦转为欢喜。虽然旅行者的神在尘世，而精神已经跃至神秘之巅。他品尝内在意义的恩惠，畅饮精神的酒浆。喉舌无法表达另外的三个山谷，言语无法形容，书写之笔只能在纸上留下一处墨点。这种神秘只可心会，不可言传。进入此谷，领悟它的神秘，就会别无所求，甘愿放弃一切。他在此谷可以见到先知们的美质。他甚至用锐利的目光看到了新的创造。这个描述预示了新的起始周期的到来。

"惊奇之谷"中，旅行者惊讶于上帝之美，意识到创造力的无限和巨大，发现了上帝启示的内在神秘，从一个神秘到另一个神秘，从一个惊奇到另一个惊奇，一个全新的创造世界，上帝的创造之功令其惊奇不已。有许多神秘的事情不为人类所知，有许多智慧仍然尘封未启，有许多世界未向人敞开。诗人描绘了梦境的神奇。在惊奇之谷，人可以理解智慧的奥秘。哲学家虽不否认神秘，但因为神秘不能为理性所理解就拒绝思考这些现象。实际上，这些神秘现象是上帝置于人类中的迹象。只有神圣智慧才能理解它们。诗人用波斯神秘诗来佐证①：

> 虚弱的理智怎能囊括《古兰经》？
>
> 何似蜘蛛织网诱捕凤凰？

旅行者求知若渴，不知疲倦。作者引述了阿里的言语说明人的内心收藏的无限：

> 知道人的内心折叠收藏着宇宙时
>
> 你还把自己仅仅看成是一粒微尘？

作者以旅行者的口吻发出感悟：人的内心就是永恒神秘的栖居之所，莫让它成为飞逝幻想的家园。

"真贫和绝对虚无之谷"中，旅行者体验到了神秘的极致，他是物质的赤贫者，却是精神品质的富有者，他进入了上帝之中的自我虚无状态，但却不是存在的合一。上帝的自我本质与神秘派信徒的自我本质仍然各自独立，这与其

---

① Baha'u'llah. *The Seven Valleys and The Four Valleys* ［M］. trans. Marzieh Gail. Wilmette, Illinois: Bahá'í Publishing Trust, 1978. 32.

他宗教传统形成鲜明对照。当热爱真理的人追寻穆罕默德之时，他的内心会燃
起烈焰，燃尽所有层层面纱，周身置于烈焰之中，除了显圣者无所保留。诗人
引述鲁米的诗道①：

　　显圣者的品质开始显现之时，
　　正是摩西燃尽俗世万物品质之日。

　　这就表明显圣者降临之时，尘世万物都会在精神意义上重新创造。到达这
一谷的旅行者已经圣化，脱尘拔俗。到达显圣者的存在之境的人不再拥有暂存
易朽之物。旅行者内心的陈迹消除，永恒的地平线上升起了神圣的面容。作者
告诫人们用心听取零星的歌声，像爱护双眼那样爱护它们，因为上天的智慧就
像春云不是永远在世人心田上降下甘露。虽然宽容的上帝的恩惠从不止息，但
是每一次、每一个纪元只是定量配给人类。其他的时间和时代不会启示智慧，
不毛之地不会抛洒甘露。不是每一片海都有珍珠，不是每一棵树都开花，夜莺
并不总是不停地歌唱。在夜莺返回上帝的花园之前，在天堂的朝霞返回真理之
阳以前，努力获取永恒花园的芬芳。这是渐进性启示的直接表白，意在让世人
做好准备、不失时机。

　　在这一谷，旅行者抛弃了存在于显圣合一的观念，而是到了一种圣化的合
一。根据苏非派的观点，“只有上帝存在，它在万物之中，万物在上帝之中。”
这种泛神论的观点是巴哈欧拉不赞同的。巴哈欧拉教导说，旅行者要严格地遵
行神圣的律法，这一思想是针对有些苏非认为自己在寻求真理的过程中可以超
越一切律法而阐释的。

三、《七谷书简》的思想渊源及宗教意义

　　《七谷书简》采用文学上常用的旅行作为结构形式描述了旅行者的精神旅
行经过的不同阶段，从此岸世界到彼岸的其他世界，从而趋近上帝。12 世纪
波斯的苏非诗人 Farid al-Din Attar 用过这种结构写了一首名为 *Mantiq at-Tayr*
（意为“众鸟之会”，*Conference of the Birds*）的诗。巴哈欧拉的《七谷书简》
从形式到内容都与这首波斯古诗有互文关系。②《七谷书简》的象征含义也与

---

① Baha'u'llah. *The Seven Valleys and The Four Valleys* ［M］. Wilmette, Illinois：Bahá'í Publish-
ing Trust，1978. 35.

② Michael Sours. Immanence and Transcendence in Divine Scripture ［J］. Journal of Baha'i Stud-
ies，1992. 16～18

《众鸟之会》密切关联。① 《众鸟之会》用于对门徒进行启蒙教育。故事是以寻找神鸟为目的开始的旅行一次经历。

《众鸟之会》约4500行，叙述了30只鸟在戴胜鸟的带领下共同进行的一次旅行。诗人的这首寓言诗意在表明一位苏非谢赫如何对他的门徒进行启蒙教育。神鸟的名字叫Simorgh，Simorgh在波斯语中就是"三十只鸟"的意思。这一文字游戏的宗教寓意明显暗示"神人合一"的思想。在去神鸟之地的旅程中，鸟一个接着一个地掉队，退出了旅行，每只退出的鸟在退出时都找了理由。每只鸟都有特别的寓意，都对应着一个可以用来警示人们的缺点。夜莺象征钟情者（巴哈欧拉的《七谷书简》中的夜莺则是一个先知）；鹦鹉企图寻找永生之泉，而不是追寻神；孔雀则是与撒旦结盟而堕落的灵魂。众鸟要穿过七道山谷才能找到神鸟。这七道山谷分别是"探索之谷""爱之谷""知识之谷""分离之谷""合一之谷""困惑之谷"和"无私与遗忘之谷"。这些谷代表了一个苏非或任何一个人认识上帝本质所经历的阶段。经对比可以看出，巴哈欧拉的《七谷书简》结构和内容具有许多共同点。这种文体恰好适合书简的呈递对象。

关于七谷的顺序，B. Hoff Conow 认为，之所以将"知识之谷"放在"爱之谷"之后，是因为知识积累比学会爱更容易。如果我们寻求上帝之道，那么有必要首先放弃或牺牲所有世俗知识和文化上的先入之见，这样才能沐浴在爱的火焰之中，正如婴儿等待在圣灵的世界中重生一样。② 而多数人就是从"知识之谷"开始，有的虽经历了"爱之谷"，进入"知识之谷"，但是却在此谷终老其生，很多饱学之士，在精神上实际已经死亡。即便是"合一之谷"也不是最终的目标。

《七谷书简》表达了巴哈欧拉与苏非不同的宗教观，即追求与上帝合一的不可能性。另外，巴哈欧拉借此表达了基本的宗教思想，如宗教同源的思想、上帝周期性地向人间派遣先知的思想等。

---

① Christopher Buck. A Symbolic Profile of the Baha'i Faith ［J］. Journal of Baha'i Studies, 1998. 26 ~ 30.

② Conow, B. Hoff. *The Bahai Teachings*: *A Resurgent Model of the Universe* ［M］. Oxford: George Ronald, 1990. 122.

第六节 《确信经》的宗教思想

一、《确信经》的背景及重要意义

《确信经》（*The Kitáb-i-Íqán*，或 *The Book of Certitude*）写作于流放巴格达期间，即在宣示其使命（1863 年 4 月 21 日）的两年前仅用两天两夜的时间启示了这部二百五十多页的经典（具体写作时间已不可考），目的是为了消除巴布的大舅父（Haji Mirza Siyyid Muhammad）对巴布所赋有的显圣地位的疑窦。

守基·阿芬第对这部经典有很高的评价，称它是"巴哈伊经典中无出其右者，最优越者"，描述它是巴哈欧拉那波涛汹涌的天启之洋冲上暗滩的至为无价的珍宝之一，并断言此经兑现了巴布关于"圣书所允诺者将完满《默示录》的经文"这一寓言。① 阿芬第在短暂的前言中特别称赞了这部著作的语言，认为它的语言无与伦比。阿芬第认为这部著作与《隐言经》和《七谷书简》一道都是巴哈伊先驱的不朽著作，并同后两部著作一道为向人类的国王和统治者、向世界宣示巴哈欧拉使命铺平了道路，也为他后来在"至伟监狱"阿卡制定"律法"奠定了基础②。《确信经》的重要性与巴哈欧拉的《至圣经》比肩，阿芬第说："除《至圣经》以外，在整个系列的巴哈伊经典中所占有的地位是任何一本著作都不可与之匹敌的。"③ 它是为人类提供的"加盖麝香封印的精选美酒"，也开启了《至圣书》的封印，同时揭示出了后者之中言语的隐秘含义。④ 阿芬第还有一个重要评价，即"仅这一本书便可扫除长久以来给世界伟大宗教造成分歧的难以克服的障碍，它已经为它们的信徒实现完全、永久的和谐奠定了一个宽广的、无懈可击的基础。"⑤ 可以看出这部著作与巴哈欧拉最重要的著作之间的关系，即《确信经》是对《至圣经》意义的预先说明。

---

① Shoghi Effendi. *God Passes By*［M］. Wilmette：Bahá'í Publishing Trust，1974. 138.

② Ibid. ，121.

③ Ibid. ，139.

④ Ibid. ，139.

⑤ Ibid. ，139.

《确信经》的英文翻译由阿芬第完成。① 阿芬第为这本书写了前言，说明这本书再一次试图向西方介绍新启示的意义。他说："不管语言多么不能充分满足人的表达，这个译本再一次试图向西方展示巴哈欧拉启示性著作那不可超越的卓越魅力，希望这个译本能够帮助人们接近一直被认为是不可企及的目标，努力贴近巴哈欧拉那无与伦比的话语。"②

二、《确信经》的基本思想

阿芬第在其著作《神临记》中概述了这部著作的基本内容。③ 这部著作的中心议题就是上帝的存在和唯一性。上帝具有不可知性、不可接近性、永恒性。上帝无所不在、无所不知、无所不能，是所有宗教的源泉。巴哈欧拉申明宗教真理的相对性和神圣启示的连续性。他断言，所有先知具有统一性，其所传信息具有普遍性，其基本教义具有同一性，其经典的神圣性及其地位具有二重性。他斥责各个时代的神学家和宗教博士的盲从和固执，引述和说明了《圣经·新约》中的寓意、《古兰经》的深奥教义以及伊斯兰教的神秘传统。正是这些寓意和神秘性才导致了长久的误解、疑惑甚至仇恨，也是各个宗教内部的信徒之间产生隔阂和分裂的原因。他历数了每一位真正的信徒取得成就所需要的先决条件，证明了巴布启示的有效性、崇高品质和重要意义。他赞扬了巴布门徒的英勇行为和超然精神，预言了《默示录》的启示会在全世界取得胜利。他从象征的角度揭示了"复临""复活""先知的封印""审判日"的含义，预示和区分了神圣启示的三个阶段，用热烈的言辞描述了"上帝之城"的光荣和奇迹。

这部著作完满揭示了宗教的本质和目的。从这部著作的引述可以看出，它站在超越所有宗教的界限的高度阐述问题。书中利用《古兰经》《圣经》的例证解释上帝不会中断向人间派遣显圣者作为上帝在人间的代表。人类具有精神和道德上的潜能，这是人类觉醒的根基。成长中的人类可以对教义中超越语言表面意义之上的寓意和隐喻的直接指导性做出反应，比如用太阳、月亮及星辰比喻先知的真正寓意。原因是，不同时代先知的信仰适应不同时代，不是永远

---

① Bahá'u'lláh. *The Kitáb-i-Íqán* (The Book of Certitude) [M]. trans. Shoghi Effendi. Wilmette：Bahá'í Publishing Trust，1983.

② Shoghi Effendi. Forward [Z]. Bahá'u'lláh. *The Kitáb-i-Íqán* (The Book of Certitude) [M]. trans. Shoghi Effendi. Wilmette：Bahá'í Publishing Trust，1983. 139.

③ Shoghi Effendi. *God Passes By* [M]. Wilmette：Bahá'í Publishing Trust，1974. 139.

不变的；信仰不是盲目的，是一种有意识的知识。信仰不再需要少数精英指导，它是新的启蒙和教育时代赋予每一个人的理智的礼物。

这部著作第一部分的起始便号召人们净化灵魂，超越一切方能理解天意、到达真理之洋的彼岸。为此上帝已经通过颁降的《默示录》传达其意旨。巴哈欧拉将《默示录》放在开篇位置说明新的启示的性质表明巴哈欧拉启示的圣道与巴布的圣道的同一性。为了证明巴布的显圣地位，巴哈欧拉首先回顾历史，指出各个民族都期待救世主的降临，然而当他真的降临他们却百般地诋毁、迫害他，只有先知才能忍受这无法形容的残害。

同一的上帝不断地派遣先知拯救人类，上帝的唯一性与先知宗教的同一性是一体的两面。《确信经》说上帝是唯一的，这种唯一性靠宗教的同一性来证明。宗教的同一性靠先知的共性来证明。从诺亚到萨利赫（Qur'án 11：61，62），从萨利赫到亚伯拉罕，从亚伯拉罕到摩西，从摩西到耶稣，从耶稣到穆罕默德，他们的启示都来自同一个上帝。基督的福音与穆罕默德的道没有本质的差别。先知们说："我离开了，但我还会来"，或者说："我走了但另一个会来，向你们讲述我没有向你们讲述的，实现我所说的。"① 这些话是一个意思。耶稣的话"我离开了，但我还会来"与穆罕默德的"我是基督"也是同一个意思。先知的真理无一例外遭到与其同时代的人们的反对、鄙视、嘲笑甚至迫害。这是每一个启示的基本特征。

巴哈欧拉从宗教语言入手来解释先知的性质、地位、作用以及信徒误解圣典的原因。不同时代的先知被誉为太阳，这太阳（复数）指的是每一个太阳都有各自特别的升起和降落地点。② 然而每一位先知都是同一个太阳，都是同一个真理之阳的显现。同样，每一个先知又适应变化的时代，要求毫无例外地革除前一位先知建立起来的礼仪、习惯、教义、法律。但是人们的心不是倾向于知识而是耽于幻想或尘世的得失，自然会逃离真正的知识，虽然他们心里能够识别出来自同一上帝的律法。③ "天地就要废去，我的话却不能废去。"（马太福音 24：35）基督的信徒认为福音中的律法绝不会废弃。他们如此坚信，结果一旦一位具有全部神圣迹象的允诺者出现时，自然会弃绝他。但是这些信徒忘记了一个最基本的目的，即信仰是为了寻求真理之阳。

巴哈欧拉用历史的方法解释了圣典中关于"星"的隐喻。为了论证先知

---

① Bahá'u'lláh. *The Kitáb-i-íqán*（The Book of Certitude）［M］. trans. Shoghi Effendi. Wilmette：Bahá'í Publishing Trust，1983. 19.

② Ibid.，37.

③ Ibid.，29.

的身份，巴哈欧拉用神秘主义的观点将见证分为天文学上的可见之天的见证和灵性意义上的不可见之天的见证。他们在可见和不可见的世界之间瞬间实现跨越。① 于是，先知出现的迹象既有可见的，又有不可见的。不可见的迹象一定出现在理想人物身上，由他们预示先知的到来。② 预言者通过诺亚后裔宁录（Nimrod）的梦预示了先知亚伯拉罕的出现，摩西时代的预言者预示了摩西的出现，东方的波斯博士预言了耶稣的出现，赛尔曼（Salman，原名 Ruz-bih）见证了穆罕默德的出现。他们无一例外地使用了"星"这一喻体代表先知。③

"天"的隐喻同太阳的隐喻大致相同。巴哈欧拉实际在表明，太阳的比喻恰好说明先知具有历史的暂时性和永恒性，是两种性质的统一。"那些日子的灾难一过去，日头就变黑了，月亮也不放光，众星要从天上坠落，天势都要震动。"（马太福音24：29）太阳、月亮和星星都指先知，形容他们的崇高地位。"那时，人子的兆头要显在天上，地上的万族都要哀哭。他们要看见人子，有能力，有大荣耀，驾着天上的云降临。"（马太福音24：30）这里的天指上帝意志之天，人们悲叹失去人子的美质，并非真的驾云降临。④ "天"在圣典中大都是这种喻意，如"敕命之天""上帝意志之天""神意之天""神智之天""确信之天""道言之天""启示之天""隐秘之天"等。通过这种象征性的意义理解神圣的知识的隐密性。只有突破世俗的知识之网才能理解真正的真理。⑤

"云"意味着与世俗相反的欲望及思想和言行的方式，意味着消除前一位先知律法、教规、仪式和习俗，还意味着永恒之美以人的形象的出现，比如先知也有饮食、作息、财产之累、荣辱之感等，这些都使人们拒绝承认他们的先知地位。所有这些都可以象征性地称为"云"。正是这些"云"才使上天的知识与世俗的知识相分离。因此，《古兰经》说："他们只等待真主在云荫中与众天神同齐降临，事情将被判决。一切事情，只归真主安排。"（2：210）又说："在那日，诸天将与白云一道破裂，众天神将奉命威严地降临。"（25：25）巴哈欧拉指出了先知一定在可见的形象上与人不同这一认识的荒谬，"你这个使者怎么也吃饭，往来于市场之上呢？为何真主不派一个天神降临他，而

---

① Bahá'u'lláh. *The Kitáb-i-íqán*（The Book of Certitude）［M］. trans. Shoghi Effendi. Wilmette：Bahá'í Publishing Trust，1983. 66.

② Ibid.，64.

③ Ibid.，61~64.

④ Ibid.，65.

⑤ Ibid.，66.

与他同为警告者，或者把一个宝地赐给他，或者他有一座花园，供他食用呢?"（25：7~8）人们不理解先知既具有人性又具有神性的特质，因而拒绝接受他们为先知。这"云"就是使世俗的人们对上天的认识和理解发生分歧，"云"就是阻止人们看见太阳的思想和言行，它们妨碍人们认识这些神圣而杰出人物的灵性和智慧光芒。先知同普通人一样，感受到贫困与苦难，遭受饥饿与疾病。人们对此产生疑虑和困惑。因此几乎每一位先知都落入了反对他们所传授圣道的敌人手中，遭受任意的折磨和迫害。"云"的产生就是人们不能独立探索真理，人们往往模仿先辈，任何一个起来否定传统的人都被定为离经叛道，被诬蔑为异教徒、放荡者、邪恶之徒。然而这些"云"虽是帐幕，却也是上帝检测人们的试金石，不会永远遮蔽人们的视线。

基督的信徒及宗教领袖不能理解圣典中的隐含意义，他们固执等待可见世界中那种迹象，等待神迹，等待复活的耶稣在"天使"陪伴下从云端降落，结果十分失望。正因如此，西方拒绝接受穆罕默德的先知地位是很自然的事情。但是东西方关于先知降世与否的争论在持续着，疑虑也在滋生着。信徒盲目追随模仿，宗教领袖出于私利和不可告人的目的宣布这些神圣的杰出人物与自己的信条不合而斥之为异端。而事实是教士们都误解并误用了上帝的圣典。

关于先知的证据，巴哈欧拉认为，一方面上帝的启示无须证据，因为我们不能以人的证据来验证上帝的智慧。另一方面先知的著述本身就是证据，其中的真理就是证据。① 巴哈欧拉恳求《默示录》的信徒、所有的文人学士、哲人大德、教士神甫以及所有他们的见证人莫要忘记圣典中的希望和警告，倾注于圣道的核心要旨，集中于真理的精华，关心万物最本真的现实。巴哈欧拉引述《古兰经》（2：177）的话说："你们把自己的脸转向东方和西方，都不是正义。正义是信真主，信末日。"

巴哈欧拉总结了宗教隐喻的目的，他说，运用这些象征性的语言和微妙的暗示无非是让世人猛醒，人们享受真理之洋的恩惠。② 巴哈欧拉实际上发展了这种超越字面解释微言大义的解经方法。这种方法无论在东方还是西方都有深厚的传统。但是在保守的波斯及伊斯兰世界甚至西方世界，食古不化的解经方法仍然占据主流，尤其占据普通信众的思想。因此，这种诠释方法产生的革命性变革是不言而喻的。

---

① Bahá'u'lláh. *The Kitáb-i-Íqán* (The Book of Certitude) [M]. trans. Shoghi Effendi. Wilmette：Bahá'í Publishing Trust，1983. 91.

② Ibid.，74.

上帝派遣先知这种杰出人物使世界焕然一新，这样永恒的生命之水才能汩汩奔流，永不枯竭。杰出人物发出热量点燃圣火。每一位先知似乎都局限于特别的使命和特征，这是因为对这些先知的理解有缺陷。但是有些律法却具有永恒性，比如祈祷。他们的本质和神圣性不是常人可以理解的。他们的知识之光普照了可见的和不可见的世界。

先知靠自己的行为证明了他们的神圣性，那就是面对几乎所有人的反对能够坚忍不拔，不管怎样残酷的迫害都能不屈不挠。他们掌握了无限的知识，因为先知们没有受过正规的教育。而普通人掌握的是有限的知识，但是人具备了接受神圣知识的潜能。先知是人类的真正的教育者和上帝之言的启示者，但是由于先知的思想方法和言行与普通人相差甚远，因此人们很难理解。任何有这种普通人不可理解的言行的人都会被人们毫不犹豫地宣布为异教徒然后处死。

知识分两种，一种是神圣的（Divine），一种是邪恶的（Satanic）。① 前者来自神圣的启示和灵感，后者来自空虚、阴暗的思想。前者根源于上帝本身，后者起因于自私和贪欲。前者来自耐心的理解，后者来自无知。因此，要净化灵魂，这样才能出现神圣的灵感。

1863 年宣示使命之后，巴哈欧拉就着手阐释《确信经》中引入的主题，即上帝的意旨与人类自身本质中潜藏的精神和道德能力之间的关系。这在他 30 年余生的著述中占据了中心的位置。上帝的本质永远是不可知的，不管人类用怎样的表达思想的语言来描述上帝的神圣本质，仅仅能够与人类自身的经验联系起来，并且只是对人类本身经验的描述。② "理解上帝的言语和天使的话语绝不依赖人类的知识，依靠的是纯正的心灵、纯洁的灵魂和自由的精神。"③

巴哈欧拉做出了一系列的相互关联的澄清解释：消除对先知身份疑虑，消除对先知知识来自上帝的疑虑，消除宗教文本含义的误解。他从历史的角度论证了在人类所处的不同时代来自同一知识之源的先知显现的必然性。历代圣典出现的时代都是上帝意志的显现，就是让人类认识上帝、赞美上帝，同时用智慧克服危机。但是对于经典的理解一定不要拘泥于人类有限的知识，拘泥字面文本，要从超越性的象征和隐喻的角度理解文本的神秘含义，消除各个宗教表

① Bahá'u'lláh. *The Kitáb-i-Íqán* （The Book of Certitude）［M］. trans. Shoghi Effendi. Wilmette：Bahá'í Publishing Trust，1983. 68.

② Baha'i International Community. 1992 May 29，Statement on Baha'u'llah［Z］. Haifa：Bahá'í World Center，9.

③ Bahá'u'lláh. *The Kitáb-i-Íqán* （The Book of Certitude）［M］. trans. Shoghi Effendi. Wilmette：Bahá'í Publishing Trust，1983. 210.

面的差异，找到它们之间共同的宗教含义。这样巴哈欧拉充分而清楚地解开了自古以来人们围绕先知地位问题的种种谜团。

第七节　巴哈伊的宪章——《至圣经》

一、《至圣经》的写作背景和重要地位

《至圣经》（*The Kitab-i-Aqdas*，或 *The Most Holy Book*，也译为"亚格达斯经"）这部被称为巴哈欧拉最重要的作品启示于 1873 年，即他移居到哈马尔大宅不久。当时巴哈欧拉仍然在阿卡监狱，他仍然遭受着敌对者及其口是心非的信徒带来的重重苦难。蔡德贵先生认为，"该书看起来像是一部宗教法律书，但是巴哈伊教徒认为它简直就是一部新文明的详明宪章，给人类提供了维护世界秩序和人民安全的最好方法。"[1] 关于《至圣经》的评价，阿芬第认为，它是"巴哈欧拉心灵的最光辉的闪现，是巴哈欧拉启示圣作中的核心著作，是巴哈欧拉设计的世界新秩序的宪章。"[2] 这部书保藏着他启示的无价珍宝。他将这部著作与历史上的启示联系起来，认为它是以赛亚所预言的法律的宝藏，是新约《圣经》"启示录"所描述的"新的天""新的地"，是"上帝的幕帐"。

关于《至圣经》与其他圣典的关系，无论是巴布还是巴哈欧拉都有明确的表达。《至圣经》与历代的圣典的不同，因为这些圣典的先知本人启示的教规并没有亲自著述并直接以文字形式流传下来。比如同福音书不同，在教务的管理上耶稣基督几乎没有提供清楚的指导；同《古兰经》也不同，虽然穆罕默德制定了法律和条例，但是对于教务管理的继承人却没有一言片语。《至圣经》不仅为后继者制定了未来世界秩序遵循的基本法律和条例，而且还命令他的教务继承者具有解释圣典的职责。这就维护了信仰的完整和统一。在教义、管理机构和教义解释权这一方面，《至圣经》都是无与伦比的圣典。[3]

关于这部经典与《默示录》的关系，这部著作实现了巴布的"当最后的审判到来之时，上帝会同显圣者创造并降示新的《古兰经》"这一预言。阿芬第认为，《至圣经》这部圣典的统一性包括了巴布的全部信仰。巴布的信仰不

---

① 蔡德贵：《当代新兴巴哈伊教研究》（修订版）[M]．北京：人民出版社，2006．324．

② Shoghi Effendi. *God Passes By* [M]．Wilmette：Bahá'í Publishing Trust，1974．212．

③ Ibid.，213．

能与巴哈欧拉的信仰分离开来。虽然巴布的部分教义被《至圣经》废除和取代，但是由于巴布认为自己是巴哈欧拉的先驱，我们就应该把巴布连同巴哈欧拉的启示看成是一个整体，前者是后者的引介。① 巴布说明了他的法律的暂时性，并且要依赖于对未来显圣者法律的接受。这就是在《至圣经》中巴哈欧拉同意了巴布《默示录》中的一部分法律、修改了一部分法律却放弃了其他法律的原因。吕耀军 2006 年向汉语学界介绍了《至圣经》地位、要义以及与巴布《默示录》的承传关系。②

关于这部书的发布和出版有些特别的经历。依据巴哈欧拉的启示速度（每小时 1000 节经文）以及阿芬第的表述："巴哈欧拉移居到哈马尔大宅不久便启示了《至圣经》"，③ 这部著作应该是当年完成，几年后便以手抄本传播。正如巴布在其传道（接受天启）的中期启示了《默示录》一样，巴哈欧拉也是在他接受天启的中期启示经典，即从 1852 年 8 月 16 日开始在德黑兰监狱接受天启到 1873 年移居哈马尔大宅不久这段时间，也就是巴布启示经典的 20 年后。据巴哈欧拉的一份书简表明，巴哈欧拉启示完《至圣经》后并没有立刻传播，而是放置了若干年后才送给德黑兰的一些朋友。④ 同时，他开始阐释《至圣经》中构成信仰核心的已经明确的特定的概念和条例，重申以前宣示的真理，详细说明已经订立的法律，订立了《至圣经》的辅助性的条例，这些都出现在他的书简中。他不断地启示涉及这些论题的书简直至去世（1892 年 5 月 29 日）。⑤ 巴哈欧拉著述的最著名的抄写员 Zaynu'l-Muqarrabin 将涉及《至圣经》法律解释的内容从书简中摘录出来编辑成《问题与解答》（the Questions and Answers）。问题是众多的信徒提出来的，巴哈欧拉针对这些问题启示书简。这些书简也于 1978 年以"《至圣经》后巴哈欧拉启示的书简"为题用英文出版。1890~1891 年，即在巴哈欧拉的晚年，他着手在孟买以阿拉伯文原文出版这部圣书。⑥ 1953 年，圣护阿芬第开始编辑《〈至圣经〉概要和法律汇编》，这是他着手翻译《至圣经》的序幕。但是直到他 1957 年去世，这项工作并没

① Universal House of Justice. Introduction to The Kitab-i-Aqdas [Z]. Wilmette: Bahá'í Publishing Trust, 1993. 7.

② 吕耀军：《巴哈伊教〈亚格达斯经〉释义》[J]. 世界宗教文化，2006（4）.

③ Shoghi Effendi. God Passes By [M]. Wilmette: Bahá'í Publishing Trust, 1974. 213.

④ Universal House of Justice. Introduction to The Kitab-i-Aqdas [Z]. Wilmette: Bahá'í Publishing Trust, 1993. 9.

⑤ Ibid., 9.

⑥ Universal House of Justice. Introduction to The Kitab-i-Aqdas [Z]. Wilmette: Bahá'í Publishing Trust, 1993. 10.

有完成。后人在他的基础上继续工作，于 1973 年终于完成，其中包括了阿芬第翻译的这部著作的所有段落。这部汇编还附上了《问题与解答》作为附录。1986 年，世界正义院认为出版《至圣经》英文完全本的时机已经成熟，并将这一出版目标列入"六年计划"（1986～1992 年）之中，相信英文全本的出版会扩大这部著作的影响，促进其他语言版本的问世。

关于英文版的语言风格，阿芬第遇到了相当大的挑战。我们知道巴哈欧拉精通阿拉伯语且炉火纯青、独树一帜。他在书简和其他著述中尤其喜欢使用，因为阿拉伯语特别适合于阐释基本教义的精确含义。巴哈欧拉的语言风格高贵典雅，情感丰沛，势不可挡。那些熟悉阿拉伯伟大文学传统的人更有同感。面对这种语言风格的作品，英文的翻译目标应该读起来同样流畅、令人鼓舞。阿芬第不仅要忠实地传递文本的准确意义而且还要激发读者沉思敬畏的精神，这样才能适应原文独有的特征。他选用的表达形式让人想起 17 或 18 世纪译家翻译《圣经》的文体风格，恰好能够捕捉到巴哈欧拉阿拉伯文的文风。他对原文主旨和蕴含的独特的富有创见性的理解使他的译文具有同原文一样的启发性。虽然阿拉伯文和英文都具有丰富的词汇和多样的表达，但是它们的形式差别很大。阿拉伯文《至圣经》表达凝练简洁。如果语言明显具有隐含意义，那么就不应该用明示的方式转达。这就为文化、宗教及文学背景不同于阿拉伯世界的读者理解文本造成了困难。对一个段落的直译，对于阿拉伯语来说是清楚的，可对于英语来说却是晦涩的。因此，翻译要在美、清楚与质直之间寻求平衡是异常困难的。另一个困难就是阿拉伯语的法律用语所涵盖的意义不同于英语的相似词汇。圣典翻译务求小心谨慎，否则读者就会被误导，从而引起无穷的争议。因此，《至圣经》的翻译是所有圣典中最难的著作之一。阿芬第已经翻译了其中的三分之一，而且译得非常完美。余下的翻译遵循了这三个标准：意义准确、语言典雅、文体一致（与阿芬第的译文一致）。为了让不同文化背景的人更好地理解译文，英文本增加了注释、索引，还分了段落，同时附上了《问题与解答》及《〈至圣经〉概要和法律汇编》。

二、《至圣经》的内容

阿芬第对于《至圣经》的基本内容作了准确的概括。① 它向世界许多国家

---

① Universal House of Justice. Introduction to The Kitab-i-Aqdas［Z］. Wilmette：Bahá'í Publishing Trust，1993. 13～14.

的君王、皇帝、总统、宗教领袖及世界各国人民宣布了这部"最伟大的法律"。① 他以先知和上帝使者的口吻宣布这些君王为臣民，自己是"王中之王"，但放弃任何占有他们王国的企图，只是保留"占据和赢得人心的权利"。他警告世界的基督教会宗教领袖不要用现有的标准衡量这部经书。他正式命令建立"正义院"，厘定了它的功能，制定了它的财政制度，规定了它的构成人员（即由"正义之士""上帝代表"和"慈悲者之受托人"组成），提及了未来的"圣约中心"（即教长），并赋予他解释圣典的权力，预示了圣护的机构建设，见证对世界秩序革命性效果，确切地说明了上帝显圣者"绝对可靠"的教义，声明这一绝对可靠性是先知内在的和独有的权利，消除了在至少一千年以内出现另一位显圣者的可能性。

这部经文规定了义务性祈祷，指定了斋戒的时间和阶段，禁止集会式祈祷（为死者除外），确定了祈祷方向（Qiblih），明确了继承法，规定19天庆节、巴哈伊节日和闰日，废除了教士制度、奴隶制、吻手礼，禁止苦行、乞讨、出家修行、自我体罚、设立道场，规定一夫一妻制，强调了婚姻的重要性并规定了结婚的必要条件，反对（轻率）离婚，责备了闲散懒惰、毁谤中伤，斥责了虐待动物，禁止赌博、吸食鸦片、饮酒及饮用其他醉人的饮料，详细规定了杀人、纵火、通奸和盗窃的惩罚办法，订立了从事某一行业的义务，强调了为孩子提供教育手段的必要性，设立了严格服从政府的义务。除了这些规定外，巴哈欧拉还劝告巴哈伊信徒同所有宗教的信徒友好和睦地交往，不要相互歧视，警告信徒避免宗教狂热，禁止煽动骚乱，戒除狂傲、论辩和纷争，教会信徒纯洁无瑕、忠贞不渝、诚实可靠、礼貌好客、宽容友善、公平公正，劝说信徒协商议事，起来支持维护圣道，并保证给予他们确实的帮助。他宣布真正的自由在于服从他的诫命，告诫他们不要耽于贯彻法律，规定两个不可分割的义务：承认上帝启示的唯一性并遵守上帝启示的法令。两者不可偏废。

巴哈欧拉意味深长地号召美洲大陆共和国的总统保卫正义的圣道，劝令全世界的议员运用普遍通行的措辞和语言。他对普鲁士国王威廉一世、法国皇帝拿破仑三世提出警告，对奥地利皇帝弗朗西斯－约瑟夫加以斥责。他对柏林发出哀歌般的悲叹，并预言莱茵河两岸将遭受刀剑屠戮，② 尽管目前繁荣。他谴责君士坦丁堡的君主专制，预言它表面辉煌下的毁灭命运以及其居民注定要遭

① Bahá'u'lláh. *The Kitáb-i-Aqdas* ［M］. trans. Shoghi Effendi. Wilmette：Bahá'í Publishing Trust，1993. 49～57.

② Ibid. ，51～53.

受的苦难。① 他称赞他的出生地德黑兰是人类欢乐的源泉。他宽怀地原谅了加害于他的同父异母弟叶海亚并愿上帝原谅他。这些预言、警告、命令、劝诫、祝愿丰富了这部法律著作的内涵。

法律和命令构成了这部圣典的主题。巴哈欧拉将它喻为"吹向所有造物的生命气息""坚不可摧的堡垒""信仰之树的果实""维持世界秩序和各民族安全的最高手段""神圣智慧和慈爱天意的明灯""神圣衣袍甜美芬芳的气息""万物获得怜悯宽恕的锁钥"。巴哈欧拉本人对这部著作的评价是，"布满诫命和禁令的天堂"。他说："谁若读它并认真思考上帝颁降的法律言辞便受到祝福。""《至圣经》以这种方式宣示，它吸收和包括了所有被认定的神圣启示。""不久，它至高无上的权威、它的普遍影响和它的伟大力量将在全世界显现。"② 但是巴哈欧拉说："不要认为我们启示给你们的仅仅是一部法律。相反我们用威力和全能的手指启封的是精选的美酒，用以作为'神圣之笔'的见证。"③ 作为上帝唯一和先知存在的证明，它是最有分量的见证。

关于这部法律的解释权，"世界正义院"认为，巴哈欧拉将其著作解释权授给了阿博都巴哈，阿博都巴哈在其《遗嘱和圣约》中又将这一权力交给了圣护阿芬第，阿芬第肯定了巴哈欧拉和阿博都巴哈曾指示建立的"世界正义院"具有的对于法律和经文解释的权威性，④ 因此阿芬第和"世界正义院"是巴哈欧拉和阿博都巴哈两者的继承者，对于《至圣经》的解释同样有效。⑤

关于这部法律的执行，一份代表阿芬第写给某一全国灵体会的信函表明："巴哈欧拉在《至圣经》中启示的法律，当其在实行中并不是与当地的民法发生冲突时，要绝对约束无论东方还是西方的每一位信徒或巴哈伊机构遵照执行。其他的法律根据社会状态一定会从目前混乱的状态中诞生。已经在《至圣经》中形成的法律，都由'世界正义院'执行。"⑥

① Bahá'u'lláh. *The Kitáb-i-Aqdas*［M］. trans. Shoghi Effendi. Wilmette：Bahá'í Publishing Trust，1993，53.

② Baha'u'llah. *Synopsis and Codification of the Kitab-i-Aqdas*［M］. Universal House of Justice，1973，2.

③ Bahá'u'lláh. *The Kitáb-i-Aqdas*［M］. trans. Shoghi Effendi. Wilmette：Bahá'í Publishing Trust，1993. 21.

④ Universal House of Justice. Introduction to The Kitab-i-Aqdas［Z］. Wilmette：Bahá'í Publishing Trust，1993. 5～6.

⑤ Ibid.，3～4.

⑥ Universal House of Justice. Introduction to The Kitab-i-Aqdas［Z］. Wilmette：Bahá'í Publishing Trust，1993. 7.

第五章

阿博都巴哈掌管教务时期

第一节 从显圣者之子到"圣约中心"

一、信仰的完美典范

巴哈伊教的四个中心人物中，阿博都巴哈具有神秘的传奇色彩。"这是一个丰盛、坦荡、无可限量的生命，是言语所无法形容、涵盖和评估的，因为'巴哈欧拉之子'的一生中，每一件事迹都是一个重要的音符。"① 他虽不是先知，没有宗教创始人的地位，却是巴哈欧拉圣约所命定的特殊人物，被称为"圣约中心"。

阿博都巴哈是巴哈欧拉的长子，原名阿巴斯·阿芬第（Abba's Effend）。巴哈欧拉曾赐给他这些称呼："至伟之枝"（the Greatest Branch）"神之奥秘"（the Mystery of God）"教长"（the Master）。但他选择了"阿博都巴哈"（Abdu'l-Bahá，意为"巴哈之仆"）。1844 年 8 月 23 日半夜，阿博都巴哈出生于德黑兰。同日，巴布在设拉子宣教。8 岁时见父亲被关在一座不见阳光的德黑兰监狱的地牢里，虽令他心碎，但开始明白父亲的地位，产生了对父亲的崇高敬意。1853 年 1 月 12 日开始随父亲流放巴格达。他无任何学校教育曾在脑海中留下痕迹，他的心智发展完全是巴哈欧拉的关怀下展开的。他搜读巴布的著作，常交游于饱学之士或阅历丰富的人中间，十几岁便经常参加高僧们的聚会。青年时写就一篇明晰而富有启发性的穆罕默德著名圣传的评论。

---

① 白有志:《阿博都－巴哈——建设新世界秩序的先锋》［M］. 澳门：新纪元国际出版社，2001.3.

　　一次，一位叫阿里·绍开特·帕夏的"贵人"在巴格达要求阿博都巴哈为他诠释一段"圣训"的深意，即上帝说："我是隐藏的宝藏，我喜欢被知晓，因此我造物以知我。"阿博都巴哈根据上帝和人之间的关系以及创造和被创造之间的关系写了一篇长文答复这位帕夏。后者读到之后大为惊讶，认为他有不寻常的知识和能力。后来他成为阿博都巴哈的热心支持者。阿博都巴哈精通伊斯兰教，也精通犹太教和基督教的各种经典。一些人敬佩他的学识而减少敌意，有些人则受到感化而成为巴哈伊。"有一个巴哈欧拉的劲敌曾经说，即使巴哈欧拉无其他证明能证实其超凡的权力，他所培育的儿子阿巴斯-阿芬第，也足够为证了。"① 他跟随父亲第二次、第三次流放，学会悉心照顾父亲，使父亲免受恶意干扰。1868 年 7 月 26 日奥斯曼苏丹发出了流放巴哈欧拉及其家人随从的敕令，目的地是叙利亚的阿卡。残酷监禁生活锻炼了阿博都巴哈，使他成为"一个全新的人"。巴哈欧拉及其门徒面临着多方面的压力，遭受饥饿和疾病，忍受当地居民的蔑视、狂暴和敌意，饱尝与外界失去联系的孤苦，还有内部分裂分子的诋毁以及狱卒的无情，同时肩负着神圣而艰巨的传道重任。巴哈欧拉评价儿子阿博都巴哈说："'至伟之枝'从事了的工作，以同样的方式服侍，在亚得里诺堡用更高的努力去做，在阿卡又发挥得更充分，获得更大的成效。""教长，则是一切指责攻击的目标，且承担了所有的苦难。"②

　　阿博都巴哈用耐力、宽容和知识化解了阿卡居民对巴哈伊的敌意和仇视，同时赢得了尊重甚至赢得了更多的信徒。他融注了他的性情，"愉悦、和善的性情及容忍别人的表现，是传扬教义的必要条件，一个人所说的话，无论多么空洞，虚幻及以鹦鹉学舌之拾人牙慧，我们都应容忍过去。我们不应陷入或导致对方固执地拒绝和产生敌意，因为这会使对方自觉受挫和失败。结果进一步的障碍会介入他和圣道之间，而他会更加对圣道无知。我们应该说：对，不可否认，但从另一方面来看这件事，你自己就可以判别是真是假；当然说这话的口气应当有礼貌，温和而体贴的。"阿博都巴哈接受了父亲的教诲。巴哈欧拉对他的品行评价是，"'至伟圣枝'对任何无意义的谈话都腾出倾听的耳朵，其乐意的程度使对方自忖道：他希望向我学习什么。于是，他逐渐地以这种别人不能感觉到的方法，给对方洞察及理解的能力。"③

---

① 白有志：《阿博都-巴哈——建设新世界秩序的先锋》［M］. 澳门：新纪元国际出版
　　社，2001.12.
② 同上，20～21.
③ 同上，21～22.

由于阿博都巴哈的学识和智慧，他经常会见一些上层人物。囚禁于阿卡期间，有一位新任省长，经常让他的儿子向阿博都巴哈请教，在行政管理方面也向他讨教。阿拉伯自由主义改革家、"宪法之父"阿吉兹－帕夏特地从贝鲁特来见巴哈欧拉和阿博都巴哈。阿博都巴哈去贝鲁特回访这位改革家时还会见了许多阿拉伯世界中的显赫人物，包括与巴哈欧拉信仰不共戴天的对头泛伊斯兰主义的鼻祖赛义德贾迈勒丁·阿富汗尼（1838－1897）的朋友、未来埃及宗教法的伟大阐释者谢赫·穆罕默德·阿博都等。这位阿富汗尼的朋友竟然打算陪同阿博都巴哈回到阿卡，被后者说服阻止，因为此举将有害于前者及其地位。在阿卡的9年监禁中，正是阿博都巴哈的努力才扩大了圣道的影响。他化解了多位总督对巴哈伊流放者的敌意，赢得了他们的尊重和敬意。巴哈欧拉特别地称他为"教长"，加上巴哈欧拉给予他的其他称呼，表明巴哈欧拉已经给予了阿博都巴哈以崇高的地位。阿博都巴哈虽不具有巴布和巴哈欧拉享有的先知地位，却是这两位先知之光一尘不染的镜子，是信仰的完美典范。

阿博都巴哈著述丰富，他对巴哈伊教进行了系统总结。他的著述主要分为这样几类，一是教史类，如《旅行者手迹》《忠诚者的纪念》；访谈演讲类，如《若干已答之问》《巴黎谈话》；著述类，如《世界团结之基础》《遗嘱与圣约》；书简类，如《神圣计划书简——阿博都巴哈致北美巴哈伊》。

二、对巴哈伊教义的系统总结

阿博都巴哈是巴哈欧拉指定的对巴哈伊教义和著述的权威阐释者。他以其雄厚的宗教知识为基础，对巴哈伊教的基本教义进行了系统总结。阿博都巴哈最早（1911年）将巴哈伊教概括为三个核心教义：上帝唯一、人类一家和宗教同源。以后在访问巴黎和北美期间围绕这三个教义加以扩充，条目在十条左右。为巴哈伊教的传播产生了重要影响。他强调教育的重要性。在《巴黎谈话》中将教育（特别是妇女的教育）放在基本教义之中。在伦敦访问期间，他说："今天，女童的教育比男童的教育还重要，因为她是人类未来的母亲。所有的人都有义务关怀儿童。"① 他主张义务教育，"父母有义务训练孩子的良好品行，培养他们读书的能力。读书能力要达到一定程度，这样无论男孩还是女孩都不会成为文盲。如果父亲没有尽到责任，要强迫父亲履行责任，如果他没有能力履行责任，那么就让正义院接管孩子的教育。决不允许漏掉任何一个

---

① Abdu'l-Baha, *Abdu'l-Baha in London* ［M］. London：UK Bahá'í Publishing Trust, 1982. 91.

孩子致使他/她不能接受教育。"① 他继承了巴哈欧拉的风格，强调磋商的重要性。巴哈欧拉认为磋商要求的标准高于谈判和妥协。他说"凡事必要磋商。磋商是指路的明灯，天赋之悟力通过磋商才变得成熟。"② 阿博都巴哈指出："一个委员会的磋商会议非常重要和必要。"磋商时，委员会的成员既不要争论也不要憎恨，应该自由地发表意见，摆出所有的根据。"③ "人类团结是巴哈欧拉教义的基础，他的最大愿望是，人人心中充满爱和亲善。"④ 阿博都巴哈的宗教思想哲学思想、伦理观念等都以巴哈伊基本教义为基础做出了系统阐发。

三、对阿博都巴哈的评价

在一封书简中，巴哈欧拉称赞阿博都巴哈是"神圣之枝""上帝法律的臂膀"称他是"上帝赐给人类的恩惠"，是"上帝特别为他的圣道拣选的人"，"谁转向他便转向了上帝"，"谁失去了这一圣枝的庇荫谁就迷失于谬误的荒野。"⑤ 在巴哈欧拉40年的启示生涯中，阿博都巴哈逐渐成为前者的代表处理教务、外交及生活等各方面的事务，进而被提升到"圣约中心"的最高职位，这个职位赋予他将巴哈欧拉的圣道传播四方的至高权能。由于他的努力，并由于他"圣约中心"和巴哈伊教义权威解释者的地位，缓解了世俗加在显圣者身上的限制，驱散了笼罩在圣道上的阴霾。守基·阿芬第将阿博都巴哈描绘为巴哈欧拉圣约的"中心和枢轴"，是"完美的典范"，是"人类统一的主要动力"。阿博都巴哈的离世，标志着"巴哈伊历史的第一章，也是最动人的一章，划上了句号"，也标志着"巴哈欧拉之信仰的始创期，即使徒时期的结束。阿博都巴哈，通过他那意义重大的《遗嘱与圣约》，锻造了一条必不可少的链条，必定将永远地把那个刚刚逝去的时代与我们今天所生活的时代——信仰之过渡期及成长期——联结在一起。而这个时期必定会在成熟的时候达到它的开花季节，并结出功勋与胜利之果实，从而预告巴哈欧拉之天启的黄金时代

---

① Abdu'l-Baha. *Selections from the Writings of Abdu'l-Baha* ［M］. Haifa：Bahá'í World Centre，1978. 127.

② Baha'u'llah. *Tablets of Baha'u'llah* ［M］. Haifa：Bahá'í World Center. 168.

③ Abdu'l-Baha. *Baha'i World Faith-Abdu'l-Baha Section* ［M］. Wilmette：Bahá'í Publishing Trust，1976. 406.

④ Abdu'l-Baha. *Paris Talks* ［M］. London：Bahá'í Publishing Trust，1995. 45.

⑤ Shoghi Effendi. *God Passes By* ［M］. Wilmette：Bahá'í Publishing Trust，1974. 424.

的来临。"①

对于他的评价之高首先可以从教内外人士的哀悼词以及挽联中看出:"阿拉伯和波斯的群众啊!你们在哀悼谁呢?是不是昨天活着的时候是个伟人,而今天去世之后更伟大的人呢?"一位著名的基督教作者说:他的死"不仅是本国的损失,而且是世界的不幸。"② 一位穆斯林教法学者说:"我不愿在此过夸这位伟人,因为他那随时为服务人类的手和他一生美好而奇妙的故事,他所做的对的和好的事,除了心眼已盲者外,无人可以否认……"③ 此外穆斯林诗人、犹太教领袖都由衷地赞美他、哀悼他。西方媒体报道了这一重要事件的同时作了评价。法国《时报》称他是"一位和平使者""一位先知"。一家《晨报》说:"只要他在座,佛教徒、回教徒、印度教徒、袄教徒和基督教徒,都会融合。"④ 他的言行、智慧和精神是巴哈伊教灵魂的完美体现。

第二节 《若干已答之问》的历史地位

一、《若干以答之问》的成书背景

《若干以答之问》于 1904 年、1905 年和 1906 年期间的谈话语录编辑而成。1904 年阿博都巴哈与罗拉·珂丽佛·巴尼女士开始就许多宗教哲学问题进行了谈话。巴尼女士来到阿卡城访问阿博都巴哈时并没有出版这些记录的意图,"只是为了自己将来可以进一步学习。"后者所提问题虽然以宗教为核心,但阿博都巴哈的答复却深入浅出、涉及更广的领域。采访者巴尼女士完全把自己当成了学生,把阿博都巴哈当成知识渊博的导师。由于当时阿博都巴哈仍然是奥斯曼土耳其在阿卡城的囚犯,因此仅被允许接待少数来访者。同时他还面临被再次流放到更远的沙漠之地的威胁。为了能够毫不遗漏地记录同阿博都巴哈谈话的内容,巴尼女士安排了更多的人列席,有时是他的女婿,有时是他的三个秘书之一。会谈结束后,阿博都巴哈总是审阅一下记录稿,有时还做一言片语的更正。这些记录稿再由巴尼女士译成英文,而波斯文原稿已成为以色列

---

① 邵基·阿芬第:《巴哈欧拉之天启》[M].澳门:巴哈伊出版社,1995.2.

② 白有志:《阿博都 - 巴哈——建设新世界秩序的先锋》[M].澳门:新纪元国际出版社,2001.360~361.

③ 同上,362.

④ 同上,366.

海法巴哈伊文献馆的重要藏品之一。

关于这部著作的文体风格，可以说是谈话双方共同塑造的。巴尼女士刚刚懂得少许波斯语。阿博都巴哈开始迁就翻译者的口语水平，后来也迁就巴尼有限的词汇量。用巴尼的话说就是"他成了一位让自己俯就着小学生的教师，而不再是一位演说家或诗人。"① 为了照顾到巴尼对教义等有限认识，阿博都巴哈就根据她的情况将教义简化了。该书语言简练、富于逻辑性、形式通俗易懂，成为了解巴哈伊教的首选读物。关于这部著作的结构问题，由于这部著作是根据谈话记录整理的，因此各个论题的标题都是编者加的，各个大的部分也是编者划分的，目的是便于阅读。

这部著作于 1908 年在伦敦首次出版。在巴哈伊教的文献中，由于这部作为谈话录的著作所涉及的问题令人关注以及表达方式轻松而又独特，因而受到广泛的欢迎，它占据着特别重要的地位。20 世纪 30 年代，中国有了最初的中译本，译名是《已答之问题》，译者是积极引介"大同教"（即巴哈伊教的中国译名）的清华大学校长曹云祥先生，另一位译者是翻译家孙颐庆先生。此书并非合作翻译，而是曹先生去世后，孙颐庆将其中一部补译合辑而成。据孙颐庆先生 1937 年为该书中文版撰写的跋中得知，"二八年夏，有波斯籍友人奥斯古力君出大同教《已答之问题》一书相示，并嘱译成华文。且言此书已由曹云祥先生译就。但于付印时，一部被毁，未及再烦曹先生重译，曹先生竟尔长逝。故延至今日仍未完成。今年七月奥君仍嘱余译被毁之一部，计三十六页。"② 从这段文字可以读出这样几层意义：第一，引介者波斯人一再坚持将这部著作传播给中国人，可见他对此经非常重视，他很有可能是个巴哈伊信徒；第二，波斯人本意是全部著作最好由一人译出，这样可保证意义贯通一致，但后来未能如愿，补译是不得已的事；第三，从受托到勉强答应补译时止，孙颐庆先生很可能仅完成少许，否则会坚持重译，或许因为译者因为这部书要求精准、自己并不熟悉该教等原因而迁延。如今，澳门新纪元国际出版社的《若干已答之问》是由廖晓帆耗时近两载译出的。译文选用通行的宗教术语，汉语流畅通达，与英文原文比对，可以见到译者翻译笔力遒劲精准。

---

① 罗拉·珂丽佛·巴尼："〈若干已答之问〉英文初版译者序"［Z］. 阿博都巴哈：《若干已答之问》［M］. 中文版. 廖晓帆译. 澳门：新纪元国际出版社，2000. 3.

② 孙颐庆："〈已答之问〉中国上海一九三三年中文初版·跋"［Z］. 阿博都巴哈：《若干已答之问》［M］. 中文版. 廖晓帆译. 澳门：新纪元国际出版社，2000. 261.

二、《若干已答之问》的基本思想

古今中外的古代先哲，都对于人的存在、人与自然的关系、超越实在的东西、空无、终极等，进行过各种思考，如超越日常的、普遍的和表面的或超验的东西、神祇、上帝（有人格的或无人格的）、道、逻各斯、绝对精神等。所提的问题包括宇宙的终始、人的由来、神灵的意志、人生的意义等相互关联的问题。即便是无神论者或经验论者，也要思考人类命运的超越，也不可避免地对于终极有所思考。无论是东方还是西方，从古至今，这一传统都没有中断。然而东方和西方对于这些问题的回答不尽相同，这些差异在历史上也构成了人类之间产生冲突的根源，即便信仰同一宗教也因纷争不断产生冲突。两千多年后波斯地区的哲人巴布、巴哈欧拉从全新的视角做出了回答，而阿博都巴哈做出了创造性的而又精妙的解释。他促使人们清醒地思索存在的真谛，从而获得求知的满足和灵性的启迪。

这部著作的编者将阿博都巴哈的核心论点或一般性问题放在首位。首先提出上帝存在的论点以及神圣教育者或上帝显圣者必要性的论点。认为每一位显圣者都是上帝对人类展开教育计划中一系列环节中的一环。上帝派遣的先知有很多，其中代表一个显圣周期的已经出现的重要显圣者有亚伯拉罕、摩西、基督、穆罕默德、巴布、巴哈欧拉。每位显圣者都让人们对宗教、对自身与自然和他人之间的关系有一个重新的认识。他们有如人类航道上的灯塔，给人类以理想的光芒。

阿博都巴哈像一面镜子，放在西方乃至全世界各民族面前，使之映照出自身对于宗教问题认识的局限性和偏狭。他表达了对基督教中一些自古以来争论不休且颇为棘手问题的看法。惯于西方视角的信徒对于阿博都巴哈的解释感到耳目一新。他对基督"复临"这一问题特别重视，因为这一问题涉及巴哈伊教对于渐进性启示的立论。此外，他引经据典地考察了耶稣的出生、洗礼、圣餐的含义、基督的神迹以及三位一体等问题，表达了巴哈伊教对这些历史问题的认识。

阿博都巴哈思索了人类的起源、能力和状态，阐述了宗教与科学和谐的观点，探讨了知识的来源、真理的认识过程、真理的相对性和绝对性之间的关系等问题。阿博都巴哈对西方世界对大自然的征服而狂傲的态度不以为然，认为人类是枝叶，自然界是根，大自然实质就是在上帝权威的掌握之中。随着科学技术的发展，理性主义将理性视为上帝来崇拜，一些学者对于上帝的存在持怀疑的态度。从伏尔泰的自然神论到费尔巴哈的无神论再到尼采的唯意志论，从崇尚理性到非理性或反理性，西方人在探索救治现代文明的药方。

　　既然理性不是衡量文明进步的标志，那么什么是文明进步的尺度？尼采（1844－1900）猛烈地揭露和批判传统的基督教道德和现代理性。在认识论上，尼采是极端的反理性主义者，他对任何理性哲学都进行了最彻底的批判。他认为，欧洲人两千年的精神生活是以信仰上帝为核心的，人是上帝的创造物，附属物。人生的价值，人的一切都寄托于上帝。虽然自启蒙运动以来，上帝存在的基础已开始瓦解，但是由于没有新的信仰，人们还是信仰上帝，崇拜上帝，同时崇拜科学技术。尼采的一句名言"一声断喝——上帝死了"，是对上帝存在的无情无畏的批判。西方的一股思潮又走向了非理性的极端。在这种形势下，阿博都巴哈向西方世界证明上帝的存在。证明之一就是人不曾创造自身，一个并无全能的创造物是不能创造另一存在物的，由最小的物质在形式上产生的最小变化都能证明造物主的存在。

　　阿博都巴哈认为世界需要教育者，矿物界、植物界、动物界、人类都需要教育者。人类没有教育者，不受教育，与动物没有区别。教育有三种：物性的、人性的和灵性的。物性的教育是人与动物都具备的，即获得人体所需要的与生长和发育相关的资料。人性教育意味着文明和进步，是本质上有别于动物的活动。灵性的教育是以神圣美德为根基的，是人类世界的终极目的。人类需要的教育者要在任何领域都完美，远远超过所有的人。单凭人力和理性都不能担负起这一责任。那些已经出现的显圣者，他们无疑具有这种神力。

　　阿博都巴哈论证了亚伯拉罕、摩西、基督、穆罕默德、巴布、巴哈欧拉的教育者的地位，他们宣扬一神教，宣扬统一的神祇，改革或废弃先前的法律却遭到嘲讽、鄙视、仇恨、迫害或杀害，最后他们的道胜利了，人类更加文明。但如今，民族之间、国家之间、宗教之间、宗教与科学之间、男女之间、阶层之间、人与人之间仍然存在着纷争、不睦，人们仍然固执地执迷于不合时宜的原有律法中，甚或痴迷于律法和经文的荒谬理解而不能自拔。人们需要先知，却不断地要求证据，但是证据已经呈现。有历史的证据，如阿博都巴哈引述的《但以理书》《启示录》《以赛亚书》中的章句，可以证明上帝宗教法律的周期性演进，巴哈欧拉的显圣地位及其使命的真确性。阿博都巴哈比物联类、取譬设喻，用一年四季太阳在地平线上升起或黄道带上运行的位置不同而太阳仍然是同一个太阳的道理比喻真理之阳在不同先知身上闪耀。不同的世界，矿物界、植物界、动物界、人类世界，都追求不同的真正财富，人的光荣和高贵显然是某种超越物质财富的东西，这就是美德。而这些美德如果不是经过上帝的力量和神圣的教义就不会实质显现出来，因为它们的显现需要超自然的力量。理性的事物要借助感性去表达，圣典中的许多表达都是如此，如"死人复活""上帝如火柱般出现""父在子中，子在父中"等都世界感性形象表达的一种理性真实。先知在显圣之前默默无闻，如同睡者；显圣之后开口发言，耳聪目明，如同醒者。关于"再临""洗礼""神迹""面包""葡萄酒"等都做了内在的、象征性地、灵性的解释，如"亚当表示亚当的天国之灵，而夏娃则是亚当的人性灵。"①"亚当是亚当的灵，夏娃是亚当的魂，那棵禁树是人世，蛇是对这个人世的依附，这种依恋构成了罪孽并传给了亚当以后的世世代代。"②这一解释有利于消除依据现代科学理性解释圣典而产生的种种矛盾。

关于显圣者的全能，阿博都巴哈有缜密的解说。灵分五种，植物灵、动物灵、人性之灵、天国之灵和圣灵。人性之灵是可以从已知发现未知的能力，一切的科学发明、创造都由它而起。人性之灵一方面是神圣的，一方面是邪恶的。圣灵是上帝与其造物之间的媒介，有完美的神性。每次圣灵出现，世界就焕然一新，人类就进入了新的周期。先知都具有圣灵，理解上帝只能通过这些神圣显圣者。显圣者有三个层面：肉身的、忍耐性的（理性灵魂）、神性的，可见他们既具有人态，又具有灵态。《约翰福音》说："太初有道。"这"道"就是一切生命之因。正如太阳是万物的依靠，显圣者就是人类精神世界中的太阳，他出现时人类在智慧、思想和精神世界里就会出现非凡的进步。有两类先知，一类是被追随的独立先知，如亚伯拉罕、摩西、基督、穆罕默德、巴布、巴哈欧拉等；另一类是非独立先知，他们是追随者和促进者，如所罗门、大卫、以赛亚、耶利米、以西结等。孔子则是更新了古老的伦理道德的先知。根据阿博都巴哈的解释，孔子似乎属于第二类先知。③

关于人类的历史和宇宙的进化，阿博都巴哈有系统的解释。他认为每一个显圣者都有一个周期，在这个周期里，人类实施他的律法；这样的显圣周期有许多，经历无数时代与纪元，由这些显圣周期构成一个宇宙周期（the Universal Cycle）：一个宇宙周期不只几百万年；当一个宇宙周期结束，另一个周期便重新开始，旧的周期因新发生的大事而被彻底遗忘、湮没无踪。目前，人类处于亚当周期，这个周期的至高显圣者是巴哈欧拉。④ 人类并不像欧洲哲学家

① Abdu'l-Bahá. *Some Answered Questions* ［M］. Wilmette：Bahá'í Publishing Trust, 1987. 122.

② Ibid. , 124.

③ Ibid. , 164.

④ Ibid. , 160.

所思考的那样来源于动物，因为如果人曾有过一段时间处于动物王国之内，那么存在界的完美就被破坏了；因为人是这个世界的最高成员。地球并非是突然之间就成现在的这个样子的，而是经过了不同阶段的逐渐变迁之后，才形成这个完美状态。人类在其存在之初，在地球的怀抱中，就像在母亲的子宫中的胎儿一般，生长发育，从一种形态到另一种形态，直到他展现出如此的优美与完善。就是说，从存在之初人类就是一个独特的种类。①

人类灵性的性质不同于其他存在。人除了有一种动物所没有的非凡灵性能力之外，还有一种灵性能力，就是热爱崇高，总是渴望达到比他所处的世界更为美好的另一世界，这就是上帝所赋予的神性灵魂。人类的灵性和心智犹如母腹中的胎儿成长是逐渐完善成熟起来的。人之灵或叫理性灵魂出自于上帝，是"发源"而产生的，而先知超出人性之灵的"圣灵"是"显示"产生的。人性之灵如果不借助信仰就不能获知神圣的秘密和天国的实质。创造界只有善没有恶，人的品行有差异，这是因为人的天性用在了不义之事上。无论是矿物、植物或是动物，在其成分离散、元素分解以后，便不再留下任何痕迹、效力和影响。唯有人类，在肢体化解、组织腐烂以后，人的实质、人的灵魂却依然存在，仍旧起作用，并具有力量，灵魂是不朽的。灵魂并不在人体之内，肢体的完整残缺、健康病弱都不会影响灵魂。今世的人可以为过世的灵魂祈祷、乞求宽恕而使这些灵魂获得进步。人死后灵魂仍可继续进步。人的灵活的进步可以通过主的恩典、通过他人的祈祷或通过亲友的善行等方式实现。每个灵魂都是承受实质之阳的一线光明而存在的。人的生命有限，而人的完美无限、无极。上帝是太阳，先知之灵是镜子，反射实质之阳的种种美质，众人借助镜子感知圣阳之美。

关于人的认识能力，阿博都巴哈说：人的感知能力是动物也具备的，但人的理性灵魂是上帝创造而赋予人类的，只有人才能预知未来，有科学、知识、艺术、奇迹和各种制度发明。人类的理性灵魂是一种研究和探索能力。先知的"普世圣智"是一种上帝的意志力，不是一种研究和探索能力。人可以认识上帝的属性，而不能认识上帝的实质。认知上帝是人的根本。获取知识的方式有四种：通过感官认识事物、通过逻辑推理认识事物、通过传统经典认识事物、通过圣灵恩典认识事物。只有第四种方式才能得到肯定无误的知识。

关于自由意志问题，由于这是宗教中涉及上帝的全能和人的权能之间的关系问题，因此阿博都巴哈认为，人之无为或有为都仰赖上帝的助佑，但善恶的

---

① Abdu'l-Bahá. *Some Answered Questions* ［M］. Wilmette：Bahá'í Publishing Trust，1987. 183.

抉择在于人自己。这一结论肯定了人的自由意志和应负起的责任，保护了上帝的全能性和完美性。

三、对于这部著作的评价

巴尼的访问为阿博都巴哈了解西方文化背景的人存有的宗教哲学问题奠定了基础，这样在他 1908 年以后旅行到埃及、欧洲和北美向听众和基督教信徒解释巴哈伊教以及宗教哲学的基本观点时便有了针对性。这部著作在阿博都巴哈欧美之旅之前用英文在欧洲问世并流传，这意味着巴哈伊教的核心思想可以很方便地为西方所了解，为阿博都巴哈的欧美之旅使巴哈伊教及阿博都巴哈人格魅力在西方精神世界产生的震撼奠定了基础。阿芬第肯定了这部著作产生的时机，认为这部著名的谈话著作在很短的时间内就将巴哈伊教的某些基本问题解释清楚了，同时还引经据典并且用理性的论证方式提出了各种证据，对基督教、先知、《圣经》、人类的起源以及其他相关的各种论题做出了权威的解释。①

阿芬第评价巴尼女士为《若干已答之问》的问世并流传后代做出了不可磨灭的贡献时，称这部访谈著述论题涵盖广泛且解释无比珍贵。② 他在评价阿博都巴哈一个时期内（19 世纪和 20 世纪之交）为巴哈伊教所做的重大贡献时，将《若干已答之问》同"欧洲大陆第一个巴哈伊中心"（巴黎）的建设计划、巴哈伊世界第一个"灵曦堂"（即 Mashriqu'l-Adhkar，意为"晨曦敬拜上帝之所"，位于土耳其的 Ishqabad）的建设计划、修缮巴布在设拉子的故居的计划等相提并论，足见这本著作的重要性。③ 因此，在向世界传播巴哈伊教的著作翻译和出版计划中，《若干已答之问》是排在首位。④ 此外，在 1950 年 6 月 28 日由他人代写的给德国全国灵体会的书简中，阿芬第建议目前没有必要出版《地球乃一国》这部书，认为德国朋友更需要的是《若干已答之问》和《巴黎谈话》。

中国学者在最初引进这部著作时以"拿来主义"的态度。将"大同教"的这一经典视为全面了解巴哈伊教的一个便捷的路径。曹云祥博士在《中文

---

① Shoghi Effendi. *God Passes By* ［M］. Wilmette：Bahá'í Publishing Trust，1974. 268.

② Ibid. ，260.

③ Ibid. ，260，267～268.

④ Shoghi Effendi. *The Light of Divine Guidance* ［M］. Vol. 1 Haifa：Bahá'í World Center. 159.

初版译者语》中将它介绍为"博氏之子亚氏对教理之答案"。① 当然熟悉西方文化或基督教者阅读这本书会有更大的便利，因为提问者是西方人而不是东方人或中国人。若中国人提问会有所不同，当包含更多儒道佛的论题。但有的问题却重合了，如"轮回"问题，这与西方提问者的知识观点有关。这一点曹云祥博士并没有在"译者语"中提及，只是说"研究大同教者曾有若干疑问，或浅或深，性质各有不同，故本书之告成，实能裨益问道者，解答疑问。"② 结合这部著作的出版曹先生对巴哈伊教的总体评价是"大同教能改造人心，造福人类"。

第三节 《巴黎谈话》对巴哈伊信仰的发挥

一、《巴黎谈话》的产生背景

20 世纪初期，西方社会发生了巨大变化，社会矛盾更加突出，国家之间、民族之间、殖民地与非殖民地之间、新老帝国主义之间的矛盾日益激化。与此同时各种思潮此起彼伏，各种期望、企盼也彼此相异。许多人致力于灵性探索，执迷于这些领域之中，如唯灵论（spiritualism）、心理治疗、通神论、神秘学等。也有许多人在主流宗教中寻求复兴运动。与此相伴的还有各种社会意识，如工人运动、社会主义运动以及改良主义的福利国家思想。国际政治形势更加严峻，冲突不断，国际秩序呈现极不稳定的状态，传统价值观念受到挑战。欧洲各国列强自 19 世纪末叶便开始的军备竞赛日趋激烈，弱国夹在中间通过"协约"关系、"同盟"关系寻求强国保护。后期的帝国主义国家谋求重新瓜分世界。战争阴霾越来越浓重地笼罩在欧洲上空，民族主义狂热走向敌对的边缘。阿博都巴哈正是在这样的形势下踏上欧洲的土地，开始了他的西方之旅。

阿博都巴哈虽然不习惯于西方的思维方式，但还是能够超越这种文化传统的障碍，向各种背景的听众就最为人们所关注的问题发表意见。这些听众包括思想界的精英和泰斗、宗教界的领袖、政府官员等。他以平易近人的谈话风格深深地吸引了听众。在听众的心目中，阿博都巴哈是一位来自东方的圣人，新

---

① 曹云祥："《若干已答之问》中国上海一九三三年中文初版译译者语"［Z］. 阿博都巴哈：《若干已答之问》［M］. 中文版. 廖晓帆译. 澳门：新纪元国际出版社，2000. 260.

② 同上，260.

闻媒体对他的天赋和智慧做了广泛地报道。阿博都巴哈于 1911 年 10 月 3 日到达巴黎，12 月 2 日离开巴黎前往埃及。总共停留时间是 9 个星期。《巴黎谈话》（Paris Talks）是由听众提问后阿博都巴哈即席讲话的汇编。阿博都巴哈讲话用的是波斯语，当场由人译成法语。在场的记录员是来自英国的四位访客，她们分别是布龙菲尔德（Sarah Louisa Bloomfield）女士和她的两个女儿玛丽·布龙菲尔德和罗丝·布龙菲尔德，以及贝娅特丽琦·M·普拉特。这些记录，根据阿博都巴哈的建议，转译成英文出版。尽管这四位译者承担这一任务时疑惧重重、诚惶诚恐，但是经过她们的共同努力，结果证明这部谈话著作是最受欢迎且传播最广的著作之一。英文版 1912 年初版以来到 1995 年止已经出过 12 版。美国还曾经以"阿博都巴哈的智慧"为题出版。该书的中文版有两岸三地的三个版本，对未来的学术交流利弊并存。这三个版本分别是，1984 年台湾大同教出版社的《阿博都巴哈的巴黎片谈》，1990 年中国大陆国际文化出版公司译自德文版的《巴黎讲话》（陈晓丽译，孙隆生校对），1999 年澳门新纪元国际出版社的《巴黎谈话——阿博都巴哈 1911 年巴黎演讲录》（陈晓丽、李绍白翻译，孙隆生、陈源兴、苏行、李绍白校）。2009 年 4 月出版了第三个版本的修订版，由李绍白主持了文字校正、译名统一的工作。

二、《巴黎谈话》的基本思想

阿博都巴哈没有从超越一切的上帝讲起，而是从最切近的人伦关系讲起，即"对待陌生人和外乡人（外国人）仁慈和同情"，这一论点的基础是人类都是"上帝的孩子"，对他人友爱是上帝的要求。但友爱要见诸行动。思想分两种：（1）仅属于思想世界的思想和（2）用行为表达出的思想。精神的或宗教的哲学家总是将他们的崇高思想转变为行动。① "好的思想要转变成行动"这一论题在《巴黎谈话》中或明或暗地贯穿着，阿博都巴哈不仅阐释"为什么"，而且还阐释"怎样做"。一切漂亮的言辞只是言辞而已，它们很少转化成行动。人类进步的原因是行动，不是言辞。"如果我们是真正的巴哈伊，言辞不是必要的。"② 在演讲中他不时地联系当前世界局势，比如他悲叹刚刚开始的意土战争（即 1911～1912 的意大利发动的夺取土耳其北非属地的黎波里的战争）。③

---

① Abdu'l-Bahá. *Paris Talks*［M］. London：Bahá'í Publishing Trust，1995. 4.

② Ibid.，78.

③ Ibid.，107.

针对当时欧洲流行的其他途径解决人类精神问题的努力，阿博都巴哈提出真正的治疗方法来自上帝。有两种原因导致疾病，一是物质的，一是精神的。灵魂的疾病需要来自上帝的精神治疗方法。

和平是巴哈伊教的最大主题之一。阿博都巴哈论述了战争的起因，认为战争是人贪婪地争夺低级层次的物质形式的结果。他生动地表达了人是同一棵树上的树叶、同一座花园中的花朵、同一个上帝的儿女的思想。面对东西方的差距和分裂，阿博都巴哈提出东方和西方需要和平。自古以来精神的真理之阳总是从东方升起，东方可以给西方提供精神进步的援助。西方可以为东方提供物质进步的帮助。东西方只有团结起来才能产生新的全球文明。

爱是所有宗教的主题，所有的先知都传播爱的福音。"所有宗教的本质就是上帝之爱。"① "爱是上帝创造人的目的之根本原则。"② 爱有各种表达方式和手段，人类以来的自然物质都是上帝爱的表达方式和手段。爱是无限的，没有边界的。我们不可以用有限的手段充分表达无限的爱。对于国家的爱是有限的，对于种族的爱是有限的，对于党派的爱是有限的，对于利益集团的爱是有限的。这些爱都可以导致对于自身所在范围之外他者的仇恨和嫉妒。人首先是上帝的儿女，在上帝面前所有的人都是平等的。宗教的目的是让人类统一，"如果宗教成为分裂的根源，那还不如没有宗教。"③

阿博都巴哈承认宗教是真正文明的基础。宗教因其教导人类道德而成为真正的哲学。他肯定了基督教所具有的泛爱思想并赞扬了它的历史贡献。但是他认识到基督教已经背离了原来的宗旨。目前真理之阳已经照映，他号召基督教世界的西方回到基督教的本质上来。基督教这一东方宗教照亮了西方，它是西方的文化之根。而今天，基督教中的"圣灵"重新对世界讲话，全人类都将穿上新的衣袍。

耶路撒冷圣城已在地球上重新出现，这城就位于东方的波斯。巴哈欧拉教导人们消除纷争，向人们揭示了产生纷争的原因，认为主要的原因就是各个民族的宗教领袖和宗教导师错误地表达了宗教的本质。这些宗教领袖和导师训导教民：只有他们的宗教才是真正的宗教。于是，产生了无数宗教偏见和纷争。上帝创造了这个多样的世界，然而在上帝的同一性面前差异是表面的，不是本质的。人类有很多种族、有不同的肤色，然而他们没有本质差别，都是上帝的

---

① Abdu'l-Bahá. Paris Talks［M］. London：Bahá'í Publishing Trust，1995. 80.

② Ibid.，123.

③ Ibid.，123.

奴仆。重要的是，人们要学会欣赏这种多样统一之美、多样和谐之美。同样对于不同人的不同观点不应该怒目相向，要相信对方也具有寻求真理的真诚。这里有很多侧面，任何一个人都不可能掌握真理的全部，因此应该求同存异。

阿博都巴哈重申了巴哈伊教的宗旨，即将上帝的爱布满全球。具体地说就是，为了人类的统一努力工作和诚心祈祷，愿世界上所有的种族变成一个民族，愿所有的国家变成一个国家，愿所有的人同心同德，建设一个统一、友善的世界。关于民族的文化差异问题，巴哈伊教提倡的是多样性的统一，因此上述的"统一"不是消除差异的统一，而是消除分裂、仇恨和排他主义的统一。

神圣的本质是不可知的、无限的、永恒的、不可见的，但是创造界的现象受自然律的制约，是有限的、暂时的。因此，要理解神圣的创造之源必须借助神圣本质的帮助。但是人不能直接认识上帝或得到上帝的帮助，只能借助一个中介才能把这两极联系起来，这个中介就是圣灵、先知或显圣者。圣灵就是教导人们获得永恒的生命的中介。

有两种进步：物质进步和精神进步。人在取得了物质进步的时候往往忘记了精神进步。物质进步是值得赞扬的，只有物质和精神共同进步，人类才变得完全，[1] 才能有真正的进步，才能实现"至大和平"。[2] 但是人类利用物质进步满足战争的欲望毁灭同族兄弟，显圣者的降临就是帮助人类纠正这种错误，使人类取得真正的双重的进步。人类征服了自然，可悲的是人类却成了自然的奴隶。[3]

人具有双重本质，即灵性本质和物性本质。前者是高级的精神本质，后者是低级的物质本质。物性本质表达了非真理性、残忍性和非正义性；灵性本质表达了真理性、慈爱和正义。人既具有做善事的能力，又具有做恶事的能力。做恶事的倾向被克服了，人就可以成为圣徒。圣徒就是人间的灯盏。耶稣基督的 12 个门徒都是人间的灯盏。人的灵性没有外形的变化，是不可摧毁的。人的灵魂具有独立性，人死之后升入天国，仍然获得进步，趋近上帝。灵魂的进步不同于物质世界从一个等级向另一个等级的进步，这种进步是在上帝的恩典下不断趋近上帝的过程。

有两种光：可见之光和不可见之光。[4] 可见之光，让我们感知周围世界的美，但是不能让我们明白或理解周围事物的美。心智之光是最高级的光，它来

---

① Abdu'l-Bahá. *Paris Talks* [M]. London：Bahá'í Publishing Trust, 1995. 58.

② Ibid. , 107.

③ Ibid. , 125.

④ Ibid. , 64.

自神圣之光，它给人类知识和理解力，能够让先知预知两千年以后的事情。这光可以比作镜子，既可以反射镜子前的事物，又可以映照出我们自身的灵性。上帝给予人类的最伟大的礼物就是智力或理解力，人类借此获得科学知识，发展文明。但是人类也运用这一礼物毁害文明，因此阿博都巴哈希望人类运用理解力促进团结、增强友爱、实现世界和平。阿博都巴哈肯定了所有人类都具有灵性进步的渴望。灵性进步依赖于上帝赐予人类的最伟大的礼物之一，这种能力让人区别于动物，这种能力让人不断追求进步和超越。精神进步和完善是人类的天赋权利。

人的本质是灵魂，是精神，不是身体。人的身体属于动物世界，人的灵魂能让人提高到其他创造界之上。人的灵魂使人成为神圣的存在，指导人的行为。灵魂有两个主要功能：（1）灵魂通过大脑再到双手和口舌交流欲望和目的。而灵魂中的精神是生命的本质；（2）寄居着精神的灵魂有自己独立存在的功能，无须借助身体的感官。① 人类世界有三个等级：肉体、灵魂和精神。灵魂是肉体和精神的中介，这种关系就像树是种子和果实的中介一样。肉体属于人的动物等级。从这一点上看人分有了动物王国的一部分。但人与动物不同，人有理性灵魂，有人类的智力。这个智力是肉体与精神的中介。人的精神通过灵魂的功能启发人的心智，使人登上创造界的顶峰。遗憾的是，人并不将自己的心灵向精神敞开，而是使灵魂转向物性的一面，结果使人从高位落到动物界的低位。② 人的灵魂优于身体，精神优于灵魂。精神不需要身体，但身体需要精神。③ 任何事物不是进步就是退步，灵魂作为独立的存在不是停滞不前的。灵魂离开肉体后仍然继续存在，仍然进步。④

阿博都巴哈解释了"诽谤"的宗教意义。⑤ 所有的先知都经历了激烈的诽谤；诽谤使人树立了独立探索真理的精神；诽谤只能暂时蒙蔽一部分人或所有的人；诽谤使圣道传播得更远更持久。他强调独立探索真理的重要意义。独立探索真理可以加强个人的自我意识和独立性。宗教真理和精神真理要依靠自己发现，而不是依赖别人的观点。

在这个世界上人们受两种情感影响：欢乐和痛苦。欢乐让我们心智更加敏感活跃，悲伤让我们的理解力更加迟钝虚弱。痛苦的根源来自物质得失，来自

① Abdu'l-Bahá. *Paris Talks*［M］. London：Bahá'í Publishing Trust，1995. 83～84.
② Ibid.，95～96.
③ Ibid.，84.
④ Ibid.，88.
⑤ Ibid.，101～106.

对这个世界的幻觉。精神世界没有痛苦只有欢乐，一种永久的平和的欢乐。当人们为痛苦包围，一定要转向精神世界，精神世界会指出前行的道路。阿博都巴哈为人们快乐健康的精神生活和道德修养提供了指导。人不能满足于吃、喝、睡。人的思想和理想是追求人自身的完善，把欢乐带给他人。对外族人所遭受苦难的冷漠为阿博都巴哈所不齿。他教导人们坚韧，信徒虽少，但圣道总会壮大。不伤害他人，为所有人祈祷，努力让光芒照亮世界。

《巴黎谈话》第二部分构成了这次谈话的重要部分，在巴哈伊宗教思想史也是关键部分。他基于伦敦总结的巴哈伊教三大基本教义后的 10 条基本教义，又在巴黎神智学会总结出了巴哈伊教的基本教义。这次总结共计 11 条，分别是，1. 追求真理；2. 人类一家；3. 宗教为爱之根源；4. 宗教与科学统一；5. 消除人类所有偏见；6. 获得生存手段的机会平等；7. 法律面前人人平等；8. 世界和平；9. 宗教与政治两不侵扰；10. 男女平等—妇女有受教育权；11. 圣灵权能至上。① 这些细则成为阿博都巴哈以后重申基本教义的基础框架。

三、《巴黎谈话》的评价及与《若干已答之问》的比较

阿博都巴哈在《巴黎谈话》中所表现出的最重要的一点就是，不是单纯地谈论美德，而是展示美德，实践美德。阿博都巴哈所树立的不仅是人类的新精神，而且是一种全人类的新道德。无论在巴哈伊宗教生活中还是在世界所有的宗教生活中，阿博都巴哈都堪称人类的光辉典范。因此，阿博都巴哈最有资格作东西方的精神导师。《巴黎谈话》既是阿博都巴哈的"言"，又是他的"行"。然而阿博都巴哈的宗教理想还没有被世界普遍接受，也没有普遍实行，也许正是这一点，这部著作所蕴含的意义对于人类的未来就更加重要。《巴黎谈话》不像《若干已答之问》那样引经据典，那样侧重形上问题的论证。前者用浅近而深刻的语言解释和扩展了后者提出的主要问题。

对于上帝的本质、人的认识能力、人的全能、人与自然的关系等问题，《巴黎谈话》有更详细的扩展。阿博都巴哈重申，上帝理解万物，但上帝的本质是不可知的。其立论基础是，下一层次或世界不能理解上一层次。《巴黎谈话》对《若干已答之问》中的问题进行了扩展，如后者中的对"人不能理解

---

① Abdu'l-Bahá. *Paris Talks* ［M］. London：Bahá'í Publishing Trust, 1995. 127～130.

上帝的本质"这一论题进一步阐述方式①与《巴黎谈话》不同。② 又如关于基督的诞生、基督与上帝的关系等问题，在《若干已答之问》中运用象征的言语阐释，③ 在《巴黎谈话》也用象征性的方法做了进一步的阐释。④ 在《若干已答之问》中阐释了"教育者的必要性"，⑤ 而在《巴黎谈话》中阐释了圣灵作为上帝与人之间的中介地位。⑥ 关于巴哈欧拉的地位问题，这两部著作都有专门论述。这样就将显圣者或教育者与基督教的圣灵统一起来了。关于洗礼，在《若干已答之问》中，从洗礼的起源、意义及法律的时代性等方面说明了理解圣典和接受新的律法的必要性。⑦ 在《巴黎谈话》中，将福音书中提到的用火洗礼（Matthew 3：11）和用水洗礼（John 1：25～28，33）合起来解释它们统一的象征含义。⑧

随着对欧洲思想世界和精神领域的了解，阿博都巴哈以巴哈欧拉的教义为基础和立足点，发现了更多可以与西方融合的视域。西方同东方一样，都在寻求建立一个正义、和平与和谐的世界秩序。他预言未来将超出我们的最高理想，但预测人类如果对目前的发展方向不加节制就会有灾难性的命运，他清楚地给出了防止这种命运的建议。他对巴哈伊教义加以提炼、总结进而发挥，用来解答西方世界面临的现实问题，比如妇女权益、种族主义、排他主义、极端民族主义、消除战争、集体安全以及国家间的和平。他关心那些被践踏、被压迫的人，关心贫富差距，进而身体力行，为那些无助者提供帮助。他关于人权和义务的关系的讲演对于当时的社会制度是一个很大的挑战。

关于宗教问题，阿博都巴哈回答了上帝的本质、灵魂的存在、作为人的灵性的爱等问题。讨论了《圣经》中的预言、渐进性启示以及先知的地位等问题。阿博都巴哈具有无与伦比的宽广视野，涵盖普天之下所有的差异，将这些差异统一到大"一"中去。然而，20世纪的欧洲，帝国主义展示的虚妄景观

---

① Abdu'l-Bahá. *Some Answered Questions*［M］. Wilmette：Bahá'í Publishing Trust，1987. 218～221

② Abdu'l-Bahá. *Paris Talks*［M］. London：Bahá'í Publishing Trust，1995. 10～14.

③ Abdu'l-Bahá. *Some Answered Questions*［M］. Wilmette：Bahá'í Publishing Trust，1987. 85～91.

④ Abdu'l-Bahá. *Paris Talks*［M］. London：Bahá'í Publishing Trust，1995. 47～50.

⑤ Abdu'l-Bahá. *Some Answered Questions*［M］. Wilmette：Bahá'í Publishing Trust，1987. 6～10.

⑥ Abdu'l-Bahá. *Paris Talks*［M］. London：Bahá'í Publishing Trust，1995. 50～52.

⑦ Abdu'l-Bahá. *Some Answered Questions*［M］. Wilmette：Bahá'í Publishing Trust，1987，89～95.

⑧ Abdu'l-Bahá. *Paris Talks*［M］. London：Bahá'í Publishing Trust，1995. 79～81.

令人目眩，洋洋得意的民族主义冲击着人们的思想，科技成就让人们变得更加骄狂。各国领导人都将这些客观因素用于发动战争机器。阿博都巴哈的和平主义思想无疑是持这些观点的人的清醒剂。

一个世纪后，阿博都巴哈对我们当代人仍起着重要的启示作用，他为我们指出了看待世界的新方法和更适当的路径。这些思想方法和路径，没有偏见，没有使过去的矛盾陷于僵化。他视全人类为一个家庭中的成员，阐明了人类本质中的潜在善端，表达了每一个宗教都是上帝自古以来绵延而来以至于未来为人类提供的指导链条的一部分。他认为宗教是人类团结的源泉，个人的拯救与全人类通过建立新的社会秩序实现的拯救密切相关。阿博都巴哈的建议不仅仅是灵性的升华，而且是值得全人类各个民族加以重视和实施的实践方案，他提出的策略有一种强劲的凝聚力，把人们团结起来，努力将精神原则和教义转变成行动。

第四节　巴哈伊教基本教义的明确化过程

一、巴哈伊教基本教义的承传关系

近代伊斯兰世界为迎接西方入侵的挑战，发起了一系列伊斯兰教宗教改革运动。这本身说明人们独立探索真理的意志，是理性主义和批判精神的弘扬。但另一方面教派的出现是各种宗教思想影响和吸收同时出于政治斗争的需要而产生的（如伊斯兰教某些派别对基督教、新柏拉图主义及佛教等的借鉴和吸收），另一方面也伴随着排他主义（exclusivism）的倾向。然而，又有一股时明时暗的统一或求同的浪潮在涌动，或存在于一个宗教的内部各派别之间，或存在于各个宗教之间。这就是普世主义思想。巴哈伊教的基本教义是普世主义的，它宣扬人类同根同种、所有宗教同源、追求世界大同，所谓"地球乃一国，万众皆其民"，提倡团结和平等，主张独立探求真理，反对因袭和模仿，反对教条主义和宗教狂热。但是这种包容主义（inclusivism）并不否认区别，相反它认为任何宗教都不应宣布其掌握了全部真理。对终极真理的追求是人类尚未完成的使命。提出"差异中的统一"的宗教思想，它的普世伦理自然以此为基础。巴哈伊教的基本教义应该看成是继承了历史上求同存异思想的教义。

巴哈伊教基本教义部分地存在于巴布教。巴布教的基本教义是对伊斯兰基本教义的扬弃。巴布教的经典是巴布启示的《默示录》，其中的基本教义，如安拉（或称上帝）是唯一至高无上的存在，各宗教同源而异名，男女平等，教派之间、国家之间的和平共处等等主张为巴哈伊教义的制订创造了条件。由巴哈欧拉启示于1873年的《至圣书》被阿博都巴哈称为巴哈欧拉启示的"世界新秩序的宪章"。它继承了《默示录》的基本教义，同时详细地制定了律法（如继承法、婚姻法、刑法等），也制定了一些礼俗（如禁止吻手礼），戒绝不良嗜好（如吸食鸦片），也有向全世界各国议会提出的建议（如确立一种共同语）。因此，它既是伦理规范，又是法典，为建立新的世界秩序订立了根本大法。

巴哈伊教为世界的和平统一而立教，在从亚得里亚诺堡到阿卡的流放中（1963年2月~1968年8月），巴哈欧拉向世界上一些国家的国王和统治者以及罗马教皇发出信函，召唤他们高举公义旗帜，用他们的力量来终止苦难和战争。这显然具有世界意义。2002年4月，巴哈伊世界中心—世界正义院致函全球宗教领袖，仍以"人类一家"出发点，宣扬宗教的宗旨是友爱与和平，呼吁世界各宗教，当一个"全球社会"从二十世纪的变革实践中脱胎而出之时，迎接种种挑战，放弃宗教狂热主义、排他主义、种族主义及狭隘民族主义，放弃认为自己那个宗教信仰"赋有特权或者就是终极真理"之类的声称，肩负起友爱与和平之重任。巴哈伊教的这种气度、责任感，与其普世主义的基本教义密切相关。

二、基本教义明确化过程

上述基本教义是巴哈伊教的母本，对它们阐释和丰富的任务落在了阿博都巴哈的肩上。1911年8月11日阿博都巴哈离开埃及起程前往英国，开始了他具有开创意义的两次欧洲之旅，向基督教世界阐释巴哈欧拉的宗教观念。9月30日阿博都巴哈应神智学会（Theosophical Society，1875年创立于美国，宣扬西方神秘主义和印度婆罗门教、佛教教义）会长Besant夫人邀请，在其总部发表了谈话。他称赞了信徒们追求真理的热望。接着简略地总结了巴哈欧拉的基本教义：1. 独立探索真理，反对盲目因袭传统；2. 人类一家，每个人都是一棵树上的枝叶和果实，男女平等，消除宗族、宗教和阶级偏见；3. 宗教是友爱、统一和团结的根本。如果宗教成为仇恨和不和的根源，那么还不如没有宗教；4. 宗教与科学相互交织，密不可分。两者好比人类腾飞的双翼，对于充实的宗教生活来说，教育和文明是必要的而且是最为重要的；5. 各个宗教所表达的真实是一个，因为现实只有一个，而不是两个。它们如同不同季节从地平线上不同点升起的太阳；6. 人类社会所有成员一律平等，亲如手足。保证和维护基本人权。7. 消除贫困，穷人亦应满足日常衣食；8. 通过选举建立世界仲裁委员会（Great Board of Arbitration），解决国与国之间的争端，实现普世和平（the Most Great Peace）；9. 只有物质文明不能满足人类的需求，人类幸福的根本在于建立精神文明，接受圣主的恩典。① 这一概述的重大意义在于巴哈伊教以简洁明朗的语言向西方乃至全世界表达了所有对人类面临的重大问题的态度，为日后基本教义的提炼奠定了基础。

1911 年 10 月 3 日，阿博都巴哈来到巴黎，停留约 9 周，其中发表的部分演讲经记录汇集为著名的《巴黎谈话》。同年 11 月向巴黎神智学会发表演讲，将巴哈伊教的基本教义阐述为 11 条：1. 追求真理；2. 人类一家；3. 宗教为爱之根源；4. 宗教与科学统一；5. 消除人类所有偏见；6. 获得生存手段的机会平等；7. 法律面前人人平等；8. 世界和平；9. 宗教与政治两不侵扰；10. 男女平等—妇女有受教育权；11. 圣灵权能至上。② 在对第 8 条的解释中，提出建立"最高仲裁法庭"（the Supreme Tribunal）或"大议会"（the Great Council）的设想。还提出巴哈欧拉也曾在《至圣书》中启示过的确立世界通用语的主张。

1912 年 3 月 25 日，阿博都巴哈来到纽约，开始了他的北美访问。11 月 17 日，在纽约第 58 大街西 252 号的宗谱堂（Genealogical Hall）发表演讲时将基本教义阐释为十三条，将直接涉及宗教的条目扩大为四条，与访问英国时第 8 条中的"最高仲裁委员会"相应的是"国际仲裁法庭"。可见，阿博都巴哈一直坚持建立这一世界机构的意愿，虽然名称或建制都还具有创意的性质。这十三条是：1. 人类一家；2. 接受圣灵的护佑（圣灵指上帝流溢于显圣者的那种存在或力量，好比太阳的能量传至行星之上的光芒。本书作者转自《若干已答之问》附录三）；3. 所有宗教的基础是一个；4. 宗教应为统一的根源；5. 宗教应符合科学和理性；6. 独立探索真理；7. 男女平等；8. 消除人类所有偏见；9. 普世和平；10. 普及教育；11. 确立世界通用语言；12. 解决经济问题；13. 建立国际仲裁法庭。③

在《阿博都巴哈论神圣哲学》中，阿博都巴哈将巴哈欧拉的基教义总结为十点：1. 独立考察现实；2. 消除人类所有偏见；3. 人类一家 4. 宗教应为

---

① Abdu'l-Baha. *Abdu'l-Baha in London*［M］. London：UK Bahá'í Publishing Trust, 1982. 27 ~ 30.

② Abdu'l-Bahá. *Paris Talks*［M］. London：Bahá'í Publishing Trust, 1995. 127 ~ 130.

③ Abdu'l-Bahá. *The Promulgation of Universal Peace*［M］. Wilmette：Bahá'í Publishing Trust, 1982. 440.

统一的根源 5. 宗教与科学统一；6. 世界通用的辅助语言；7. 普及教育；8. 男女平等；9. 世界议会；10. 普世和平。①

1943 年版的《巴哈伊世界信仰》②中记述了对巴哈伊教基本教义的另一次概括。在指出人类处于因袭模仿的危险之中的同时，概括地叙述了阿博都巴哈为新世界所奠定的基本教义和人文理想。条目、顺序及内容概述如下：第一，独立考察现实，反对因袭模仿。因为因袭模仿，不遵从真理，由此产生的差异就会导致争端和战争。"只要因袭模仿存在，世界大同便不可能实现。""如果各国都能考察现实，它们就能彼此意见一致而联合起来。"第二，人类一家。所有的人都是上帝仆人，是人类大家庭中的一员。上帝创造了众生，众生皆其儿女。第三，宗教为爱与统一认识的因缘，是团结全人类的纽带，是上帝接近人类的桥梁。如果宗教成为仇恨和不和的根源，那么还不如没有宗教。不信教的人反而会好于信教的人。第四，宗教与科学和谐一致。上帝赋予人类智能和理性，并要求人类证实人类提出的问题和命题。若宗教与科学发生矛盾，那么这种宗教就是只是迷信和想象而已。建立在无知基础上的信仰只能是摇摆不定的。由宗教、种族、爱国主义及政治因素影响而产生的偏见破坏人类发展的基础，破坏人类的福祉。不消除它们，人类就不能进步。只要它们存在，战争、敌意和仇恨就继续存在。第五，为经济调整订立指导原则，消除贫富悬殊，确保全人类的稳定和繁荣。第六，确认并采纳同等的人权标准。世人一律平等，在上帝的正义和平等面前，任何一个人类灵魂都无差等和特权。第七，教育是根本。人类世界的所有教育标准应该协调统一，应建立世界通用的课程体系。伦理教育的基础应当相同。第八，确立一种世界通用的语言，世界上所有的学校和教育机构都应教授学习。这是实现人类统一的重要条件之一。第九，男女平等。人类社会不会把性别特殊化。妇女的现状是因为受教育权利和享有的机会不平等造成的。只有女性与男性相互协调，平等进步，互补互助，人类幸福才能实现。而在《巴哈伊世界信仰》③中编辑的又一次概述中将上面第四条的"消除人类所有偏见"分条例出，增加"建立世界正义院"。条目、顺序及内容概述如下：

1. 人类一家。全体人类是"一棵树上的叶子和一个树枝上的果实"；

① Abdu'l-Bahá. *Abdu'l-Baha on Divine Philosophy* ［M］. Boston：The Tudor Press，1916. 24.
② Abdu'l-Baha. *Baha'i World Faith-Abdu'l-Baha Section* ［M］. Wilmette：Bahá'í Publishing Trust，1976. 238～241.
③ Abdu'l-Baha. *Baha'i World Faith-Abdu'l-Baha Section* ［M］. Wilmette：Bahá'í Publishing Trust，1976. 245～247.

2. 独立考察现实，任何人都不应该盲目因袭模仿祖先和先辈信仰。为探求真理，每个人都必须用自己的眼睛看，用自己的耳朵听；

3. 信仰上帝的所有宗教，其基础是一个。同一是真理，真理不容许有多个同一；

4. 宗教是人类友爱、统一和团结的根本。如果宗教成为不和与敌意的根源，如果宗教导致分裂、引发冲突，那么还不如没有宗教；

5. 宗教必须与科学和理性和谐一致，若宗教不能与科学和谐，不能与理性一致，那么这种宗教就是迷信；

6. 男女平等；

7. 由宗派、教派、爱国主义及政治因素影响而产生的偏见和狂热破坏人类团结的基础，因此，应从这些桎梏中解放出来，实现全人类的统一；

8. 国家、政府、民族、种族之间及人类所有其他方面的和平是巴哈欧拉所确信的普世和平，是信仰上帝宗教的根本理想，也是上帝之道显示的特征之一；

9. 所有人类都应取得知识，获得教育。这是持守宗教信仰的必要条件；

10. 为解决经济问题提出良方；

11. 建立世界正义院。

阿博都巴哈认为以上各点大多都是首创的，没有哪一个宗教领袖或先知提出或阐述过，或者提出过相反的结论。1985 年 10 月，巴哈伊世界中心世界正义院发表了《世界和平的承诺》，重申了坚持一贯的基本教义，但适应现实，增加了许多内涵。

巴哈伊教基本教义见下表：

巴哈伊教基本教义条目对照表

出处\顺序	1911 年 8 月 11 日英国神智学会演讲，集入《阿博都巴哈在伦敦》	1911 年 11 月向巴黎神智学会发表演讲，集入《巴黎谈话》	1912 年 11 月 17 日,在纽约第 58 大街西 252 号的宗谱堂发表演讲，集入《弘扬普世和平》	1916,《阿博都巴哈论神圣哲学》	1943,《巴哈伊信仰》(阿博都巴哈部分)(一)	1943,《巴哈伊信仰》(阿博都巴哈部分)(二)	1985 年 10 月,巴哈伊世界中心发表的《世界和平的承诺》
1	独立索真理；	追求真理；	人类一家；	独立考察现实；	独立考察现实，反对因袭模仿；	人类一家；	重新认识人类的灵性本质，消除物质主义对人类灵性的侵害；

出处　　順序	1911年8月11日英国神智学会演讲，集入《阿博都巴哈在伦敦》	1911年11月向巴黎神智学会发表演讲，集入《巴黎谈话》	1912年11月17日，在纽约第58大街西252号的宗谱堂发表演讲，集入《弘扬普世和平》	1916，《阿博都巴哈论神圣哲学》	1943，《巴哈伊信仰》（阿博都巴哈部分）（一）	1943，《巴哈伊信仰》（阿博都巴哈部分）（二）	1985年10月，巴哈伊世界中心发表的《世界和平的承诺》
2	人类一家；	人类一家；	接受圣灵的护佑；	消除人类所有偏见；	人类一家；	独立考察现实，反对因袭模仿；	消除宗教纷争，恢复宗教人性的功能，负起世界和平的责任；
3	消除宗族、宗教和阶级偏见；	宗教为爱之根源；	所有宗教的基础是一个；	人类一家；	宗教为爱与统一认识的因缘，团结全人类的纽带；	所有宗教，其基础是一个；	建立真正整体的世界架构和国际秩序，实现世界和平；
4	宗教是友爱、统一和团结的根本；	宗教与科学统一；	宗教应为统一的根源；	宗教应为统一的根源；	宗教与科学和谐一致；	宗教是人类友爱、统一和团结的根本；	人类一家，消除种族主义、极端民族主义，建立世界公民意识；
5	宗教与科学相互交织，密不可分；	消除人类所有偏见；	宗教应符合科学和理性；	宗教与科学统一；	消除贫富悬殊，确保全人类的稳定和繁荣	宗教必须与科学和理性和谐一致；	消除贫富悬殊现象；
6	各个宗教所表达的真实是一个；	获得生存手段的机会平等；	独立探索真理；	世界通用的辅助语言；	世人一律平等；	男女平等；	实现妇女解放和男女平等；
7	人类社会所有成员一律平等；	法律面前人人平等；	男女平等；	普及教育；	教育是根本；	消除各种偏见和狂热；	普及教育；
8	消除贫困；	普世和平（最高仲裁法庭，世界通用语）；	消除人类所有偏见；	男女平等；	确立一种世界通用的语言；	普世和平；	采用一种辅助性的语言；
9	通过选举建立世界仲裁委员会，实现普世和平；	宗教与政治两不侵扰；	普世和平；	世界议会；	男女平等；	为解决经济问题提出良方。	通过选举建立团结的世界组织，世界议会和最高法庭。

出处／顺序	1911 年 8 月 11 日英国神智学会演讲，集入《阿博都巴哈在伦敦》	1911 年 11 月向巴黎神智学会发表演讲，集入《巴黎谈话》	1912 年 11 月 17 日，在纽约第 58 大街西 252 号的宗谱堂发表演讲，集入《弘扬普世和平》	1916，《阿博都巴哈论神圣哲学》	1943，《巴哈伊信仰》（阿博都巴哈部分）（一）	1943，《巴哈伊信仰》（阿博都巴哈部分）（二）	1985 年 10 月，巴哈伊世界中心发表的《世界和平的承诺》
10	人类幸福的根本在于建立精神文明，接受圣主的恩典。	男女平等—妇女有受教育权；	普及教育；	普世和平。	建立世界正义院。		
11		圣灵权能至上。	确立世界通用语言；				
12			解决经济问题；				
13			国际仲裁法庭。				

　　以上各次的基本教义中提及超过三次的条目是，1. 独立探索真理；2. 人类一家；3. 宗教与科学和谐；4. 世人一律平等；5. 男女平等；6. 消除偏见；7. 消除贫困；8. 普及教育；9. 世界议会或法庭；10. 宗教为团结和统一的根源；11. 确立世界通用语。后来，"宗教之本质同源"替换了"宗教为团结和统一的根源"，虽然"宗教之本质同源"这一教义从立教之初就已经存在。

第六章

守基时代

第一节 阿博都巴哈的继承者

一、出身和教育

守基·阿芬第生于1897年3月1日巴勒斯坦的阿卡（今属以色列）。阿芬第受到东西方两方面的教育，决定了他对巴哈伊教在教务管理和宗教传播（如著述、翻译等）做出杰出的贡献，保证了他对巴哈伊教教义的深刻的阐释。阿芬第在海法的法国耶稣会兄弟学院读中学，后到贝鲁特的天主教学校就读。1918年就读于叙利亚的基督教学院（即后来的黎巴嫩贝鲁特美国大学），系统接受西方教育，获文学学士学位。回到阿卡后担任阿博都巴哈的秘书和口译，并担任教长写给西方教友书简的笔译。1920年到英国牛津大学巴里奥尔学院深造，开始将巴哈伊教的许多经典译成英文。1921年阿博都巴哈逝世，阿芬第返回阿卡，接任教长职务。

二、接任教长职务

根据巴哈伊教史的说法，随着阿博都巴哈的离世，巴哈伊教史的"使徒时代"结束了。这个开创时代之后，在人类面前展开的是一千年或几千年的历史。在这段历史中，已经根植于人类意识之中的巨大潜力会逐渐展示出来。阿博都巴哈逝世之前在其《遗嘱和圣约》（*The Will and Testment*）中任命他的外孙守基·阿芬第为巴哈伊信仰的"圣护"（Guardian），授权他为巴哈伊圣典和教义的解释者。阿博都巴哈说："我所爱的友人啊！当这位被错待之人离世后神圣路树的阿格善（大枝）（巴哈欧拉的亲戚）与阿弗南（小枝）（巴布的亲戚），上帝圣道的圣辅（支柱）以及阿帕美尊的钟爱者要义不容辞地转向守基·阿芬第——这棵圣树生发出的青春枝干、圣树的两个分枝结合而结出的果实，因为他是上帝表征、拣选的枝干和上帝之道的守护。所有阿格善与阿弗南和上帝圣道的圣辅以及阿帕美尊的钟爱者都必须转向他，他是上帝之言的阐释者。"①

三、国际社会的形势与巴哈伊教的困境

阿芬第的教务工作分两个时期，从 1921 年到 1945 年第二次世界大战结束为第一个时期，从 1945 年到去世为第二个时期。巴哈伊教史从世界和平统一的视角对阿芬第担任圣护时期的世界形势有一个总体判断，认为"一方面，克服国家之间和阶级之间障碍已经取得了重要进展；另一方面，政治软弱无力并由此带来的经济瘫痪极大地削弱了利用这些良好开端而做出的努力。"② 阿芬第接管教务之时，世界形势依然变化不定。虽然欧洲和近东一些妨碍进步的专制主义政体被废黜，但是根深蒂固的宗教心态仍然是各种冲突和分裂力量的根源。列强的附属国寄希望于"凡尔赛和约"。以列强为主导的国家，虽然不情愿，但还是提出了建立世界新秩序的理想方案。中国、拉丁美洲和印度等国和地区都纷纷寻求民族独立，非洲各国也在觉醒。这些进步虽然令人鼓舞但是仍然没有阻止历史悲剧的发生。"国联"背离了原来的理想。结果阿芬第执掌教务后的前 20 年，整个西方世界令人悲叹，似乎产生了人类实现统一和启蒙的倒退，政治、社会及经济生活已经走向地狱的边缘。1929 年的经济危机波及了全世界各主要资本主义国家。这一形势对于阿芬第的教务构成了一个巨大的挑战。巴哈伊教的发展进入了一个低谷。由于伊朗当局及社会对巴哈伊教徒的迫害和排挤，伊朗的巴哈伊教徒必要的传教条件大多被破坏，基本人权被剥夺，而且教民的生活资料也受到极大的限制，同时他们还常常遭到侵扰。北美的巴哈伊社团，由于经济危机，生活遇到极大困难。欧洲、澳大利亚以及远东的巴哈伊也遭遇前所未有的困难或破坏。苏联的灵曦堂被充公，德国的巴哈伊机构被摧毁。圣典的翻译出版工作由于资金问题而不可能实行。一系列的信息表明，讨论全世界的教务扩大工作几乎不可能。

---

① Abdu'l-Baha. *The Will and Testament*［M］. Wilmette：Bahá'í Publishing Trust，1944. 11.

② The Universal House of Justice. *Century of Light*［M］. Haifa：Bahá'í World Center，2001. 48.

另一方面的困难来自"圣约破坏者",他们利用各种机会阻挠巴哈伊教的传播。巴哈伊教的反对者占据了巴哈欧拉在巴格达已被命名为"至圣之屋"的故居。阿芬第的权威虽然在《遗嘱和圣约》中已表明,但其亲属只是把他当成是名义上的教长,而且阿博都巴哈的儿女和孙子都对阿博都巴哈委任阿芬第为"继承者"持有异议。巴哈伊教再一次面临分裂的危险。这时给予阿芬第唯一有效鼎力支持的是阿博都巴哈的妹妹"至伟圣叶"(Bahíyyih Khánum, the Greatest Holy Leaf)。对于她的历史性贡献,阿芬第在 1932 年她去世时写给西方巴哈伊的书简中的评价是:"只有后代人和记述者才比我更有能力对她那神圣而伟大的一生、对她在巴哈伊教史上在动荡的阶段所起的独特作用等方面做出恰当的评价"。①

四、出色的教务工作

阿芬第在巴哈伊教务管理中心的工作业绩和经历已经成为巴哈伊教最珍贵的宗教文化遗产之一。他主要集中精力做四个方面的工作:海法巴哈伊世界中心的建设,巴哈伊圣作的翻译和解释,巴哈伊教管理机构的创建和巩固,实现阿博都巴哈将巴哈伊信仰传遍世界的计划。② 在这个困难的形势下,阿芬第把握了一个核心原则,就是人类的统一。这是巴哈欧拉、阿博都巴哈所一贯强调的原则,也是巴哈伊教务工作的总目标。1931 年在写给西方教友的一份书简中他解释说:

"人类一家"(Oneness of Mankind)教义所环绕的中轴,不是单单的无知的情绪主义的爆发,也不仅仅是一个模糊和虔诚期望的表达。它的诉求不能只被视为要在人类之间重新唤醒手足之情和亲善之意的精神,它的目标也不仅仅在于培养各个民族和国家间的和谐合作而已。它的含义更深,它的宣示更伟大,超过以往所有先知受命提出的宣示。它的信息不仅应用于个人,而且主要地关系到联合所有国家和民族联合成为一家的那些基本关系的本质,……它蕴含着当今社会结构的一个有机改变,一个世界从未经历的变化……它不仅仅是号召重建整个文明世界和使之非军事化,而是要建设一个这样的世界:世界生

---

① Shoghi Effendi. *Bahá'í Administration* [M]. New York: Bahá'í Publishing Committee, 1974. 187.

② Ann Boyles. edit. *The Bahai World*: 2004 ~ 2005 [Z]. Haifa: Bahá'í World Centre, 2006. 10.

活的所有基本方面都有机地统一起来，包括政治机构、精神理想、贸易财政、语言文字等，同时还有保持各个联合起来的部分民族特征无限的多样性。①

关于灵体会的建设，我们应该认识到这样一点，那就是，接任教长职务初期的阿芬第寄希望于巴哈欧拉及阿博都巴哈的家庭成员，但这一期望破灭后，他开始感到巴哈伊社团中可资利用的人力资源相对虚弱，于是开始创造条件改革管理体制。大多数巴哈伊认为，号召建立灵体会的意义不仅仅限于实际事物的管理方面。于是，阿芬第认识到他的职责就是帮助巴哈伊社团理解灵体会的功能和意义，因为灵体会是灯塔，它们将巴哈伊的光明撒向四方；它们是天堂花园，将神圣的精神芬芳飘送到各地。

作为教长或圣护，他的第一步工作就是有组织有计划地推进各地的全国灵体会和地方灵体会的建设和扩大。鉴于各地全面建立各级正义院的时机不成熟，当机立断决定依靠北美的基础分阶段地在世界各地建立巴哈伊社团，分阶段、有目标地扩大巴哈伊教的影响。比如北美曾被阿博都巴哈看成是将洒满上帝之光的大陆。② 阿芬第十分重视北美的独特地位，将它看成是建立未来巴哈伊社团的主要推动者和典范，成为西半球弘扬巴哈欧拉圣道的火炬手。③ 阿芬第向北美巴哈伊社团及个人发送了大量的书简，分别以"Messges to America：1932～1946"和"Citadel of Faith：Messges to America：1947～1957"为题出版。正是在阿芬第的指导下，北美的男女信徒才保持着当年巴哈伊信徒那种到世界各地传教的拓荒精神。阿芬第将美国巴哈伊看成是建立教务行政制度的合作者，地方灵体会和国家灵体会的建制就是在美国试行后在全世界推广的。因此，北美在巴哈伊传教史上做出了重要的贡献。这种有计划的传教工作经验逐渐成熟后，便开始制定阶段性计划。1944年第一个七年计划完成（1937年4月至1944年），1953年第二个七年完成（1946年至1953年），1953年制定和实施了"十年世界运动"（the Ten Year Crusade）计划，于1963年完成。④ 他在世界范围内完成了一系列的巴哈伊教成长计划。在他执掌教务期间，一共建立了12个国家灵体会。

---

① Shoghi Effendi. *The World Order of Baha'u'llah* ［M］. Wilmette：Bahá'í Publishing Trust, 1974. 42.

② Abdu'l-Baha. *Tablets of the Divine Plan* ［M］. Wilmette：Bahá'í Publishing Trust, 1993. 61.

③ Shoghi Effendi. *The Advent of Divine Justice* ［M］. Wilmette：Bahá'í Publishing Trust, 1990. 6～7.

④ The Universal House of Justice. *Century of Light* ［M］. Haifa：Bahá'í World Center, 2001. 80～81.

　　阿芬第在教务管理中心及世界正义院的筹备工作方面具有开创的意义。他指出，要将巴哈欧拉的圣道与巴哈欧拉在未来教务管理方面的设想区分开，前者是指对教务管理提出一些基本原则，对于后者巴哈欧拉没有具体启示。这种区分对于阿芬第开展工作非常有益，有助于牢固地建立精神真理与社会发展之间的辩证关系。圣护和正义院对巴哈欧拉曾明确启示的律法和诫命做出最后决议。阿芬第还意识到，管理体制要在全球设立，管理机构也要同时建立。根据阿芬第的展望，未来巴哈伊教的发展将进入"黄金时代"，世界联邦建立起来后，便是上帝之国在地球上的实现。

　　在阿博都巴哈的指导下，第一个灵体会于 1897 年在波斯的德黑兰建立。恰好在这一年，阿芬第降生。后来这一灵体会发展为波斯的"中心灵体会"。到巴哈欧拉去世时，波斯已建立 30 个地方灵体会。1922 年，阿芬第号召波斯教友建立全国灵体会，可是这一计划到 1934 年才实现。到 1925 年，欧洲主要国家，如英国、德国、奥地利，建立了全国灵体会；非洲的埃及和苏丹也建立了全国灵体会。① 到阿博都巴哈去世时北美已经有 40 个咨询委员会（Cou Board），1932 年芝加哥建立了第一个地方灵体会。1949 年，加拿大建立了全国灵体会。这一灵体会通过议会的特别法案在遵循民法的基础上取得了法律地位，这一程序受到阿芬第的欢迎，认为这是东西方巴哈伊信仰历史上前所未有的胜利。②

五、翻译和著述

　　阿芬第为巴哈伊经典文献的翻译做了大量的工作。1921 接任教长以后教务工作极为繁忙，但翻译工作一直没有停顿下来。他带着一种使命感翻译巴哈欧拉及阿博都巴哈的著作，工作量之大，难度之高，前所未有。他将圣作从波斯文或阿拉伯文译成英文，包括《巴哈欧拉圣选集》《确信经》《隐言经》《七谷书简》《四谷书简》《致狼子书简》以及部分《至圣经》。他还翻译了一部关于巴哈伊教早期历史的著作《破晓之光》。他自己完成的一部巴哈伊教史著作是《神临记》（*God Passes By*）。此外他还撰写了《号召寰宇》《神圣正义的降临》等。他给世界各地巴哈伊社团或个人撰写了几千封信函，阐明巴哈伊圣典和文件中的含义，指导他们的理解和教务活动。

---

①　The Universal House of Justice. *Century of Light*［M］. Haifa：Bahai World Center, 2001. 57.

②　Shoghi Effendi. *Massages to Canada*［M］. Thornhill：Bahá'í Canada Publications, 1999. 114.

　　阿芬第对于巴哈伊教史的阐释以及对巴哈伊教义历史观的理解是非常深刻的，在巴哈伊教史历史观的研究中他是首屈一指的历史学家。他继承了巴哈欧拉和阿博都巴哈的历史思想，运用了类比的方式描述人类的过去和前景，即人类已经历了幼年期、少年期、躁动的青春期，现在青春期已经度过大半，要步入成熟的成年期。对于未来，阿芬第有更为详细的描述，这就是巴哈伊教友依据他的解释向世界各地的政府、媒体和公众宣传巴哈伊教的理想。他描绘到：

　　　　按照巴哈欧拉的设想，人类的统一意味着建立一个世界联邦。在这个联邦中所有的国家、种族、教派、阶级都紧密而永久地联合起来，同时一定要完全保护各个成员国主权和个人自由以及个人的首创精神。就我们的预见而言，世界联邦必须由世界立法机关构成，其成员，作为全人类的受托人，最终控制所有成员国的全部资源，所实行的法律应该利于调整所有人类和民族的生活、满足他们的需求、调整他们之间的关系。世界行政机构由国际武装部队支持，执行已经做出的决定，实行立法机构已经颁布的法律，维护世界联邦的有机统一。世界法庭审理这个联邦体制内各个组成部分之间发生的所有纠纷并做出强制性的最终裁定。建立全世界的内部通讯机构，突破国家间的障碍和限制，保证运转高效完善。选择一个世界都市作为世界文明的中心，它汇聚所有统一的力量，辐射能动有效的影响。发明或从现存语言中选择一种世界语，作为母语的辅助语言在所有联邦国家的学校中教授。……组织世界经济资源，开发和充分利用生产原料，调整和开发国际市场，公平调节和分布产品。"①

　　阿芬第的教务工作开始后不久就显示出机智的创造性特点。1925年，埃及宗教法庭拒绝承认一个穆斯林教徒和一位巴哈伊教徒的婚姻为合法婚姻，理由是"巴哈伊教是一个新的宗教，是一个完全独立的宗教"，"因此，任何巴哈伊都不应该看成是穆斯林"。阿芬第利用这一决定性的判决在国际上的各种场合申明巴哈伊教的独立性。

　　1957年阿芬第溘然长逝，当时他正努力实现"十年发展计划"。如果说阿博都巴哈的宏伟业绩在于对巴哈伊教的解释和将巴哈伊教传播到西方，那么阿芬第的业绩就是巩固巴哈伊教的传播范围，将这一宗教传播到全世界，使之得到世界的广泛承认，同时完成了巴哈伊教的机构和制度的建设，如世界中心的基本建设。他还翻译并解释了巴哈伊教的圣典，增加了巴哈伊教的基本设施。

---

　　①　Shoghi Effendi. *The World Order of Baha'u'llah* ［M］. Wilmette：Bahá'í Publishing Trust, 1974. 203.

在巴哈伊教世界中心，阿芬第完成了巴布的圣墓建设。圣墓的位置由阿博都巴哈生前选定。阿芬第美化和扩充了原来的基础结构。如今巴布的圣墓成为朝圣者祭拜和凭吊的场所。他还扩大了巴哈欧拉的陵园，扩建了许多花园。他启动了巴哈伊国际档案馆的建设，馆内保存了许多巴哈伊教早期活动的珍贵文物。1957 年巴哈伊教世界管理中心一期工程竣工。

第二节 《神临记》历史价值

一、《神临记》的成书背景及意义

在巴哈伊教的三位奠基人物中，阿博都巴哈是巴哈伊教授权的诠释者。他的继承人守基·阿芬第也是授权的诠释者，也是巴哈伊教的著述家。他因为阐释巴哈伊教的历史观和独特的历史著作而成为一名出色的宗教历史学家。他通过信函、著述以及翻译向巴哈伊教徒和巴哈伊教以外的人士解释巴哈伊教的宗旨和基本教义以及历史发展过程。他的著作《神临记》是巴哈伊教史中的最重要的著作之一。山东大学蔡德贵教授对阿芬第在巴哈伊教史方面的贡献和观点做出四点概括：（一）系统总结巴哈伊教；（二）肯定巴哈伊教的三位关键人物；（三）认为"英雄时期"和"形成时期"联系的链条是《遗嘱和圣约》；（四）阐释"巴哈伊教是宗教永恒历史的延续"。①

1944 年，正值巴哈伊教立教 100 周年之际，阿芬第出版了《神临记》。阿芬第描述了巴哈伊教从 1844 至 1944 这 100 年的历史。1944 年 8 月，阿芬第与巴哈伊教徒一道庆祝第一个"七年计划"的完成。这时，他为这一历史时刻献上了一份礼物，就是他的巴哈伊教史著作的出版。这是他一生最重要的成绩之一，这部著作全面地反映了巴哈伊创教以来一百年的历史。他为读者打开了了解巴布和巴哈欧拉为了人类和平目的的实现所经历的艰辛历程的窗口。

宗教学和宗教史家认为，宗教历史同其他历史一样帮助人们理解世界和人类的经验，它启迪心智、慰藉灵魂、启蒙思想、丰富生活。印度史诗《罗摩衍那》、希腊史诗《奥德赛》、罗马史诗《阿涅阿斯纪》、北欧传奇故事、波斯史诗《列王纪》以及《圣经》和《古兰经》中的神话传说等等，其历史真实性的部分逐渐被证实，但他们的精神价值不可穷尽。近代的巴哈伊教史也是人

① 蔡德贵：《当代新兴巴哈伊教研究》［M］. 北京：人民出版社，2006.456~460.

类历史的重要文化遗产，具有史诗般的事件。阿芬第运用了史诗般的壮美语言，依据雄辩的史实，赞颂这一独特的宗教运动。它有着详尽的记载，有众多的在场目击者和亲历者，他们是教内教外以及东西方的各类人士，如外交家、特使、作家、游客等等。他们的记载构成了第一类证据。此外，阿芬第还参考了教内的历史著作，如阿博都巴哈的 *A Traveler's Narrative*（《旅行者手记》），那米尔·阿仁的 *The Dawn-Breakers*（《破晓之光》）等。他们构成了《神临记》的第二类证据。阿芬第还旁征博引，努力全面地反映这段历史，多次引述教外西方历史学家的历史著作以及其他著作，可以称为第三类证据。书中多次引述当时西方的历史学家的证言，如法国外交家贡比诺（Count Gobineau）、剑桥大学教授布朗（E. G. Brown）等。前者在其 1865 年的著作 *Trois Ans en Asie*（《旅居亚洲三年见闻》），后者在 *A Literary History of Persia*（《波斯文学史》）等多部著作中记录了巴哈伊教的英雄期的悲壮历史。此外，法国 19 世纪哲学家欧内斯特·勒南（Ernest Renan）在其 *Les Apôtres*（1866）（《使徒》）中，以及英国政治家寇松（George Curzon）在其 *Persia and the Persian Question*（1892）（《波斯与波斯问题》）中，都有基本一致的记载。

巴哈伊教史的重要著作《破晓之光》记录了巴哈伊教的早期历史，记载了巴布的信徒的事迹，他们作为巴哈伊教的英雄人物、圣徒和殉道者被记忆，他们的壮举动天地、泣鬼神，催人猛醒，让人思考和想象人所能够具有的胆识和能力。到阿芬第成书之时，从被视为异端、默默无闻的什叶派的谢赫派的支派转变而来的巴哈伊教成为世界性宗教，教徒已遍布五大洲的至少六十个国家，主要经典文献翻译成至少四十种语言。《破晓之光》成为《神临记》的重要史料来源。

《神临记》与《破晓之光》的不同之处在于，后者倾向于秉笔直录不加评价，但阿芬第则在著作中揭示或阐释了每个历史事件的重要意义。正如阿芬第所说，这部著作的目的就是解释巴哈欧拉启示的“精神”、建立的“制度”以及全人类将要拥护的“秩序”。① 他选择了适当的视角，选取重大的与信仰的产生与捍卫及传播相关的事件加以展现。阿芬第无意写一部巴哈伊教的详史，也无意追溯这场运动的教义起源，更无意总结这个宗教的历史特点。他主要介绍这个宗教产生和兴盛中宗教活动的历史意义和特点，还记述了初级阶段教务管理方面的情况。

《神临记》达到了超越所有巴哈伊教史的高度，它既有史实又有评述；既

---

① Shoghi Effendi. *God Passes By* ［M］. Wilmette：Bahá'í Publishing Trust，1974. xii.

有外在的事实又有内心的实在；既将巴哈伊教史放在它自身发展中又将它作为全人类历史的一个划时代事件来表达。它的宗教意义在于使信徒从历史的角度发现上帝的意志，它让所有的人了解巴哈伊教经典著作的历史价值。在这部作品问世时，正值巴哈伊教走出低谷后制定的"七年计划"的圆满实现的时候，因此它本身立刻便汇入了历史并起着巨大的精神作用。时至今日，它仍然是巴哈伊教史上最权威的教史著作之一。

阿芬第不仅仅记录了巴哈伊教与新的国际秩序建立的关系，而且还将巴哈伊教在新的国际秩序中所起的作用记录下来并加以反思，著作记载了世界上各类有影响的人物及组织对巴哈伊教的圣护阿芬第依据基本教义就世界新秩序提出的建设性意见所做出的回应，记录了向巴哈伊教代表征询关于世界重大事件看法的邀请。① 这部著作是巴哈伊文献中引述最多的作品之一，它的价值是不可估量的。

二、巴哈伊教史的分期

阿芬第划分了巴哈伊教史的分期，并将这一分期与人类发展史结合起来。关于人类的历史和宇宙的进化，阿博都巴哈有系统的解释。他认为宇宙处于不同的周期中，一个宇宙周期（the Universal Cycle）期可能几百万年；当一个宇宙周期结束，另一个周期便重新开始，旧的周期因新发生的大事而被彻底遗忘、湮没无踪。在一个宇宙周期内有众多的显圣周期，每个显圣周期有众多的时代或纪元。他认为每一个显圣者都有一个周期（Cycle），在这个周期里，人类实施他的律法；这样的显圣周期有许多，经历无数时代与纪元。

阿芬第将巴哈欧拉的启示周期分为三个时期②：前一个时期叫英雄时期、初创时期或使徒时期，这一时期从巴布宣示到阿博都巴哈去世时结束；接着是成长时期、过渡时期或黑铁时期，起始时间是 1921 年，目前还没有结束；最后是黄金时期，也是巴哈欧拉启示周期的最后阶段，全球的巴哈伊化，即巴哈伊信仰将全人类融为一体，实现大同世界。③ 到 1957 年阿芬第去世时已过去了将近两个纪元，即 1921 ~ 1944 年的第一纪元）和 1944 ~ 1963 年的第二纪

① The Universal House of Justice. *Century of Light* ［M］. Haifa：Bahá'í World Center, 2001. 116.

② Shoghi Effendi. *God Passes By* ［M］. Wilmette：Bahá'í Publishing Trust, 1974. xiii.

③ 李绍白：《人类新曙光—巴哈伊信仰》［M］. 澳门：澳门巴哈伊出版社, 1995. 235.

元。请看如下列表（并请参考第一章第二节）：

巴哈伊周期

1. 巴布

2. 巴哈欧拉：巴哈欧拉显圣周期（约 1000 年）

a. 英雄时期、初创时期或使徒时期（Heroic，Primitive，or Apostolic Age ~ 1844 ~ 1921）

ⅰ. 巴布传道时代（Ministry of the Bab）（1844 ~ 53）

ⅱ. 巴哈欧拉传道时代（Ministry of Baha'u'llah（1853 ~ 92）

ⅲ. 阿博都巴哈传道时代（Ministry of Abdu'l-Baha）（1892 ~ 1921）

b. 成长时期、过渡时期或黑铁时期（Formative，Transitional，or Iron Age，1921）

ⅰ. 第一纪元（First Epoch）：管理体制的建立（1921 ~ 44/46）

ⅱ. 第二纪元（Second Epoch）：突破限制，将圣道传播西半球（1946 ~ 63）

ⅲ. 第三纪元（Third Epoch）：声闻鹊起，订立社会经济发展计划（1963 ~ 86）

ⅳ. 第四纪元（Fourth Epoch）：国家灵体会担负发展责任（1986 ~ ）

ⅴ. 其他纪元

c. 黄金时期：迈向大和平的其他时期（Golden Age）

在阿芬第的《神临记》中，巴哈伊教史前 80 年是英雄期，其中后 20 年是一个迈向下一个时期的过渡。这一时期的起止时间是巴布宣示新的启示（1844 年）到阿博都巴哈去世（1921 年）。根据这一分期，从阿博都巴哈去世到今天还是形成期。阿芬第又将第一个 100 年分成四个阶段：（1）巴布时期（1844 ~ 1853）；（2）巴哈欧拉时期（1853 ~ 1892）；（3）阿博都巴哈时期（1892 ~ 1921）；（4）形成期的开端（1921 ~ 1944）。阿芬第出于一种责任感，在前人记述的基础上对巴哈伊教史加以整理、充实，他的历史观反映在著述中，对于人类历史和巴哈伊教史有自己的独到见解。这部著作中关于巴哈伊教的早期历史的写作基础是纳米尔的《破晓之光》、阿博都巴哈的《旅行者手迹》、各类报告以及巴哈欧拉和阿博都巴哈的著作。在他接任教长职务之后的教史，蕴含着他的亲历，作者自身就是历史的一部分。

三、对巴哈伊教历史地位或作用的评价

对于巴哈伊教在历史上的作用，阿芬第在前言中有清楚地表述。首先他重申历史进入了巴哈伊显圣周期，同时也进入了巴哈伊宇宙周期。这一事件在人类宗教历史或人类的精神历史上都是无可比拟的、破天荒的，它标志着"预言周期"（即"亚当周期"）达到了顶峰，任何人的想象力都无法承受这一历史事件所蕴含的分量，它的光辉让所有的人类目眩。他对人类社会产生的影响深不可测。目前这一宗教已经走过了它的初创期，正经历渐进舒缓的体制化制度化阶段，对人类社会生活产生潜移默化的影响并开始动摇失序的社会的根基，它净化人类血液，调整和重建社会制度，塑造人类的最终命运。①

阿芬第在著述这本书时第二次世界大战虽已接近尾声，人类未来的进程和前途仍不明朗，但是我们能看到阿芬第的乐观审慎的历史视域极为广阔。对于目前的灾难，无论是巴哈欧拉还是阿博都巴哈都有预测，而且都找到了战争的根源，那就是人类友爱精神的缺失，也就是真正的宗教本质意义的误解和偏离。第一次世界大战结束后，历史进入了巴哈伊教的成长期，但是这个时代忽视了巴哈欧拉的启示和召唤。现在应该放下包袱，接受这一宗教净化心灵改变人类命运的启示。阿芬第追问危机和灾难的根源并且断言目前的这场战争是世人正视新时代的历史机遇。

宗教著述同宗教活动相比，更具有核心的价值。因为宗教的内涵是精神的，而不是制度和组织，因此阿芬第对任何一个历史时期的显圣者和解释者的著述和言论都给予意义上的评价。比如，除了介绍这一宗教创立发轫的历史事件外，还对巴布宗教著述进行了描述。阿芬第认为巴布对《古兰经》"尤素福"章的阐释标志了巴布正式宣告新的宗教的诞生，认为这个"启示"是所有著作中"首个也是最伟大最有力的"著述。② 阿芬第赞颂这部著作具有里程碑的意义，认为它是启示的律法和训诫，重要的是它预言了"上帝允诺者"即将降临，并会启示律法。在这一点上，这一著作是无与伦比的。这部著作是巴布时期所有著作的枢轴。阿芬第对巴布的每一个重要书简的历史背景和含义都进行了解释。比如他对巴布给穆罕默德沙王的书简的评价，从内容到文体，

---

① Shoghi Effendi. *God Passes By*［M］. Wilmette：Bahá'í Publishing Trust，1974. xi.

② Ibid. , 6.

从口气到篇幅，都言简意赅地进行了阐释。① 可以说阿芬第在选材上倚重宗教活动的意义，对于著述的评价尤为重视。每一部著作的历史定位都结合了该著作在教义中所阐释的内容进行评价。比如对《七个证明》（巴布因禁于马库期间的作品）的评价是"最重要的辩论性著作"。在阐释的过程中，阿芬第充分地发挥了他的职责，比如认为巴布的著作创立了"最伟大的圣约"② 这一概念，即上帝与历代显圣者和全人类订立的圣约。阿芬第称这一圣约为"大圣约"（Greater Covenant），而称显圣者与他的门徒订立的圣约为"小圣约"（Lesser Covenant）。对于巴布为何没有指定其著作的授权解释者这一问题，阿芬第分析道：一方面，巴布的著作清晰明了；另一方面，巴布传道时期短暂，因此没有指定解释者。巴布所做的工作（根据阿博都巴哈在《旅行者手记》中的记载）就是根据巴哈欧拉和另一位门徒米尔扎·叶海亚的建议，指定后者为教徒的领袖而将宣示允诺者的时刻悬置起来，这就使得巴哈欧拉能够在相对安全的状态下弘扬圣道。③

四、写作意图和神秘主义的历史观念

阿芬第解释了这部历史著作的写作目的。他并不打算写一部详尽的巴哈伊教百年史，不打算追溯这一运动的种种根源或者描述它的社会条件和背景，不对这一宗教的特点进行更深远的历史考察，不对这一宗教对人类命运产生的影响进行评估。他只打算就这一宗教产生和兴起的突出特征作一回顾，对初级阶段的宗教管理制度作一番考察。④ 由此可见阿芬第的教史是有所侧重的，同类似编年史的《破晓之光》不同。但是作者并不忽视观照巴哈伊教百年变迁的宏观背景，试图寻找事件背后的动因。这如上文所说，阿芬第不去分析事件的社会背景及历史成因，而是寻找或证明一种神秘的力量。他将表面看来失败的事件与明显的胜利编织在一起，其意图在于表明万能之手选择和设计了历史的进程和路径。虽然阿芬第的历史观是神义史观，但是他能够用辩证的观点分析历史。他认为，巴哈伊教百年历史演变经历了一系列的内部和外部的危机，这些危机非常严重，而且产生了直接的灾难性的后果，但是每一次都能化险为夷，似乎总能相应地感到一种神秘的力量助佑，一种通向更大灾难的推动力，

---

① Shoghi Effendi. *God Passes By* ［M］. Wilmette：Bahá'í Publishing Trust，1974. 26.

② The Bab. *Selections from the Writings of the Bab* ［M］. Haifa：Bahá'í World Centre，1976. 52.

③ Shoghi Effendi. *God Passes By* ［M］. Wilmette：Bahá'í Publishing Trust，1974. 28～29.

④ Ibid. ，xii.

伴随而来的就是得到更为宽怀的恩惠，从而使巴哈伊信徒能够更快地趋近于胜利。①

历史这一强有力的工具可以让人了解过去展望未来，它是一只看不见的手在塑造人类的文明，规划着人类的文明进程。出于宗教史观，他将灾难解释为胜利的序曲。他用历史证据证明，每次内在或外在的危机都伴随着神圣的力量，每一个更大的灾难都会有更大的进展。《神临记》将巴哈伊教的诞生和发展看成是历史上所有宗教演进的一个必然，是过去一切宗教信仰的延续。巴哈伊教的出现开启了永久和平的大门。这个宗教的诞生是极为痛苦的，充满迫害、监禁、流放、驱逐、杀戮，但是也充满了爱、幸福、希望和力量。这一百年的历史充满了史无前例的成就和奇迹，但也充满了登峰造极的幻灭和沦丧。然而历史不能忘记的是新宗教诞生对于全人类的意义，因为它会实现所有宗教的终极愿望，即世界和平和大同理想。这部史书的叙事围绕着一个中心人物——巴哈欧拉，围绕着这个人物的教义及其对人类的大爱。它的主题是信仰者的爱、斗争和死亡，关于普通的男女信徒冒着生命危险仅仅是为了人类的共同福祉演绎出的英雄事迹。阿芬第展示了作为开启和预言新纪元的先知或预言者的所有重要证据，首先通过巴布和巴哈欧拉的言行、著述及其一往无前、不屈不挠的大无畏精神加以证明，第二通过历史上的宗教预言加以证明。宗教预言来自《圣经》和《古兰经》。

阿芬第注意到历史的连续性，认为历史突变和渐变的情况都存在，而在正常情况下，渐变是常态。因此，巴哈伊教史的各个阶段是连环式地展开的。阿芬第将这一百年划分在两个时代里，一是英雄时期，即前80年；二是成长时期，即后20年。前80年中的后20年已经开始了第二阶段的准备和铺垫。②又如巴布宣示后便包括了巴哈欧拉的使命。巴哈欧拉结束使命之前已经开始了阿博都巴哈的使命。阿博都巴哈结束使命之前通过《遗嘱和圣约》开启了阿芬第的使命。③阿芬第将巴哈伊教史分为四个阶段，每一阶段的年数不等，但每一阶段都有特别重要的不可估量的意义。这四个阶段又互相交织，不可分割，构成了一系列壮观的行为错杂的戏剧。其中的神秘性深不可测，它的高潮无人可以预知，它的结局无人可以推测。每一个事件都围绕一个主题，表现不同的英雄，记录不同的悲剧，记载不同的胜利。但每一个事件都有助于实现一

① Shoghi Effendi. *God Passes By* ［M］. Wilmette：Bahá'í Publishing Trust, 1974. xii.
② Ibid., xiii.
③ Ibid., xii ~ xiii.

个共同的不可更改的目的。将事件与启示切割开来，就会失去存在的基础，也是对真理和历史的曲解。① 由此可见，阿芬第将历史的动因归于神意，神是支配一切的核心力量和最终力量。

第三节 对建立世界正义院的贡献

一、实践世界正义院的构想

世界正义院由巴哈欧拉在《至圣经》中提出："奉上帝之命，每一个城市要建立'正义院'"，② 他对这一机构的功能、其中的人员构成和素质要求提出了初步的设想。虽然巴哈欧拉制定了法律，但是法律的解释便成为一个极为重要的工作，并且巴哈欧拉和阿博都巴哈都希望有一个权威机构决定他们没有明确表述的内容。

守基·阿芬第发展了巴哈欧拉构想的、阿博都巴哈初步创立的巴哈伊教务行政体制。1951 年至 1957 年间任命了一些表现杰出、对教义有精确研究的信徒作为"圣辅"，负责指导传教工作。由于阿芬第认为条件尚未成熟，所以在他生前未建立世界正义院。

阿芬第引述巴哈欧拉的话说："正义院的受托人有义务就《至圣经》中没有明确显示的内容进行磋商，执行认为合适的部分。"③ 这是正义院建立的两个具体而直接的目的。另外正义院还有一个其重要性不亚于这两点的目的，就是为全世界的社会体制的改革和建设树立楷模。就总体功能而言，阿博都巴哈阐释说：巴哈欧拉"已经命令建立正义院并赋予它具有宗教和政治的双重功能，是政教合一的完美结合。"④ 阿博都巴哈规定建立世界正义院必须以巴哈欧拉的教义为指导，要从全世界各地的正义院中选举出世界正义院的议员。鉴于世界正义院的功能及工作原则，发展各地的灵体会就成为当务之急。

阿芬第将北美作为建立灵体会和地方正义院的试验区，以期树立典范，在

---

① Shoghi Effendi. *God Passes By* [M]. Wilmette：Bahá'í Publishing Trust, 1974. xiii.

② Baha'u'lláh. *The Kitab-i-Aqdas* [M]. Wilmette, Illinois：Bahá'í Publishing Trust, 1992. 30.

③ Shoghi Effendi. *The World Order of Baha'u'llah* [M]. Wilmette, Illinois：Bahá'í Publishing Trust, 1974. 22.

④ Abdu'l-Baha. *Baha'í World Faith-Abdu'l-Baha Section* [M]. Wilmette, Illinois：Bahá'í Publishing Trust, 1976. 247.

全世界推行。1944 年，在纪念巴布宣示一百周年纪念时的 1944 年 5 月，完成"第一个七年计划"。然后他把目标转向欧洲。到 1953 年，完成了第二个七年计划，于是开始了他雄心勃勃的称为"十年世界运动"的"十年计划"。不幸于 1957 年 11 月 4 日病逝英国。

二、圣护制度与世界正义院诞生之关系

根据阿博都巴哈在《遗嘱与圣约》中的授权，"上帝圣道之圣护应在其在世时指定继承人，以免他去世时引起纷争。被任命圣护者必须脱离世俗，本质纯洁，敬畏上帝、知识、智慧和学问。"① "他逝世后圣护职位由其家世中的第一位出生者继承。"② 1957 年 11 月 19 日，九名圣辅（其中的五名参与了在场封存阿芬第办公桌、保险柜等的工作）开封寻找阿芬第的遗嘱未果，然后发表了由这九位圣辅签名的声明，宣布没有找到遗嘱和圣约，因此没有圣护继承人。25 日发布了由二十七位圣辅签名的公告，重申了上述内容。根据阿博都巴哈的《遗嘱和圣约》中的条款，他们任命了九位作为巴哈伊信仰"世界巴哈伊信仰的托管人"，直到具有全权的世界正义院产生为止。后来，世界正义院 1965 年在致教友的信中说："亲爱的圣护守基·阿芬第逝世时，显然由于当时的情况和经典所明确规定的条件，他的确无法根据阿博都巴哈的《遗嘱和圣约》，委任一位继承者。圣护不能委任一位继承者的情况提出了一个圣典无明文规定的问题，因此不得不将这一问题提交世界正义院。"③ 让圣护制度顺势自行消失的另一个原因是，在阿芬第接任教长之际，巴哈欧拉家族各个支系都违背了圣约，因此作为监护委员会的"世界巴哈伊信仰的托管人"没有在巴哈欧拉家族提出继承圣护职位的人选。巴哈伊社团并没有因为圣护的去世而出现权力真空，圣护所任命的"圣辅"继续密切合作确保"十年世界运动"的顺利完成。1963 年这一计划顺利超额完成。阿芬第认为十年计划完成时才有条件设立"世界正义院"。

无论从体制上还是从信徒的数量基础上看，没有阿芬第的两个七年计划和一个十年计划，便没有世界正义院的建立。按照原来的体制模式，圣护制度与

① Abdu'l-Baha. *The Will and Testament*［M］. Wilmette：Bahá'í Publishing Trust，1994. 12.

② Ibid. ，11.

③ The Universal House of Justice：A Message to Bahá'í Friends on Appointment of Guardian（9 Mar 1965）［Z］. From *Messages 1963 to 1986*. Wilmette，Illinois：Bahá'í Publishing Trust，1986. 50.

世界正义院制度是并行的且构成了巴哈伊教务管理体制的两大支柱。随着圣护的去世，圣护制度成为了历史。根据圣护制度的规定以及阿芬第对自身职责和工作原理的申明，我们相信圣护制度若存在下来会与正义院制度和谐一致。但历史不承认假设，任何制度都有自身的优势和劣势，关键在于如何克服。"世界正义院作为一种行政管理体制，既不是纯粹民主的，不是纯粹专制性的，也不是纯粹贵族政治的。然而，它在自己的架构中规定、调和并吸收了这三种政制中的健康成分。"① 应该说明的是，阿芬第1951年1月已经为世界正义院的选举做了初步工作。他任命了一些成员组成"巴哈伊国际理事会"（International Baha'i Council）。这就是巴哈伊世界正义院的前身。

第四节　翻译、传道和守卫

一、继承权威解释者的地位

守基·阿芬第受过良好的西方教育。1918年就读于叙利亚基督教学院，后来到黎巴嫩贝鲁特美国大学，系统接受西方教育，获得学士学位。回到圣地阿卡后，担任阿博都巴哈的秘书和口译，并书面翻译阿博都巴哈致西方教友的书简。1920年春又到英国牛津大学巴里奥尔学院深造，在那里他已经开始把巴哈伊教的许多圣典翻译成英文，以便供不能读阿拉伯文和波斯文的信徒们阅读。次年，祖父阿博都巴哈去世，他不得不中途辍学，匆匆赶回海法，开始了他继承巴哈伊教领袖——圣护的生涯。

翻译和注释是守基·阿芬第对巴哈伊教做出的重大贡献之一。他精通英文，将许多巴布、巴哈欧拉、阿博都巴哈的著作由波斯文或阿拉伯文翻译成英文。长期以来，英文扮演着世界语的角色，因此将巴哈伊经典译成英文意义非同小可。在他以前，英文的巴哈伊书籍和资料十分匮乏。他的翻译工作，一方面有利于巴哈伊教在英语国家传播，有利于在英语为官方语言的国家传播，另一方面有利于在世界范围内通过英语的转译在其他国家和地区传播，同时还有利于巴哈伊教教徒之间的交流和协作。它将经典译成英文促进了教义的传播。他亲自从波斯文和阿拉伯文翻译成英文的著作有《巴哈欧拉圣选集》《确信经》《隐言经》《七谷书简》《四谷书简》《致狼子书简》《祈祷与默思》以及大部分《至圣经》等。

---

① 蔡德贵：《当代新兴巴哈伊教研究》（修订版）［M］．北京：人民出版社，2006.467

当初，巴哈欧拉将教义的解释权交给了阿博都巴哈，后者亲自明确了这种地位，他说："我乃是上帝之圣言之明白诠释者"。① 阿博都巴哈的在其《遗嘱与圣约》中确立了阿芬第为他的法定继承人的地位，接过了巴哈伊教义诠释者的权力。② 而在当代诠释学中，诠释与翻译是一致的，就是说翻译即诠释。阿芬第既是诠释者又是翻译者，他不同于阿博都巴哈的地方也在于此。从广义的翻译来说，所有的先知都被视为人格神或终极力量的代言人，也就是第一译者。因此阿博都巴哈和阿芬第都可以视为译者的译者。

二、阿芬第的翻译原则：译文可以有所不同但原文不可更改

研究巴哈伊教经典文本的翻译原则要从阿芬第的翻译开始。Diana L. Malouf③ 对巴哈欧拉的阿拉伯文《隐言经》的英语翻译进行了深入研究，她将这部著作作为文学作品来揭示其本质，研究重点特别放在阿芬第如何将其中的言语美译成英文。Malouf 进而总结了阿芬第的翻译原则，比如传递原文的雅致、力求翻译文本恒久不朽以及突出原文的雄辩力等。作者通过比较其他译者的《隐言经》译文展现了阿芬第高超的艺术造诣。但是阿芬第从来不认为他的翻译是最终的翻译。事实上，自巴哈伊教向外传播以来几乎所有的经典著作都不止一次地被不同人翻译过。况且，阿芬第曾几次翻译《隐言经》，在不同的上下文中同一个词语他给出了不同的翻译。1923 年《隐言经》英文版首次出版。1925 年再版时加了一个修改的前言。在英语朋友的帮助下，1929 年于伦敦出版了修订版。阿芬第在这一版的基础上在 1954 年再版时至少修改过一次，也是他生前的最后一次修改。在《确信经》的译文前言中阿芬第解释说："不管语言多么不能胜任达意的需要，经过多次尝试，这部巴哈欧拉所有的巴哈伊启示著作中的卓越者终于可以向西方介绍了。希望这个译文能够成为传递巴哈欧拉无与伦比的言辞的适当翻译，帮助其他人努力接近那必然被视为不可企及的目标。"④ 由此说明，阿芬第不认为翻译可以等同于原著，但可以成为

---

① 守基·阿芬第：《巴哈欧拉之天启心世界体制之目的》［M］. 澳门：澳门巴哈伊出版社，1995. 48.

② Abdu'l-Baha. *The Will and Testament*［M］. Wilmette：Bahá'í Publishing Trust, 1994. 11.

③ Diana L. Malouf. *Unveiling the Hidden Words：The Norms used by Shoghi Effendi in his Translation*. George Ronald Publisher Ltd. 1997. 11.

④ Shoghi Effendi. Forward［Z］. *The Kitab-i-Iqan*（The Book of Certitude）. By Baha'u'llah. trans. Shoghi Effendi. Edit. The National Spiritual Assembly of Bahá'í. Wilmette, Illinois：Bahai Publishing Trust, 1983. 1.

接近原著的途径。他感到，翻译是一门并不完善的科学，应该有适当程度的宽容。在一封代笔信函中，阿芬第说："词语存在不同的译法，但是原文是绝对不能改变的。随着更多和更好的译文问世，译文将会持续改变。"由此看出，阿芬第不认为翻译有定本，他认为：即使是他的翻译也不是定本。①

这里透露出了阿芬第的翻译思想，即翻译是必要的，圣作是可以翻译的，因为语言不构成人类理解圣道的障碍。人类语言的表达力是有限的，他意识到英文翻译的重要性和典范性，因而建议用欧洲的其他语言翻译的巴哈伊经典应尽可能与英语译本保持一致。②虽然圣作的本真含义全部译出是不可企及的，但是我们经过努力是可以无限接近的。这种达意目标既肯定了人的历史局限性，与伟大导师的差距，又乐观地相信人的无限潜力。从另一方面，可以说任何翻译，包括阿芬第的翻译都有存在谬误的可能，当然也存在没有谬误的可能。然而巴哈伊文献从来不在这方面大加渲染，因而从来没有产生就教义及教义翻译等方面争执，原因是巴哈伊信仰将理解的权力交给了个人，不设僧侣制度，没有任何一个权威对每个人的理解做出裁决，即让人们独立探索真理。况且，在可以预见的历史阶段内，还没有一个翻译者可以声称其解释或翻译可以超过阿芬第。还有一点就是，声称某一个人或机构解释经典的无误性，实际是宗教史上人为设定的藩篱，是宗教真理绝对论的反应，这与巴哈伊的宗教真理观是背离的。那么，综合起来可以换一种方式思考，作为上帝语言的第一译者，即便是巴布或巴哈欧拉也是一定历史周期的先知，他们也没有声称获得了真理的全部。就宗教经典的翻译而言，要摆脱谬误与否这样的概念进行思考，即任何称职的译者，其译文只有全面和不全面的翻译，而不是谬误存在与否的翻译。然而，即便是这最后一点，也必须结合具体译例部分地评价译文。总之，一个无可否认的事实是，阿芬第是阿博都巴哈去世后巴哈伊经典文献最权威的阐释者。正义院没有获得擅自更改阿芬第著述或翻译的特权，它的权力是继承阿芬第的解释权，并对巴哈欧拉没有启示过的法令做出最后裁定。

在巴哈伊信仰的翻译工作中，建立了一套翻译制度。区分权威翻译和暂时翻译、授权译者和非授权译者。阿芬第显然属于前者。关于这方面的详细情况应该专门论述，本书不拟讨论。

---

① A Letter on Behalf of the Guardian to John Hyde Dunn, 14 August 1930 [Z]. Haifa: Bahá'í World Centre.

② A Letter Written on Behalf of Shoghi Effendi to the National Translation and Publication Committee of France, 15 February 1957 [Z]. Haifa: Bahá'í World Centre.

第七章

世界正义院时代

第一节 世界正义院产生的程序及解释教义的职能

一、世界正义院产生的程序及初期的工作

1963 年 4 月十年计划顺利完成。恰好在巴哈欧拉宣示一百周年的纪念日 4 月 21 日，在以色列的海法，来自 56 个国家总灵体会的代表相聚一堂，选举产生了由 9 名成员组成的世界正义院。以后每 5 年改选一次。关于世界正义院的建制、权限、构成人员资格等方面的规定，巴哈欧拉①和在其《至圣经》中、阿博都巴哈在其《遗嘱和圣约》中、阿芬第在其《巴哈伊教务管理》（*Bahá'í Administration*）及书信中都有说明。阿芬第描述了各级正义院产生的具体程序，认为地方灵体会不是必然地转变为地方正义院，但地方灵体会是地方正义院的基础。地方灵体会除了传教、提高教友的精神修养外，还要注意辅助贫者、病者、残者、孤儿和寡妇，不论种族、肤色和教派。要千方百计地提高年轻一代的物质和精神方面的启蒙教育。一切都要看是否有利于巴哈伊的圣道。地方灵体会由代表直接选举产生，全国灵体会由代表间接选举产生。地方灵体会代表和全国灵体会代表每年于"蕾兹万节"（即 4 月 21 日）选举一次。在一国之内，巴哈伊社团地方灵体会如果达到一定数目，就可以以不记名投票方式选举产生一个全国灵体会。这一程序分两个阶段：一，由全国各地区的成年巴哈伊（21 岁）先选举出他们各自的代表；二，再由这些代表在全国性的蕾

---

① Bahá'u'lláh. *The Kitáb-i-Aqdas*［M］. trans. Shoghi Effendi. Wilmette：Bahá'í Publishing Trust，1993. 4.

兹万节聚会上选举出九人的新一届理事会。世界正义院每5年改选一次，由各国全国灵体会代表选举产生。世界正义院是巴哈伊教的最高机构。在他的领导下，巴哈伊社团日益壮大，教徒成分和背景越来越多样化。

巴哈伊教行政体制还有两大支柱：一是上边提到的经选举产生的从地方、国家到世界的各级灵体会，对所在的巴哈伊社团的一切宗教事务具有决定权；另一部分是被世界正义院委任的一些精明强干、经验丰富、无限忠诚的"洲际顾问"，任期5年，他们负责鼓励和辅导灵体会及个别信徒。洲际顾问组成洲际顾问委员会，定期举行会议。巴哈伊教消除了教阶制度，取消了牧师职位，因此洲际顾问不具有牧师或教士的圣职权位，也无权过问灵体会的事务。尽管他们的工作纯粹是顾问性质的，但对于巴哈伊社团帮助极大。据1997年的统计数字，全世界共有90名洲际顾问，9名在巴哈伊世界中心工作。其他81名分别在各大洲工作。五大洲分设5个洲际顾问委员会。各个委员会又分别委任一些助手，任期5年，协助洲际顾问勉励及辅导地方灵体会及个别教友。

世界正义院成立后（1963年4月），立即着手制定巴哈伊教传播的新的全球发展战略。从1963年开始，分别制定和执行了九年计划、五年计划和七年计划，都顺利完成了。1963年10月，世界正义院发布了九年计划（1963～1972），开始了成长期的"第三时代"（参见第一章第二节）。自1990年起，正义院主导了巴哈伊社区大规模扩展的预备计划，组织地区居民的整合，建立地区管理机构和培训设施。在最近完成的五年计划里（2001～2006）关注于发展设施和"保持大规模扩展和团结"。自2001年起，全世界的巴哈伊社区都鼓励儿童课程、信徒聚会和对巴哈伊宗教信仰的系统学习。2005年12月开始，重点目标是关注于青少年，特别是11至14岁之间的年轻人。第二个五年计划于2006年4月发起；呼吁世界各地的巴哈伊信徒在1500个社区中实施先进的增长模式和社区发展计划。同时推进本土化的多级选举程序。从2001年至2021年的四个连续五年计划的实施，被提高到用于纪念阿博都巴哈逝世一百周年。2006年的统计数字表明，全世界巴哈伊教徒已经超过五百五十万，国家和地区灵体会已由世界正义院成立时的56个增加到183个。

巴哈伊教世界正义院继承了巴哈伊宗教的传统，提倡将教义与实践结合，反对闭门修道，而是努力将灵性的修行根植于日常生活中。世界正义院鼓励教徒关注社会需要，本着为人类服务的精神而工作，在神看来如同祷告一样重要。同样，正义院作为一个非政府机构也积极参与关系到全人类福祉的国际事务。巴哈伊教历来支持有国际联盟和联合国之类的组织改善国际关系。巴哈伊社区在以色列海法世界正义院的指导下，出任下列组织的顾问：

- · 联合国经济及社会理事会（ECOSOC）
- · 联合国儿童基金会（UNICEF）
- · 世界卫生组织（WHO）
- · 联合国妇女发展基金会（UNIFEM）
- · 联合国环境署（UNEP）

巴哈伊教在纽约和日内瓦的联合国机构内设有办事处，并在地区特使和机构中拥有代表，还参与了其他联合国部门的开发项目。在 2000 年联合国世纪发展论坛，巴哈伊教是高峰会议中唯一被邀请的非政府机构发言人。

二、世界正义院解释和发挥教义的职能

巴哈欧拉将其著作的解释权转移给阿博都巴哈。① 阿博都巴哈在离世前又将圣典的解释权移交给阿芬第。② 因此，阿博都巴哈和阿芬第的解释具有同等的神圣性，对巴哈伊教徒具有同等的约束力。但这并不妨碍个人参与教义的研究，也不妨碍基于个人理解的解释。相反，基于个人理解的解释是充分发挥理性的表现，可以更好地理解信仰，但要注意不可放弃权威解释，也不可否定权威解释而与之争辩，更不可进行公开的辩论。应将个人的思想当作知识奉献出来，但要清楚注明这仅仅是个人的理解。③ 阿芬第解释圣护的职责时表示，圣护的解释与世界正义院的规定具有同等的权威性和约束力。④ 圣护的特权在于就巴哈欧拉制定的没有明确表达的律法和训诫发表意见并做出最终裁决。⑤ 阿芬第去世后，世界正义院仍然区分权威解释和个人解释，规定什么是权威解释，并且认为阿芬第的解释是权威解释，但是根据阿芬第的指导意见，个人的

---

① Bahá'u'lláh. *The Kitáb-i-Aqdas*［M］. trans. Shoghi Effendi. Wilmette：Bahá'í Publishing Trust，1993. 63，82，226，244.

② Abdu'l-Baha. *The Will and Testament*［M］. Wilmette：Bahá'í Publishing Trust，1944. 10.

③ Bahá'u'lláh. *The Kitáb-i-Aqdas*［M］. trans. Shoghi Effendi. Wilmette：Bahá'í Publishing Trust，1993. 221.

④ The Universal House of Justice. *Messages 1963 to 1986*［Z］. Wilmette：Bahá'í Publishing Trust，1986. 84.

⑤ Shoghi Effendi. *The World Order of Baha'u'llah*［M］. Wilmette：Bahá'í Publishing Trust，1974. 149.

解释绝不应该受到压制。① 不是每一条律法都明确地表达了，又有很多律法没有建立，加上时代和情境的变化，这就需要发挥正义院的智慧，解释已经制定的律法，推演或创制未定的律法。唯有正义院有权制定律法，个人的推理和结论都不构成律法，除非个人经过正义院授权。② 这样就可以避免分歧而导致宗教的分裂，否则信仰的统一就会化为乌有。阿博都巴哈训谕道：正义院有权执行《至圣经》中没有明确规定的律法，以便处理日常事务，它也有权废除它制定的律法。③ 这就为世界正义院解释权提供了合法依据，也为它创制律法提供了支持。那么在没有圣护的情况下，正义院是不是会导致偏失和犯错误的危险呢？关于这一点，世界正义院有三点解释：（1）阿芬第担任圣护36年中做出了大量法律解释，世界正义院在制定任何法律时必须依靠；（2）正义院意识到圣护指导的神圣性，只有在确定自身的立法权限的情况下才处理所有问题；（3）圣护制度和正义院体制决不相互侵害。④

世界正义院在适当的时刻利用适当的场合就关系到全球人类的重大问题发表自己的观点。早在1947年，当联合国着手制定《世界人权宣言》的第一次会议上，巴哈伊宗教管理最高机构就提交了一份文告，即《巴哈伊信仰关于人类义务和权利的宣言》供会议参考。20世纪80年代以来，世界正义院发表了一系列文告，每年若干篇，大多呈递给联合国的各种会议。所有的文告都以巴哈伊教的基本教义和巴哈伊宗教经典为依据。以1987年为例，发表的文告有《社会整合》（1987年2月，呈交联合国第13次社会发展会议）《消除宗教不宽容》（1987年3月，呈交联合国第43次人权会议）《禁绝滥用麻醉品》（1987年7月，呈交联合国关于麻醉品滥用和走私国际会议）《裁军与发展》（1987年8月，呈交联合国裁军与发展会议）《社会进步》（1987年9月，呈交联合国关于社会福利政策和计划跨地区磋商会议）。其他重要文告有：《世界和平的承诺》（1985）《巴哈伊关于自然环境问题的声明》（1986）《忠贞圣洁的生活》（1988）《人类的繁荣》（1994）《所有国家的转折点》（1995）《致全世界巴哈伊教友》（1999）《巴哈伊国际社团千禧年世界和平高峰会声明》

---

① Helen Bassett Hornby. edit. *Compilations*, *Lights of Guidance* ［C］. New Delhi：Bahá'í Publishing Trust/Thomson Press，1994. 311.

② The Universal House of Justice. *The Compilation of Compilations* ［C］Vol. I. Maryborough：Publications Australia，1991. 355.

③ Abdu'l-Baha. *Baha'i World Faith-Abdu'l-Baha Section* ［M］. Wilmette：Bahá'í Publishing Trust，1974. 447.

④ The Universal House of Justice. *Messages 1963 to 1986* ［C］. Wilmette：Bahá'í Publishing Trust，1986. 84.

（2000）《艾滋病病毒/艾滋病与性别平等——转变态度和行为方式》（2001）《光明的世纪》（2001）《公共机构中抵制腐败与确保公正：巴哈伊观点》（2001）《世界正义院至全球宗教领袖函》（2002）等。《光明的世纪》（*Century of Light*）是世界正义院编写的一部重要的巴哈伊教史著作，重点放在20世纪初以来世界历史背景下巴哈伊教的传播、发展以及对全球文明和世界历史的影响，阐述了巴哈伊教对世界重大历史事件的观点，这部教史著作显然吸收了全球文明史观。这是巴哈伊世界正义院在世纪之交奉献给全球巴哈伊以及一切爱好和平人士的一部无与伦比的巴哈伊教史学术论著，完全值得专门研究。

第二节 《世界和平的承诺》的思想和基本内容

一、背景

世界会毁灭还是会走向更加光明？全面和平可能吗？走向和平的历史蓝图在哪里？如何制定这一蓝图？谁来执行这一蓝图？在种族主义、民族主义以及各种意识形态相互对峙的时代，在贫富不均、国际战乱频仍、社会动荡不安的情境下，谈论全面和平是不是乌托邦式的思维？满目疮痍的世界要修补维护到什么时候才完整？是否该是从根本加以改革？在20世纪即将结束的时候，巴哈伊教认为到了改变思维的时候了。

1982年，第37届联合国大会通过决议，将1986年确定为"国际和平年"。1985年10月24日，在联合国成立40周年的纪念仪式上，各成员国一致通过了"国际和平年宣言"，要求各国人民与联合国一起共同努力，捍卫和平、保障人类未来。为积极响应、贯彻和落实联合国决议的精神，各国各地区都以不同的方式做出了回应。这年100多个国家、250多个非政府组织、13个联合国专门机构，开展了有关和平的活动。中国曾特意举办了一系列的庆祝活动。其中包括1986年在北京举行的"国际和平年"专题音乐会，当时由郭峰作词，百位歌星联袂演唱的《让世界充满爱》曾一度风靡全国。邮票设计大师孙传哲先生应联合国"国际和平年大会"的邀请，还代表中国参加了1986年"国际和平年"设计宣传画的活动，并在评比中荣获了第三名。这幅"国际和平年"作品被印制成宣传画发行至世界各国。

对"国际和平年"活动，巴哈伊教也做出了反映，既乐观又冷静。巴哈伊教在一百多年前就坚定地认为这一时代到来的必然。人类世代所期许的，古代经圣典所允诺的"太平盛世"即将到来，每一个人都可以感受到，因为人类正朝着世界统一的方向发展。国际组织和跨国联盟的建立以及科学与技术突飞猛进，正预示着人类即将进入一个社会演进的高潮。巴哈以信仰为解决人类共同的问题提出了具体途径。然而，世界并没有停下战争的脚步，各种不利因素威胁着人类的全体。迫在眉睫的遽变与灾难现已出现，而现时制度却显得可悲无能。人类的光明出路，是统一在世界宗教同出一源、人类一家的观念上，重新建立文明世界并使之非军事化的，成为一个在政治机构、精神抱负、金融贸易、语言文学等基本方面统一的世界，但在这统一的联邦组织中，同时又保持着各国各民族的各自的特点。

就在联合国第37届大会以及"国际和平年"之前的1985年10月，世界正义院发布告世界人民书，即《世界和平的承诺》。① 这是巴哈伊信仰最高行政机关世界正义院为纪念"国际和平年"发表的文告。该文告由守基·阿芬第的遗孀，"上帝之道的助手"（Hand of the Cause of God）露赫叶·卡侬（Ruhiyyih Khanum）亲自递交给了当时的联合国秘书长德奎利亚尔（Javier Pérez de Cuéllar）。在后来的10年中，世界正义院还将该文告分别呈递给160多个国家和政府的领导人。

二、文告的思想和基本内容

为了更好地理解这一文告，我们尝试在如下方面加以探讨：（1）这一文告的一些基本概念与和平远景之间的联系；（2）文告中的基本概念与不同领域中基本概念、远景以及主流思想的比较；（3）将文告中的基本概念拓展到不同的领域中，思考实践的路径。

（一）题解

《世界和平的承诺》的"承诺"（Promise）承诺不是等待，而是实践。承诺不是轻诺，而是庄重的誓言；承诺不仅是誓言，也是对人类可能性的肯定（affirmation）；承诺不是天真的幻想，而是脚踏实地的理想主义。承诺指向未来，但绝不忘记历史的教训；承诺意味着责任和担当，而不是把责任推给别人；承诺意味遵守约定，而不是在任何不利于自己的时候背离原有的约定；承诺并不是献出我们最珍贵的东西，恰恰相反是得到全人类最珍贵的东西。承诺

---

① *The Promise of World Peace*［EB/OL］. info. bahai. org/article-1-7-2-1. html-109k. 2009～4～5.

如果践行，就会立竿见影，而不会推迟到遥不可及的未来；承诺不是一方扮演救世主对另一方的要约，而是人类的一个共同约定。甘地（Gandhi，1869～1948）说："不要轻诺。"承诺了就要践行。美国历史学家和诗人 Herbert Agar 说："文明的基础是承诺，如果承诺遭到破坏，文明就没有希望，不管承诺得多么完满、多么精巧。希望与信仰依靠承诺。如果有希望和信仰，那么万事亨通。"政治理论家 Hannah Arendt（1906－1975）说："承诺是人类独有的调整未来的方式，它使未来具有可预见性和可靠性，即在多大程度上人类是可能的。"英国剧作家 Robert Bolt（1924－1995）写道："如果人立下誓言，他就将他的命运掌握在自己手中。这就好比水一样。如果他张开十指，那么就别指望再找到自我。"

宗教上对于承诺有不同的态度。基督教通常区分普通的承诺和神圣的承诺，前者是世俗事务的约定，后者则是与上帝订立的圣约。有的基督教派则认为没有这个区分的必要，因为任何约定都在上帝的监临之下。伊斯兰教认为，安拉禁止毁弃已经做出的承诺。任何约定都由安拉作见证并由安拉作保证。毁弃诺言要付出代价。如果承诺提供一种预见，那么它就要分析或明确奔向目标的行动所处的情景和满足的条件。巴哈伊信仰将人类的一切都放在实现人类理想的历史进程中，因此也不区分承诺的世俗性和神圣性，任何承诺都应该具有符合和向往人类和平的目的性。《世界和平的承诺》概要地阐释了实现世界和平的必要条件以及努力中所遇到的障碍。

这里的"世界和平"（World Peace）中的"世界"，既是一个空间概念，也是一个主体概念。就空间概念而言，它包括物理空间、虚拟空间和心理空间，也就是人所能够参与的所有物质世界和精神世界。就主体概念而言，世界包括了所有的文明社会、社团、组织、国家、民族、种族、阶级、阶层、行业、性别等等。这样，"世界和平"可以理解为"和平"在世界中实现，也可以理解为主体的世界达成和平的承诺并戮力实现。这两个意义是并行不悖的。

人们对"世界和平"中的"和平"的理解已经过于褊狭，不适应新的时代。人们往往把和平定义为"没有战争的状态"，其实"战争"只是"非和平"的一种极端形式，只有达到一定规模的武力冲突才可以称为战争。由于和平与战争是对立的概念，因此人们普遍认为和平在各方面都与战争对立。和平就是非暴力的，是人与人之间没有武装暴力行为的自然状态。就此而言，冷战、贸易战、舌战、选战等都不是暴力行为，因此都属于和平的范畴。而在巴哈伊信仰看来，这些都属于"小和平"的范畴，不是人类的理想状态。

世界上有些学者已经开始从各自的角度扩大暴力的范畴，如政治暴力、结构暴力等。挪威学者高尔滕（Johan Galtung）甚至认为和平应包括消除贫困、政治压迫、种族歧视、饥饿等社会结构性的不平等这些方面对立，他称这些为"结构暴力"。① 这是非常有见地的。但是我们认为这里的暴力不应该用隐喻的方式理解，也不应按照"非暴力"来理解和平，否则历史上从来就没有过和平。以非暴力理解是反历史的，新的时代需要新的概念内涵。过去的和平仅仅是没有战争而已，是"小和平"的初始阶段。就是说虽然没有武力冲突或战争，但仍然存在着危险和威胁，这就有重新回到战争的可能。巴哈伊信仰的和平是一种世界人类共同享有的高度安全状态。虽然"小和平"时代初期人们还彼此有隔阂、不友好和不信任，但不会有武装冲突。由于将和平与战争相对待，因此和平在人们心目中就是暂时的，即和平的出现与结束的重复和循环。但在巴哈伊信仰看来，和平已经编入了历史进程，永久和平完全是可能的，而且是不可避免的。

（二）文告的和平思想

文告开篇的台头"致全世界人民"，表明该公告的告知对象不是国家、政府之类，而是世界上的每一个人，即每一个人在世界和平中都担当着责任。

1. "太平盛世"

引言从历史、现实和未来三个实践维度昭示世界和平的可能性、必然性，表达了巴哈伊信仰对世界和平的坚定立场。首先文告肯定世界人民世世代代都怀着和平愿望，认为世界和平既是可能的又是不可避免的。这里提到的伟大思想家就是"孔子"。《礼记》中的"大同"与"小康"篇记载了孔子描述和向往的"大同"（Grand Unity）。近代的康有为面对世界的纷乱局面、弱肉强食的残酷，专门就此写了一部值得社会学家和思想家研究的书叫《大同书》。1988 年，在法国巴黎召开的"面向 21 世纪"第一届诺贝尔奖获得者国际大会上，75 位诺贝尔奖得主围绕着"21 世纪的挑战和希望"的议题展开讨论，得出的重要结论之一是："人类要生存下去，就必须回到 25 个世纪之前，去汲取孔子的智慧。"文告让人们意识到人类到了抉择的紧要关头。文告虽然肯定了人类在实现和平的道路上取得的体制上的进步，但是人类的目的是"世界大同"的真正和平。为了实现真正和平，人类必然要求建立迈向和平的世界体制。文告指出了建立世界体制的辅助条件，即科学技术的进步。这是世界管理体制不可缺少的有效手段。

文告描述了人类的困境和矛盾，指出了人类的正确人性，展示了巴哈伊信

---

① 阎学通：《和平的性质——和平≠安全》[J]．世界经济与政治，2002（8）：4～9.

仰的历史观，即人类眼下所处的动荡时期是人类有机演进过程的必经阶段。人类已经经历了婴儿期、童年期，目前正处于躁动不安的青春期，并逐步进入那期待已久的成年期。文告重申了巴哈伊社团的坚定信仰，即人类有能力和勇气迎接这项最重大的考验并一定能取得最终的胜利。

引言部分有几个重要的概念值得探讨。"太平盛世""世界大同"是世界和平的高级阶段。巴哈伊信仰将和平路程分为"小和平"（Lesser Peace）和"大和平"（Most Great Peace）。前者的标志是战争的休止和国际合作组织的创立，是政治上的统一，即各民族间的统一，人类一家。目前，人类已部分地实现。"小和平"即将到来，标志着是人类将步入成年时代。"大和平"，即所谓的"黄金时代"（the Golden Age），是在人类在社会、政治统一基础之上的精神统一。① 至于"小和平"与"大和平"实现的时间和手段，"世界正义院"的一份文件认为，"小和平"可能实现于即将到来的一场促人猛醒的世界战争过后。"大和平"则是通过信仰者的组织机构等媒介实现。无论是"小和平"还是"大和平"都不是坐而论道就可以实现的，但要通过各民族和国家的努力，都需要人类做出极大的贡献。和平是宗教的本质和基础，也是历史的动力。②

"世界体制"是人类"社会演进"的必然结果，从氏族、部落、部落联盟、国家、国家联合体、区域组织到目前的联合国，都是向着一体化迈进的标志。跨国组织及联合国等机构都部分地实现了世界体制的功能，但是这些机构在解决政治、经济、军事、文化等方面的能力的有限性及弊端显而易见。当今世界多方面的混乱已经表明了这一点。逐渐一体化的世界需要建立"统一的社会结构"，否则世界上人类"无法阻止国际经济秩序崩溃的危机""无法遏制无政府主义与恐怖主义的蔓延"。出路在于我们要从观念上改变认识人性，能够承认人类天性中高贵的、神圣的一面，将"人的内在潜能"释放出来，展现"人类在尘世间命运的全部意义和她卓越的天赋"。为此，巴哈伊信仰寻求的路径是"既能让个人自由发挥创造性和主动性，又有合作与互惠作基础。"人类即将进入的这个新纪元就是认为人类是历史的主体，不是被动的蛆虫。巴哈伊的进步史观提出了"有机演进过程"（organic process）的思想。人类"社会演进"的目标是和平，人类的历史是实现和平的历史。这是指人类

① Abdu'l-Baha, *Selections from the Writings of Abdu'l-Baha*［M］Southampton：the Camelot Press Limited，1982. 296.

② Helen Bassett Hornby. edit. *Lights of Guidance*：*A Bahá'í Reference File*［C］．Wilmette：Bahá'í Publishing Trust，first edition，1983. third revision，1994. 431.

历史的"渐进性演进"（progressive evolution）过程，与"渐进性启示"一致，即根据人类不同的成长阶段，上帝派遣不同的先知教育人类。人类的成年时代需要新的信仰。与以往的进步史观不同，它认为人类不是以救赎为目标，也不是以用武力消灭阶级为目标，而是以世界和平为目标。而和平的内容极为丰富，比如存在巨大的贫富差距不能算是和平。

2. 历史的紧要关头

文告第一部分告诫人类到了最危急的关头，已经到了反省人类自身、抛弃偏见做出重大抉择的时刻了。文告提醒人们注意人与动物的区别在于"人的精神"禀赋，在于人有倾心超凡境界的需求，这就是历史上灵性导师带给人类的各个宗教。所有的宗教在一点上统一起来，那就是人类精神所向往的终极本体，尽管各个宗教对这一终极本体称呼不同。宗教是人类与这个终极本体联系的纽带。文告证明宗教是管理人类事务、实现世界和平不可或缺的影响，因为宗教的历史就是人类的历史，或者说人类的文明史就是宗教的历史。宗教是"人性的一种天赋能力"。虽然宗教曾经被滥用，但还没有什么力量能与宗教匹敌。文告从反面证明宗教的作用。如果没有宗教，"混乱与迷惑就继之而来；公平、正义、安宁与和平之光就不再照耀"。可见"宗教是建立世界秩序和谋求全人类和平幸福的最佳手段"。我们应反省自己，检讨自己，消除偏见、误解和混乱，正确认识伟大宗教的真实意图。为这一推论提供的论据是：人类的所有宗教都奉持或不排斥这样一个基本道德观念："你愿人怎样待你，你就该怎样待人"。在基督教、伊斯兰教、佛教和中国儒教的经典文献中都有类似的表述。在儒家的经典中就是"己所不欲，勿施于人"。它表达了和平的动机，赞扬了团结这一美德。正因为这个信仰基础已经存在于各个不同的宗教之中，我们就需要将这个基础扩大。因此，我们要反观自身、消除所有偏见。

文告告诫人们要尊重所有的人类的精神导师，他们就是各个宗教的创始人。这与"所有宗教同源"的基本教义一致。文告痛斥了宗教狂热（fanaticism）的危害，因为宗教狂热煽动仇恨、偏执，与"独立探索真理"的基本教义背离。这种排他主义的宗教迷狂很容易导致战争和流血冲突。宗教狂热不利于团结与和平，是宗教信仰最可悲的精神沦丧。文告指出了近数十年来发展起来的不负责任宗教观，即宗教对于世界大事无关痛痒。基于这种认识，有些人或者执迷于一种意识形态而屈从于一个国家、种族、阶级或党派，或者迎合市场经济而无视这一经济体制给多数人造成的困境。无论是执迷于一种意识形态还是陶醉于市场经济，都会造成一种习惯和无意识，对于个人或小集团利益范围之外的人漠不关心，就像遗忘了一样。文告批判了"精通事故者"对世人的欺骗和愚弄。他们不惜代价地制造术语、信息和教条，将世人卷入他们所营造的精神幻觉中并为此投入精力和资本。当那些依靠教条而攫取社会事务大权的人获得所期望的最大利益时，各国人民的心灵意识已经伤痕累累，痛心疾首。所有的政治动乱、军事冲突和经济危机莫不与这些为欺世盗名而制造的"替代信仰"有关。

文告批驳了物质主义在东西方的泛滥。当今世界不论何种社会制度都在为迎合某些人的利益同时忽视其他人的利益而运转着。一方面是财富大量地积累，一方面是饥荒流行。物质利益的鼓吹者所期许的和平、进步、民主、自由等等教条都是残缺不全的。所有这类意识形态都有一个共同特点，就是美化物质享受与追求，忘记了人类在精神上的崇高理想。强调物质享受而忽视精神追求是人类自私和侵略成性的根基。解决困扰我们的问题的方法是一个态度问题，就是要下决心走到一起，共同探讨与磋商正确解决具体问题办法。文告引述了守基·阿芬第书简中的一段话（这篇书简收入守基·阿芬第的 *The World Order of Baha'u'llah*）。人们现在所信奉的理想、制度、宗教常规已不适应促进人类大多数的福利的要求，不能因为保持法律和教条的完整而牺牲大多数人的利益。

3. 建立以和平为基础的世界性组织的必要

文告告诉人们现行的依靠条约、协议等办法只能缓解冲突和战争，因为人类的才智总会想出其他的办法规避这些限制。为此，我们需要建立一个"真正的世界性组织"。这一点对于不了解"联合国"的性质和作用的人来说可能存在疑惑，认为我们已经有了这样一个组织。联合国以及开明的团体虽然做了大量的研究和实际工作，但是由于这些机构和团体"意志消沉"（paralysis of will），即认为人类相互争斗是不可避免的，"新世界秩序"只不过是利益的再分配而已，且不愿意让本国利益服从于一个"世界性组织"，也担心"世界统权"会被滥用或被少数操控导致"世界帝国"似的专制，因此虽然他们努力工作，但意志是消沉的。也就是说由于他们的精神境界和理想低下，当然没有魄力做出重大的改革。文告肯定了第二次世界大战以来联合国以及一些国家集团的建立对未来世界秩序的建立的积极作用。第四段肯定了联合国订立的宣言和公约等所起到的重要作用。但是其他直接关系到世界和平的议题仍值得一提。于是公告在以下各段分别就种族主义、贫富悬殊问题、极端民族主义、宗教纷争问题、男女不平等问题、教育问题、国际通用语问题等阐述了巴哈伊信仰的立场。这些问题分别对应巴哈伊信仰的基本教义，即人类一家、消除极端贫富鸿沟、世界和平、宗教之本质同源、男女平等、普及推广教育、创立世界辅助语言。文告又特别强调了两点：一、各个国家都放之首位的安全若建立在政治协议基础上只不过是一个妄想；二、和平问题本质上是精神的或道德问题而不是实用主义的政治问题。最后一段申明了巴哈伊信仰的精神原则，即除了符合人的真正本性的观点、心态、动力、意愿和抱负，还促进人们去发现并执行各种实际措施。

4. 世界和平的制度和机构建设所遵循的原则

人类一家、独立探索真理、消除各种偏见这三条原则的合一就是和平，这一目的也是建立世界秩序的总原则。从人类同一这一精神原则出发提出改革社会结构系统以便将世界改组成一个国家的设想。文告引述了守基·阿芬第书简中的一段话，① 以消除人们对"人类一体"的忧虑和误解，即所有重要方面得以有机统一，而又不损害各个组成部分的多姿多彩的民族性。世界体制的口号是"求大同，存小异"，也就是"多样性统一"（unity in diversity）。文告描述了"世界统一体制"的根本原则或目的，即"绝不是要破坏现有的基础，而是扩大这个基础，改造其体制，以适应一个不断变化的世界的需求。"文告提出实现世界统治体制要分阶段性来调整国家的政治态度，这是因为目前缺乏普遍认同准则制约国家间的关系。文告引述守基·阿芬第描述的世界秩序的草图。建立超国家联邦的世界统治体制由巴哈欧拉提出，如建立全球的执行机构，类似政府；建立一个世界议会和一个最高法院；编制世界法典；组建联合军队等。巴哈欧拉预言，有朝一日人们一定会普遍认识到建立这样一个管理中心的必要性。第八段的要点有两条，一是本着纯正的、建设性的精神和道德品质商讨和平的步骤，二是采用磋商的对话机制。磋商是巴哈伊信仰对于个人道德品质修养的要求，在实践中磋商是人际交往工作方式。文告引述了阿博都巴哈对于"世界超国联盟"工作机制的描绘，强调了订立盟约、坚守盟约、惩罚违约的设想和建议。② 文告呼吁各国领导人力促这个全球大会的召开，二是呼吁联合国积极赞同这样的大会的召开。这里的背景自然涉及联合国酝酿已久的改革。可以设想联合国虽然可以在建立世界统制体制上发挥重要作用，但不能设想超国家联盟的管理机构会以联合国为基础，因为它是一个全新的机构。

---

① Shoghi Effendi. *The World Order of Baha'u'llah* ［M］. Wilmette：Bahá'í Publishing Trust，1974. 43.

② Abdu'l-Baha. *The Secret of Divine Civilization* ［M］. Haifa：Bahá'í World Center. 64.

5. 为了人类的团结与和平充满信心

文告指出了更为远大的理想，实现国家间的永久和平只不过是这个理想的必要步骤。这个理想就是"普天之下，人类一家"，也就是人类的团结。文告引述了巴哈欧拉和阿芬第的言论。巴哈欧拉号召人类团结的引述表达了将人类的福祉建立在人类的团结之上。① 对守基·阿芬第的引述说明人类走向统一的历史必然，② 号召人们抛弃对国家主权的盲目崇拜，认清人类关系的同一性和整体性。

文告肯定了国际和平力量的增长，其中联合国的工作功不可没，向世人表明了巴哈伊社团的工作经验可以作为促进和平工作的典范。巴哈伊社团有不同种族、民族、文化背景、阶层和信仰背景的人组成，是人类多彩多姿大家庭的缩影，它遵循磋商原则，珍视人类所有的宗教教谕。人类有能力实现世界和平的美好愿望。上天赋予了人类才华，人类的潜能应在实现世界大同的过程中彰显出来。文告仍然记挂着此时此刻世界上仍然遭受迫害的巴哈伊教徒，有的为了实现宗教信仰平等而牺牲了生命。为此世界人民更应携起手来，增强信心，为实现人类的宏伟目标共同奋斗。文告用巴哈欧拉的预言结束：

"这些无益的冲突，这些毁灭性的战争，都将成为过去，'太平盛世'（Most Great Peace）必将到来！"③

第三节　《人类之繁荣》的思想内容

一、背景

《人类的繁荣》④ 这份文告由巴哈伊国际社团新闻处在 1994 年制定，并在 1995 年 3 月丹麦哥本哈根召开的联合国社会发展世界首脑会议上散发。它可以看成是世界正义院文告《世界和平的承诺》（1985 年）的后续篇及补充，

---

① Baha'u'llah. *Gleanings from the Writings of Baha'u'llah*［M］. trans. Shoghi Effedi. Wilmette：Bahá'í Publishing Trust，1976. 286.

② Shoghi Effendi. *The World Order of Baha'u'llah*［M］. Wilmette：Bahá'í Publishing Trust，1974. 202.

③ Baha'u'llah. *The Proclamation of Baha'u'llah*［M］. edit. The Universal House of Justice. Haifa：Bahá'í World Center，1967. viii.

④ The Bahá'í International Community Office of Public Information. *The Prosperity of Humankind*［EB/OL］. statements. bahai. org/95～0303. htm-66k，2009～3～12.

它对后者发表后这些年中的世界时局及其趋向，尤其对遍及全球的经济发展浪潮以及科学与技术的飞速发展给人类生活带来的广泛影响进行了深刻的分析和论述，系统提出了巴哈伊信仰的社会观、人权观和发展观。

1995 年 3 月在丹麦哥本哈根召开的联合国社会发展世界首脑会议是历史上规模最大、出席首脑人数最多的国际盛会。这次会议第一次把以人为中心提高到前所未有的高度。这次大会对国际合作和社会发展、促进可持续发展起到了重要作用。该会做出决定，把 1996 年定为"国际消除贫困年"。会议上，180 多个国家的领导人和代表在共同《宣言》和《行动纲领》等文件中表示要以果断的国家行动和国际合作达到消除世界贫困的目标，允诺把消除贫困、增加就业和促进社会融合等目标列为当前和跨入 21 世纪的最优先项目，以确保全人类的福祉。

贫困是一个世界性问题。在过去的 50 年中，世界财富增加了 7 倍，但世界范围内的贫困问题也日渐突出。据联合国统计，目前全世界有 13 亿贫困人口，比 5 年前增加了 3 亿；有 10 多亿人缺乏安全饮水等基本生活条件；每年约有 1800 万人死于饥饿、营养不良和与贫困有关的其他原因，远远超过战争造成的死亡；每年还有 300 多万人死于肺结核、疟疾等可预防疾病。第三世界的贫困问题尤为严重。在南亚居住着世界 1/3 的人口，贫困人口却占了一半。非洲 6.3 亿人口中，约有一半挣扎在饥饿线上。拉美地区有近 2 亿人口生活在贫困线之下，占拉美人口总数的 1/3 以上。世界最不发达国家已从 1974 年的 29 个增加到 1994 年的 48 个。发达国家的贫富悬殊问题日趋严重，贫困人口也出现上升趋势，美国、西欧等发达国家有 15% 的人生活在贫困线之下。

《人类的繁荣》发表的背景有着特殊的意义。如果说《世界和平的承诺》发表之时，世界局势还处于未定的状态，那么 1994 年的世界局势则发生了巨大变化。冷战结束，和平的力量在增长，谋求对话而不是对抗的政治风气开始形成。无论是亚洲还是东欧乃至世界其他地方，各国宗教政策更加宽容。然而，不同民族、国家和文化之间的对立造成的热战和冲突却依然层出不穷。更加令人忧心的是，本来应提倡高尚道德并引导信众为善的宗教，在某些冲突和战争中，竟然被用来为一些伤天害理的行为辩护，甚至被用来煽动仇恨和实行暴力。1893 年第一届世界宗教会议至 1993 年第二届世界宗教议会之间的百年历史发展后，现今的世界宗教情势，已经呈现宗教多元的发展局面，各宗教的地理分布，不再是各自分隔的状况，而是混杂共存于世界上的每一个角落。在这种情况下，1993 年"世界宗教议会"通过的《全球伦理——世界宗教议会宣言》向全世界宣布："我们可以说是代表了国际宗教界的良知。特别要谴责借用宗教名义的侵略和仇恨"，① 这不能不使世人感到，这种声音，在这一背景下，文告脚踏实地，展望未来。在序言中就明确了全人类共同面临的挑战："如果认为无须重新彻底地审视现时社会与经济发展的基本态度与假设，便能构想出世界文明进展的下一阶段的图景，这一想法实在是异想天开。"声明一针见血地指出："现在大部分发展计划的指导思想都是基于物质主义，也就是说，把社会发展的目标局限在培养能成功地推进物质繁荣的方法……二十世纪行将结束之际，人们已经不可能继续相信基于物质主义的人生观的社会与经济发展模式能够满足人类的需求。"②

对于文告的理解系统仍然要以巴哈伊信仰的基本教义为指导，这样可以提纲挈领。文告系统地阐述了巴哈伊信仰有关人类一家的理念，并指出了实际可行的实施步骤，它说，若想为世界一统文明打下牢固的根基，"掌握决策大权的人要全心全意地接受人类一家的思想。与此同时，教育系统和大众传播媒体要传扬与这个思想相关的原则。一旦迈出这第一步之后，一个新过程即会展开，吸引世界人民来合作计划共同的目标，为争取成功而奉献自己……当居住在同一星球的人类开始领悟到大家是同一个民族，才会放弃以前支配着社会运作的冲突方式，学习合作及和解。正如巴哈欧拉所说：'除非首先在人类间稳立团结，否则人类之福祉、和平及安全就无从实现。'"③

二、文告解析

序言评估了世界政治形势，认为磋商与和解开始成为化解冲突的手段。人类需要被一个人类繁荣的远景激励才能采取行动整治社会弊端。人类的历史不再被看成是局部的、区域的国别史，而是一部全球史，是自古以来就相互关联的世界史。人类要利用千万年演进的多样性的遗传特征和文化这一共同的宝贵遗产发展多样文化，共同解决人类的问题。"如果认为无须重新彻底地审视现时社会与经济发展的基本态度与假设，便能构想出世界文明进展的下一阶段的图景，这一想法实在是异想天开。"需要的是广泛的共识和周密的计划。人类

---

① 孔汉思、库舍尔编：《全球伦理——世界宗教议会宣言》［M］. 何光沪译. 成都：四川人民出版社，1997. 又见 The Parliament of the World's Religions：Declaration toward a Global Ethic ［EB/OL］. astro. temple. edu/ ~ dialogue/Antho/kung. htm-34k，2009 ~ 3 ~ 12.

② The Bahá'í International Community Office of Public Information. The Prosperity of Humankind ［EB/OL］. statements. bahai. org/95 ~ 0303. htm-66k，2009 ~ 3 ~ 12.

③ Ibid.

的繁荣无论在概念上还是在实践上都涉及两方面的问题，一是社会发展过程的性质和目标，二是在这一过程中社会各界当事人的角色。目前大部分发展计划的指导思想都基于物质主义，将人类的繁荣等同于物质的繁荣。物质主义造成贫富悬殊，不可能满足人类的需求。社会发展的目标必须在生活和行动为动力的精神领域中找寻。在重新定义的发展目标中要重新确立广大民众的参与角色。现行的体制无法将人性精神转化为人类集体力量。无论是民众还是政府，都积极支持建立一个新的全球体制，以改善世界民众的社会生活，如权益、教育、卫生等一系列重要项目。现在要反思的是，在规划全球未来的计划中，人类大众要扮演什么角色。

（一）人类一家是根本前提

解释冲突的原因不应只停留表面的人际关系等技术、心理、文化等层面，还应该看到冲突是物质主义这一人生观在社会组织中上的一种表现。人类是一个民族，是一个有机整体，恰如人的身体。人除了身体健康还要有崇高的精神目标，整个人类也是这样。要遵循"多样并存，大同团结"的原则。人类到了集体成年期，这一原则可以得到充分体现。人类的统一、进步不以牺牲人的个性和多样性为代价，个人与社会相辅相成，同一性和多样性相互补益。要打好世界文明的基础，首先在认识上统一，即承认人类一家。然后要通力合作商讨共同的目标，建立国际性权威的国际法律与机构。

（二）正义的力量

唯有正义的力量才足以把"人类一家"的初步觉醒转化为集体的意志。对个人而言，正义感是辨别真伪、善恶的能力。正义感靠独立的探索精神来领悟。对群体而言，正义是集体决策所不可缺少的指南。正义靠磋商共议来达成。对社会和经济发展来说，正义带有深长的寓意。正义确保公众的利益。人权是社会经济发展策略的中心要点。让人享有自由并非要崇尚在多方面起破坏作用的个人主义。关心社会整体的幸福并非就要神化国家政府。联合国是在两次世界大战和一次经济危机的教训中建立起来的维护人权的国际机构。《世界人权宣言》至今拥有绝对权威。"意识"是人类本质的特色，求知的自由都需要保护，尽管这种自由常被滥用。人类意识的运作包括普及教育、行动自由、获取信息和行使公民政治权利的自由等。个体生来就信托于这个整体世界，要保障每一个人的社会和经济方面的权利及其他合理需求。信托原则要求每个人享有形成个人独特意识的基本书化条件，受到本国和国际法保护。保护多样文化，避免被物质主义扼杀，不受派别政治目的所操纵。

（三）"磋商"是建立正义的人际关系的核心

规划人权标准需要对人际关系重新下定义。如今所遵行的人与人、人与社会、人与自然的关系仅反映出人类成长过程中早期较不成熟的理解。"磋商"是所有人际关系的核心，是为了对真理达到一致的认识，其标准远远超出现行的谈判或妥协的方法。磋商要求把自己视为集体中的一员，把集体的利益放在个人之上。磋商是履行正义的表现，是集体努力成功的关键。巴哈欧拉说："只有履行正义，人才能提升至其真正的地位。只有通过团结，才能拥有力量。只有经由磋商，才能获得福利和幸福。"

（四）协调科学和宗教两个基本体系

建立全球性社会需要就要扩大汲取知识的机会，因为这需要很高的能力，而要依靠普及教育。人类获得知识的基本体系有两个：科学和宗教。两者各有所长、相辅相成，人类社会的这个双重结构在人类文明史中发挥着强大的效力。科学普遍受到尊重，但它不应成为保护少数权贵优越地位的工具，任何以科学为支撑的发展计划都必须考虑到缩小贫富差距。科学技术不应为社会优越分子所垄断，必须让全世界人民有公平的机会接触到科技工作，因为这是他们的天赋权利。人的基本特征是精神的，精神文明的核心是宗教的。宗教在法律、艺术和人类交往等领域启发出了不朽成就，如今它仍然具有无穷的力量。为什么人类在社会发展的讨论中不把精神问题作为中心议题呢？因为决策者的出发点是物质主义的，虽然他们口头上宣称尊崇全民参与的原则。为什么人们将精神与道德问题排除在国际社会发展工作范畴之外？原因出于如下教条，即道德和精神问题相互对峙，神学问题不能得到客观实证，会酿成社会冲突和阻碍人类进步，以致扭曲人类不断钻研的精神，真理与道德或宗教无关。但是宗教本质并不是这样。我们应该把这些归咎于世界各个神学系统倡导者的纷争和被教条主义的蒙蔽，他们背离了伟大导师的宗教精神，如实践宽容、慷慨和忠诚，发扬博爱，约束兽欲，为公众利益做出牺牲，善用资源，促进文明等等。增加知识才能获得人类建设文明的能力，要增加知识必须保持科学与宗教之间的对话和两者关系的平衡，因为科学技术被适当地运用而不是滥用必须有赖于精神意志和道德原则的力量，而宗教是这一力量的强大动力源。科学界的另一重要任务是培养人对于事物发展过程的思考能力，包括历史过程的思考能力，教导民众按照人类发展过程目标来从事生产活动。

（五）物质利益不是解决人类面临的种种问题的根本

人类不能把物质利益视为人生的最终追求，发展经济的目的是为建立发挥人类意识之无限潜能的社会秩序打下基础。经济学只有与宗教对话，接受这个发展目标，才能彻底摆脱物质主义思潮的干扰，才能解决经济学领域的重大问题。解决贫困问题的种种方案都未奏效的原因，在于没有接受适当的价值观去彻底重排社会发展目标。贫困不是人间生活的固有特征，宗教精神要能够有效地帮助人类争取物质福利。工作被贬为"就业赚工资，好买消费品"，所形成的生产和消费系统维持着不断增加的失业队伍。只有通过科学和宗教知识系统创新的交流才能产生新的悟识，彻底改变工作习惯和态度。如果一个人本着为人类服务的精神来工作，该项工作就是一种祈祷方式，一种崇拜造物主的方式。所有的经济发展计划、就业计划，如果本着这一宗旨启发人的内在本能，就有希望建立新的"职业道德"，胜任未来的经济工作。同经济危机相关联的环境危机的根源就是一向注重扩张、拥有以及满足大众欲望的消费文化。以为神化大自然就可以解决环境问题表明了人类在精神与思想上的绝望。仅仅认识到世界是一个有机整体并不足以在意识中建立新的价值体系。所有的宗教道德说教都必须接受人类成熟期的考验，知足不是宿命论，提倡道德不等于禁欲主义，忠于职守不是清高愚忠。在人类的孩童期和青年期，男女平等这个人性真理并未获得普遍承认。巴哈欧拉特别强调："在造物主眼中，男女一向并永远平等。"男女平等是人类成熟期的标志，是宗教和科学真正和平对话的基础，是计划与实施世界发展策略成功的关键。

（六）赖以解决人类问题的权威和权力来自全人类的协商共议

正当全球经历快速融合过程之际，规划如此巨大的社会改革需要思考谁有"权威"来支配着个"权力"。纵观历史，权力为个人或集团占有，成为打击别人的手段、分裂和冲突的根源，既破坏了人类的福祉，又带来了文明的突飞猛进。然而在人类的幼儿期和青年期中运用权力的习惯和态度的有效性已经走向尽头。权力在人类大家庭中已经不再是少数人保持优越地位支配力量，因为大多数迫切问题都是全民性和全球性的。竞争式权力（如竞选）已经不适应人类前途的需要。无论何种权力都不如全人类团结的力量强大，团结的力量"足以照亮全球"。社会机构行使权力的原则是：掌权者有义务赢得人民的信心、尊敬和衷心支持，在决策之前与那些利益受影响的人光明磊落地磋商。了解他们的需求，合理地调配资源。实施这些原则要保持团结，要有民主的精神和方法，但绝不是利用党派政治导演的政治闹剧。权力的拥有者越来越有必要以全球观点来审视自己的工作。

（七）更新观念迎接人类的春天

要制定加速人类步入成年期的全球发展策略，就要重新思考目前支配社会和经济生活的大部分概念与假设，从根本上改造社会的所有机构。人类成年期的萌芽时代已经展开，人类集体意识正在经历如此巨大的变革。这篇文告所憧憬的伟大理想绝不是一个乌托邦或海市蜃楼，所阐述的观点受这个坚强的信念所激发。目前，空前的混乱震撼着整个人类社会，历史上意想不到的危机也包围着人类。世界领袖们可能犯的最大错误就是背着危机动摇他们对这一现代发展过程的信心。团结地商议，立志运用全球科学界与宗教界的卓越天才系统对话的成果，迎接人类精神的春天。

第四节　《谁书写我们的未来?》：积极实践的历史观

一、背景介绍

1999 年二月，在人类即将跨入 21 世纪的门槛时，巴哈伊发表这份巴哈伊国际社团新闻处编发的一份文告《谁书写我们的未来? ——二十世纪的省思》，即以巴哈欧拉教义为指导对整个二十世纪的重大事件作了深刻的反省和总结，并将这些事件和历史变化与 20 世纪末人类面临挑战联系起来，对人类文明的未来作了启发式的前瞻。它指出："二十世纪的文明，一定会被历史学者评断为一个更成熟冷静的世纪。在这些关键的几年间，虽然人类脱缰的残暴兽性行为不时地威胁人类社会的存活，但是事实上，这并未阻止人类意识中所拥有的创造性潜力逐渐展露。"① 在巴哈伊看来，二十世纪是人类进入新的全球文明的关键时期。正如巴哈欧拉所说："这日子无与伦比，它如同眼睛审视逝去岁月，又如同光源照亮所有黑暗年代。"② 但是他又预见到："在这个时代中，有一股新的生命在世人中鼓动，然而却无人发现其原因或察觉其动机。"③ 一百多年过去了，深思熟虑的人们开始领悟出这些话语中所隐含的变化。

当初，在 19 世纪末，世界人民普遍充满了乐观情绪，理所当然地认为文明在持续进步。科学技术打破了人们交流的障碍，清除了社会紧张气氛和国际

---

① The Bahá'í International Community Office of Public Information. *Who Is Writing the Future? Reflections on the Twentieth Century* ［EB/OL］. *info. bahai. org/article-1-7-3-1. html-44k-2009 ~ 3 ~ 15.* 又参见巴哈伊国际社团新闻处：《谁在写我们的未来? ——二十世纪的省思》［M］. 新纪元国际出版社，2000.

② Shoghi Effendi. *The Advent of Divine Justice* ［M］. Wilmett：Bahá'í Publishing Trust，1990. 78.

③ Baha'u'llah. *Gleanings from the Writings of Bahá'u'lláh* ［M］. trans. Shoghi Effendi. Wilmett：Bahá'í Publishing Trust，1976. 195.

冲突，欧洲从来没有这样因经济利益的一致性而彻底地连接在一起，欧洲国家之间发生战争绝无可能。然而大众并不知道军备竞赛就在19世纪末正在各种条约的掩盖下激烈地进行着。20世界的破晓承诺了一个虚假的和平曙光。接着，20世纪的历史见证了人类有史以来最血腥的两场战争以及无数次小规模的战争。战争就像瘟疫一样还在人类中流行着，人们早已把战争的爆发视为自然而然的事了。狭隘的民族主义和宗教原教旨主义会以各种方式侵害人类社会的肌体。为了经济利益而造成的环境恶化更会使全人类遭到灭顶之灾。然而人们仍然认为，建立世界新秩序和彻底实现和平是幼稚的想法；仍然沉迷于所谓的饱学之士貌似真理的谬论中。因此，在巴哈伊看来，二十世纪是人类进入新的全球文明的关键时期。一百多年过去了，深思熟虑的人们开始领悟出这些话语中所隐含的变化。为此巴哈伊社团新闻处发布了这一文告，呼吁世界人民与过去的世纪划清界限，提醒迎接新的世纪蕴含着的将照射未来数个世纪之久的和平光芒。

这个文告的中心议题是"谁在书写未来"。与某些信仰或理论的论述不同，这个文告认为任何事物都有两面性，因此它并不夸大或降低过去一个世纪的善恶功过。检讨过去才能认清未来。文告短小但气势宏大。它不以宗教文献的面貌出现，以免那些认为宗教有害的人望而止步。从世界正义院和巴哈伊社团发表的其他文告中也可以看出，文告所用的语言照顾到了所有的文化背景和宗教背景的人，即尽量使用人们都能够懂得的语言。文告的每一部分都引述了巴哈欧拉在重要问题上的至理名言。

二、文告解析

文告强调了三个相关要素：（1）正确的未来文明的理念。巴哈伊的文明观是建立在对人的精神本性深刻理解之上的，即与人的高尚精神品性相符、有利于人性升华的文明才是真文明；（2）道德原则的重申。巴哈欧拉在重申以往各大宗教所倡导的道德原则的同时，特别强调人类成熟所需要的新的道德观，即人类整体的利益高于各部分的利益。世人若不树立这一观念，将不可能建筑全球性文明；（3）人类转入成熟期要经历阵痛和磨难。文告说："人类数千年来根深蒂固的习惯和态度的模式并非是自然而然或经过相应教育和立法程序就可以改变的。无论在个人或是社会，巨大的改变往往必需透过严酷的苦难和难以忍受的困顿考验才可能发生，否则无路可循。"巴哈欧拉警告："唯有重大的考验，才有可能融合地球上广泛不同的族群成为一家。"

（一）摒弃物质主义的历史观

但是我们还可以从文告的其他方面获得更多的信息。引言部分用一反一正来说明世人对巴哈伊信仰的不同态度，一是拥护，一是排斥。文告由此提出为何出现如此反差的原因。第一部分在重申巴哈欧拉所强调的巴哈伊信仰的精神本质。巴哈欧拉反对物质主义的历史观。随着人类有由青年时期即将转入成年时期，人类要承担起这一历史责任，即促进人类集体走向成熟。巴哈欧拉预言，一种前所未有的力量将改变这个星球的物质生活。如果阻止它发生，物质进步不仅不会益于人类，还会给人类带来恶果。

（二）物质文明为人类精神和意识方面的成熟提供保障

阐明人类的统一和团结既不是遥不可及的乌托邦，也不是可随意做出的选择，而是一个历史的必然。因为人类所面临的所有重大问题是全球性的，不是区域性的。巴哈欧拉用照亮全球的光来比喻人类的统一和团结，他启示人们通过观察发生的事件来解放思想。文告则通过反思过去一百年的历史事件认识未来。这个世纪中期的第二次世界大战以高昂的代价促成了联合国的产生。证明了人类可以实现管理自己的能力。虽然联合国不尽人意，但人类迈向统一的步伐不会改变。建立新的世界秩序与维护各族人民的权利是一致的。联合国制定的《人权宣言》是一个维护人权的标准。经济方面，1929 年发端于美国的全球经济危机导致了一些国际金融及经济合作组织的建立。由此可以证明，全球的财富可以重新调配以适应新时代的需求观念。教育方面，20 世纪有两个重要的进步：一是世界经济组织、政府部门、联合国相关部门对教育的投入，一是信息技术的发展给受教育者带来极大便利。这些变化极大地促进了人与人关系的变革，促进了人在精神层面上调整相互间的态度和行为方式。各个文化背景根深蒂固的男尊女卑的观念必须改变。巴哈欧拉认为男人和女人无论在哪一方面都是平等的。在种族关系方面，20 世纪见证了种族间的团结，但是种族冲突依然存在，应该将种族偏见留给过去的千年历史。在过去的一个世纪中，贫困依然是它抹不去的特征，而新的世纪中政府作为管理人间的受托人应该将解决极端贫富差距放在重要地位。自从 19 世纪末世界宗教大会以来，宗教偏见有所缓解，世俗主义进一步瓦解了宗派主义的壁垒。但是巴哈欧拉让人们明确，不论何种宗教，它们的根源是一个。20 世纪也是一个科学理论有重大突破的世纪。相对论和量子力学的建立从根本上改变了人们对物质世界的认识，这些理论的革命性影响远远超出了物理学界。人的精神因素（目的和心智）与对事物的本质和运行规律的认识有内在的联系。真理认识的相对性再一次得到证明。技术的发明、材料的革命等所带来的一体化比起任何领域都显而易见。总之科学技术的发展为人类精神和意识方面的成熟提供了物质手段。可直到如今认识到这一变化的神圣意义的人毕竟不多。

（三）总结教训，设计未来

通过检讨 20 世纪人类所造成的灾难来说明新的世纪应该记取的教训，力促人类团结和平的宏伟大业。历数 20 世纪的成就并不忽视这个世纪的阴暗面。两次世界大战失去了数千万人的生命。在科学技术支持下的新式武器可以瞬间杀死上百万人的生命。要教育未来的世世代代为彻底的和平、为人类的统一不懈努力。黑暗是光没有达到的地方，需要我们手持火炬送去光明。新的世纪即将到来之际，越来越多的人开始醒悟迂腐的忠诚和狭隘的爱国主义不能带来安全与和平。问题不在于黑暗遮蔽或延缓了进步，而在于为了接受人类一家的精神人类还需要再付出多少代价。因此人们要鼓起勇气设计未来。

（四）消除一些似是而非的观念。

巴哈欧拉关于人类文明未来的途径的观念向当代已被接受为典范的理论提出了挑战。如果社会和知识的演变归结为人的道德智慧和精神本质，如果人的意识在本质上是精神的，那么当代的大量理论说教都是有缺陷的。当代文明中个人主义崇拜受到巴哈欧拉的最严重的质疑和批判。在巴哈欧拉看来社会和集体的价值高于个人价值。在所有未加证实的假说中有一个假说最为明显，即认为人类的统一十分遥远，除非当冲突得以解决，物质需求得以满足，社会正义得以伸张，之后才谈得上人类的统一问题。巴哈欧拉认为，人类的问题都是人为的，不是人的天性造成的。正义与和谐是互补的。巴哈欧拉说，正义的目的是和谐。关于自我，巴哈伊信仰反对那种将个人淹没在集体中从而为了集体牺牲个人的信条，但也反对强调个人利益至上。理想的关系就是社会服务个人，个人服务社会。通过服务，个人的精神得以成长。不管民族国家为其人民做出过多少贡献，越是坚持对人类的命运有绝对的控制权，就越会将和平的实现推迟得更远。不管全球化给人带来怎样的利益，由于它产生了前所未有的专断和集中，因而必须加以民主化的控制。

（五）人类的繁荣在于团结和谐

文告强调指出，巴哈欧拉的教义建立了一种人与终极的新型关系。历史上，人与终极的关系曾经由各个先知建立，他们为人类的文明做出了重大贡献。如今建立新的神圣关系的时刻已经到来。巴哈欧拉的教义的目的在于唤起人们的精神意识和责任，他重新定义了文明的意义，认为人的历史就是走向统一的历史，人类的文明就是面向团结和谐的文明。巴哈欧拉的教义绝不鼓励人们产生这样一种幻想，即实现和平的目标可以轻易达到。由于原有的习惯和制度根深蒂固，因此要经受巨大的、甚至难以承受的困难。不管怎样，"旧的秩序已经收起，新的秩序已经展开"。① 人类的繁荣在于团结和谐这个终极目标。人的未来由认识了人类精神本质的人类自身来规划或书写。

第五节 《世界正义院致全球宗教领袖函》：
号召放弃偏见的呼吁书

一、背景

20 世纪已经过去，新的世纪已经开启。置于新世纪的人们，回首前一个世纪人类的精神遗产，我们发现统一和多元又联系到了一起，既不像过去那样单纯地强调统一，也不像不久以前那样片面强调多元。人类在尊重多元的前提下探讨统一的精神价值而再次走到了一起并已经取得了重要的进展。一些宗教人士和宗教学者殚精竭虑、奔走呼号，为了具有共同命运的人类的未来规划宏伟蓝图。

1989 年 2 月，由联合国教科文组织（UNESCO）支持的巴黎会议，就"宗教和平与世界和平"议题，以六大精神传统（犹太教、基督教、伊斯兰教、印度教、佛教、儒教）为基础和视角，展开坦诚对话。1993 年世界宗教会议在美国的芝加哥（即 1893 年第一届世界宗教会议地点）举行，通过了由汉斯·昆（Hans Kung）起草的《全球伦理——世界宗教议会宣言》。巴哈伊教的 6 位代表在文件上签了字。1997 年 UNESCO 成立"普遍伦理计划"，为期 3 年，由韩裔学者金丽寿（Yersu Kim）主持。1999 年斯威德勒（Leonard Swidler）编辑了《为了所有的生命：走向世界伦理宣言》（*For All Life*：*Toward a Universal Declaration of a Global Ethic*），这就为"世界伦理与宗教对话"搭建了一个良好平台。欧洲于 1999 年新发行 *Global Dialogue*（全球对话）季刊。金丽寿 1999 年底写了总结报告，作为联合国的"对话年"（2001 年）讨论的开端。2000 年，包括中国各宗教领袖代表团在内的世界著名宗教领袖参加了联合国召开的世界和平千年大会，签署了"世界和平宣言"。2001 年刘述先出版了《全球伦理与宗教对话》，针对有的学者对于全球（世界）伦理"理论不

---

① Baha'u'llah. *Gleanings from the Writings of Bahá'u'lláh*［M］. trans. Shoghi Effendi. Wilmett：Bahá'í Publishing Trust，1976. 6.

足"与"实际无用"两方面的质疑，做出再反思与响应，指出未来道德重建的方向，以面对新世纪与新千禧的挑战。1999 年世界宗教议会在南非开普敦举行大会，7000 名与会者就宗教、精神、文化等方面的同一性问题，宗教间的对话问题以及宗教如何回应全球所面临的严重问题等进行多角度的对话和讨论。

尽管和平的力量在增长，但是宗教偏见的烈焰仍在燃烧，且有越来越猛的倾向。20 世纪 90 年代以来，宗教问题与政治、经济、文化等问题交织在一起，呈现出极为复杂的面貌，民族主义、种族主义、原教旨主义、国家分裂势力、邪教势力、恐怖主义等都在滋生蔓延。仅仅刚刚跨入新的世纪的两年内就有多起严重的冲突和迫害事件。世界上的重要冲突、战争、恐怖袭击事件都与宗教问题相关，车臣危机、波黑内战、科索沃战争、911 恐怖袭击、阿富汗推翻"塔利班政权"的战争等。除中东地区外，印尼、菲律宾、斯里兰卡、英国等国的宗教冲突也很激烈。另一方面，"二战"后至今宗教信徒的人数呈现持续上升的趋势，根据《1996 年不列颠百科年鉴》和美国《教会研究国际公报》统计，1996 年世界上各种宗教徒的总数为 44.6 亿，占世界总人数的76.8%，可是到了 2000 年，世界人口约为 60.55 亿，信仰宗教者约为 51.37亿，大约占总人口的 84.8%。即便是在跨文化交际中，任何人都不能忽视宗教差异和宗教宽容问题。而巴哈伊教则有更广阔的视野，面对愈演愈烈的宗教冲突。巴哈伊教世界正义院"作为世界性宗教之一（巴哈伊信仰）的最高行政机构，觉得有责任敦请各位认真地思考一下这样的事实给宗教的领袖提出的挑战。"于是，巴哈伊教世界正义院提出了基于巴哈伊教信仰的解决方案。这就是影响深远的《世界正义院致全球宗教领袖函》。①

二、文告的基本思想

文告以巴哈伊教基本教义为宗旨，号召世界各个宗教和教派的领袖放弃偏见、增加宽容，以便从精神上解决宗教冲突以及与宗教相关的所有纷争。可以说这篇文告是向全人类发出的宗教消除所有偏见的呼吁书，它呼吁世界宗教领袖采取果断行动根除宗教偏狭和宗教狂热主义。文告警告说："世界所面临的危机与日俱增，宗教偏见之火焰日益猛烈，会在全球造成一场巨大的火灾，其

---

① The Universal House of Justice. *To the World's Religious Leaders* [EB/OL]. *www. bahai. org/ article*-1-1-0-1. *html*-13*k*-2009 ~ 3 ~ 16.

后果是难以料想的。"然而"令人悲哀的是，其宗旨使之肩负着友爱与和平之重任的宗教体系，却往往背道而驰，成了和平之路上最难克服的障碍之一。"

文告开篇提醒人们注意 20 世界留给人类的一份重要遗产就是，人们开始认识到，所有各民族都是人类大家庭中的一分子，人类仅仅以文化、民族和种族区别身份造成了人类隔阂的一道道藩篱。宗教领袖及其信徒的所作所为常常与和平、友爱这一所有宗教的宗旨背道而驰。它呼吁各宗教领袖本着"开诚布公，坦率直言"的态度坐下来共同研究和解决问题。接下来，文告历数了三个有害于和平和团结的思想：男权主义、（狭隘的）民族主义和种族主义。这三种意识无论从学理（如生物学的或社会伦理和道德上的）和法理上都没有真正的基础，因而受到了越来越广泛的批判。但是这并不表明"一个黑暗的过去已完全被抹掉"，"一个光明的新世界突然诞生了"。"为数众多的人民仍然忍受着那些根深蒂固的种族偏见、性别偏见、民族偏见、等级偏见和阶级偏见所遗下的流毒。"清醒地认识是，"那些不公的现象仍会持续很长的时间"但是，"我们要强调的却是：人类已迈过了一个门槛，没有可能再往回走。""无论所需的努力如何费时和痛苦，其结果都会在最基础的层面上彻底改变人与人的关系。"

为了这个光明世界的建立，人类在 100 多年前就开起了宗教对话的序幕。这一序幕的标志就是 1893 年"哥伦比亚世界博览会"期间在芝加哥世界宗教大会诞生的"世界宗教议会"。这是当时最有前途的"跨宗教合作运动"（Interfaith Movement），是在人类经历着对自身观念的大转变。这个极其富有智慧的想象通过随着科技进步的各种媒体广泛传播。甚至学术领域已经建立起了脱离护教的神学窠臼的"宗教学"（如麦克斯·穆勒的《宗教学导论》，1870），高等学府也开始了"比较宗教学"研究，开设了这门学位课程。然而，文告指出"这些倡导显然既缺乏共同的理性基础又缺乏灵性上的承诺"，那就是"世上所有伟大的宗教，在本质上和根源上，都同等正当"。同其他领域相比，在接受"人类一体""宗教之本质同源"这些观念的意愿和时间上显然是迟缓的。

文告通过历史上的宗教狂热主义和宗派教条主义所犯下的诸多罪行和带来的种种灾难提醒各宗教领袖"博爱众生，宽容待人，富于创造力，刚正不阿，克服偏见，为大众的利益而牺牲小我"，以各个宗教创始人为楷模，回归宗教"教化人类品性、创造新生命"的本质上来。尽管宗教行为出现过错误，但不能因此否定宗教唤醒良知、启迪智慧的强大力量，宗教是人类文明不可或缺的。"难以想象出在人类文明史上有过任何重要的发展是没有从这个终年不绝的源泉获得其道德养分的。那么，难以想象，在地球文明历时数千年的构建工程之最后阶段是可以在一种精神真空的状态下完成的。""人类的精神需求是不可以用任何人造的替代品来满足的。"

人类有一个共同的精神源泉，也是巴哈伊教的根本。在此，文告援引了巴哈欧拉的启示：

"毫无疑问，世上的各族人民，无论属于哪个种族或宗教，都从同一个神圣源泉获得灵感，他们都是那唯一真神的子民。人们所遵从的宗教法规之所以不同，是因为这些法规被启示的时代不同，而不同的时代有不同的需要及其急需解决的问题。除了少数是人类背叛天意的结果以外，所有这些规诫都是神定的，皆反映了神的意志。起来吧，以信仰的力量为武器，将汝等幻想出来的、在世人当中散播纠纷的各种神偶打碎吧。坚守那些使汝等互相吸引、彼此团结的信念吧。"①

这段启示重申了巴哈伊的基本教义：上帝唯一、人类一家、宗教之本质同源以及上帝作为教育者渐进性启示人类的历史观。既然"世上所有伟大的宗教，在本质上和根源上，都同等正当"，"作为各宗教之基础的真理，其实在本质上都是同一个"，那么文告"［绝不是］要求人们放弃自己对所信奉的任何伟大的世界性宗教体系所遵从的基本真理之信仰。恰恰相反，人类的信仰有其本身的必要性，有其本身存在的理由。"它呼吁放弃的是"认为自己那个宗教信仰'赋有特权或者就是终极真理'之类的声称"。文告在这里的基本立场是"人类所认识的真理具有相对性"观念。而这种观念并不仅仅是一种信念，它也是一个历史事实，即"人们所遵从的宗教法规之所以不同，是因为这些法规被启示的时代不同，而不同的时代有不同的需要及其急需解决的问题。""各大宗教的经典，就其内在特征而言，看起来大多数都是以这样或那样的形式表述了'宗教具有演进性'这一普遍法。"这就从学理上清楚地说明了放弃宗教偏见的合理性。

消除宗教偏见必然涉及宗教与科学之间、宗教权威与世俗权力之间的关系问题。对此，文告重申了"宗教与科学和谐并行"这一基本教义，呼吁各宗教领袖从这样一个起点开始，即"宗教与科学乃是两个不可或缺的知识体系，只有通过这两个体系，人类意识的潜能才能被开发。"任何宗教"都必须欣然地和满怀感激地交由科学作公正不偏的检验"。宗教领袖应当明确，宗教"关

---

① Baha'u'llah. *Gleanings from the Writings of Baha'u'llah*［M］. trans. Shoghi Effedi. Wilmette：Bahá'í Publishing Trust，1976. 216.

注世人品格之提升以及人际关系之协调",而不是关心或觊觎世俗权力。文告提醒宗教领袖:"权力很可能导致堕落,权力越大,堕落的可能性也越大"。宗教史的无数事实已经证明,这是一条公理。宗教的权威在精神方面,在给人生赋予意义这一方面,宗教乃是最高的权威。

"跨宗教合作运动"令人鼓舞,唯其如此,当部分的信众放弃一个宗教而改信另一个宗教时才不会具有背弃真理和所认同的族群那样的罪感和负疚感,也有利于所有各宗教的信徒克服认识的偏狭。这样,在这个走向融合的世界里,"随着种族隔阂的藩篱纷纷倒下,那堵被前人认为是不可克服的、永远将天国生命与尘世生命分隔开来的隔墙也在我们这个时代瓦解了。"巴哈伊社团自从创建以来一直都是跨宗教活动的积极推动者。文告确信:若要治愈人类的痼疾,解救绝望痛苦的民众,跨宗教的对话就必须真诚地、再无借口地面对"跨宗教合作运动"所包含的意义:上帝是唯一的。这就是人类,在他们集体地迈进成熟期之际,对天意的积极响应:人类仅有同一个宗教。文告最后引述了巴哈欧拉的教诲:"人类的幸福、和平与安全只有在人类的团结被稳固地建立起来以后才能实现。"①

三、文告引起的反响

这一文告于 2002 年 4 月正式公布,5 月和 6 月开始向世界宗教领袖呈递。到 6 月底,至少有 40 多个国家的 1600 位宗教领袖接到了信函。不仅这些宗教领袖,而且还有宗教学者以及相关领域的专家,都对这一文告加以赞赏,认为这一文告对于解决全球迫切关注的问题很有必要,也很及时。英国和英联邦希伯来联合教会犹太教首要学者 Jonathan Sacks 教授评价说说:"非常切当,非常及时。我们正面临着上帝给予我们的巨大考验,这正是我们所需要的声音。"② 犹太教徒、基督教徒、印度教徒、伊斯兰教徒以及其他宗教的教徒都希望这一文告能够促使宗教领袖及其信徒能够采取相应的行动。德国宗教与意识形态问题新教研究中心的 Ulrich Dehn 博士说:"希望这个信函能够取得效果,就是人们将会对它做出反应。"③ 许多地方(如印度)的媒体,都登载了

---

① Baha'u'llah. *Gleanings from the Writings of Baha'u'llah* [M]. trans. Shoghi Effedi. Wilmette: Bahá'í Publishing Trust, 1976. 286.

② *Worldwide, the Baha'i Community Issues An Appeal for Religious Tolerance* [EB/OL] www. onecountry. org/e141/e14101as_ UHJ_ Letter. htm-19k-2009 ~ 3 ~ 16.

③ Ibid.

这一文告和评价这个文告的文章，引起了公众的广泛注意和兴趣。巴西全国灵体会列出了一个44位宗教领袖、神学家和宗教学者的名单，将这一文告传递给他们。同时又将这一文告颁发给各个巴哈伊地方灵体会，再由这些灵体会呈递给地方的宗教领导。目前这一文告已经成为巴哈伊教最重要的历史文献之一，因为它是巴哈伊视角的关于宗教宽容和人类精神一体化的精确表达，它将在世界和平中仍产生重要影响。

第八章

巴哈伊教在世界各地的传播

第一节　巴哈伊教在亚洲诸国的传播

巴哈伊教的传播从两个方面来看，一是为人知晓，一是教徒增加。但这样的区分并不理想，因为很多人知晓了但并不受到影响，还有很多人知晓并受到了影响，如巴布改变了马库居民的心灵。况且巴哈伊教判定一个真正的巴哈伊并不以这个人是否宣誓为准，而且宣誓不一定是公开的，张扬的。知晓可以是传播的准备。在巴哈伊教以巴布教派为雏形诞生不久就已经为波斯以外的人知晓，特别是巴布就义事件立刻传播到了西方欧洲。1867 年巴哈欧拉向当时最有权威的世界统治者或领袖，如欧洲强国的国王和统治者以及罗马教皇，发出信函后，巴哈伊教就在更广的范围内为人知晓。巴哈伊教传播到了西方的同时，也向周边国家传播。

一、巴哈伊教在印度、锡兰、缅甸的传播

巴布教最早的传播地是周边国家和地区，包括印度以及当时在奥斯曼土耳其统治下的伊拉克。如果以教徒入教的先后看待巴哈伊教传播的话，那么波斯之外较早入教的教徒是印度人。在巴布被关押在马库期间（1847 年 7 月至 1848 年 4 月 10 日），有一位苦修的僧人从印度远道而来寻找巴布。他同巴布一见面，便接受了巴布的信仰。① 巴布的 18 门徒之一，谢赫·萨伊德·辛迪

---

① William Sears, *Release the Sun* ［M］. Wilmette：Bahá'í Publishing Trust，1995. 73.

（Shaykh Sa'id-i-Hindi），奉巴布之命去印度传教，足迹遍布全印。①

巴布在他的早期著作中提到：印度因为有她的一位儿子成为18门徒之一而获得永世之荣耀，印度享有接受新纪元第一缕曙光的特权。② 信徒在圣地获得教诲后通常回到各自的出生地传教。从巴布的传教策略来看，谢赫·萨伊德·辛迪应该是印度人。还有一个类似记述：巴布知道更深的苦难向自己逼近，于是嘱咐聚集在石里克的门徒各自回到家乡，去做最重要的工作，即向人们传播福音。巴布指示来自印度的信徒返回故乡。③ 有一位被巴布命名为戴杨（Dayyan，意思是"征服者"或"法官"）的人是一位著名的文人兼政府高级官员，不仅接受了巴布的教义，而且将他的才思和全部精力甚至生命都奉献于宣扬巴布的福音。根据巴哈欧拉的记述，巴布宣布他为"信仰上帝显圣者的第三个门徒"。④ 但是在代表阿芬第写的书简表明："巴哈欧拉并不像巴布那样命名'门徒'（Letters of the Living），Dayyan无疑是信仰巴哈欧拉的第三位门徒，至于谁是第二个和其他位次，并不清楚。在这一意义上，巴布显然不是第一位。"⑤ 戴杨立即遵照巴布的指示，身着简单的衣服，手拄木杖，独自翻山越岭，徒步回到他的祖国。沿途经过村庄，传道不辍。

巴哈欧拉在石里克（Chihríq）监禁其间（1884年4月10日至1884年7月）。还有两位早期的追随者对巴哈伊教义在印度的传播做出了贡献：一位是加马尔·阿芬第；另一位是巴哈欧拉的忠实信徒赛义德穆斯塔法·米鲁。加马尔·阿芬第受巴哈欧拉指示去印度传教。巴哈欧拉升天后，阿博都巴哈指示他继续留在印度次大陆传教。他知识广博、真诚友爱，乐观向上，举止文雅。他克服重重困难，走遍了印度的各个省，然而他在印度的传教活动未获成功。当他回到巴哈欧拉身边时，显然空手而归。巴哈欧拉吩咐他再回到印度各省继续传教。他还到过锡兰、缅甸、菲律宾、印尼的爪哇岛以及太平洋的一些岛屿传教⑥。他在缅甸的成就特别大，一些统治者和贵人都受到他的影响，许多人加

① Shoghi Effendi. *God Passes By* [M]. Wilmette, Illinois：Bahá'í Publishing Trust, 1974. 588。
② The Universal House of Justice. Ridvan 153, 1996-Bangladesh, India, Nepal. Haifa：Bahá'í World Centre, 1996.
③ William Sears. *Release the Sun* [M]. Wilmette：Bahá'í Publishing Trust, 1995. 74。
④ Baha'u'llah. *Epistle to the Son of the Wolf* [M]. Wilmette：Bahá'í Publishing Trust, 1988. 174.
⑤ From "A Letter Written on Behalf of the Guardian to an Individual Believer" (April 19, 1947) [A]. Compilations. *Lights of Guidance* [C]. New Delhi：Bahá'í Publishing Trust/Thomson Press, 1994. 475.
⑥ The National Spiritual Assembly of the Bahá'ís of Canada. *Quickeners of Mankind* [M]. Haifa：Bahá'í World Center, 1980. 106.

入信仰。① 加马尔·阿芬第终生都在传教。当他离世时全印度的教徒仅为15～20人，可是教长却写信给教徒们说："印度一定会发生众望所归的转变，从这个国度的一端到另一端，都会成为这一'神圣珠宝'而聚会的场所。印度人民一定会挺身服务，从而成为周边国家的榜样，印度朋友一定会使泰国成为天堂，使印度的得以复兴。"② 赛义德穆斯塔法·米鲁原笃信伊斯兰教，听到加马尔·阿芬第的宗教通论和巴哈伊信仰后成为巴哈伊教的大力传播者。他定居仰光，被阿博都巴哈追认为"上帝助手"，即圣辅。在印度的伊斯兰社会，传播巴哈伊教是一项凶险的活动。当阿博都巴哈又派米尔扎·马赫兰接替加马尔·阿芬第去缅甸的曼达莱城，宣传巴哈伊教的独立性、废除伊斯兰法律并灌输新天启的律法时，一些新教徒发现伊斯兰教律法与巴哈伊教律法存在巨大差距，便准备杀死米尔扎·马赫兰。

印度还有其他不同凡响的地方。巴哈伊世界第一家出版巴哈伊经典的印刷厂由几位阿弗南（Afnan，巴布的亲戚）家族中的成员于1878年成立。1953年世界传教中心大会在四个不同国家的不同城市举行（分布在不同的4个洲），新德里就是这4个城市之一。1953年的新德里大会标志着印度15年间的三个传教项目的完成，又标志着阿芬第世界性"十年神圣计划"的开端。1953年，巴哈伊教徒仅1500人左右，但是到了这个计划接近尾声时（1963年4月），陆续有数千人加入了巴哈伊的行列。入教者来自各个种性和教派，这足以证明这个国家的人民的接受能力和勇于承担不可推卸责任的精神，正是这种精神赢得了印度人民在巴哈伊世界中的独特地位。③

1920年12月，印度孟买召开了第一届印度巴哈伊全国大会。1923年4月，守基·阿芬第成立了印度和缅甸巴哈伊的国家灵体会。2001年，由印度巴哈伊社团和世界繁荣研究学院（巴哈伊国际社团的一个研究性机构）组织，在新德里召开了"科学、宗教与发展"的研讨会，目的是探索科学方法和宗教悟识的统一交融如何促进人类能力的提升，尤其是在公共管理、教育、技术和经济活动的领域。2003年12月17～19日，由印度新德里巴哈伊总会中心组织，在新德里巴哈伊灵曦堂举办了"教育——每个儿童应有的权利"的国际会议，对东南亚地区的教育体制改革提出了很多建设性的意见，使得所有的

---

① 蔡德贵：《当代新兴巴哈伊教研究》（修订版）［M］. 北京：人民出版社，2006. 510.

② The National Spiritual Assembly of the Bahá'ís of Canada. *Quickeners of Mankind*［M］1980. 107.

③ The Universal House of Justice. Ridvan 153，1996［Z］. Bangladesh，India，Nepal. Haifa：Bahai World Centre，1996.

儿童，尤其是女童，都能够接受有质量的基础普及教育。

印度是一个多民族、多宗教、多教派、多语言、多教派纷争的国家。除巴哈伊教外，目前印度的主要宗教有印度教、伊斯兰教、佛教、锡克教、袄教（琐罗亚斯德教或拜火教）、基督教和耆那教。印度的种姓制度虽然已经废除，但是作为一种文化传统，不会从人们的观念中彻底消除。这些因素构成了人们希望结束冲突和不平等的现实。印度人的精神追求的至诚和忘我是非常突出的。到了这个世纪末（1997）巴哈伊教徒人数增加到 200 万。目前（2006 年左右），印度巴哈伊教徒 220 万人，成为巴哈伊教徒最多的国家。① 全国有28000 个巴哈伊中心，4000 个巴哈伊灵体会。印度巴哈伊教徒的增长有多方面的原因，其中与巴哈欧拉及阿芬第的传播计划密切相关。

二、巴哈伊教在新加坡、印度尼西亚的传播

据说最早加入巴哈伊教的新加坡人是一位女学生。她于 1930 年在香港大学听过玛莎·露特宣讲的巴哈伊。新加坡还有移居来的巴哈伊 Lena Tan 女士早期在印尼加入巴哈伊，后移居新加坡，1972 年成为首批新加坡国家灵体会的成员。1950 年 K. M. 医生和 Shirin Fozdar 女士是到达东南亚最早的先锋。他们把巴哈伊信仰带到了新加坡和马来西亚。他们开办学校，教授当地三百多名妇女读写。1952 年新加坡地方灵体会成立。有的在新加坡接受巴哈伊教，后迁移到其他地区。George Lee 女士是在新加坡接受巴哈伊信仰的一位杰出的中国人。1964 年她成为首批马来西亚地方灵体会的成员。

新加坡已经是一个文化多元的社会，大部分是华人，其他是马来西亚人、印度人等。新加坡也是个和谐的社会，这首先从国旗上看出。国旗由上红下白两个相等的横长方形组成。左上角有一弯白色新月和五颗白色五角星。红色代表人类的平等，白色象征纯洁和美德；新月象征国家，五颗星代表国家建立民主、和平、进步、正义、和平等的思想。新月和五颗星的组合紧密而有序，象征着新加坡人民的团结和互助的精神。其次，新加坡的国定假日体现了中国文化、印度文化（屠妖节，Deepavali）、伊斯兰文化（开斋节，Hari Raya Puasa）、基督教文化（耶稣受难日，Good Friday）、佛教文化（卫塞节，Vesak Day）。英语、汉语、马来语、泰米尔语为官方语言。国语为马来语。大多数新加坡人都会使用英语和华语。主要宗教有佛教、道教、

---

① 蔡德贵：《当代新兴巴哈伊教研究》（修订版）［M］. 北京：人民出版社，2006. 513.

伊斯兰教、基督教、印度教、犹太教、锡克教、琐罗亚斯德教和巴哈伊教等九大宗教。

新加坡的宗教和谐有多个因素，其中儒家的中庸和合精神和巴哈伊的宗教同源思想起着重要的推动作用。新加坡将这种宗教和谐精神固定下来形成传统。每年的 7 月 21 日是新加坡的"种族和谐日"。1949 年成立了"宗教联谊理事会"，每年都组织九大宗教的联谊活动，为国泰民安、为种族和宗教和谐、为世界和平祈祷。1999 年 1 月 15 日，为纪念理事会成立 50 周年发行了一套纪念邮票，邮票上除了理事会的徽章外，有格言："多元宗教，团结一致"，还有九大宗教的名称。2001 年 9 月 7 日，联大通过第 55/282 号决议，决定从 2002 年开始，将每年的 9 月 21 日定为世界和平日（其前身为 1981 年的国际和平日，即 International Peace Day）。2004 年 9 月 21 日，新加坡宗教联谊会、新加坡佛教居士林和 The Ameriteswari Society，在新加坡居士林首度举办"为世界和平祈祷"活动。2005 年 1 月 1 日新加坡于洛阳大伯公宫举行万人和平祈祷大会，为 2004 年 12 月遭遇海啸而失去亲人的灾民祈祷，为国家和世界和平祈祷。此次活动由道教总会主办，新加坡宗教联谊会以及包括巴哈伊教灵修会的各大宗教的总会协办。

印度尼西亚是东南亚接受巴哈伊教的重要国家，有 100 多个民族，近半数为爪哇族，其他还有巽他族、马都拉族等。民族语言 200 多种，通用印尼语。约 87% 的人口信奉伊斯兰教，是世界上穆斯林人口最多的国家。其他人口信奉基督教新教、天主教、印度教、佛教、道教和原始拜物教等。第一个卓有成效的被称为传教先锋的是拉哈曼·拉·姆哈吉尔。他与妻子伊拉·姆哈吉尔（伊朗人），1954 年根据圣护的意愿到达印度尼西亚的 Mentawai 群岛作为医生传教。1957 年 10 月拉哈曼·拉·姆哈吉尔被圣护任命为"上帝之手"，即圣辅。截至 1958 年，岛上 4000 多人变成了巴哈伊。在传道"十年计划"中来印尼传教的先锋增加许多。

三、巴哈伊教在马来西亚的传播

马来西亚也是个多宗教、多民族、多语言的国家。其中马来人及其他原住民占 66.1%，其他是华人、印度人等。马来语为国语，通用英语，华语使用也较广泛。伊斯兰教为国教，其他宗教有佛教、印度教、基督教、拜物教等。根据马来西亚法律，向马来西亚穆斯林传播巴哈伊教属违法行为，但向非穆斯林传播则不受限制。如果一位马来西亚人永久驻地在国外，向其传教也不受此限。①

在马来西亚传教做出了重大贡献的中国人是梁志达（Keong Tat Chee）先生。他在马六甲（Malacca）从 K. M. Fozdar 夫妇那里受教成为巴哈伊。在他的努力下，1955 年在马六甲成立地方灵体会。他于 1963 年代表中国人出席伦敦世界大会，同年被选为马来西亚国家灵体会成员。1965 年他前往香港、澳门和台湾传教。他的家人亲属很多都成为巴哈伊并为巴哈伊教的传播奉献力量。另一位华人巴哈伊是被世界正义院称为马来西亚第一个被启发的巴哈伊袁其良，他也是第一位华人巴哈伊。他曾是一位天主教徒，于 1949 年在泛太平洋和平大会上从 Shirin Fozdar 女士那里第一次接触巴哈伊教。1953 年在西马来西亚成为巴哈伊。在他的努力下，1954 年 4 月 21 日芙蓉市（Seremban）的第一个地方灵体会成立。1957 年他从印度孟买来到了马来西亚的槟岛传教。1958 年 4 月该岛成立了第一届巴哈伊灵体会。他还向当地的中国人及周边国家和地区传教，被这些国家和地区的巴哈伊称为"精神之父"。1968 年世界正义院任命他为东南亚大陆委员会顾问，这是该委员会的第一位华人顾问。20 世界 70 年代，大量马来西亚巴哈伊教徒跨出国门，到不同国家和地区传教。目前马来西亚有三百多个地方灵体会。90 年代，灵体会很注意环境保护和物资回收工作。马来西亚曾是英国的殖民地，现在是英联邦成员。此外，来自英国、美国、德国等国家的巴哈伊也为圣道传播做出了重要贡献。

四、巴哈伊教在日本的传播

日本主要民族为和族，语言为日语。日本也是个多宗教国家，主要有神道教、佛教、基督教三个大的宗教和许多小宗教。主要宗教为神道教和佛教。许多日本人同时信奉这两种宗教。据日本内阁下属的文化厅统计，截至 2000 年 12 月 31 日，日本共有神道教信徒 10523 万人，佛教信徒 9419 万人，基督教信徒 174.5 万人，其他宗教的信徒 1021 万人，合计共有各类宗教信徒 209273063 人。同年日本的人口总数为 118693000 人。可见宗教信徒的总数是人口总数的近 2 倍。之所以会出现这种情况，是因为日本人可以同时信仰两种乃至多种宗

---

① A Letter from the Universal House of Justice ［Z］. Dated October 20, 1994, to several National Spiritual Assemblies, Special Circumstances Regarding Teaching Muslims in the West. Compilations, NSA USA-Developing Distinctive Baha'i Communities.

教。世界历史上宗教信仰者从一而终，十字军东征和当代世界上一些地区宗教之间互相敌视甚至互相仇杀的现实表明了这一点。固守这一观念的人会对日本的这一现象感到诧异，而这却是日本的真实写照，也是日本宗教的显著特征之一。其他宗教有些已经有比较长的历史，但更多的是近代以后特别是二战以后创立的，因而也有人将它们称作"新宗教"。1951 年 10 月 17 日，这些宗教团体联合成立了全国性组织——新日本宗教团体联合会，并于 1953 年 3 月 9 日被政府批准为财团法人。这个联合会（简称"新宗联"）代表"新宗教"与神社本厅、教派神道联合会、全日本佛教会、日本基督教联合会一起组成了日本宗教界的代表性组织——日本宗教联盟。"新宗联"的宗旨是"信教自由、宗教合作、政教分离、国民皆信仰"。目前，新宗联共有 66 个团体会员。

日本的这种宗教环境有利于巴哈伊教的传播。阿博都巴哈鼓励各地同不同语言的巴哈伊到相应的国家传教，"比如，擅长日语的人到日本去，通晓汉语的人到中国去等。"① 他称日本是一个非常独特的东方国家。② 1907 年，阿博都巴哈预言：日本的物质文明已经取得令人瞩目的成就，但是如果在精神方面能够有进步，天国的力量能够展示给这个国家，那么她就会变得完美。③ 阿博都巴哈鼓励并奖励巴哈伊教徒到日本这样的远东国家旅行传教，告诫教徒最好不要到波斯来，而是到日本和中国去。④ 1909 年，在东京神田的青年会馆，两位响应号召的美国巴哈伊教徒发表了演说，出席者包括外国人，总计 75 人。从此青年会馆就成了巴哈伊教徒的聚会场所。在日本传教成就最大的是阿格尼丝·鲍德温·亚历山大（Agnes Baldwin Alexander）小姐，她 1914 年来到日本，在此共生活传教 31 年。最早接受巴哈伊教义的日本人是三个移居美国的移民。第一个人的子孙至今为传教服务，第二个人一直在巴哈伊世界中心工作直到去世，第三个人是鸟饲建藏，1910 年写了一本题为"世界新文明"的小册子，在日本流传很广。日本妇女最早成为巴哈伊的是日本记者望月百合子，她与亚历山大一同发行巴哈伊刊物《东方之星》。巴哈伊的朋友、国际法专家增岛绿一郎博士曾将由美国巴哈伊教徒送来的书籍同阿芬第给天皇的书简一同

---

① Abdu'l-Baha. Baha'i World Faith-Abdu'l-Baha Section ［M］. Wilmette：Bahá'í Publishing Trust，1976. 428.

② Abdu'l-Baha. *Tablets of Abdu'l-Baha* ［C］. Vol. 3. New York：Bahá'í Publishing Committee，1980. 560.

③ Ibid.，，564.

④ Abdu'l-Baha. *Selections from the Writings of Abdu'l-Baha* ［M］ Haifa：Bahá'í World Center，1978. 101.

呈献给天皇。另一位对日本巴哈伊传播做出重要贡献的是玛莎·露特，她1915 年到过日本。1930 年再次来日，将阿芬第的祝词和纪念品献给天皇。阿博都巴哈 1912 年会见驻西班牙的日本大使荒川子爵夫妇，讲述了和平、教育以及人民生活等方面的问题，还预言了在日本有原子弹爆炸（无比威力的东西）。他说："人类尚未发现，但却存在着有无比威力的东西。……如果具有低俗性格的人类一旦掌握了这种力量，就可能破坏整个地球。"① 1920 年在写给日本巴哈伊教徒的心中再次表明："神预言在日本有可怕的原子弹爆炸。为此，那些已做好准备的人们要使真理的太阳之高扬、普照。"② 1932 年日本第一个地方灵体会设立。战后的 1948 年设立了第一个地方灵体会。1955 年在日本日光召开了第一次东北亚传教大会，这是亚洲召开的第一次巴哈伊教会议。除日本代表外，来自韩国、伊朗、加罗林群岛和中国台湾、香港、澳门的代表参加了会议。1974 年成立了日本全国总灵体会。

五、巴哈伊教在中国的传播

中国是个多宗教的国家。中国宗教徒信奉的主要有佛教、道教、伊斯兰教、天主教和基督教。据不完全统计，中国现有各种宗教信徒一亿多人。中国是个多民族、多语言、多宗教的国家。

阿博都巴哈多次提到中国，鼓励教徒去中国传教。他在一份书简中对巴哈伊信徒号召说："中国，中国，到中国去！巴哈欧拉的圣道一定要传导到中国去。"③ 他对中国给予了崇高的希望，"中国有着伟大的潜力，中国人追求真理也最为诚挚。"预言"中国是属于未来的国家。"④ 他对中国有了特别认识，认为："孔夫子是中国人民文明、进步和繁荣的根源。现在不是讨论已经逝去的人的身份和地位的时候。我们应该把注意力放在现在。过去发生的已经过去。现在要把讨论集中在这个时代的和平和拯救的最伟大的杰出人物上，讨论神圣完美的巴哈欧拉。"⑤ 他认为中国的问题是缺乏教育，"由于缺乏文化及物

---

① Adib Taherzadeh. *The Revelation of Baha'u'llah* ［M］. Vol. 4. Oxford：George Ronald，1974. 225.

② 蔡德贵：《当代新兴巴哈伊教研究》（修订版）［M］. 北京：人民出版社，2006. 528.

③ 李绍白：《人类新曙光—巴哈伊信仰》［M］. 澳门：澳门巴哈伊出版社，2001. 317.

④ 同上，317.

⑤ Abdu'l-Baha. *Tablets of Abdu'l-Baha* ［C］ Vol. 2. New York：Bahá'í Publishing Committee，1980. 469.

质方面的教育，中国是所有弱小国家中最软弱无助的。不久前（指 1860 年 10 月——笔者），一小支英法联军与中国军队开战并取得决定性胜利，占领了中国首都北京。假如中国政府与人民能早早跟上这个时代科学的发展，加入他们早就熟知文明社会的各项技艺，那么，即使世上所有国家全部出动与之作战，他们也会打败入侵者，侵略者从哪里来的，还得退回到哪里去。"他慨叹地说："看看，缺乏教育会使一个民族衰弱、堕落到何等程度。"① 他教导去中国传教的策略和方法。他指示说："启导中国人的巴哈伊教是一定要先具有中国人的精神，了解中国人的经书，学习中国人的习俗，用中国人的语言与他们交谈。这些教师应以中国人的灵性福祉为念，而不得有任何的私心。在中国，一个人可以传导许多人，可以教育培养崇高的人士，他们将成为世界中的明亮灯烛。"② 总体来说，中国人对于巴哈伊教的反应是感兴趣的、是积极的。

（一）巴哈伊教在中国大陆

据记载，1862 年就有伊朗的巴哈伊来华。直到 19 世纪末少数来华的巴哈伊都是经商，没有他们在中国传教的记述。进入 20 世纪，来华的巴哈伊逐渐增多。真正有组织的传教从 1914 年的上海开始。侯赛因·乌斯库里在上海的居住地成为巴哈伊信徒的固定的活动地点。1928 年在乌斯库里的努力下，首届上海地方灵宴会成立，乌斯库里任秘书。1935 年他转赴台湾，是第一个有记载的到台湾的巴哈伊。乌斯库里夫妇和他们的女儿与女婿为巴哈伊信仰在中国的传播做出了重要贡献。1954 年作为传道先锋来到台湾。1956 年成立了第一个地方灵体会。同年，定居于上海的乌斯库里去世。1917 年阿卡·米尔札·艾哈迈德和拉迪·塔布里兹等 11 名巴哈伊信徒来到上海，成为有史以来最集中的一次传教活动，还出版了一部介绍巴哈伊信仰的小册子，并将一封阿博都巴哈的书简翻译成中文，这是中国出版的最早的巴哈伊中文材料。

为巴哈伊教在中国传播做出重大贡献的是玛莎·露特（Martha Louise Root），她三次访问中国，对中国的巴哈伊发展起了重大影响。除第一次是中途路过（满洲里）外，其余两次都有重要的传教活动。她第二次来中国是 1923 年 4 月 25 日，到 1924 年 3 月离开，为期近一年。第三次来华是 1930 年 8 月底。她的传教活动有一个突出特点，那就是首先面对学校师生和社会上层人物。她以双重身份在中国停留，一方面是做教务工作或担任教

---

① Abdu'l-Baha. *The Secret of Divine Civilization* ［M］. Wilmette：Bahá'í Publishing Trust, 1990. 110.

② 李绍白：《人类新曙光—巴哈伊信仰》［M］. 澳门：澳门巴哈伊出版社，2001. 317 ~ 318.

师或记者，一方面是巴哈伊信徒。她的教务和教学工作是世界语（Esperan-to）的传播。她利用讲演、发表文章和出版书籍介绍巴哈伊教。1923 年 5 月在燕京女子师范大学发表了两次讲演。她先后在一百多所不同的大学和学校开设讲座，召开会议、组织讨论，如清华大学、北平女子师范大学、陆军学校、北京世界语学校、济南的齐鲁大学、中央大学、金陵大学、南京大专院校国际俱乐部。

玛莎·露特会见许多重要人物并向他们宣讲巴哈伊教，如当地报纸大编辑、大学校长、图书馆藏家以及其他知名人士，包括国父孙中山（1924 年 4 月 3 日）、当时的中华民国大总统黎元洪的幕僚、冯玉祥将军的秘书 Mr. Pao、广东省国民政府主席和将军陈铭枢（1930 年 9 月）、南京前交通部长叶钧召（1930 年 10 月）南京国民政府外交部部长王正廷博士、南京国民政府教育部长张孟林等。她还注意与当地的民间组织、协会、宗教团体、图书馆接触交流。在上海期间，她先后在若干社团、俱乐部等做讲座，如世界语协会、儒教学会、儒学社、通神学会、神学会等团体。在一次大型集会上认识了后来成为巴哈伊并为传教做出贡献的邓宸铭（Deng Chien-ming）校长。据说就在她第二次来华期间，前清华大学校长曹云祥博士通过她结识了巴哈伊，他与其夫人美籍瑞典人 Ellin Louise Halling 接受了巴哈伊教义。她几乎到过中国所有的重要城市旅行演讲，如北京、天津、济南、曲阜、烟台、徐州、南京、苏州、杭州、武汉、上海、广州、香港等。

1923 年 11 月 4 日，玛莎·露特与阿格尼丝·鲍德温·亚历山大组织了中国历史上第一次巴哈伊精神会餐——灵宴会。中国的报纸、电台报道追踪了她的宣教活动，如《国民日报》《上海时报》《广州民国日报》《广州市政日报》、香港电讯等。她与《上海时报》的主编成为好友，经常为该报投稿介绍巴哈伊信仰。她向英文报刊投稿介绍巴哈伊信仰，如 *Chinese Standard*、*The North China Standard*、*English Standard* 等。她在《巴哈伊周刊》上投稿介绍中国巴哈伊教的传播和接收情况。她不顾生命危险，在战乱年代安排将中英文巴哈伊文献送到全国各地图书馆。

曹云祥说：他本人"非宗教家，亦非神学家，但认宗教为广义之教育，而尝一再研究与文化进步之关系也。当读大同教义之初，即觉其含义之广大，而适合现代之思想"①，认为"大同教为最适合现代需要之宗教，一方面承认

① 曹云祥：《〈世界之秩序〉译者序》［Z］. 邵基·阿芬第：《世界之秩序》［M］. 上海，1932. 2.

各宗教之真理皆出于一辙，以收集思广益之效，另一方面又指示世界之趋势，以统一人类之信仰，铲除争端，促进世界和平，此诚世界之新曙光也。"他"深信大同教能改造人心，造福人类"。① 除了发表文章介绍巴哈伊教外，他自己著有《巴哈伊教在中国》。他还翻译巴哈伊经典，1931 年完成翻译作品《巴哈欧拉与新纪元》，1937 年完成《新时代的大同教》。1937 年溘然长逝。1939年上海出版了他的译作阿博都巴哈的《若干已答之问》。曹云祥博士对待传统的态度是开放的、自由的。他认为在这个阶段（即曹云祥所处的 20～30 年代），旧的信仰已经失去赢得人心的力量，绝对必要寻求一种宗教，它包容一切真理性的认识，能够对拯救危局发挥强有力的影响。②

孙中山曾两次会见玛莎·露特。《广州民国日报》（1924 年 4 月 4 日）在这一次会见的报道称，孙中山认为巴哈伊教对中国的发展有所帮助。第二次会见玛莎·露特时孙中山表示："我对于一切提倡世界和平的主义，均异常注意。我若能够促进或实现世界和平，我就是牺牲自己的生命也是甘愿的。"（《广州市政日报》1930 年 9 月 23 日）陈枢铭将军告诉玛莎·露特："没有任何一个国家比中国更适合接受这些教义，因为中华文明的基础便是世界和平。"③ 叶钧召对她说："中国对其他国家并无野心。"王正廷对她说："我们从来不是一个侵略成性的国家，这一点可以由我们四千年的历史事实作证。"④还有许多值得记述的中国人，他们热情地接受了巴哈伊教义并为此做出了贡献，如被视为第一个中国巴哈伊信徒的庄先生（T. J. Chwang），又如来自中国大陆于 1919 年在美国加入巴哈伊的陈廷默，他带回许多巴哈伊书籍，并将他们放在上海的图书馆里。他与阿博都巴哈有书信往来。曾任中山大学农学院教授的廖崇真，他将巴哈欧拉的《隐言经》《世界书简》《美德书简》《巴哈欧拉书简》《已答之问题》（即《若干已答之问》）等著作英文本译成中文。他与守基·阿芬第有书信往来。改革开放以来巴哈伊教在中国大陆的传播方式和途径、教徒人数、教徒分布等方面值得研究。

（二）巴哈伊教在台湾

在台湾，最早称巴哈伊教为"大同教"，1991 年 11 月将"大同教"更名

---

① 曹云祥．《〈若干已答之问〉中国上海一九三三年中文初版译者语》［Z］．阿博都巴哈：《若干已答之问》［M］．澳门：新纪元国际出版社，2000. 260.

② Misc Bahá'í. *Appreciations of the Bahá'í Faith*［M］. Wilmette：Bahá'í Publishing Committee，1941. 44.

③ 蔡德贵：《当代新兴巴哈伊教研究》（修订版）［M］．北京：人民出版社，2006. 584.

④ 同上，585.

为"巴哈伊教",1993 年 4 月正式使用。第一位来台传教的是乌斯库里先生,即在上海传教的苏莱曼夫人的父亲。第一个台湾巴哈伊是留美学生朱耀龙先生,他于 1945 年在华盛顿加入巴哈伊教。1954 年,曾在上海传教的伊朗人苏莱曼来台,建立"大同教中心"。1956 年春,台湾第一个巴哈伊地方灵体会宣告成立。1956 年 11 月第一次全台湾传教会议召开。1959 年 10 月,苏莱曼夫妇捐资在台南建立巴哈伊中心。1967 年台湾总灵体会在台北成立,当时有教徒约 500 人。1970 年以财团法人大同教注册登记。1972 年台湾巴哈伊出版社得到台湾当局批准宣告成立。台湾巴哈伊教的传教方式多种多样,有各种座谈会、深造班、夏令营、冬令营、灵宴会等。台湾巴哈伊还注重公益活动,如环保、慈善等。台湾大部分人信仰佛教,其次是道教、基督教新教、天主教等。巴哈伊教总人数约 16000 人。① 据说,巴哈伊教有在台北县林口乡购得一片土地,准备兴建远东的巴哈伊灵曦堂。②

(三)巴哈伊教在香港

世界各大宗教在香港几乎都有人信奉。华人主要信仰佛教、道教。其他宗教有天主教、基督教、伊斯兰教、印度教、锡克教、犹太教。1841 年已设罗马天主教香港特别行政区主教传教区。天主教会在香港办有学校、医院和社会服务中心。基督教 1841 年传入香港,现已有 50 多个宗派,它在香港也兴办学校、医院和社会服务中心等机构。其他宗教状况:伊斯兰教教徒约 5 万人,其中半数以上是华人;印度教教徒约 1.2 万人;还有少数锡克教和犹太教徒。除了各式各样的传统宗教,香港还存在各式各样的新兴宗教。在新兴宗教中,香港的巴哈伊教令人瞩目。

19 世纪巴哈伊教徒就来到了香港从事通商等活动。但直到 20 世纪 20 ~ 30 年代才有香港人加入巴哈伊教,称改教为"巴海教"。1924 年 5 月 27 日,玛莎·露特来到香港,会见各界人士,发表演讲,通过报纸、电台和出版物传播巴哈伊教。1954 年 10 月,安东尼·迈米(Anthony Seto)夫妇作为"十年计划"先锋从旧金山来到香港。他们夫妇有很多机会为香港许多重要的中国人、印度人和英国人宣讲巴哈伊。丈夫安东尼是美籍华人,曾是美国国家灵体会成员。1956 年全港有 14 名巴哈伊,他们于当年 4 月 21 日雷兹万节成立了香港第一个巴哈伊行政机构——"巴海教"香港地方灵体会。1957 年安东尼夫妇参加了东京召开当第一次东北亚灵体会会议,丈夫不幸

---

① 蔡德贵:《当代新兴巴哈伊教研究》(修订版)[M]. 北京:人民出版社,2006.613.
② 闵家胤:《巴哈伊教》[J]. 民主与科学,1994(1).

去世。1958 年妻子迈米（Anthony Y. Seto）被世界正义院任命为亚洲洲际顾问，她还是联合国组织的社会秘书。1969 年香港灵体会以一家公司注册，1971 年成立了香港、九龙、沙田三个地方灵体会。1974 年成立了包括澳门分会在内的总灵体会，教徒人数 270 多人。1976 年 12 月在香港召开了巴哈伊教世界传道大会参会人数达数千人，促进了香港巴哈伊教的发展。1980 年，将"巴海教"更名为"巴哈伊教"。1988 年 6 月 15 日，香港立法局通过了承认包括澳门巴哈伊在内的"香港巴哈伊信徒总灵体会"的议案，承认总灵体会为港澳巴哈伊信徒的总机构，赋予拥有资产和参与香港事务的权利，这样港澳巴哈伊居民在社会、文化、道德、信息、教育和灵事方面都可以做出贡献。1989 年 4 月 30 日澳门巴哈伊总灵体会成立，港、澳巴哈伊总灵体会分立。巴哈伊教在远东的国际联络中心就设在香港。目前香港巴哈伊信徒 3000 多人，地方灵体会 22 个。

（四）巴哈伊教在澳门

澳门教派众多，其宗教信仰和传播体现着"多元、共荣"的特性，主要教派有佛教、道教、天主教、基督教、伊斯兰、琐罗亚斯德教等，其中佛教信徒占人口半数。巴哈伊教首度传入澳门是 1953 年，是守基·阿芬第开展的"十年计划"中的一部分。第一位来澳门传教的人是美国加州女巴哈伊法兰西斯·希拉（Frances Heller），她在此定居，成为拓荒者。第一位澳门巴哈伊是 1954 年入教的严沛峰。1958 年，澳门成立了第一个巴哈伊地方灵体会。1974 年设立了巴哈伊中心，教徒 50 人。1982 年澳门巴哈伊正式向澳门政府注册。1989 年澳门第一届巴哈伊总灵体会成立，是世界上第 150 个总灵体会。澳门巴哈伊的活动方式多种多样，有音乐歌唱会、放映幻灯片、游戏、才艺表演、座谈会等。1988 年经澳门政府教育司审批，创办了澳门第一所非营利性的国际教育学校——联国学校，其宗旨是通过教育发掘个人潜能，培养学生推动社会转变、投身文明进步所必须具备的素质、品质，提高他们的心智能力。它有三个明显的特色：强调服务的重要性、用英语和普通话教学、注重科学知识。该校已经培养了几百名学生，他们来自几十个不同的国家和地区。澳门巴哈伊注重出版和宣传。1990 年在香港创办的巴哈伊季刊《天下一家》杂志。澳门巴哈伊注册为社团后，成立了巴哈伊出版社。1990 年成立了巴哈伊国际出版社中文部，1997 年成立了新纪元出版社。1992 年澳门巴哈伊教总灵体会正式登记为一个合法的宗教组织。澳门巴哈伊总数约 3000 人。

第二节　巴哈伊教在欧美诸国的传播

广泛地将巴哈伊教传到世界各地的正是欧洲及西方世界的各方人士。欧美是基督教文化，这一文化在宗教方面提倡多元。由于近代以来欧美的国际地位不同寻常，在传播巴哈伊教的过程中起着非常重要的作用。巴布教徒和巴哈伊教徒首先在伊朗本土接触西方人，同时也开始了基督教与巴哈伊教的接触。我们首先从伊朗本土上考察，然后选择主要国家进行国别考察。

一、巴哈伊教与欧美在波斯的传教士

巴哈伊教历史短暂，从文化史的角度看，巴哈伊教与基督教之间的关系史是两种文化的接触。巴哈伊教是波斯文化的一个部分，反映出波斯文化的根源。基督教与波斯文化可以向前追溯到耶稣降生时从东方波斯来的三个智者祝贺救世主降生的传说。后来是西方基督教的东方亚述教会的派别聂斯脱里教派（或波斯教）在波斯不景气的存续。由于教义上的差异和宗教迫害，19 世纪时这个教派的教徒人数不足十万人。此外还有基督教的其他派别，如 17 世纪初作为移民而来的亚美尼亚人。所谓正统的有组织的基督教传教活动是罗马天主教多米尼加教团于 14 世纪初派传教士来波斯传教，还有 16 世纪的奥古斯丁教团以及 17 世纪的加尔默罗会（俗称圣衣会，Carmelites）。但到了 18 世纪后半叶纳迪尔沙去世后出现了无政府状态，各个基督教会传教士撤离伊朗。19 世纪初期没有任何西方传教士在此传教。19 世纪中期，来自美国的一个基督教派作为境外传教团体（ABCFM）来到伊朗，于是法国天主教教会遣使会（Lazarlists）立刻派出传教士与美国传教团争夺聂斯脱里派教徒。与此同时或更早，伦敦基督教协会（CMJ）和英国基督教传教协会 CMS）也派出了传教士，并在 19 世纪后半叶站稳了脚跟。但是西方传教士在这块土地上的传教活动的种种努力是失败的。正如布朗教授指出，首先，由于伊斯兰教中包含了基督信仰，因此西方传教士的努力对一个穆斯林信仰的破坏力比任何其他宗教都更强。第二，伊斯兰教对于叛教者的惩罚是死刑。第三，传教士之间经常分门立派、龃龉失和，天主教徒和基督教徒之间相互贬低否定。对于波斯人传教士们经常表现出一种傲慢疏离、屈尊降贵的态度，结果不能与当地人融为一体。第四，传教士们将主要精力放在聂斯脱里派教徒和亚美尼亚人身上，目的只不

过是将它们从一个基督教派转化为另一个基督教派。即便这样，他们仍然遭到当地伊斯兰传教士的强烈反对，害怕这些基督教徒腐蚀他们的生活。①

两名伦敦基督教协会传教士 1846 年到达设拉子，见过最早一批起来反对巴布的省长（Governor）胡赛因·汗（Husayn Khán），还见过伊斯法罕的省长巴布教徒马努吉尔·汗（Manúchir Khán）。伊斯法罕总督的开明态度使得两位传教士建议将总部移至伊斯法罕。这样 1847 年 2 月 18 日西方传教士与巴布在同一时间来到伊斯法罕。传教士 Sternschuss 记载了这位省长对他们的仁慈以及对他的离世的惋惜之情。② 另一位传教士斯特恩（Stern）记录了马努吉尔·汗与巴布教徒见面的经过，初步了解了巴布教徒受迫害的原因。斯特恩称巴布为波斯的社会主义者，承认巴布的教义两年前震动了波斯朝野。

美国传教士对巴布的事迹也感兴趣。奥斯汀·莱特博士记述了巴布的事迹并将它介绍给美国东方学会。1848 年 7 月间，巴布被从石里克押往大不里士受审的途中经过乌尔米耶（Orūmīyeh），巴哈伊历史学家详细记录了这一重要时刻。美国传教士的记述与巴哈伊历史学家的记述相吻合。比如莱特记述道："在去大不里士的路上，巴布被带到乌尔米耶省长特别周到地接待巴布，很多人获准见巴布。有一次，一大群人跟着巴布。省长后来说，他们内心都很激动，都忍不住流出了眼泪。"③ 这段记述证明了当局对巴布的重视。早在 1867 年巴哈欧拉及其门徒就在亚得利亚诺堡（Adrianople，今土耳其城市埃迪尔内，即 Edirne）接触了西方的传教士，1871 年到 1874 年又有西方传教士来阿卡见巴哈欧拉。到 1890 年英国基督教传教协会（CMS）在阿卡维持着一所学校，这所学校的主管教师受这个传教协会的委任建立传教士传教点（missionary station）。几位女传教士于 1891 年 10 月在阿卡的巴基（Bahjí）大厦见到了巴哈欧拉。她们因这次会见受到了鼓舞④。

来自英国基督教传教协会的罗伯特·布鲁斯牧师 1869 年来到伊朗进修波斯语，于是在伊斯法罕开始了向波斯人传授基督教的经历，接受洗礼的教徒中有些是巴布教徒。按照布鲁斯的愿望，正如其他西方传教士的愿望一样，信仰

① Moojan Momen. Early Relations between Christian Missionaries and the Bábí and Bahá'í Communities［A］. Moojan Momen. edit. *Studies in Babi and Bahá'í History*［C］. Vol. 1. Los Angeles：Kalimát Press，1982. 51~52.
② Ibid.，56.
③ Ibid.，57.
④ Ibid.，73.

了一种宗教便不能坚守原来的宗教，因此他觉得受到了波斯人的"欺骗"。①
西方的传教士对波斯人的偏见很深，认为他们并不热衷于追求真理。了解了巴
布教徒的追求真理的英雄事迹以及同经过洗礼的巴布教徒接触后，他对巴布教
徒大加赞赏，认为："这个世纪（即 19 世纪——笔者）巴布教徒证明了波斯
人不是顽固不化的异教徒。"② 有大量的巴布教徒接受洗礼，致使布鲁斯异常
兴奋，他写道："我有一个宏愿：不久巴布就会在这片土地上成为福音（Gos-
pel）的传道先驱……他被处死了，他的宗教失败了，但是他的所有信徒不仅
摆脱了什叶派的迷惑，而且还对它充满了仇恨，巴布的教义大量地借鉴了福音
书中内容。"③ 这里可以明显地看出，布鲁斯是抱着归化巴布教徒的心理盲目
乐观地看待波斯人的信仰追求的，而对于巴布的教义本身并不感兴趣。一个月
后他做出了这样的判断："巴布教除了仇恨教士之外没有任何基础，它正迅速
传播，除非用自由来消灭，否则必然导致叛乱。"④ 他一厢情愿地认为，这些
巴布教徒会皈依基督教去传播《圣经》"福音"，可是他的"宏愿"破灭了，
于是抱怨地说："我最初以为会感兴趣的那些人并没有兴趣，我感到最值得信
赖的人常常最令我失望。"⑤ 没有任何巴布教或巴哈伊教的历史提及伊斯法罕
的一些巴布教徒皈依基督教的事。

据莫门（Moojan Momen）考证，除一人追随了阿扎尔（Azal，即叶海亚）
外，其余都加入了巴哈伊社团。⑥ 直到 1894 年，布鲁斯才开始认真阅读巴布
教义和巴哈伊教的经典文献。这标志着英国基督教传教协会与巴哈伊教的近距
离接触。莫门重申了这样一个倾向：正统的什叶派避免与基督教徒任何形式的
接触，他们视这种接触为"不洁"，同时他们并不认为西方传教士有真正的福
音可传，只不过是堕落的说教；对于穆斯林来说传教士的《圣经》并不权威。
而巴哈伊教徒之所以接触基督教除了当时社会动荡、自然灾害等原因外，还在
于巴哈欧拉对巴布教义加以改革之后更加浓厚的普世主义倾向。布鲁斯虽然试
图将巴哈伊教看成是打通伊斯兰教与基督教的桥梁和在伊斯兰世界传播福音的
基石，但是他并不理解巴哈伊教的超越性、包容性和开放性价值。难怪 1893

---

① Moojan Momen. Early Relations between Christian Missionaries and the Bábí and
Bahá'íCommunities ［A］. Moojan Momen. edit. *Studies in Babi and Bahá'í History* ［C］.
Vol. 1. Los Angeles：Kalimát Press，1982. 57.

② Ibid.，59.

③ Ibid.，56，60.

④ Ibid.，60.

⑤ Ibid.，60.

⑥ Ibid.，63.

年 7 月发表在 *Church Missionary Intelligencer* 发表的一篇文章说："这些人（指巴哈伊教徒——笔者）掌握的关于基督的知识实在在令人惊讶！"① 因此，英国基督教传教协会的一位主教爱德华·斯图亚特感到："巴布教义使巴布教徒更容易接近，甚至使他们更渴望与基督教徒交往，更愿意就宗教问题进行交流，更急于得到我们的经文，尽管他们对经文已经有所了解。"② 传教士对受追杀迫害的巴哈伊教徒尽可能收容保护，致使英国官方为避免政治纠纷、保障传教士的安全而警告传教士此时不便于转化巴哈伊教徒为基督教徒。

19 世纪末多数传教士都得出了一个近似的结论：巴哈伊教并不像穆斯林教徒那样更容易转化为基督徒。20 世纪初期传教士对于巴哈伊的报道开始转向敌意，认为巴哈伊教徒构成了转化穆斯林和琐罗亚斯德教徒为基督徒的障碍，因为巴哈伊教赢得了很多穆斯林和琐罗亚斯德教徒加入巴哈伊教。同时，传教士的记载表明，巴哈伊教徒还力图使基督教徒信仰巴哈伊教。莫门总结说："20 世纪最初的十年中，巴哈伊教徒与英国传教士之间的关系比较紧张。在这个世纪的第二个十年中，两者完全断绝了关系。"③ 美国传教士几乎同英国传教士经历相同。美国长老会牧师莱特（J. N. Wright）认为巴哈伊教能为波斯的宗教自由铺平道路。但很快就改变了这种看法，态度转为批评和敌意。同英国传教士一样，他们的动机不在于对话和了解，而在于急迫地将巴哈伊教徒转化成基督教徒。由于当初甚至不久前宗教学者、传教士、政治家和外交家等等倾向于将巴哈伊教看成是伊斯兰教的改革派，因此认为巴哈伊教将会抵制甚至消解伊斯兰中的"错误"。但是同样令美国传教士失望的是只有屈指可数的巴哈伊教徒有转变的可能，致使霍尔姆斯博士（Dr. Holmes）匆忙地下结论说："大多数巴哈伊教徒会比以前更加积极地对抗基督教。"牧师波特博士（Dr, Potter）也失望地说："原本看来巴哈伊教徒有光明前景，现在这一期望并没有实现。"④ 莫门揭示，美国传教士与巴哈伊教徒间关系的破裂充满了戏剧性和可悲的情景，教士们发表文章激烈批评巴哈伊教徒，语言尖酸刻薄。

德国人安德里亚（Andreas）在《波斯的巴布教徒》一文中记述了 19 世纪和 20 世纪之交的巴哈伊教徒的活动情况及对他们的评价："在波斯政府眼

---

① Moojan Momen. Early Relations between Christian Missionaries and the Bábí and Bahá'í Communities ［A］. Moojan Momen. edit. *Studies in Babi and Bahá'í History* ［C］. Vol. 1. Los Angeles: Kalimát Press, 1982. 63.

② Ibid., 66.

③ Ibid., 70.

④ Ibid., 72.

里，巴布教徒过去是、现在仍然是危险的革命分子，因此政府竭力用火与剑加以剿灭。但是他们事实上是波斯这个黑暗国家中真理、自由和正义的先驱，在自我牺牲中勇敢地面对，在殉难中欢乐地担当，这在历史上是罕见的。如果新近即位的国王穆扎法尔丁沙给予巴布教徒以宗教自由，那么他将给予这个国家最大的福惠。"① 此外，巴勒斯坦和叙利亚的西方传教团也于 19 世纪末接触了巴哈伊教徒。也就在此时，即 1893 年，芝加哥的世界宗教大会上，巴哈伊教首次在宗教的公共领域被提及并引起全世界的注意。虽然 1894 到 1896 年之间巴哈伊教与传教士之间的龃龉增加，但巴哈伊教的教长阿博都巴哈仍然努力与基督教徒、传教士对话沟通。有时是传教士到阿博都巴哈那里，有时阿博都巴哈到传教士那里。② 阿博都巴哈的宽容态度在西方产生了深远的影响。到 1911年访问西方时，经过西方的传教士、政治家、外交家、宗教学者的努力，经过阿博都巴哈及巴哈伊教徒工作，已经为基督教与巴哈伊教之间的友好对话奠定了一个基础，为巴哈伊教在欧美的传播搭建了一个桥梁。目前巴哈伊教的影响已经进入各个领域，政治上有巴哈伊非政府组织的参与，经济上有欧洲巴哈伊商业论坛，巴哈伊教也开始影响欧洲的艺术家，在音乐、绘画、雕塑、家具设计、文学、影视等领域都可以感受到巴哈伊信仰的影响。

二、巴哈伊教在俄罗斯

俄罗斯是最早与巴哈伊教建立联系的国家。早在巴布被监禁期间，俄国外交官就向沙皇报告了巴布处境。在巴布 1850 年就义之前沙皇究盼咐驻大不里士的领事密切关注巴布的情况，并在巴布就义后的第一时间通过巴布的秘书（书记员）得到了巴布的一些著作。③ 巴布就义以及巴布的基本教义很快通过俄国知识界传到了欧洲其他国家。为欧洲的文学家、外交官、知识分子所知晓。巴哈欧拉被监禁后将被流放时，俄国外交使节表达了俄国政府保护他并愿意为他去俄罗斯避难提供帮助。④ 俄国的东方学者研究了巴哈伊教的初期发

---

① Moojan Momen. Early Relations between Christian Missionaries and the Bábí and Bahá'í Communities [A]. Moojan Momen. edit. *Studies in Bábí and Bahá'í* [C]. Vol. 1. Los Angeles: Kalimát Press, 1982. 74 ~ 75.

② Ibid., 76.

③ Shoghi Effendi. *God Passes By* [M]. Wilmette: Bahá'í Publishing Trust, 1974. 518.

④ Ibid., 105.

展，并把这一宗教介绍到欧洲。① 后来，一些世界著名作家也对巴哈伊教很感兴趣。其中包括屠格涅夫和托尔斯泰。巴哈伊教与俄罗斯的关系还有一些特别的地方。巴哈伊教历史上第一座灵曦堂就建在俄罗斯境内的伊什卡巴德。十月革命前，仅伊什卡巴德就有巴哈伊教徒四千人。十月革命后，巴哈伊教被禁止，灵曦堂被充公。苏联解体后，巴哈伊教又活跃起来，地方灵体会已发展到几十个，在俄罗斯和原苏联各加盟共和国教徒总数约九千人。

在对巴哈伊信仰感兴趣的人中，托尔斯泰与巴哈伊教有着特殊的联系。他在《忏悔录》（1879～1880）《我的信仰是什么?》（1882～1884）《那么我们应该怎么办?》（1886）等论文中都阐明了自己的转变以及转变后的观点。在《我的信仰是什么?》中他审视地批判自己仍然是个虚无主义者。在写这篇论文时他已经56岁（1884年）。他认为自己过去和现在的一生都是罪恶的，体验到了死亡的临近。这时（即5年前）他开始钻研基督教，基督教改变了他的一生，改变了他的价值观。然而他并没有完全解除信仰中的困惑。他的一生都处于基督教教义与理性之间的斗争漩涡中。他一生都在追寻上帝和真正的宗教。他思考了上帝的精神性质和不可分的性质与"三位一体"之间的矛盾，于是寻找出路，认为上帝的本质是爱，其意志是至高无上、不可知的。同时，他认为基督并不是上帝而是更愿接受神圣的新思想的人，他教导人们生活的意义和目标。虽然基督信仰仍然是托尔斯泰的根本，但是他一直在寻求新的信仰，以便能与他经过思考而坚信的根本信仰融合起来。托尔斯泰在基督教（东正教）信仰中发现了一系列的矛盾，如教义与现实的矛盾、教义内部的矛盾、理性与教义的矛盾等。他看到官方教会如何强制性地将自己的意志转化或包装成教义向人民灌输，认为基督精神的核心就是爱的信仰，而宗教的敌人恰恰就是宣传教义的神学家和神甫。他通过一些重要的著作向长期以来的教会话语霸权发起了挑战。在他的"不以暴抗恶"的托尔斯泰主义中我们可以看到东方的宗教观对托尔斯泰的影响。

托尔斯泰与巴布的教义和巴哈伊教有着特别重要的关系。托尔斯泰最早提到巴布信仰是在1894年9月17日的日记中。② 但鉴于俄国在巴布教义很早就受到俄国的注意这一事实，我们断定托尔斯泰在此之前应该听说过巴布教。在他给波斯王子Mírzá Rídá Khán的回信中称巴布教徒是追求真正宗教的人，认

---

① 蔡德贵：《当代新兴巴哈伊教研究》（修订版）［M］. 北京：人民出版社，2006. 548.

② Luigiv Stendardo. *Leo Tolstoy and Bahá'í Faith* ［M］. trans. Jeremy Fox. Oxford：GeorgeRonald，1985. 14.

为他们的教义一定能够传播开来，克服政府的野蛮和暴行。① 托尔斯泰于 1901年 8 月第一次听到巴哈伊，同年与巴哈伊教徒建立了联系。这时他还不清楚巴布教义与巴哈伊教的联系与区别，也没有意识到巴布教义与巴哈伊教不仅局限于东方，而且具有世界意义。他在给一位巴哈伊的信中问道："什么是巴哈伊？""如果你是法国人，怎么会成为巴布教徒了呢？"尽管他认为他读到的巴布教基础读物价值不大，但是他说："尽管如此，我认为从道德和人道主义教义的观点看，巴布教在东方世界有着光明的前途"② 他进一步了解巴哈伊教是在 1902 年 5 月 7 日，一位来自巴哈欧拉的流放地阿卡的波斯商人，在托尔斯泰的庄园亚斯纳亚·坡里亚纳，向托尔斯泰介绍了巴哈欧拉的地位和巴哈伊教的基本教义，提到了世界大会、正义院、巴哈伊教的《圣经》《至圣经》、阿博都巴哈的地位等。托尔斯泰询问了非伊斯兰教民族加入巴哈伊教的情况。这位商人也像托尔斯泰提出了问题，其中之一便是对巴哈欧拉的看法。托尔斯泰回答说："我怎么能否定他呢？我希望能教导某些俄罗斯人，可现在我被软禁了，安置了警察不让任何人会见我。显然这一事业（指巴哈伊教——笔者）将会征服全世界。"③ 这一史实及其意义无论从巴哈伊教方面还是从托尔斯泰对巴哈伊教的认识方面都可以从多角度理解。

　　1903 年到 1906 年，关于巴哈伊教的信息持续传到托尔斯泰那里，他对巴哈伊教的信心和兴趣有些波动。他读了《至圣经》的法文译本时却又断定巴哈伊教没有前途④，这应该与他的无政府主义思想有关。但在 1906 年的一篇论文《俄国革命的重要意义》这篇论文中的最后一章还是强调了人类对永恒法律需求，而这个需要存在于各个宗教之中，其中包括部分"伊斯兰教（巴布教）"。这就表明托尔斯泰仍然认为，巴哈伊教属于伊斯兰教。在另一篇论文《活着的方法和目的》（*How and Why of Living*）中，他结识了人类的智慧存在于新宗教关于宗教改革的观点中，如卢梭、康德、钱宁以及新佛教、新婆罗门教、巴布教以及众多人对于旧宗教的重新认识之中。⑤ 但是 1908 年，托尔斯泰给来自波斯在莫斯科求学的一位学生的回信标志着他对巴哈伊教认识和态度的转变。这位波斯学生提出了三个问题：（1）如何理解上帝；（2）人死

① Luigiv Stendardo. *Leo Tolstoy and Bahá'í Faith*［M］. trans. Jeremy Fox. Oxford：GeorgeRonald，1985，22.

② Ibid.，24.

③ Ibid.，30.

④ Ibid.，34.

⑤ Ibid.，37.

后是什么状态；（3）在所有伟大宗教中伊斯兰教占据什么地位。关于第一个问题，他认为不应像基督教和伊斯兰教那样把上帝想象为与人同形，而应像使徒约翰表示的那样"上帝就是爱"（见"约翰一书"第四章）。对于第二个问题，他的回答是回到上帝，即回到爱。对于第三个问题，他的回答是，伊斯兰教，同其他所有宗教（如婆罗门教、佛教、儒教、道教、基督教等）一样蕴含着伟大的永恒的真理，但是同所有其他宗教一样，伊斯兰教通过仪式和欺骗向教义中加入了迷信的东西，这样就歪曲了真理。他接着说："巴布教根源于伊斯兰教，演变为巴哈伊教，是最高尚、最纯洁的宗教信仰之一。"① 1909年，他大量阅读巴哈伊教文献，对这一宗教产生了浓厚的兴趣。从这一年3月到1910年9月，他的书信及论述中频繁参考巴哈伊文献，他还计划写一部关于巴布和巴哈欧拉的书，也表达了写一本关于阿博都巴哈的书的愿望。② 但是，托尔斯泰在提及巴哈伊教时，仍然将它作为伊斯兰教的一个教派。这也代表了大多数西方人在巴哈伊教建立50年后的观念。托尔斯泰的观点与巴哈伊教有一些相似点，在他的两篇论文《爱国主义还是和平？》《爱国主义与政府》中，他表达了对爱国主义观点，认为应该弃绝仅仅对一个特定国家的爱，应该没有区别地爱全人类。但是与巴哈欧拉的观点不同的是，托尔斯泰具有无政府主义思想，而巴哈欧拉则鼓励人们对各个政府权力的尊重。关于普世宗教问题，在回答一位法国议会议员的信中，托尔斯泰告诉他已经存在一种认为只有一种宗教而没有不同宗教的宗教，即巴布教。③ 其实这并不全面，因为巴布和巴哈欧拉并没有走向忽视不同宗教存在的合理性和差异的必然性的极端。尽管他对巴哈伊教的基本教义认同，但有一点使他不能完全接受巴哈伊教，他不相信显圣者的"无误性"。④ 但是，他对巴哈伊教非常尊重。据他的医生回忆在他去世前与来访者的谈话中这样评价巴哈伊教："非常深邃，我知道深邃得无与伦比。"⑤

---

① Luigiv Stendardo. *Leo Tolstoy and Bahá'í Faith*［M］. trans. Jeremy Fox. Oxford：George Ronald，1985. 40，51.

② Ibid.，43，49～52，54.

③ Ibid.，47.

④ Ibid.，55～56.

⑤ Ibid.，55～56.

三、巴哈伊教在法国

巴布殉难的消息传到了欧洲。1852 年就有日内瓦的两家报纸详细报道了事件的详细情况。西方的旅行者、官员、学者和东方学的学生都详尽地记述了巴布和巴哈欧拉。法国外交家和学者贡比诺（Comte de Gobineau）在他的著作《中亚的宗教与哲学》（*Les Religions et les Philosophies dans l'Asie Centrale*，1865 年）中向西方世界描述了波斯发生的重大事件。正是这本书激发起了英国东方学家布朗（Edward Granville Browne）对于巴哈伊教的终生兴趣。1855 年贡比诺带着特殊使命来到了波斯担任法国驻德黑兰公使（Chargie d'Affaires），1858 年返回法国，1862～1863 年担任拿破仑三世在伊朗的全权的代表。他是顽固的种族主义者，在首次任命后欣然前往波斯，希望能见到纯种的雅利安人，但是事实令他失望。他的著作《人种不平等论》（*Essai sur l'Inegalite des Races*，1865 年）表达了他的种族主义思想。不可思议的是，就是这样一个人物却出色地向欧洲和西方传播了关于巴哈伊教的知识①。1889 年，法国驻大不里士的领事尼古拉斯（A. L. M. Nicolas）开始研究巴布教，最终将巴布和巴哈欧拉介绍为这个时代的两位启示者。1910 年尼古拉斯出版了他的著作《对谢赫派的考验》（*Essai sur le Shaykhisme*）详尽介绍了巴哈伊教初期巴布运动的情况，成为《破晓之光》等历史著作英文翻译的重要参考资料。1911 年 10 月月 3 日阿博都巴哈从英国来到巴黎，向法国听众介绍巴哈伊教的基本教义。他发表的谈话结集为《巴黎谈话》。1901 年伊波利特·德莱弗斯（Hippolyte Dreyfus）信仰巴哈伊教，是第一个信仰巴哈伊教的法国人，他通过写作、翻译、旅行以及其他拓荒活动巩固了这一信仰在法国的根基。② 后来与德莱弗斯的妻子罗拉·巴尼到阿卡拜访阿博都巴哈，并将她的提问及阿博都巴哈的回答集结成书，即著名的《若干以答之问》（1908 年英文初版）。③ 从信仰而不是知晓巴哈伊教的方面来看，法国是第一个有巴哈伊教徒的欧洲国家。④ 1898 年 12 月 10 日和 20 日，首批两组西方朝圣者就是从法国出发来到土耳其管辖的阿卡圣城的。1899 年在他们返回欧洲时，其中旅居巴黎的美国人梅·艾丽

---

① H. M. Balyuzi. *Abdu'l-Baha-The Centre of the Covenant* ［M］. London：George Ronald，1971. 62.

② Shoghi Effendi. *God Passes By* ［M］. Wilmette：Bahá'í Publishing Trust，1974. 259.

③ Ibid.，260.

④ Custodians. *Ministry of the Custodians*：1957～1963 ［Z］. Haifa：Baha'I World Center，86.

丝·波尔斯（May Ellis Bolles）就在巴黎开始了经阿博都巴哈同意并在他指导下的传教活动，地点就是巴黎。① 阿博都巴哈还派去了东方的教师。德莱弗斯以及第一个英国巴哈伊信徒托马斯·布里克维尔（Thomas Breakwell）就是在这时加入巴哈伊教的。这是法国也是欧洲第一个巴哈伊传教中心。1958 年 4 月 26 日，也就是欧洲第一个传教中心建立 60 年后，法国国家灵体会成立。1998 年 11 月 27 日～29 日，两千多人在埃菲尔铁塔下集会，纪念巴哈伊教传入欧洲大陆 100 周年。2004 年 2 月 10～12 日，为了迎接这一年 5 月 1 日加入欧盟的 10 个成员国，巴哈伊国际社团在法国斯特拉斯堡欧洲议会的丘吉尔楼举办了一次"百年来全欧洲促进多样统一的巴哈伊国际社团"展览，介绍了巴哈伊社团所开展的旨在促进和平、跨文化整合、宗教宽容和商业道德方面的一些活动，说明不同文化和民族的统一是一个自然的过程。目前，法国有 30 多个地方灵体会，全国设有巴哈伊教育委员会、教义研究会和青年委员会。部分巴哈伊信仰的国际分支机构这在法国，如巴哈伊国际社团巴黎分部巴哈伊欧洲商务论坛，巴哈伊医疗协会等。法国人接受巴哈伊教义的方式具有严肃的浪漫色彩。巴哈伊教开始影响法国的艺术家，在音乐、绘画、雕塑、文学等领域都可以感受到巴哈伊信仰的影响。② 巴黎的斑点画派画家马修主要受亚洲哲学、禅、道和巴哈伊教的影响。③

四、巴哈伊教在英国

1865 年，法国外交家和学者贡比诺出版了他的著作《中亚的宗教与哲学》。英国剑桥大学年青的东方学者爱德华·布朗（Edward Granville Browne）读了这部著作后对巴哈伊教产生了浓厚的兴趣，结果成为颇有建树的研究波斯及巴哈伊教的东方学家。他翻译了阿博都巴哈叙述巴哈伊早期历史或巴布生平的著作《旅行者手记》，该译本及波斯原文由剑桥大学出版社出版。就在巴哈欧拉去世的前两年，即 1890 年，布朗拜见了巴哈欧拉。他将这一经历详尽地记录下来作为导言同《旅行者手记》一同出版。布朗的翻译及介绍对英国读者产生了深刻影响。巴哈欧拉在此前没有机会会见西方来访者，但是他却能够

---

① Ann Boyles. edit. *The Bahai World*：2004 ～ 2005 ［Z］. Haifa：Bahai World Centre，2006. 257.

② Ann Boyles. edit. *The Bahai World*：2004 ～ 2005 ［Z］. Haifa：Bahai World Centre，2006. 244.

③ 蔡德贵：《当代新兴巴哈伊教研究》（修订版）［M］. 北京：人民出版社，2006. 551.

准确地指出西方面临的社会、政治、经济、宗教等社会问题，即便是巴哈欧拉的敌人也不得不承认他无与伦比。布朗发表文章、出版著作，广泛而深入地研究了巴哈伊教。英国第一位巴哈教的信仰者是托马斯·布里克维尔（Thomas Breakwell），他被守基·阿芬第称为"巴哈欧拉信仰苍穹中的一颗天体"。他就是在美国人梅·波尔斯·麦克斯韦在巴黎设立的传道中心接受巴哈伊教的。① 1911 年 9 月 4 日，阿博都巴哈来到了伦敦，这是欧洲乃至世界巴哈伊传教士上的重大事件。伦敦成为他在欧洲停留并宣道的第一个城市。阿博都巴哈对伦敦的巴哈伊教徒十分满意，满怀激情地说："伦敦的信徒确实坚定而忠诚，他们坚定不移地侍奉上帝；……毫无疑问，他们将成为弘扬圣言、促进人类大同、宣传上帝的教义、广泛传播人类平等思想的原动力。"② 1919～1920 年冬曾经访问过阿卡和海法、拜见过阿博都巴哈的苏格兰人约翰·埃斯蒙（John Ebenezer Esslemont）写出了一部在西方影响很大的书《巴哈欧拉与新纪元》（Baha'u'llah and the New Era），他去世并葬于海法，被守基·阿芬第封为圣辅。1963 年 4 月 23 日，世界巴哈伊教代表大会在伦敦举行。2004 年 10 月 27 日，英国教育大臣查理斯·克拉克经过与宗教界和教育界以及其他各界人士和组织的磋商，制定并公布了英国第一份全国性的中小学宗教教育指导大纲，同时送到所有负责学校课程设置的地方教育部门。这些宗教组织建议，"每个孩子在接受基督教教育的同时，还要学习佛教、印度教、伊斯兰教、犹太教和锡克教等其他重要宗教。此外，诸如巴哈伊教、耆那教和波斯教等其他宗教传统，以及像人本主义、无神论等世俗哲学也应了解和学习。"③ 这份报告的宗旨是让学生了解各种宗教的共性和冲突，既了解宗教知识、了解各种宗教的历史和基本教义，还了解人本主义、无神论等世俗哲学，帮助学生形成自己对世界的理解，提高他们的社会能力与交往能力，深入理解更广阔的世界，以开放的心态讨论这些问题，鼓励学生思考以下问题：不同宗教信仰间对话的重要性，宗教对于社会融合的重要贡献，以及如何与宗教偏见与歧视做斗争。学生的宗教课为选修，没有考试。如果家长决定孩子退出，应尊重家长的选择。

---

① Shoghi Effendi. *God Passes By* ［M］. Wilmette：Bahá'í Publishing Trust，1974. 260.

② Abdu'l-Baha. *Selections from the Writings of Abdu'l-Baha* ［M］ Southampton：The Camelot Press Limited，1978.

③ 李茂编译：《英国首次发布宗教教育指导大纲》［N］. 中国教师报. 2004～11～3.

五、巴哈伊教在美国

1893 年，美国芝加哥举办了发现美洲的哥伦布博览会，会议期间"世界宗教会议"同时召开。9 月 23 日，一位代表在宣读报告中提到了"在叙利亚岸边的阿卡城堡的巴基大厦里，一位著名的波斯圣人——巴比圣徒，名叫巴哈欧拉，即上帝的荣耀——庞大的伊斯兰教改革党的领袖，几个月以前死了。他接受新约为上帝的话语，接纳基督为人类的救主（Deliverer），他认为天下万邦为一，全人类都是手足兄弟。"① 第一个到美国传教并被阿博都巴哈称为"光明的彼得"的拓荒者是叙利亚人易卜拉辛·海路拉（Ibrahim George Khayrullah），他 1894 年来到芝加哥开始传教，建立了西方基督教世界第一个传教中心。被阿博都巴哈称为"美国第一位巴哈伊教徒"，也是第一位西方基督教徒转信的巴哈伊教徒的人，是桑顿·蔡斯（Thornton Chase）。② 他于 1894 年成为巴哈伊教徒，20 世纪初（1907 年）来到阿卡拜见了阿博都巴哈，回国后写了一本书叫《在加利利》（In Galilee）。据易卜拉辛·海路拉说，到 1897 年芝加哥等地又数百人在他的影响下成为巴哈伊，其中贡献最大的当数路易莎·格青杰（Louisa Getsinger），被阿博都巴哈命名为"西方传教之母"。她原名 Louisa A. Moore，后来嫁给一位巴哈伊爱德华·格青杰博士（Edward Getsinger），被称为卢阿·格青杰（Lua Getsinger）。贝尔达梅塔尔曼 Velda Piff Metalmann）还为她写了一部传记。梅·艾丽丝·波尔斯就是在路易莎·格青杰的引导下成为巴哈伊的。

格青杰夫人还使参议员乔治·赫斯特的妻子成为巴哈伊。赫斯特夫人在 1898 年组织了 15 人的朝圣团分两组到达阿卡，其中就有旅居巴黎的美国人梅·艾丽丝·波尔斯、皮尔森小姐和安妮·皮尔森。梅·艾丽丝·波尔斯在阿博都巴哈的教导下留在巴黎传教，后遇加拿大建筑工程师威廉·麦克斯威尔并与之结婚，名为梅·波尔斯·麦克斯韦尔（May Bolles Maxwell）。她从巴黎移居蒙特利尔，在这个城市建立了第一个巴哈伊传教中心。威廉·麦克斯威尔后来是巴布陵寝的建筑设计师。他与梅·艾丽丝·波尔斯生下的女儿就是守基·阿芬第的夫人，被人们尊称为拉巴尼夫人。威廉·哈彻和道格拉斯·马丁说：

① 白有志：《阿博都巴哈——建设新世界秩序的先锋》［M］．澳门：新纪元国际出版社，2001. 49～50.

② Shoghi Effendi. God Passes By ［M］．Wilmette：Bahá'í Publishing Trust，1974. 288.

"朝圣者带回了巴哈伊信仰的早期的意识，……在美国，巴哈欧拉圣道的所有活动都出自那十几个人。"① 法国第一位信仰者伊波利特·德莱弗斯的妻子Laura Clifford Barney 是巴黎著名的美国文学家，她的结集的《若干已答之问》就是多次到阿卡访问之后形成的。玛莎·露特是美国最杰出巴哈伊信仰者之一，她 1909 年成为巴哈伊，成名于职业记者，1915 年开始环球旅行，在 20 年的四次环球旅行中，四次访问中国和日本，三次访问印度，足迹遍及南非各主要城市和欧洲各国，把巴哈伊教带给不同阶层人士，其中有国王、王后、大臣、总统、部长、将军、大学校长、宗教领袖和平民百姓。被守基·阿芬第誉为宗教使者的领袖，"不屈不挠、永生不朽的玛莎·露特"。

1912 年阿博都巴哈访问美国，他的演讲记录在《世界和平的宣示》（*The Promulgation of Universal Peace*）中。1947 年美国巴哈伊社团被联合国新闻处承认为非政府组织，参加联合国的有关项目和会议。1992 年美国马里兰州大学设立"巴哈伊世界和平教席"，设立主讲教授。后来印度的多尔大学和以色列的耶路撒冷大学也设有巴哈伊主讲教授。美国巴哈伊经常举办巴哈伊学术研究会，讨论人类关心的各种问题。继俄罗斯之后，美国芝加哥的威尔米特（Wilmette）建立了世界上第二个灵曦堂（US Baha'I House of Worship），始建于1920 年，完工于 1953 年。同时，美国巴哈伊国际出版社巴哈伊出版公司（Baha'i Publishing Trust）也设在这里，该社出版了大量的巴哈伊教的经典、研究专著及珍贵的资料。美国巴哈伊社团致力于种族团结，同时注意信仰与实际生活结合起来，参与各项社会活动。随着美国人口的流动，美国的巴哈伊也将这一信仰带到世界各地。自阿博都巴哈访美后，巴哈伊教徒人数逐年增长。

第三节　巴哈伊教在非洲诸国的传播

目前，几乎所有的非洲国家都有巴哈伊信徒，非洲人民对信仰的追求不亚于任何其他地区。由于所有非洲国家都是第三世界，都曾遭受过帝国主义的侵略、奴役和凌辱，非洲人民更加渴望民族间的平等、友爱。这里我们只选择两个国家局部地考察巴哈伊教在这块大陆的传播情况。

---

① 蔡德贵：《当代新兴巴哈伊教研究》（修订版）［M］．北京：人民出版社，2006.534.

一、巴哈伊教在埃及

在巴哈欧拉时代，埃及的亚历山大就开始建立巴哈伊中心。① 自阿博都巴哈首次访问埃及后，巴哈伊教徒人数稳步增长，与此相伴的是他们的宗教活动，不断有新的中心建立，开罗作为重要的中心地位得到巩固。经过博学的 Mírzá Abu'l-Fadl 以及爱资哈尔大学师生的努力，巴哈伊信仰终于在这个享誉世界的伊斯兰学术中心站稳了脚跟。②

阿博都巴哈获得自由后，便开始了西方之旅。在此之前巴布教义和巴哈伊教早已传到了埃及这个伊斯兰世界。1910 年阿博都巴哈从阿卡首先到达埃及，然后（1910 年 9 月）从埃及经马赛去英国伦敦，又从伦敦去巴黎，再由巴黎（1911 年 12 月 2 日）启程返回埃及。他在赛得港停留将近一个月，埃及的巴哈伊教徒纷纷自开罗轮流拜见他。虽然埃及只是阿博都巴哈的中转地，但他离开阿卡的消息还是引起了震动。美国"巴哈伊新闻"（后改为 Star of the West，即"西方之星"）在 1910 年 10 月 16 日（第十二期）刊载了一封信，内容有："我要告诉你一个大消息。阿博都巴哈四十二年来第一次离开了圣地，已经到了埃及。想想这一步的巨大意义和重要性！……每一个听说阿博都巴哈离去的人都感到惊讶！因为直到最后一分为止，没有人知道他有任何离去的念头。"③

由此可见，当时的形势下，出于安全，比如考虑到巴哈伊教内部和外部的敌对关系，阿博都巴哈并不是将他的计划公之于众的。阿卡的大主教派其手下监视阿博都巴哈的行踪。埃及的记者改变了对巴哈伊教敌对态度，转而用一些赞美之词。波斯文周刊和从前许多侨居埃及的同胞一样对巴哈伊教并无好感，但他们的首要人物拜访过阿博都巴哈后也改变了态度。

阿博都巴哈到达亚历山大港后，当地的波斯人还邀请他参加他们的聚会。在开罗，埃及的伊斯兰教法学家与阿博都巴哈互相拜访，相互理解和尊重。众多人士，包括传教士、贵族、官员、议员、文学家、新闻记者、政论家，各民族，包括阿拉伯人、土耳其人、波斯人等，拜会后都怀着尊敬和快乐的心情离去。1911 年 8 月 11 日，阿博都巴哈登上科西嘉号前往法国马赛。

巴哈欧拉为巴哈伊教在东西方的传播建立了一个初步的框架，它的追随者

---

① Shoghi Effendi. *God Passes By* [M]. Wilmette：Bahá'í Publishing Trust，1974. 195.

② Ibid.，302.

③ 白有志：《阿博都巴哈——建设新世界秩序的先锋》[M]. 澳门：新纪元国际出版社，2001. 105.

立刻投入了传教活动。巴哈欧拉意识到埃及的重要性，然而在埃及的一个小村庄，几个巴哈伊的信徒在试图建立传教中心时却遭到了强烈的攻击。这一攻击从历史上看可以视为在世界范围内建立圣道的一个里程碑。① 法律上的冲突时有发生，比如一个村庄的公证人在当地司法部门的授权下代表该村作为原告对三个巴哈伊教徒提出指控，要求这三个巴哈伊的妻子与他们离婚，理由是她们的丈夫作为穆斯林教徒获得合法婚姻，而婚后却放弃了伊斯兰教。结果，1925年5月10日，经过设在开罗的国家最高宗教法庭的批准做出终审判决，废除了三个巴哈伊被告的婚姻，理由是违反了伊斯兰法律和规定。②

在此基础上，伊斯兰宗教法庭还做出这样的决定：巴哈伊教应该被视为一个截然不同的宗教，一个不同于在它之前所有宗教系统的完全独立的宗教。③ 最高宗教法庭最终做出的具有法律意义的决定是，"巴哈伊信仰是一个完全独立的新宗教，它有自己完整的信仰、原则及法规。因此，绝无任何巴哈伊教徒可以被当作是伊斯兰教徒，反过来也是这样，正如绝无任何佛教徒、婆罗门教徒或基督教徒可以被当作伊斯兰教徒，反过来也是这样。"④ 这个表面上不利于巴哈伊教徒的判决的效果恰好相反。东西方的巴哈伊社团将这一判决视为巴哈伊教徒摆脱伊斯兰教权威锁链的法律依据，巴哈伊教获得最终的世界范围内承认这一历史性的一步不是由巴哈伊教徒踏出的，而是这一信仰的敌对势力踏出的。⑤ 这种结合神的意志将表面上不利于巴哈伊教的历史事件解释为有利（而且事实上也是有利）的历史观就是典型的神义史观。

埃及的国家灵体会建立于1924年。经埃及综合法庭认证，1934年12月埃及和苏丹巴哈伊国家灵体会合并登记为合法组织，⑥ 但是扩大政府承认的范围还需要一系列措施，巴哈伊教徒避免与埃及宗教法庭有任何牵连，拒绝担任伊斯兰教的神职人员，以免偏离巴哈伊教义。但涉及婚姻、继承、丧葬、习俗等切身利益问题，巴哈伊教徒往往很难得到依据巴哈伊信仰的保障。埃及巴哈伊社团向埃及总理、内务部长和司法部长提出请愿，要求他们依法承认巴哈伊灵体会承担独立法庭的功能，依据巴哈伊教的法律处理巴哈伊教徒的人身权利问题，以便能够使巴哈伊教徒享有与其他宗教教徒平等的权利。经过努力，获

---

① Shoghi Effendi. *God Passes By* ［M］. Wilmette：Bahá'í Publishing Trust，1974. 364.
② Ibid.，365.
③ Ibid.，365.
④ Ibid.，365.
⑤ Ibid.，366.
⑥ Ibid.，366.

得了一些权利，比如1939年1月24日埃及内务部会同司法部根据巴哈伊国家灵体会的申请做出了一个裁决，分别为开罗、亚历山大、赛得港和伊斯梅利亚等四个城市划拨出一块土地作为巴哈哈伊教徒的墓地。同时请求穆夫提（Muftí）依据教法宣布这一裁决。当时的穆夫提进一步澄清了伊斯兰教与巴哈伊教的区别，从而也将巴哈伊的法律作为充分的证据加以采用。①

目前，埃及的巴哈伊社团的活动严格受到限制，在媒体的宣传中处于被贬斥的地位。2004年8月，"美国宗教自由委员会"的部分成员访问埃及。之后，埃及开罗的一家名为 Nisf El-Dunia 的阿拉伯文杂志登载了一篇4页的长文攻击巴哈伊教，运用的仍然是旧的指控理由：巴哈伊教是英帝国主义和犹太复国主义（Zionism）的工具。非洲为成立"非洲宗教间和平行动组织"的一个委员会（名为 Continuation Committee）2004年7月召开会议，该委员会主席报告说埃及官方对这一下次将在埃及召开非洲宗教间和平行动大陆峰会的提议做出的反应是，只要会议有巴哈伊代表参加，这个峰会就不可能在埃及召开。②这一信息说明巴哈伊教徒的处境不佳。

埃及对巴哈伊教的态度并不是看这一宗教本身的教义，而是看西方国家对待巴哈伊教的态度。只要是西方国家肯定的，埃及官方及主流宗教领袖必然反对。埃及的巴哈信徒规划扩大发展，抗议埃及政府不尊重他们的"人权"，得到西方国家响应支持。埃及一些当权者和一些宗教领袖认为这是里应外合。埃及政府则感到为难。埃及宗教部长马赫穆德·扎克祖克说，埃及是一个以伊斯兰为国教的国家，宗教问题必须尊重伊斯兰长老的意见。艾资哈尔大学的长老说，巴哈教是现代人编造的宗教，不是如伊斯兰、犹太教和基督教一样的天启宗教，所以根据埃及宗教法，巴哈伊教无权享有宗教信仰自由待遇。埃及政府承认犹太教和基督教都是合法的宗教，因为根据《古兰经》，他们都是有正宗信仰的"有经人"。埃及亲西方的社会团体迫使政府接受巴哈伊教申请登记为正当宗教，他们说，根据宪法原则，一切宗教都有自由。这些团体的意图是向以色列和美国讨好，以对西方国家阿谀奉承而出名，表现傲慢。③

埃及国会中辩论巴哈教地位问题，多数议员表示反对，他们把巴哈伊教定为信仰异端，是极端主义的表现。他们认为，中东地区的国际巴哈教伊中心设

---

① Shoghi Effendi. *God Passes By*［M］. Wilmette：Bahá'í Publishing Trust，1974. 368.

② Ann Boyles. edit. *The Bahai World*：2004 ～ 2005［Z］. *Haifa*：*Bahai World Centre*，2006. 174.

③ 《埃及限制巴哈教发展》［EB/OL］. www. islambook. net/xueshu/sortop. asp? sort_ id = 4 16K 2009 ～ 3 ～ 19 ～ 10 ～ 11 ～ 伊光编译自 www. khaleejtimes. com，2006. 0511.

立在以色列地中海沿岸的海法市，是受以色列和欧洲政府控制的政治团体。巴哈伊教在埃及和其他伊斯兰国家争取合法地位的问题，以色列的官员和报刊反应最强烈，他们说这是"保护人权"。穆斯林兄弟会议员加玛尔·阿基尔说，巴哈伊教是伊斯兰的叛徒宗教，根据伊斯兰法律他们应当受到法律制裁，不论以色列和西方国家对埃及施加多大压力，绝不许可在伊斯兰国家有他们的立足点。埃及执政党（国家民主党）女议员载娜伯·拉德旺提议，埃及政府应当承认巴哈伊教的合法地位，体现埃及社会多元化和信仰自由。①

在一宗成为全国宗教自由辩论焦点而备受关注的案件中，埃及高级行政法院否决了巴哈伊教徒在政府文件中得到恰当身份认证的权利。这份决定于2006年12月16日宣布，对强迫巴哈伊教徒对宗教信仰撒谎或放弃国家身份证的政策表示了支持。该政策事实上剥夺了伊朗巴哈伊教徒获得绝大多数公民权的途径，包括接受教育、财务服务、甚至医疗护理的权利。该项裁决很快遭到了巴哈伊国际社团和埃及人权组织的批评，同时也引起了埃及和阿拉伯世界各大媒体的广泛报道。巴哈伊国际社团驻联合国首席代表巴妮·杜加尔表示："我们对法院的裁决深感痛心。这一裁决违背了埃及一直以来所遵循的与人权和宗教自由有关的国际法。法院的决定极有可能令整个宗教社团仅仅由于宗教信仰的原因而失去公民资格。"② 在埃及，所有公民都必须在国家身份证和其他文件中填写自己的宗教关系。然而，他们却只能从三个官方认可的宗教中任选其一：伊斯兰教、基督教或犹太教。2005年4月埃及中级法院曾经对一名叛离伊斯兰教的巴哈伊信徒宣判，确定他和他的妻子和两个女儿有权在出生证明和护照上标注巴哈伊教为他们信仰的宗教。但此举使政府遭到保守派和伊斯兰人士的激烈批评，最终促使政府将该问题交由最高法院审理。2006年12月16日，埃及最高法院做出判决，禁止巴哈伊教在埃及注册，成为政府承认的宗教。判决认为，巴哈伊教是对伊斯兰教的反叛。该判决驳回并推翻了此前中级法院允许巴哈伊教信徒在埃及正式登记注册的判决书。结果，埃及的巴哈伊信徒无法取得政府文件，包括身份证、出生证、死亡证、结婚证或离婚证、护照，以及其他需要列明宗教信仰的证件。同时，他们也失去了被雇佣、受教育、接受医疗服务或投票的权利。据估计，埃及的巴哈伊教信徒约有两千人左右，他们正试图获得埃及政府的承认。

---

① 《埃及限制巴哈教发展》［EB/OL］. www. islambook. net/xueshu/sortop. asp? sort_ id = 4 16K 2009～3～19～10～11－伊光编译自 www. khaleejtimes. com, 2006. 0511.

② 《埃及法庭支持歧视性政策：否决巴哈伊教徒身份证权》［EB/OL］. www. macaubahai. org/ view. aspx? id = 1998 9K 2009～3～19.

二、巴哈伊教在南非

目前南非的巴哈伊教徒存在于 900 个社区中。第一个定居于南非的巴哈伊是在 1911 年，但直到 20 世纪 50 年代，巴哈伊教徒人数才有显著的增长。50 年代中期，一批巴哈伊家庭从美国、加拿大、德国、新西兰和英国来到南非定居并向南非人介绍巴哈伊教。南非的巴哈伊传教活动的显著标志就是多样性，巴哈伊信仰的基本教义就是上帝唯一、宗教同一和人类同源，人类同源这一教义是多民国家、特别是存在种族歧视的国家所追求的社会理想，也是南非巴哈伊传播教义的枢轴。南非实现了民族和解废除种族隔离制度（Apartheid），巴哈伊宗教思想起到了相当大的作用。在种族隔离制度期间，巴哈伊教是以一对一的方式传入的，而传教方式是非公开的。尽管政治现实非常严酷，南非的巴哈伊教徒还是向南非的政界、商界、学术界以及思想界的领袖们传导人类团结统一的思想。在种族隔离制度期间，巴哈伊的个人和机构都受到安全警察的严密监视，因为巴哈伊教宣扬种族一体化思想。然而监视的结果发现，巴哈伊教徒活动人数非常少，活动又是那么平和，对于当时的政府根本不构成威胁，因为巴哈伊教徒的活动内容并不包含与政府对抗的内容，巴哈欧拉明确表示参与党派政治或与政府对抗理所当然地被禁止。南非巴哈伊教徒在教义的学理理解中侧重精神、道德和种族方面，比如宣扬家庭神圣、为社会服务、消除贫困等。巴哈伊教徒在实现团结平等的道路上是付出代价的。白人巴哈伊因为与黑人往来而受到其他白人邻居的冷遇和排斥。黑人巴哈伊因为与白人往来则遭到某些黑人的斥责，说他们缺乏政治立场。南非还发生了四名巴哈伊在巴哈伊礼拜堂被处决的野蛮行径。① 但是，自废除种族隔离后，特别是近些年来，南非的巴哈伊非常活跃。自从 2000 年以来，一个叫"难以言表"（Beyond Words）的巴哈伊国际青年艺术团在南非大小城市及乡村巡回演出，通过舞蹈、戏剧等形式宣传男女平等、种族平等，反对暴力、吸毒、自杀等。② 南非巴哈伊正以更加饱满的热情服务于当地和世界。

---

① Bahá'í World Center. *The Bahá'í World* 1997 ~ 1998：*An International Record* ［Z］. Bahá'í World Center Publications，1999. 232.

② Ann Boyles. edit. *The Bahai World*：*2004 ~ 2005* ［Z］. Haifa：Bahai World Centre，2006. 235.

第四节　巴哈伊教在拉丁美洲诸国的传播

巴哈伊教在美洲的传播过程中，北美先于南美。阿博都巴哈曾号召北美的美国和加拿大的信徒们到中美洲和南美去，将巴哈移教的信仰传播到中美洲及南美的各个共和国、地区或岛屿中去。① 这些国家或地区有接受巴哈伊教的良好条件，那就是基督教的广泛传播以及其他宗教的传入，如伊斯兰教、印度教、佛教等。天主教的解放神学在南美有较大的发展。

一、巴哈伊教在巴西

巴西是南美第一大国，土地面积、人口、经济实力和经济发展水平均居南美首位。巴西也是一个多民族、多种族、多宗教、多语言的国家。按人口多少排列，有白种人、黑白混血人、黑人、黄种人和印第安人。居民主要信奉天主教，还有基督教新教、佛教、犹太教、伊斯兰教、印第安部落宗教等。葡萄牙语为官方语言。巴西提倡宗教和解，新教有"巴西福音联合会"，天主教有"普世运动协调委员会"，跨宗教组织有"基督徒与犹太教徒国际联合会"，它们为宗教间的团结、消除教派分歧、缩小贫富差距做出了贡献。

阿博都把哈杜巴西保有极大的希望，他曾号召美国和加拿大的巴哈伊教徒去巴伊亚（Bahia，巴西东部一个城市，也是州名。东临大西洋），"因为这个城市几年前用这一名字接受了洗礼，巴伊亚，毫无疑问，这是经过圣灵感召的。"② 巴西是南美较早就有巴哈伊教徒的国家。20世纪20年代初，巴哈伊教传入巴西，至今已有近90年的历史。1992年巴西全国总灵体会在巴西建起了一座"和平碑"作为世界"地球高峰会议"和"92全球峰会"召开的标志。巴西全国总灵体会与巴哈伊国际社团环境处联合并得到里约市长办公室的支持，一座内部盛有来自40多个国家土壤的纪念碑落成。为纪念地球峰会，每年的"世界环境日"都有来自不同国家的土壤加入碑中。

巴西于1889年建立合众国，依法实行政教分离。但巴西的政界对于有利

---

① Abdu'l-Baha. *Baha'i World Faith-Abdu'l-Baha Section* ［M］. Wilmette：Bahá'í Publishing Trust，1976. 421.

② Abdu'l-Baha. *Baha'i World Faith-Abdu'l-Baha Section* ［M］. Wilmette：Bahá'í Publishing Trust，1976. 421.

于和平和国家福祉的宗教活动表现出积极态度。巴西众议院于 1992 年 5 月 28 日举行特别会议纪念巴哈欧拉逝世一百周年。会议中，众议院各个党派的代表发言人对巴哈欧拉的著作发表赞词。一位代表形容这是"由一位独一无二之笔所写出的宗教巨著"。代表们对"超越物质的界限，亦即涵盖了全人类，没有国界、种族、限制或信仰之差别"的观念大加赞赏。① 1997 年巴西联邦内阁举行特别会议，纪念巴哈伊教传入巴西 75 周年。守基·阿芬第的遗孀拉巴尼夫人到会祝贺。② 巴西的巴哈伊重视教育。1997 年马瑙斯的巴哈伊职业学校就有一至五年级的学生 1400 名。巴西的巴哈伊教为在政府中倡导提高伦理领导才能发起了"人类充实工程"的"公正教育计划"，巴西教育部与全司法部和检察官协会合作批准了这些计划，培训了 6 千名法律专业人士，这些专业人士的直接工作对象是已被巴西司法机关起诉或判刑的青少年。③

二、巴哈伊教在哥伦比亚

哥伦比亚位于南美洲西北部。不同肤色的人种，按人口多少分别是印欧混血人、白种人、非欧混血人、黑人和印第安人。居民主要信奉天主教，其他宗教有基督教新教、犹太教、伊斯兰教、印度教、印第安部落宗教等。西班牙语为官方语言。1853 年政府宣布实行政教分离。哥伦比亚的跨教派组织有"哥伦比亚福音联盟"、"波哥大教士联合会"等。

在 1973 年哥伦比亚就有 161 个巴哈伊教地方灵体会。④ 该国巴哈伊教有特色的地方是考卡河边小镇的 Ruhi 学院。这是一所巴哈伊教育机构，由巴西巴哈伊总灵体会领导，其办学宗旨是为培养为巴西人民在灵性、社会和文化方面发展的人才。虽然学院中心位于小镇 Puerto Tejada，但其影响范围却达至哥伦比亚乡村各个地区，逐渐影响到了拉美其他几个国家。Ruhi 学院作为非政府组织建立于 1992 年，但是筹备工作早在 20 世纪 70 年代就开始了。该学院注意将巴哈伊教的教义用于分析社会现况。目前，Ruhi 学院的教学大纲和教材为全世界巴哈伊学习小组所接受。

① The Bahá'í International Community Office of Public Information. *Who Is Writing the Future? Reflections on the Twentieth Century* [EB/OL]. info. bahai. org/article-1-7-3-1. html-44k2009～3～19.

② Bahá'í World Center. *The Bahá'í World 1997～1998: An International Record* [Z]. Bahá'í World Center Publications, 1999. 31.

③ 蔡德贵:《当代新兴巴哈伊教研究》（修订版）[M]. 北京：人民出版社, 2006. 561.

④ 宗教研究中心编:《世界宗教总览》[Z]. 北京：东方出版社, 1993. 345.

哥伦比亚巴哈伊注意与现实生活和社会服务结合起来，注意将灵性教育与物质世界及社会文化教育结合起来。"科学应用与教育基地"（西班牙语缩略为 FUNDAEC）的建立就是本着这样一种精神。这个基地针对工业化所造成的城乡差距和矛盾，将教育、科学、技术及农村发展相分离的培养方式改为传统的综合的方式。① 1974 年一些科学家和专家志愿为乡村的教育和发展服务各自的社区。该基地还开发了一个"指导性的学习系统"，开始在考卡地区北部教授一小组学生，20 世纪 80 年代这个教育系统逐渐为各种教育机构接受。现在这一培养方案已经被哥伦比亚教育部采用，作为哥伦比亚农村中学教育的一个备选方案。这个方案的特点就是，师生之间具有密切的教育教学关系，在教育体制和课程计划上具有较大的灵活性。这一培养计划，遏制了乡村居民盲目流向城市的潮流，有利于哥伦比亚乡村的建设和发展。目前这一教学系统在吸取了实践经验的基础上不断得到改进，约有 1 万 5 千名学生正在这一教学系统下接受教育。1989 年，"科学应用与教育基地"还与孟加拉国 Grameen 银行合作开发了"巩固生产系统"，帮助农民树立乡村成功创业的信心和道德及伦理信念，同时建立微观财政服务网络。②

三、巴哈伊教在玻利维亚

玻利维亚种族多样，人口最多的是印第安人，其次是印欧混血人，再次是白人，官方语言为西班牙语。绝大部分人信奉天主教，其他宗教还有基督教新教、传统印第安宗教、犹太教和佛教。跨宗教组织有"玻利维亚福音派全国协会"、"玻利维亚福音社会行动委员会"等。政府与天主教会的关系通过宪法和条约协调。巴哈伊教于 1965 年传入，1973 年地方灵体会已发展到 625个。玻利维亚巴哈伊总会积极参加拉美、南部美洲巴哈伊教的传导、教育等方面的交流活动，十分重视通过活动对青少年进行环境保护、社会服务、道德、义务等方面的教育。该国最有特色的就是努尔大学的教育。该大学是该国的第一所私立大学，办学的宗旨是培养能够理解个人和社会变革之间联系的领导者。20 世纪 80 年代初，努尔大学的前身，当时还是一所巴哈伊中等学校，便带头实践社区服务。而今天已经做得相当成功。获得了"玻利维亚土著联合

---

① Bahá'í World Center. *The Bahá'í World* 1997 ~ 1998：*An International Record* ［G］. Bahá'í World Center Publications，1999. 215.

② Bahá'í World Center. *The Bahá'í World* 1997 ~ 1998：*An International Record* ［Z］. Bahá'í World Center Publications，1999. 215.

会"（CIDOB）颁发的最高荣誉奖（Sombra Grande）。① 努尔大学依据巴哈伊教义的观念和原则，将学术研究、知识能力、道德伦理、实践经验等方面的训练结合起来，教导学生不但要掌握社会服务的能力，还要培养这方面的意识，要具有社会公正和尊重人类多样性的价值观。勇于追求真理和实践真理的领导才能是努尔大学的一项重要培养项目。目前这一培养项目已经传播到了十多个拉美国家。此外，努尔大学还设计和实施了"公正管理项目"，该项目的目的在于从道德方面对公务员、政府技术官员以及社区基层组织成员进行培训，提高他们的道德领导才能和公共管理的决策能力。另一个项目是"青年领导才能"培养，目的是促进青少年积极投入社区服务，减少暴力、吸毒等犯罪或不良行为。② 努尔大学还尝试将学校教师培养成为社区发展的执行者。1996年培训了2000名教师担任农村社区发展的执行者。现在这个培养计划已经传播到其他拉美国家。1999年，玻利维亚教育、文化和体育部与努尔大学签订协议，辅助两所国立师范学院加强学术和管理等方面的能力。努尔大学1985年招收本科生，1994年建立研究生院并招收硕士生。目前注册学生约4000名。2002年，努尔大学被誉为安第斯山区"杰出教育中心"（Center for Educational Excellence）。

---

①　Boyles, Ann. edit. *The Bahai World*: 2004 ~ 2005 ［Z］. Haifa: Bahai World Centre, 2006. 87.

②　宗教研究中心编:《世界宗教总览》［Z］. 北京: 东方出版社, 1993. 562.

第九章

巴哈伊教基本教义与其他宗教或意识形态的比较

第一节　三大基本教义的内涵考辨

除了"上帝唯一"这一教义外，处于核心地位的教义有三个：人类一家、独立探索真理和宗教之本质同源。因此，有必要考察这三个教义的思想脉络。

一、"人类一家"的思想

（一）"人类一家"的科学基础

在谈论宗教上的"人类一家"思想之前，我们首先引证现代科学的证据。也许在遗传学不够发达的过去，"人类一家"的思想只是一种信念，拒绝理性分析，也无须科学实证。然而这一带有独断色彩的信念已经得到科学的证实，巴哈伊教以此证明科学与宗教根本上的和谐。

现在世界上共有七十多亿人。人类习惯上以自我为中心在文化分出文明人和野蛮人的做法已经不值得论道。18 世纪的博物学家卡罗尔·林尼厄斯（Carolus Linnaeus，1707－1778）将现代人分成 7 个人种。① 他将世界人种划分为野蛮种——菲拉斯，怪物种——蒙斯托拉斯，理智种——塞比恩斯；又把理智种进一步分为欧洲白种人、亚洲黄种人、非洲黑种人和美洲红种人四大种族。他声称，欧洲人的特征不仅在于白皮肤、蓝眼睛和肌肉发达的身体，还有发明创造和以法治国的才能。与此形成对比，非洲人的特征是"黑皮肤、狡

---

① 《人类同源：人类只是一种》［EB/OL］. www.cncatholic.org/catholic/200507/17572.html 23K 2009～2～24.

诈、个性容易冲动"。如果相信林尼厄斯的话，不同人种的差异如此之大，简直就是不同的物种；而肤色这类外表上的差异则是智力和性格方面更加重要、更加深层的差异的标志。

19 世纪德国生理学家、人类学家布鲁门巴哈（J. F. Blumenbach 1752 - 1840），根据颅骨测量和肤色特征，把人类分为白、黄、棕、黑、红五大人种。① 现代的人类学家根据人的体质形态上具有的共同遗传特征，将人类分为三种：蒙古人种（黄色人种或亚美人种）、尼格罗人种（黑色人种或尼格罗——澳大利亚人种）、欧罗巴人种（白色人种或高加索人种）。然而这种人类学带有很大的臆测成分。注重共性研究的遗传学家淡然否定了种族差异在生物学上的意义。然而，不可忽视的是，这种理论在人们心中造成的负面影响根深蒂固。可喜的是，科学研究的最新成果已成为克服这种影响的有效武器。

近年来，科学家们从人体的组织研究分析得出的结果，证实了上述这一命题：人类同属一种，有共同的祖先。② 据 1980 年 8 月 3 日日本《朝日新闻》发表的文章指出："不管黑人还是白人都起源于亚洲，在 18～36 万年以前都具有相似的遗传基因。"文章说："不管黑人、白人还是黄色人，如果追溯到 18 万到 30 万年以前，可以发现是同一个祖先。美国加州大学的布朗博士（生物化学家）通过解析人体细胞中的线粒体这个小器官的遗传基因，得出了这样一个结论，并发表在《美国科学院纪要》上。现代人祖先是谁，这是人类学的最重要的谜之一。"美国合众社 1987 年元旦发表的电讯说："科学家们昨天发表的一份报告说，新的遗传表明，世界上所有的人都是一个二十万年前生活在非洲的妇女的后裔。"③ 据加州的一些生物学家在英国科学杂志《自然》上发表的报告中说："他们对世界各地 147 个妇女的细胞中脱氧核糖核酸进行了研究，根据 DNA 以稳定的已知速度逐渐演变的假设，得出了这一结论。DNA 含有遗传密码。"文章还说；"科学家们构思了一棵大概包括了所有人类的遗传家族树，他们沿着这棵家族树追根，一直追溯到一个女性。"中国的《环球》杂志 1988 年第十二期译载美国《新闻周刊》的《亚当和夏娃的新发现》一文说："美国的遗传学家们宣布，亚当和夏娃——现代人类的共同祖先——于 18 万年至 20 年前起源于非洲西撒哈拉或中国的南部。"④ 这是加州大学和

---

① 《人类同源：人类只是一种》［EB/OL］. www. cncatholic. org/catholic/200507/17572. html 23K 2009～2～24.

② Ibid.

③ Ibid.

④ Ibid.

埃默里大学的遗传学家经过几十年的研究以后提出来的。他们根据的理由是，把收集到的各种人种的胎盘组织进行分类，然后用不同的器具将它们碾碎、离心、染色、检测和比较，结果发现，非洲类的遗传基因DNA线粒体多种多样，变化大，其他都接近非洲或亚洲类。也有人认为，亚洲类是最长的树枝。总的结论是："现代人类起源于非洲或亚洲，夏娃是我们的共同祖先。"①

注重差异的科学家得出的结论也不利于任何种族主义。1995年美国普林斯顿大学出版了群体遗传学家卡瓦利——斯福尔萨等著的《人类基因的历史学和地理学》，是五十多年研究的结晶。这书得出明确的结论：一旦对肤色和身材等外表特征的基因予以忽视，人类"各种族"实质上就十分相似，人与人之间的差异，要比群体之间的差异大得多。

事实上，人与人间的不同十分巨大，但无论怎样大都不会超过物种的同一性，以至于种族的整个概念从遗传学来看变得毫无意义了。人的外貌的差别好像千变万化，但奇妙的是，人只是一种，任何一个人与其他任何一种动物都有截然不同的差别。而人种之间却没有明显的界线，反而只有逐渐过渡的现象。因此，按生物学上分类的"生物种"（species）来说，全世界的人类都属于一个种，至于上边提的三大人种、五大人种的分类，实际上指的是"种族"而非生物学上的物种。一位苏联人类学家乌尔希叶夫在《人类·民族·语言·宗教》里写道："根据现代遗传学的研究和对五大洲发现的大量人类化石的研究与考察，证明人种起源于共同的祖先，并形成几个中心。"②

因此，无论从人种学和人类学上讲，无论从生理学和解剖学上讲，无论从古生物或人类化石上讲，都证明古今全人类属同一个物种，全人类有着共同的祖先；而和其他物种相比（包括猿猴类），有着截然不同的差异，其间也绝无过渡现象。这和世界许多民族的神话、传说及宗教经典中的观念完全一致。人类同是一个种，说明人类是同源的。这一命题，越来越清楚地得到科学的证明。可见，人类通常给自身所做的分类都是表面的，非本质的，因而是次要的。

（二）巴哈伊教"人类一家"的思想

巴布开启了巴哈伊教的光芒，巴哈欧拉将宗教同源的基础揭示出来。巴哈欧拉用不同的表达方式解释这一教义。他借助于多个隐喻，除"地球乃一国，

---

① 《人类同源：人类只是一种》［EB/OL］. www.cncatholic.org/catholic/200507/17572.html 23K 2009~2~24.

② Ibid.

万众皆其民"外，还有"你们都是同一棵树上的树叶，都是同一片汪洋的水滴。"① 就人与其他造物比较而言，人高于其他造物。"无与伦比的造物主从同一种物质中创造了所有的人，并将人的地位提升到其他所有造物之上"。② 就人与人的关系而言，人类都是平等的。"你们是否知道我为何用同样的尘土创造了你们？谁都不应该自以为比别人更优越。时时在你们心中反省你们是如何被创造的。"③ 阿博都巴哈解释了这个根本思想，他说："人类是一个种类，一个种族和后代，居住在同一个星球。在创造计划中，并没有像法国人、英国人、美国人、德国人、意大利人或西班牙人这样的种族差异和分别。这些界限是人为的、虚假的，不是自然的、天生的。所有的人类都是同一棵树上的果实，是同一个花园的花朵，同一片海洋的波浪。"④ 人来自泥土，"万能的上帝从大地的尘土中创建造了全人类，人类都是祂用相同元素塑造的，他们从同一族类繁衍而来，居住在同一个星球。"⑤。人与人之间的关系喻为家庭成员间的关系，"所有人类都是上帝的子民；他们属于同一家庭，属于同一族类。不可能有种族的多样性，因为所有的人都是亚当的后代。这表明关于种族的假设和区分仅仅是迷信罢了。"⑥ "在全部的动物王国中我们没有发现依据颜色加以区分的物种。它们被认定为同一个物种、同一个种群，既然我们在智力和理性低于人类的王国中不用肤色区别，那么有什么正当理由用在人类中呢？"⑦ 不仅人类由共同的元素构成，来自同一个祖先，从而导出人类同根同种的结论，而且由于上帝存在具有精神本质，因此在上帝面前，所有的人都是平等的。正如阿博都巴哈所说："上帝不做肤色、种族等的区分，这些区分都源自人类自身。"⑧ 上帝所区分的是人与上帝精神上的相似性。巴哈欧拉说："上帝赋予人

① Bahá'u'lláh. *Tablets of Bahá'u'lláh，Revealed after the Kitáb-i-Aqdas*［M］. Wilmette：Bahá'í Publishing Trust，1988. 129.

② Baha'u'llah. *Gleanings from the Writings of Baha'u'llah*［M］. trans. Shoghi Effedi. Wilmette：Bahá'í Publishing Trust，1976. 81.

③ Baha'u'llah. *The Hidden Words*［M］. Chapter 68. Wilmette：Bahá'íPublishing Trust，1994.

④ Abdu'l-Baha. *The Promulgation of Universal Peace*［M］. Wilmette：Bahai Publishing Trust，1982. 118.

⑤ Ibid.，297.

⑥ Ibid.，299.

⑦ Abdu'l-Baha. *The Advent of Divine Justice*［M］. Wilmette：Bahai Publishing Trust，1990. 38.

⑧ Abdu'l-Baha. *The Promulgation of Universal Peace*［M］. Wilmette：Bahai Publishing Trust，1982. 118. 299.

的独特能力是人是上帝和反映上帝的光荣与伟大。"① 这就是人的二重性，因此"只要人相似于上帝，展示来自上帝的禀赋，那么就会被接纳进入上帝之门，不管他/她是白人、黑人还是棕色人都不重要。"② 人类一家、人类同源与男女平等、消除贫富鸿沟、世界和平等教义密切相关。没有哪一个宗教像巴哈伊教那样彻底地承认人类的同源和平等，比如基督教的经典中就有对于外邦人、奴隶、异教徒、女人等的歧视性描述和论断。

二、独立探索真理

历史上所有的宗教都声称自己的教是绝对的真理，排斥其他宗教，都让人们将经文摆在最重要的位置，力劝或禁止人们对宗教人士和教义等提出质疑，怀疑教义会带来惩罚。巴哈伊教将"独立探索真理"作为所有巴哈伊基本教义中最重要的三条教义之一，可见巴哈伊教反对宗教独断，原因在于该教认为宗教真理的历史相对性。在总结和解释巴哈欧拉教义时，多次首先提到的就是"独立探索真理"。

巴哈欧拉尊重历史，但反对泥古不化。对于传统，不可不加反思地一代代承袭下来。他说："想一想，人类一代代盲目地模仿父辈，而且养成的就是这种模仿方式和态度，正如他们的宗教中所订立的教义一样。"③ 又警告人们说："轻率无心的人们啊！你们重复了父辈过去年代所说的话。不管父辈们从轻率无心之树才摘下什么果实，你们必然采得同样的果实。"④ 他鼓励人们放弃因袭模仿，放弃那些仅仅在形式上的所谓继承或忠于传统。

各个民族都存在着因袭模仿的倾向，它的代价就是遮蔽真理。因此，巴哈欧拉要人们独立地探索实在，独立探求真理。这教义的重要性还在于它关系到消除偏见和世界和平。正如阿博都巴哈。所说："只要这些模仿存在下去，人类世界的统一就是不可能的。因此，必须独立探索真理，借助这一光芒驱散乌云和黑暗。"⑤ 犹太人因为因袭模仿不相信基督教，天主教因为因袭模仿而排

---

① Baha'u'llah. *Gleanings from the Writings of Baha'u'llah* ［M］. trans. Shoghi Effendi. Wilmette：Bahá'í Publishing Trust，1976. 77

② Ibid.，70.

③ Ibid.，26.

④ Baha'u'llah. *The Kitab-i-Iqan* ［M］. trans. Shoghi Effendi. Wilmette：Bahai Publishing Trust，1950. 207.

⑤ Abdu'l-Baha. *The Promulgation of Universal Peace* ［M］. Wilmette：Bahai Publishing Trust，1982. 180.

斥其他宗教甚至阻止和迫害任何提出改革的宗教人士。同样伊斯兰教因为因袭模仿也制造过无计其数的流血事件。"盲目模仿和因袭的偏见一直都是苦难和仇恨的根源，致使世界充满了黑暗和战争的暴力。"① 探索实在意味着什么呢？意味着"人必须忘记道听途说的东西，亲自探索真理，因为人并不知道他听到的叙述是否符合实在。"② 阿博都巴哈强调，实在或真理只有一个，不同的宗教、不同的人在不同的时代得到的认识都是相对的、不全面的。

那么实在是什么呢？"实在就是上帝的爱，实在就是对上帝的认识，实在就是正义，实在就是人类的统一和团结，实在就是国际和平，实在就是关于真实的知识，实在将人类统一起来。"③ 阿博都巴哈论证了人类所依赖的真理标准的可靠性，认为所有这些标准都不十分可靠。人类探索未知世界的标准有四个：（1）感性，（2）理性，（3）传统，（4）灵感。经过实例证明，"所有人类的判别标准都是有缺陷的，受限制的。"④ 幻日（天上有三四个太阳）、海市蜃楼（在沙漠或海洋中出现的幻象）、镜子中的映像等等都是感性经验，但我们知道这些都是不真实的。

从古至今的科学发现和发明不断地被今天的智者改进或超越、怀疑或摒弃，比如牛顿定律、爱因斯坦的相对论等。人类的理性在本质上是有限的。思维推理虽然是获得知识的途径和方法，但理性分析的结果也可能是错误的，因为理性分析必然要依赖前提和假设，但前提和假设是所谓不证自明的条件，这些条件本身就可能存在问题，结论自然不总是可靠的。宗教传统同样以理性为基础解释经典和教义，人类理性本质上的有限性不可能理解上帝神性话语的无限性。至于灵感，它是人类心灵的冲动，人类的许多发明出自灵感。同样折磨人类的邪念也是出于人类的心灵冲动。因此灵感也是不可靠的。阿博都巴哈这样的论说并不会导致怀疑主义，相反巴哈伊教教导人们认识真理的过程是持续不断的，目的是反对教条主义和宗教狂热。阿博都巴哈指出了一个可靠的获得真理的途径，即接受圣灵的激励，承认人类在物质世界判断真理的标准的有限性。阿博都巴哈说："不管在哪里，只要人发现了真理或实在，就必须坚定地

---

① Abdu'l-Baha. *Baha'i World Faith-Abdu'l-Baha Section* ［M］. Wilmette：Bahá'í Publishing Trust，1976. 239.

② Abdu'l-Baha. *The Promulgation of Universal Peace* ［M］. Wilmette：Bahai Publishing Trust，1982. 62.

③ Ibid.，372.

④ Abdu'l-Baha. *Foundations of World Unity* ［M］. Wilmette：Bahai Publishing Trust，1945. 46.

掌握。因为在实在之外除了迷信和悬想之外什么都没有。"① 那么独立探索真理与神圣宗教（复数的宗教，指历史上各类宗教的本真教义）的宗旨是什么关系呢？

实在只有一个，但是为了认识的方便，巴哈伊教首先将实在分为绝对实在和相对实在，因而也就有绝对真理和相对真理之分。令人悲哀的是人倾向于将相对实在当成绝对实在。这也是导致模仿的原因。阿博都巴哈解释说："盲目模仿与神圣宗教的基本教义相背离，因为神圣宗教的核心和根本教义以团结、友爱与和平为基础。而各类教派和盲目模仿一直都是战争、暴乱和纷争的根源。因此，所有的人都必须探索实在。实在是一个，一旦发现实在，它就能统一全人类。"②

关于实在，阿博都巴哈将实在与宗教合而为一，认为："宗教就是实在，而实在是一个。因此，上帝的宗教实际上是一个。""宗教和实在是一个而不是多个。"③ 这里并不是否认宗教多样性的实际状况，也不是要消除多样性，而是将原本共同的基础扩大成为所有宗教的基础，以消除各执一端否定其余的做法，让人们清醒地认识到宗教真理只有承认实在唯一性和上帝的神圣宗教统一性的前提下才具有可接受性和认识价值。历史上的宗教经过教会传播，建立了庞大的僧侣制度，把持着宗教经典的解释权，个人的任何理解都被判定为异端从而危及生命。巴哈伊教取消了僧侣制度，把理解和解释的自由还给教民，同时巴哈伊教为理解教义提供建设性的指导。采取这种策略的原因根本上在于巴哈伊教理顺了个人意志与信仰的关系，理顺了宗教与政治（党派政治）的关系。巴哈伊教的目的不在于一个种族、一个民族、一个国家、一种文化或文明，而在于全人类的共同利益，它最具有意识形态的开放性，也就不担心"独立探索真理"会对自身的教义产生颠覆的后果。偏见的产生根源于没有独立探索真理的勇气、意识和精神。偏见有宗教偏见、文化偏见、民族偏见、种族偏见、男女偏见，它们产生于毫无根据的优劣区分，比如声称自己的民族语言是最优秀的语言，自己的民族是最优秀的民族等等。"世界上所有这些划分、仇恨、战争和流血都是由这样或那样的偏见造成的，比如宗教偏见、种族

---

① Abdu'l-Baha. *The Promulgation of Universal Peace* ［M］. Wilmette：Bahai Publishing Trust, 1982. 62。

② Ibid. , 372.

③ Ibid. , 117.

偏见或教派偏见。"① "偏见破坏人类世界的基础，而宗教则是有益于和谐的根源。"②

三、所有宗教同源的缘起

为什么有这么多宗教？这些宗教的根本目的是什么？波斯人的"柔巴伊"就发出了这样的疑问："生活在同一个蓝宝石般的天宇下，为什么要把人们分成不同的教群。"③ 这是对教群之间纷争不断的责问和控诉。罗曼·罗兰说："我不知道什么叫国家之间和种族之间的隔阂。不同的人种对于我来说只是不同的色彩。这些色彩互相补充，使得图画绚丽多彩"，"我不知道什么叫作欧洲，什么叫作亚洲。我只知道世界上有两种族类，一种是向上的灵魂的族类；另一种是堕落的灵魂的族类。……我和前者站在一边。"④ 宗教的多样性是历史的事实，而且不断地衍生多样性。宗教多样性就是人的多样性，是一个无法消除的事实。"我们能否共同生存？"法国社会学家阿兰·图海纳提醒人们"我们已经在共同生存了。"⑤ 但我们要问："这是理想的共同生存吗？"就是这位社会学家提出了"我们只有失去我们的认同才能共同生存"。⑥ 在接受这个事实的前提下，思考的问题是我们如何在不失去自我认同的基础上友爱和谐地生存，而不是充满敌意和血腥。宗教学家也在思考着宗教多元化对人类的生存意味着什么的问题。宗教多元论者，如约翰·希克，将不同宗教比喻为摸同一个大象的瞎子，或者把不同宗教比喻为爬同一座山的登山者。⑦ 这些比喻意在启发人们如何缓解各个宗教之间的敌视。希克用"永恒的太一"概括有神宗教和无神宗教所指称的"独一无二者"这一实在，认为"人由此认识到的永恒太一的每一个形式都是一个复杂整体的一部分，这个整体构成了我们所称

---

① Abdu'l-Baha. *Paris Talks* ［M］. London：Baha'i Publishing Trust, 1995. 131.

② Shoghi Effendi. *Japan Will Turn Ablaze* ［M］. Compiled by Barbara R. Sims. Bahá'í Publishing Trust of Japan，1992. 43.

③ 黄杲炘：《菲氏柔巴依是意译还是"形译"—谈诗体移植及其他》［J］. 中国翻译. 2004（5）：56～60.

④ 谢天振、查明建主编：《中国现代翻译文学史》（1898 年 1949 年）. 上海：上海外语教育出版社，2004. 441～442，443.

⑤ 阿兰·图海纳：《我们能否共同生存？》［M］. 狄玉明、李平沤译. 北京：商务印书馆，2003. 3.

⑥ Ibid.，5.

⑦ John Hick. *God and the Universe of Faiths* ［M］. London：Macmillan，1977. 140.

的宗教。"①

巴哈伊教由"实在是一个"推出"宗教之本质同源",人类认识到的所谓实在或现实，是一个相对的现实，绝对的现实，即神圣现实，其本质是不可知的。但在一百多年前世界化和全球化的趋势还不是那样明显时，巴哈伊教已经用各种比喻启发人们这一观念了。阿博都巴哈访问伦敦期间，一位朋友问他，巴哈欧拉的教义与耶稣的教义有什么不同。阿博都巴哈回答说："这两个教义相同，它们有共同的基础，属于同一神殿。"他又解释说，真理是一个，没有分裂。耶稣的宗教呈现一种集中的形式。对他的很多话语的意义人们至今仍然不能有一致的理解。他的教义就像一个处在蓓蕾阶段的花朵。今天巴哈欧拉将耶稣的教义扩展开来、丰富起来，并具体地把它们应用在世界上。② 阿博都巴哈进一步破解了宗教的神秘性，认为宗教不是别的，它"必须是友爱的源泉、团结统一和接近上帝的根源。如果宗教成为引起仇恨和纷争的根源，显然那还不如没有宗教，一个无宗教信仰的人自然比一个声称有宗教信仰的人更好。"③既然宗教的本质是友爱，那么所有伟大宗教都是以爱为基础，所有的宗教都具有相同的根源和基础。阿博都巴哈说："他们（即宗教创立者——笔者）召唤并邀请人们践行爱的教义，使人类世界成为上帝宗教的镜子。因此，它们所建立的神圣宗教有一个共同的基础；他们的教义、证明和证据都是一个、他们只是在名义和形式上不同，但实质上他们和谐一致，是相同的。"④ 阿博都巴哈在肯定宗教同根同源时，并没有将所有的历史差异和历史价值混同。他解释说："上帝的宗教（复数——笔者）有相同的基础，但后来出现的教义有异。每一个神圣宗教都有两个方面。一个是本质的，关系到全人类的道德修养和美德成长。对所有的宗教来说这一方面是相同的，是根本的，是一个。这里面没有差别和变化。另一个是非本质的。它关系到人类每一个显圣周期依据时代变化而提出的不同需求。"比如从摩西到耶稣，从耶稣到穆罕默德，都有不同的法律，"以牙还牙，以眼还眼"、"同态复仇"等被后来的先知取消。"因此，非本质的方面涉及社会的具体内容，它们应着时代和环境的急需而变化。但是摩西、琐罗亚斯德、耶稣和巴哈欧拉教义的本质基础是同一的，因而是没有差

---

① John Hick. *God Has Many Names* ［M］. New York：Palgrave Macmillan，1982. 53.

② Abdu'l-Baha. *Abdu'l-Baha in London* ［M］. London：Bahá'í Publishing Trust，1984. 92.

③ Abdu'l-Baha. *Baha'i World Faith-Abdu'l-Baha Section* ［M］. Wilmette：Bahá'í Publishing Trust，1976. 239.

④ Abdu'l-Baha. *Foundations of World Unity* ［M］. Wilmette：Bahai Publishing Trust，1945. 46. 14.

别的。"① 又解释说："每一个神圣宗教都制定了两种律法：基本的和偶然的。基本的律法基于牢固、恒常、永久的上帝之道本身。它们关系到灵性，寻求稳固的道德规范、唤醒直觉情感、启示上帝的知识、晓谕天下人类之爱。偶然的律法关心人类外在行为和关系的管理，建立实体世界及其管理所必需的法律和规则。它们根据不同时代、地点和条件人们提出的需求而更迭替代。"② 巴哈伊教的宗教同根同源导源于实在一元论的哲学。阿博都巴哈说："巴哈欧拉宣扬宗教本质上的同一，他教导人们实在是一个而不是多个，实在构成了所有神圣教义的基础，因此所有宗教的基础是相同的。"③

第二节　巴哈伊教与其他宗教的比较

巴哈伊教与其他宗教的关系史分为两个层面，一个是教义之间的影响，包括承认、接受，也包括反思和改变，还包括宗教活动中教徒之间的接触等方面；一个是自然状态的共同点和不同点。但这两者是难以区分的，各大宗教相互影响是一种常态。这里不谈影响而主要谈共时态的比较。

一、巴哈伊教与基督教之间的教义关系及比较

就传播范围而言，巴哈伊教和基督教都属于世界宗教，虽然它们都声称是普世宗教，但是如果断言它们都是普世宗教则会有不同意见。如果一个宗教同时具有排他性，并不排除它在基本方面具有包容性，虽然我们可能会对这种宗教的普世性表示怀疑。从巴哈伊教的角度看，所有宗教在本质上的共性以及在基本教义上的相似性就是普世性的证明。犹太教、基督教和伊斯兰教在创立之初，对于前代的宗教，特别是它们各自所从出的宗教在实际上都是包容的。基督教包容了犹太教的经典，称这部分经典为《旧约》；伊斯兰教包容了基督教的经典并将它们融入《古兰经》之中。从谱系上看犹太教、基督教和伊斯兰教属于先知型宗教，④ 尽管巴哈伊教也具有神秘主义倾向和智慧教义。伊斯兰

---

① Abdu'l-Baha. *The Promulgation of Universal Peace* ［M］. Wilmette：Bahai Publishing Trust, 1982. 168.

② Ibid.，338.

③ Ibid.，175.

④ 汉斯·昆（Hans Kung）：《世界伦理构想》［M］. 周艺译. 北京：三联书店，2002.106.

教是在犹太教、基督教的基础上产生的，吸收了这两大宗教的不少思想资料，是一神论传统的继续。而巴哈伊教又产生于巴布教派，但其教义的基础则是以上三大宗教和世界其他重要宗教。巴布教派宣布脱离伊斯兰教，正如基督教产生于犹太教又脱离犹太教而独立一样。巴哈伊教吸收了犹太教、基督教和伊斯兰教的一神论观念。

目前还没有哪一个宗教像巴哈伊教那样对以前所有宗教的经典那样尊重、认同并大量引述。巴哈伊教创始人、巴哈伊教经典的权威解释人阿博都巴哈、巴哈伊教的权威解释者兼译者守基·阿芬第在其论著中大量地引述基督教和伊斯兰教的经典文献，同时对其他宗教的教义也不排斥。基督教传播最广、信徒最多，巴哈伊教也很重视基督教的教义。阿博都巴哈①用象征的方法重新解释了基督教中的一些基本概念和问题，如亚当、夏娃、蛇、善恶之树、生命之树等的象征意义，"父在子中，子在父中"的含义，基督无父而降生的含义，基督的洗礼的含义（洗礼的必要性和律法的变革），基督的复活的含义，面包和葡萄酒的象征意义，三位一体的含义，等等。此外对于原罪、地狱、天堂、救赎等都重新做了解释。

伊斯兰教与基督教的区别也可以构成巴哈伊教与基督教区别的参照。这方面蔡德贵先生作了详尽的比较。② 伊斯兰教反对基督教的原罪说，坚持安拉独一说，反对基督教的圣父、圣子、圣灵三位一体的观点。只承认先知，而不承认救世主。伊斯兰教没有基督教的教会戒律，不设教会，也没有天主教意义上的宗教组织，不设牧师，没有圣徒，没有僧侣统治集团。巴哈伊教承认先知，也不反对救世主的教义，但是它承认多个先知，即认为各个宗教都有一位先知，将来还会有新的先知出现。每一个先知都代表一个时代和一个启示周期，他们被上苍赋予潜能和使命，教导人类走向和平与光明。巴哈伊教主张先知是介于上帝和人之间的中介。基督教认为耶稣是上帝的儿子，是道成肉身的神。在先知是上帝所特选这一点上与巴哈伊教相似。巴哈伊教不承认原罪说，但认为人有神性和动物性两种特性。巴哈伊教对地狱作了重新解释，认为地狱是远离上帝的状态，而天堂是接近上帝的状态。巴哈伊教设立中央机构，但是与基督教不同的是，巴哈伊教不设立牧师，不建立僧侣等级制度。每个巴哈伊教徒都有传道的义务。

---

① Abdu'l-Bahá. *Some Answered Questions* [M]. Wilmette：Bahá'í Publishing Trust，1987. 81.
② 蔡德贵：《当代新兴巴哈伊教研究》（修订版）[M]. 北京：人民出版社，2006. 77～85.

基督教的历史观是救赎史观，历史的图式及对历史终结的预言与原罪和基督的降临密切相关。"基督教断言，基督之前和基督之后的历史的全部意义和唯一意义，是以耶稣基督在历史上的降临为基础的"。① 巴哈伊教则承认历史的无限性和循环性。巴哈伊教不接受原罪的思想，因而其"救赎"具有不同的含义。历史具有相对的可预见性，但不以唯一位先知作为救世主的降临事件为轴心确定历史的意义。历史既是一个进步的、不断演进的过程，又是一个周期的、回溯元点的过程。就历史的进步而言，每一个时代都在新的先知教义的指导下获得更多的救赎。在巴哈伊启示周期内所预言的历史过程是全人类实现统一与和平，认同上帝唯一。犹太教预言了弥赛亚的来临，但是将这一来临推到遥远的未来，基督教则将基督的再临视为历史的结束。巴哈伊教则将先知的承诺和教义视为可以不断兑现或实现的预言。巴哈伊教的预言既是可能的又是现实的。虽然基督教的改革增加了预言的现世性或世俗性，让救赎的预言在人间而不是死后的天堂实现，但总体上讲，由于派别林立、互不认同，救赎理想成为渺茫。

无论从教义上还是从教理上我们都可以找到许多巴哈伊教与基督教的相似点。列奥纳德·斯威德勒（Leonard Swidler）在其《走向全球普世伦理宣言》中列举了犹太教或基督教文献中"金规则"的四种表达方式，如"要爱邻如己"（《利末记》19：18）；"你不愿意别人对你做的任何事情，都不要对别人做"（《多比传》4：15）；"你不愿施诸自己的，就不要施诸别人"（《塔木德》，安息日，31a）；耶稣用一种正面形式表述的"金规则"："你们要别人怎样待你们，就得怎样待别人；这就是摩西律法和先知教训的真义"（《马太福音》7：12）。斯威德勒也将巴哈伊教中的金规则放入宣言中，② 其表述是："不希望在自己身上发生的事，不应该希望在别人身上发生；自己不希望实现的事，不要希望在别人身上实现。"③ 在《隐言经》中也表述了这一原则。④耶稣的"登山宝训"（《圣经马太福音》第五章到第七章）中的训诫都可以在巴哈伊教中找到类似的表述。

---

① 卡尔·洛威特：《世界历史与救赎历史》［M］. 北京：三联出版社，2002：220.
② 何光沪汉译《走向全球普世伦理宣言》时将斯威德勒引述的巴哈伊教的这个金规则表述略去未译。
③ Baha'u'llah. *Gleanings from the Writings of Baha'u'llah*［M］. trans. Shoghi Effedi. Wilmette：Bahá'í Publishing Trust，1976. 265.
④ Baha'u'llah. *The Arabic Hidden Words*［M］. Chapter 27，29. Haifa：The Universal House of Justice.

二、巴哈伊与印度教之间的教义关系及比较

无论是印度教徒还是印度其他宗教教徒（如锡克教、耆那教、佛教以及伊斯兰教和基督教等），会通过认识巴哈欧拉而找到统一的对话基点，因为巴哈伊教认同所有宗教先知。在印度，印度教徒、锡克教徒和伊斯兰教徒会在认识巴哈欧拉的过程中统一起来。① 在其他宗教的传播过程中，印度教也在向世界各地传播。

1987 年，当巴哈伊教已经是全球性的宗教时，印度教已经传播到了 88 个国家。② 印度教与巴哈伊教的联结点在经文上有明确的证据。在《薄伽梵歌》（Baghavad Gita 又译《巴哥维得·吉它》）中克里希纳说：每一个时代圣灵都会依据上帝的命令从不同的路径复归。他说："听着，王子，每当世界道德衰败、正义沦丧之时，邪恶和不公侵满王位，我便回来，显形于世，混迹于普通人之中，重访我的世界，以我的威力和教义消除邪恶、匡扶正义，重建道德和公正。我已显现多次，我还将显现多次。"③ 比较宗教学和普世伦理发现的存在于众多宗教和文化中的"金规则"："你想人家怎么对你，你就怎么对待别人"，将巴哈伊教和印度教联系起来。巴哈欧拉说："莫把不想归咎于自己的事情归咎于任何人。"④《摩呵婆罗多》有这样的句子："所有的正义归结到这样一点：对待别人要像对待自己一样。"⑤ 智者布里哈斯帕提（Brihaspati）晓谕说："人看待生灵就像看待自己一样，对待生灵就像对待自己一样，将惩罚的棍子放在一边，克服自己的愤怒，这样才能获得幸福。"⑥

巴哈欧拉依据宗教同根同源的教义将所有的宗教创立者或先知联系起来。

---

① Shoghi Effendi. *Messages to the Indian Subcontinent* (1923 ~ 1957) [C]. edit. Irán Fúrúan Muhájir. New Delhi：National Spiritual Assembly of the Bahá'ís of India/Bahá'í Publishing Trust, 1995. 429.

② Brittanica article [Z]. from Misc Bahá'í, in Ocean English Library. 11.

③ William Sears. *Thief in the Night* [M]. Oxford：George Ronald, 1992. 60.

④ Baha'u'llah. *The Arabic Hidden Words* [M]. Chapter 27, 29. Haifa：The Universal House of Justice.

⑤ Baha'i International Community. *Turning Point For All Nations* (Oct 1995) [Z]. from *NSA US-Developing Distinctive Baha'i Communities in Compilations* [C]. 265

⑥ Mahabharata Book 13 (Anusasana Parva) [Z]. Section CXIII. Mahabharata Condensed into English Verse by Romesh C. Dutt in 1899. Haifa：The Universal House of Justice. cxiii.

他解释了他的使命，对于印度教徒来说，他就是克里希纳的转世。① 阿博都巴哈称这些宗教创立者或先知为"神圣的灵魂"，"无论是摩西、耶稣、琐罗亚斯德、克里希纳、佛陀、孔子还是穆罕默德都是人类世界光明的源泉。"②

1911 年 10 月 24 日，阿博都巴哈在巴黎与一位印度教徒对话。这位教徒说："我终生的目的是尽我所能将克里希纳的教义传播到全世界。"阿博都巴哈则说："克里希纳的教义是爱的教义。上帝所有的先知都带来了爱的教义。没有哪个先知说过战争和仇恨是善的。每一个先知都认为爱和仁慈是善的。"③守基·阿芬第说："对于上帝显圣者来说，印度人的《薄伽梵歌》就代表'最伟大的精神'，是第十天神的化身，是至洁的克里希纳的显圣。"④ 1912 年 6 月 7 日，阿博都巴哈在 Ascension 教堂演讲。在回答"你对轮回的信仰是什么"这一问题时，他提到了印度教。他没有直接否定轮回这一信仰、没有批判别人的轮回信仰，而是讲述了对轮回的认识。首先他肯定了轮回信仰的正当性，不过它理解的轮回不是转化成其他生物，也不是死者本人的再生，而是一种预言的使命，是同一光源的新的光芒。他说："这里的意义在于先知品德的同一，权能的同一，天赋的同一，光源的同一，启示的同一。"⑤

印度教属于多神教，在信仰多神的同时崇拜主神。表面上印度教号称有3300 万个神灵，但多数印度教之崇拜一个天神。梵天是第一位天神，是创造万物的始祖。毗湿奴是第二位主神是维持宇宙的维持者，被封为保护神。湿婆是第三位主神。印度教属于多神教，在信仰多神的同时崇拜主神。表面上印度教号称有 3300 万个神灵，但多数印度教徒只崇拜一个天神。梵天是第一位天神，是创造万物的始神，是世界的破坏者和重建者，被奉为毁灭之神。这样三位主神代表创造、保护和毁灭（重建）。在早期，吠陀就宣称，宗教乃是神向人心说教的不同语言。"真理只有一个，神人以不同的名字来称呼它而已。"⑥

印度教指出了多条走向神的途径，其中"知的瑜伽""爱的瑜伽""业的瑜伽""修的瑜伽"。这四种方式无一不是巴哈伊赞同的。关于"知的瑜伽"，

① Bahá'u'lláh. *The Kitáb-i-Aqdas*［M］. trans. Shoghi Effendi. Wilmette：Bahá'í Publishing Trust，1993. 234.

② Abdu'l-Baha，*The Promulgation of Universal Peace*［M］，Wilmette：Bahá'í Publishing Trust，1982. 346.

③ Abdu'l-Bahá. *Paris Talks*［M］. London：Bahá'í Publishing Trust，1995. 35.

④ Shoghi Effendi. *God Passes By*［M］. Wilmette：Bahá'í Publishing Trust，1974. 95.

⑤ Abdu'l-Baha，*The Promulgation of Universal Peace*［M］，Wilmette：Bahá'í Publishing Trust，1982. 167.

⑥ 休斯敦·史密斯：《人的宗教》［M］. 海口：海南出版社，2006. 82.

巴哈伊教则有"从事科学即崇拜"的说法。关于"业的瑜伽",则有"工作即崇拜"的说法。①

印度教与巴哈伊教在如下方面有不同的观点,巴哈伊教不认为人的灵魂可以与神合而为一,而印度教认为要解脱必须达到梵我为一的境界。印度教崇尚苦行(asceticism),巴哈伊教反对苦行。印度教承认生前罪孽,巴哈伊教不承认原罪或生前罪孽。印度教承认人与人之间不平等的种姓制度,巴哈伊教认为人与人之间是生来是平等的。印度教重男轻女,巴哈伊教提倡男女平等。印度教倾向消极遁世,巴哈伊教主张积极入世。印度教宗教仪式烦琐,巴哈伊教主张简化宗教礼俗和仪式。

20世纪30~40年代,世界形势发生了很多新的变化,社会主义与资本主义、殖民地与宗主国、法西斯主义与其他帝国主义国家之间的深刻矛盾加剧了。基督教与非基督教、有神论与无神论之间的矛盾与民族主义的各种意识形态交织在一起。印度教对于印度,正如佛教对于斯里兰卡、伊斯兰教对于波斯和埃及一样成为一种民族宗教,成为争取民族独立有力武器。因此巴哈伊教在这个历史阶段与印度教的关系是微妙的,不明朗的。

但是在印度的反殖民运动和独立运动中,伴随着印度教的改革运动和资产阶级改良运动。一大批受西方理性主义、自由主义和平等博爱思想影响的知识分子率先提出对印度宗教进行改革,如梵社、圣社和罗摩克里希纳教会、印度教大会和亚利安社等。各派思想内容和哲学观点主要有:(1)用一神论代替多神论;(2)反对消极遁世和繁琐的宗教仪式;(3)用资产阶级新的伦理道德改造印度教传统的伦理道德;(4)用发扬印度民族主义精神改革印度教。②由此可见印度教的宗教改革既有利于印度的社会发展和进步,也有利于印度教与其他宗教的交流和合作,推动民族和解和世界和平。这些改革措施就是扩大各个宗教间的共同基础,这是巴哈伊教治理实现的目标。

三、巴哈伊与儒家文化之间的教义关系及比较

在巴哈伊教的强势传播下,我们不能不思考中国的文化思想与巴哈伊教的区别与联系,从而在巴哈伊教面前明确自己的定位和态度。由于中国文化具有

---

① Abdu'l-Baha. *Baha'i World Faith-Abdu'l-Baha Section* [M]. Wilmette:Bahá'í Publishing Trust, 1976. 377.

② 吴永年,季平:《当代印度宗教研究》[M].上海外语教育出版社,1998. 74~76.

多样性，将巴哈伊教与儒家文化对比从整体上看是不充分的。中国文化的宗教思想是个整体，只有将儒家宗教思想、道家和道教、墨家以及佛教等的宗教思想联系起来，才能更加全面地与巴哈伊教展开充分对话。任何一个部分都不能代表中国宗教文化的全部。比如，墨家明确的天帝鬼神观念、兼爱观念、人与人之间的平等观念、非攻的和平观念、崇尚科技和逻辑的理性精神等都不同于儒家；又如道家崇敬天道的宇宙观念、齐物的平等观念、与自然合一的生态观念、淡泊名利的价值观念等等也不同于儒家。中国具有宗教特点的学派有多个，由于儒家在世界文化交流中的影响超过道家、佛家，儒家思想又是比较重要的一个，因此我们首先比较巴哈伊教与儒家思想，暂考察儒家与巴哈伊教的关联。

在这方面，中国大陆的蔡德贵先生①已经探讨了儒学现代化过程中从巴哈伊教中能够吸取的经验和启示。此外，新加坡南洋理工大学英语文学系的周锦莲博士（Phyllis Ghim Lian Chew），将道家和儒家综合起来与巴哈伊教展开了对话，从教义比较方面做了深入研究。②她在将中国宗教与巴哈伊教的比较中，建立了如下议题：（1）中国儒家、道家思想的宗教性质；（2）中国文化的"道"和"天"的观念与上帝观念的相通性；（3）圣人与先知的相似性；（4）中国的天人合一自然观念与巴哈伊教的和谐观念的相通性；（5）中国文化关于不同宗教相融通的观念与巴哈伊教关于宗教同根同源观念的相似性；（6）中国的"大同"思想与巴哈伊教的普世和平教义的相似性；（7）中国儒家"人性善"的思想与巴哈伊教关于人具有神性方面的思想之间的相似性；（8）儒家的"仁"（如善、慈、孝、义、礼、耻、信等等）与巴哈伊教所提倡的"中道观念"、重视教育以及各种良好品德之间的相似性；（9）中庸之道、尊师重教等与巴哈伊教重视教育的相同之处；（10）家庭和睦、尊重权威、为政爱民与巴哈伊教的相同之处。但是儒家思想也存在与巴哈伊教的相异之处，如男尊女卑、多神崇拜、狭隘的孝道观、狭隘的敬祖观、狭隘的家族观念等等。

男尊女卑有它的历史性，宗教都要随时代的变革而变革。古代的生产方式决定了女子因其生理和体力上的原因不能与男子享有相同的地位，这种差异通过仪式、传统、法律、语言、习俗、教育、礼仪以及劳动分工等固定下来。但

---

① 蔡德贵：《当代新兴巴哈伊教研究》（修订版）［M］．北京：人民出版社，2006.626～676.

② Phyllis Ghim Lian Chew. *Chinese Religion and the Baha'i Faith* ［M］. Oxford：George Ronald, 1993.

今天的科学技术使男女在创造和生产中享有同等的地位成为可能。因此不能因为儒家思想中的一些言论而否定整个儒家思想的价值，况且对于孔子的某些言论也存在严重的误读。同时，也不能因为尊重传统而不顾时代变化。周锦莲认为父权制已经开始解体，妇女卑下地位的社会基础已经开始瓦解，女权运动将为这一进程产生最强有力的影响。① 关于多神崇拜，周锦莲引述了巴哈欧拉对中国宗教的评价，也认为孔子和老子所宣扬的宗教本质观念在现代几乎完全被忘记了，人们敬拜偶像、信奉多神，完全是一种急功近利的信仰。这些都远远背离了孔子敬鬼神而远之的思想。孔子所敬拜的只有三个：天、祖先和先师。周锦莲还指出，孔子的仁爱被强化为有差等的爱，孝被曲解为局限于家庭的概念，忽视了社会和国家这个大体。虽然中国人好客、热情随和，但缺少关心社会的公民意识。当人们打着孝道的旗号报家仇、泄私愤，进而冤冤相报时，"恕"的教义早已抛到了一边。至于敬祖的方式更应该检讨，而不应以习俗为借口不知移风易俗。比如相信故去的祖先需要供奉食物、衣服、金钱等等，否则他们会让生者不得安生。这完全是比照人类世界的做法，失去了敬拜祖先是为了生发关爱、唤起记忆、启迪孝道的意义，演变成了为现实人生获取利益的功利行为。后代将孔子的礼以及代表它的仪式演变为一种表演，重视的是形式，而不是精神。②

儒家思想的影响在于社会、政治、教育、法制和伦理等方面，而道教的影响主要在艺术、医学、建筑和宗教等方面。在中国扎下根的佛教及其影响主要也在艺术、伦理和宗教这两个方面，同时对儒家思想也有深刻影响，形成了新儒家。虽然有人曾试图论证孔子的思想是无神论者，③ 但是要否定孔子的宗教观念是不可能的。况且把孔子描述为无神论者绝不是对孔子的赞赏，恰恰是对孔子的贬低，与他的伦理学说、政治观念都有矛盾。"天"是所敬畏的最高存在，是孔子的终极观念。"天"主宰着世道和人伦，它是超验的、无处不在的。孔子说："君子有三畏：畏天命，天乎？"（《论语·宪问》）孔子说："天之将丧斯文也，后死者不得与斯文也。畏大人，畏圣人之言。"（《论语·季氏》）"不怨天，不尤人，下学而上达。知我者天之未丧斯文也，匡人其予何？"（《论语·子罕》）很明显这是把文治的兴衰存亡，归结于天的意志，然而在《论语·洋货》中孔子说："天何言哉？四时行焉，百物生焉。天何言

---

① Phyllis Ghim Lian Chew. *Chinese Religion and the Baha'i Faith* [M]. Oxford：George Ronald，1993. 175.

② Ibid.，167，173.

③ 金池：《〈论语〉译注新旧对照100例》[M]. 北京：世界知识出版社，2008. 22，77.

哉？"这里的天又分明指的是天以大自然表达天道。孔子说："获罪于天，无所祷也！"（《论语·八佾》）宋国大夫桓魋要杀他，孔子说："天生德于予，桓魋其予何？"（《论语·述而》）同其他先知和宗教创立者一样，他除了敬畏终极的天，无所畏惧。同样，他认为他的使命来自于天。

　　另一个孔子所敬畏的是鬼神，他十分重视祭祀活动，但采取敬而远之的态度。同神事相比，孔子更关注人事，通过人事的关怀表达对天和鬼神的敬畏。他说："未能事人，焉能事鬼？""未知生，焉知死？"（《论语·先进》）孔子既敬鬼神、天命，又关注民生，而后者是他敬鬼神的实践。"敬天"与"爱民"不可分割。鉴于儒家的这种性质，学界提出了儒学具有"准宗教"的性质①。如果参考蒂里希（Paul Tillich）的宗教定义（即："宗教是被终极关怀所抓住的一种状态。"）和怀特海（A. N. Whitehead）的宗教定义（即宗教是人的内心生活的艺术），这种宽泛的定义自然可将儒家思想看成是宗教。其实儒家学者大多不在意是否将儒家思想视为宗教。况且一个思想学派或一个思想体系是多面的、复杂的，宗教、哲学、伦理等特质完全可以并存于儒家思想之中。

　　关于天道，儒家所探寻到的终极真实是天与天命，以及源于天命而有道德心性与生生不已的天道。儒家的终极真实有其原初的天命源头，其终极关怀有着天命的根据，其生死观建立在天命体认的宗教性基础上，儒家具有宗教性格。这种前定的生命观在其他宗教中有所表现，但是儒家的命定论是积极的还是消极的不能简单论断。孔子本人是知其不可为而为之，有强烈的使命感。孔子的学生子夏说过，"死生有命，富贵在天"。（《论语·颜渊》）如果轻率地断定这是一种宿命论，不加思索地斥之曰："唯心"了事，是大有问题的。孔子获得精神力量和自强不息的动力源泉就来自于"天命"。孔子说："道之将行也与？命也；道之将废也与？命也；公伯寮其如命何！"（《论语·宪问》）表现的是孔子"仁者不忧，知者不惑，勇者不惧"的风范，丝毫没有宿命和消极的心态。巴哈伊教认为，有两种"命"，一种是来自上帝的诫命，这是不变的，也是不可更改；另一种命运是有条件的，即时发生的。阿博都巴哈说："命运有两种：一种是注定的，一种是有条件的或即发性的。注定的命运是不能变化和更改的，而条件性的命运则是指可能出现的。"② 阿博都巴哈用油灯必然燃尽来比方注定命运，用偶然吹来的大风使灯熄灭比方条件性命运。这就

---

① 董小川：《儒家文化与美国基督教新教文化》［M］．北京：商务印书馆，1999. 100.
② Abdu'l-Bahá. *Some Answered Questions*［M］．Wilmette：Bahá'í Publishing Trust, 1987. 244.

肯定了人的自主性和人的自由意志，是积极的命运观。

儒家发展了圣人的观念。这一观念与先知宗教具有一致性。孔子又说："为仁由己，其由人乎哉？"（《论语·颜渊》）这就肯定了人的自主性和人的自由意志，是积极的命运观。儒家发展了圣人的观念。这一观念与先知宗教具有一致性。虽然巴哈欧拉没有提及东方的孔子和老子，阿博都巴哈在解释教义中多次提到孔子。他认为孔子是创造、推动和繁荣中国文明的主要根源，他更新了传统道德。但是他建立起来的道德体系全被破坏了，基本教义并没有继承下来。① 如孔子一样的先哲同其他先知一样给人类带来了新的生命，他的教义成为解除社会病痛的济世良方。这些教义本身适应他那个时代并没有错误。② 虽然他是已经逝去时代的王，代表的是一个周期的结束，而现在新的文明周期已经开始，③ 但是"至大和平"的思想已经存在于摩西五经、旧约全书、福音书、《古兰经》、《阿维斯陀经》、佛经和孔子的学说中，所有这些圣典都是福音，都来自圣阳的光辉。④ 在中国，孔子毫无疑问是作为先师而受到尊重的，但是到了汉代，孔子逐渐被当作神来崇拜，以后不断有庙宇兴建供奉孔子。他成了学子和官员的庇护神。今天人们仍然把他当成一位伟大的教师。但应该记住的是，历史上伟大的教师不是一个，中国历史上的伟大先师也不止一人，这丝毫没有贬低孔子的意图。

中国古代儒家的大同学说确立于《礼记·礼运》，但它并非战国前后儒者的凭空杜撰，而是直接源于孔子，是对孔子大同思想的系统化。《礼运》关于大同、小康、一统三论，均与孔子思想有直接的血缘关系。孔子说："大道之行也，与三代之英，丘未之逮焉，而有志焉。大道之行也，天下为公。选贤与能，讲信修睦。故人不独亲其亲，不独子其子，使老有所终，壮有所用，幼有所长，矜、寡、孤、独、废、疾者有所养，男有分，女有归。货恶其弃于地也，不必藏于己；力恶其不出于身也，不必为己。是故谋闭而不兴，盗窃乱贼而不作，故外户而不闭，是谓大同。"大同理想一直被中国人继承着。洪秀全在《原道醒世训》中引录《礼运》中的"大道之行也，天下为公。"清末的

---

① Abdu'l-Bahá. *Some Answered Questions* ［M］. Wilmette：Bahá'í Publishing Trust，1987. 165.

② Abdu'l-Baha. *Baha'i World Faith-Abdu'l-Baha Section* ［M］. Wilmette：Bahá'í Publishing Trust，1976. 348.

③ Abdu'l-Bahá. *Tablets of Abdu'l-Bahá* ［M］. Vol. 2. trans. Wdward G. Brown. New York：Bahá'í Publishing Committee，1980. 469.

④ Abdu'l-Baha. *The Promulgation of Universal Peace* ［M］. Wilmette：Bahá'í Publishing Trust，1982. 220.

康有为在为《礼运》作注时开始撰写《大同书》，描绘了"无邦国、无帝王、人人平等、天下为公"的社会理想。孙中山在《三民主义·民族主义》中说："我们要将来能够治国平天下，便先要恢复民族主义和民族地位。用固有的道德和平作基础，去统一世界，成一个大同之治，这便是我们四万万人的大责任。"① 而马克思主义与巴哈伊教的关系问题也在世界学术界展开。1986 年 1 月，在"世界正义院"的鼓励下，"巴哈伊研究会"在密歇根召开了"巴哈伊教与马克思主义"研讨会，目的是让巴哈伊更好地理解马克思主义的"大同"，也让马克思主义者更好地理解巴哈伊教。中国的大同理想与巴哈伊教的和平盛世思想具有许多共同之处，更重要的是，中国传统思想可以构成与巴哈伊教对话的基础，即不丢弃传统，搞虚无主义，又不唯我独尊，搞我族中心主义。在中国情境中如何理解巴哈伊教成为一个具有现实意义和理论意义的课题。

四、巴哈伊与佛教之间的教义关系及比较

巴哈伊教学者莫门初步比较了巴哈伊教与佛教的基本教义，汉语学界尚未展开。佛教主张言语要谨慎，不能乱讲话。佛教认为不积口德便犯了"说四众过戒"。即便为真，如果所说不实，便犯了"妄语戒"。如果被说者是出家人，则犯了"毁谤三宝戒"。当然佛教讲究自行发露；他人发露要遵循一定程序。《护法经》（Dhammapada）② 说：不要想着别人的过错，别人做的或未做的；要想到自己的罪过，自己做的或未做的。巴哈伊教也教人不要只看别人的错误和罪过，应该审视自己的过错。重要的是不可背后讲人家的过错，讲述不实更要不得。巴哈欧拉在《隐言经》第 26 章中说："你怎么可以对己讳疾忌医，对别人吹毛求疵？"第 27 章又说："己有过，勿非人。违此命，受谴责。"③ 阿博都巴哈也说："诽谤引起纷争，是使人的天性气质减退的主要原因。"④ 佛教《护法经》告诫人们不要与恶人为友。巴哈欧拉说："与不信道者为友增加悲伤，而与正义者交往可去除心灵的污秽。"⑤ 佛教讲善待动物，

① 孙中山：《三民主义》［M］. 孙中山全集（第九卷）. 北京：中华书局，1986. 253.

② Moojan Momen. *Buddhism and Bahá'í Faith*：*An Introduction to Bahá'íFaith for Theravada Buddhists*［M］. Oxford：GeorgeRonald，1995. 12，63.

③ Baha'u'llah. *The Arabic Hidden Words*［M］. Wilmette：Bahá'í Publishing Trust，1994.

④ Abdu'l-Baha，*Selections from the Writings of Abdu'l-Baha*［M］. Southampton：the Camelot Press Limited，1982. 230.

⑤ Baha'u'llah. *The Persian Hidden Words*［M］. Chapter：40，56. Haifa：The Universal House of Justice.

《护法经》说：不伤害任何动物，不管是弱小的还是强壮的，即不杀害又不让他去杀害别的生灵，我称这种人是婆罗门（Brahmin，有教养的人）。阿博都巴哈说："要对享受天国之福的动物示以最大的仁慈，所示仁慈越多越好。"①《护法经》（60）说：为了自己的幸福而不伤害同样寻求幸福的别人，会因此找到幸福。阿博都巴哈说："如果他们向你投飞镖，报之以牛奶与蜂蜜；如果他们要毒害你们性命，就去软化他们的心灵；如果他们冤枉你们，教他们如何得到宽慰；如果别人弄伤了你们，就给他们的痛处敷上药膏；如果他们刺痛了你们，就将一杯清凉饮料送到他们唇边。"② 佛教中的"四圣谛"和"八正道"都可以在巴哈伊教的圣殿中找到相似的表达。与"四圣谛"中的"苦、集、灭、道"相应，巴哈伊教首先肯定人间的苦难。阿博都巴哈说："这就是凡人的处所：一个堆满折磨和苦难的仓库。"③ 痛苦的原因在哪里呢？佛教将它们归因于"业"和"惑"，因为集聚骨肉财货，倾向于以"我相"为基础和出发点。因有"我相"，故执着我有与我所有的妄想，一切争夺欺诈、穷奢极欲无不因之而起，也无不因之而导致更大的痛苦。世间的快乐，说到底也仍是苦，正所谓"乐是苦因"。众生因贪欲而造罪。巴哈伊教将痛苦归因于物欲。巴哈欧拉说："我们遭受痛苦，这是物质作用的结果，所有的忧虑和麻烦均来自对这个世界的妄念。"④ 怎样才能消除痛苦呢？佛教说要必须断灭世俗诸苦得以产生的一切原因，达到不生不灭的涅槃境界，是佛教一切修行所要达到的目的。虽然巴哈伊教从现实出发不否定人们追求财富和享乐的正当性，但是巴哈伊教将这种追求纳入到一个更高目的的追求上来，那就是人的精神跃升，因此告诫人们，这个世界的很多追求都不是最终目标，不要过分执著。巴哈欧拉说："让自己从此世的枷锁中挣脱出来，把灵魂从自我的牢狱里释放出来。"⑤ "道"谛是超脱"苦""集"的世间因果关系而达到"涅槃"寂静的一切方法，如"八正道"。

关于存在等形而上学问题，佛教和巴哈伊教也有相似的表述。关于自我或灵魂的性质、绝对者或上帝的性质、救赎问题、人死后的情形。佛陀在世时，

---

① Abdu'l-Baha. *Baha'i World Faith-Abdu'l-Baha Section* ［M］. Wilmette：Bahá'í Publishing Trust，1976. 374.

② Abdu'l-Baha, *Selections from the Writings of Abdu'l-Baha* ［M］. Southampton：the Camelot Press Limited，1982. 24.

③ Ibid. , 200.

④ Abdu'l-Bahá. *Paris Talks* ［M］. London：Bahá'í Publishing Trust，1995. 109.

⑤ Baha'u'llah. *The Persian Hidden Words* ［M］. Chapter：40，56. Haifa：The Universal House of Justice.

有一位叫鬘童子（malunkyaputta）的人问佛陀宇宙是不是永恒，灵魂与身体是否一样，佛陀在涅槃之后，会不会继续存在等十个"不决问题"，要求佛陀解答，但佛陀不予正面回答，因为佛陀认为这些形而上的问题无助于心灵的解脱，无助于解决现实苦难。但他曾给弟子讲过一个故事：有人身中毒箭，亲友请来一位医生，可这位病人说：我不除箭，我要知道射我的人是谁，是高矮还是中等身材，射中我的这支箭是什么样子，弓用的是什么弦，箭用的是什么羽毛……佛陀于是说道，还没等这些问题弄清楚，这个人已经中毒死了，那些要解决各种哲学问题之后才肯接受圣道的人也是如此。佛陀的回答围绕"四圣谛"这些根本原理。佛陀认为所有这些问题都是不能确定的。对于这些问题的不同回答构成了不同宗教之间的差别。但无论佛教还是巴哈伊教，对于这些问题的回答本质上具有同一性。他们都持"不可知论"。在这里，"不可知论"并不含有贬义，而是对人的现实性、必要性、可能性以及历史有限性的确认。对于创造有无初始的问题，关于天地万物存在初始的断言，其中涉及的概念存在认识和理解上的分歧。巴哈欧拉将人放在问题之中，即对于这些问题的肯定或否定回答取决于人的理论的角度和背景。巴哈伊教的回答非常机智，他说："如果你声称原本宇宙就存在并将存在下去，这是正确的回答。如果你断言宇宙的存在像《圣经》中描绘的那样，有初始，也会有终结，无疑这也是正确的回答。"① 关于世界有限还是无限，巴哈欧拉认为对这一问题的回答的真理性也是相对的，他断言："要知道理解这一问题依靠观察者自身。从一种意义上讲，它是有限的；从另一种意义上讲，它又超越了一切有限。"② 关于自我和灵魂的本质，佛教是根据"我执"提出的，不是凭空认为自我不存在。"无我论"也是从"缘起论"派生出来的。人生"八苦"都根源于有"我执"，来源于对现象世界中自我的过分执着。"无我"之说则在于揭示现象之"我"的非实性。痴愚不明、固执己见、傲慢自大、贪心不足，由是生出种种分别之见和无休止的纷争。巴哈欧拉劝告人们，"只要放弃自我和欲望，我昭示你们能够使你们摒弃其他接近圣城。"③ 阿博都巴哈在回答什么是纯洁的心灵时也说："纯洁的心灵是完全革除自我的心灵，能够无我才能纯洁。"又说："对我来说，监禁就是自由，困境就是平安，死亡就是生命，遭到鄙弃就是获得荣

---

① Baha'u'llah. *Tablets of Baha'u'llah Revealed after the Kitáb-i-Aqdas* ［Z］. Haifa：Bahá'í World Center. 139.

② Baha'u'llah. *Gleanings from the Writings of Baha'u'llah* ［M］. Wilmette：Bahá'í Publishing Trust，1976. 162.

③ Ibid.，71

耀。因此，我在狱中一直愉快。如果一个人从自我的监狱中解脱出来，那就是真正的解脱，因为自我是更大的监狱。"① 由于佛教奉持"无我论"，从缘起的角度，认为世间不存在固定不变的主体，并不因此否认灵魂的存在，而是承认它的"空性"。人及一切事物，都是各种因素的集合，都没有独立自存的实体。因此，每个人都是转世而来。只是我们是被动地、无可奈何地转来转去。而成就的圣者则是自觉地、主动地乘愿再来。巴哈欧拉认为："它（自我和灵魂的）存在是有条件，不是一个绝对的存在"② 巴哈欧拉的《七谷之书》以诗一般迷人的语言，描述了灵魂由尘世之境趋近最高的灵性境界的精神历程，而"真贫和绝对虚无之谷"便是"无我之境"，肯定了灵魂在追求"终极"的旅程中经历了一个渐进升华为虚无的过程，即人死之后灵魂的可变性。巴哈欧拉认为所有的先知都是"无我"的，因为他们在与"绝对者"相比时，"将他们自己视为绝对卑微渺小、完全虚无的存在……他们把自己看成是完全的虚无，并且将在天庭之上提及自己认定为亵渎行为。"③ 灵魂转世是佛教的核心概念之一，其真意不是原原本本的再生，而是指精神在另一个肉体里重生，是精神的延续。巴哈伊教将耶稣、佛陀和巴哈欧拉都看成是他们各自前时代先知的再生。再生不必发生在死后，人的一生是一个不断完善和精神提高的再生过程。今世之所为既影响未来的自我或灵魂，也影响来世灵魂完善，今世是来世的准备。佛教的"空"不是纯粹的虚无，同样涅槃也不是虚无主义，不是"灭绝"（annihilation），而是"断绝"（cessation）。④ 关于"涅槃"的情状，先知们几乎都有不可言状的体验。由于涅槃超出时空和缘起定律的限制，人类只能体证之，无法用言语描述，所以人类的语言局限性的。类似包括佛陀鬘童子提出的问题，也是不可能通过语言文字而获得充分而圆满的答复，没有任何语言文字可以表达这种"一切都不执着"的经验。巴哈欧拉说："当我试图恰当地描述至高境界的崇高和壮丽时，我的'圣笔'停滞不动了。那'仁慈之手'给予灵魂的荣耀，没有任何言语可以充分呈露，没有任何世俗的媒介可以描绘。当世人的灵魂离开身体的时刻，摆脱尘世的妄念，灵魂得以圣化，受到祝福。"

---

① Abdu'l-Baha. *Abdu'l-Baha in London* ［M］. Haifa：Bahá'í WorldCenter. 106.

② Ibid. , 120.

③ Baha'u'llah. *Gleanings from the Writings of Baha'u'llah* ［M］. trans. Shoghi Effedi. Wilmette：Bahá'í Publishing Trust，1976. 54.

④ Moojan Momen. *Buddhism and Bahá'íFaith：An Introduction to Bahá'íFaith for Theravada Buddhists* ［M］. Oxford：GeorgeRonald，1995. 29.

巴哈伊教将佛陀看成是教育者。当其他人处于黑暗之中时，先觉者为懵懂之人燃起一盏明灯。无论佛陀还是巴哈欧拉都用光来比喻真理或通向真理的路径。同巴哈欧拉一样，佛陀并不认为自己是唯一的觉者或如来，佛教经典同样认为佛就是为众生指出正道的先知，因而不是任何时代都有这样的先知。相传在释尊以前有六佛出现，加上释尊就是七佛。《长阿含》《大本经》（巴利《长部》第十四经）有记载。释尊之后将有弥勒出现，即未来佛。这种见解在原始佛教时代就已经产生了。关于未来的弥勒佛（Metteyya Buddha），《长阿含》中的《转轮圣王修行经》《大本经》（巴利《长部》第二十六经）、《中阿含》的《转轮圣王经》中都曾提及。巴哈伊教认为，每个先知虽为自己时代的人民创立了自己宗教，但他们都来自同一个光源，都反射了同一个太阳的光辉。每一个先知都完成了前一个先知的承诺，并预言了下一位先知的到来。佛陀的"古仙人道"的譬喻出自《杂阿含经》，大意是：佛陀回忆之所以得证正觉，乃因观察顺逆十二缘起以致之，佛称此为古仙人道、古仙人径、古仙人迹，意指此道非佛所独行，在久远劫以前，早已有无数的正觉者，同样走这一条路。巴哈欧拉用辩证的思想揭示了这种新与旧的关系，他认为有两个方面的教义，一个是永恒的、不变的；第二个方面的教义是社会的、可变的。巴哈欧拉关于不同的先知是不同季节在地平线上不同的点升起的太阳的比喻恰当地说明不同先知的关系①，阿博都巴哈也认为每一种宗教都有两方面的教义，② 也肯定了各个先知即同一又不同的关系。佛教反对盲信，佛教是理信的、智信的，佛陀不希望自己的弟子是应声虫、磕头虫、无脑人，"先正思量然后乃行"。这一点与巴哈伊教的"独立探索真理"的教义相当。

五、巴哈伊与伊斯兰教之间的教义关系及比较

前面我们对巴哈伊教在宗教思想史方面进行了历时态考察，在基本教义方面还可以进行平行的或共时态的比较。巴哈伊教起源于伊斯兰教，同时又吸取了世界上一些重要宗教的成分，在基本教义方面它与伊斯兰教是一致的。如人类一家（世界原是一个民族）、宗教同源、世界一体化（乌玛观念）、历史周期论（每个民族都有一个期限）、显圣者（每个民族都有一个使者，承认耶稣

---

① Bahá'u'lláh. *The Kitáb-i-íqán* (The Book of Certitude) ［M］. Wilmette：Bahá'í Publishing Trust，1983. 161.

② Abdu'l-Baha. *The Promulgation of Universal Peace* ［M］，Wilmette：Bahá'í Publishing Trust，1982. 444.

再临）、代治的思想、中庸原则（寻求一条适中的道路）、磋商原则（由协商而决定）、人无原罪因而无救赎。在这些方面中国和世界伊斯兰教学界进行了努力，试图改变世人对伊斯兰教的种种偏见，还伊斯兰教以本来面目。而巴哈伊教与伊斯兰教的教义比较也会起到同样的作用，这是因为巴哈伊教起源于伊斯兰教，提出了一些新的宗教思想史以承认伊斯兰教的所有优良成分为前提的。这一比较可以改变人们可能形成的另一种偏见，即认为巴哈伊教反叛了伊斯兰教，在基本教义方面与其源发宗教根本不同。承认把哈伊教是独立宗教与巴哈伊教在基本教义上与源发宗教在基本教义上的一致性并不矛盾。

巴哈伊教与伊斯兰教都是彻底的一神宗教，这一点与基督教的"三位一体"学说的不彻底性有着鲜明的差异。承认上帝唯一与伊斯兰教的"万物非主，唯有真主"可以说是巴哈伊教与伊斯兰教比较的第一前提或基点。更宽广具体的基点还在于，巴哈伊教与伊斯兰教都是和平的宗教。这一点应该从伊斯兰教的经文和圣训中寻找依据，而不应该抓住部分伊斯兰教徒在历史上的宗教实践中存在的对经文的误解因而产生的种种偏差不放。和平是伊斯兰教的宗教本质。"伊斯兰"是阿拉伯语的译音，含义就是"和平"。这一点已经是基本常识。《古兰经》中有40多处讲到了和平，如"当愚人们以恶言伤害它们时，他们说：和平。"（25：63）当年有人问先知穆罕默德"穆斯林"是什么人时，先知的回答是，"穆斯林是指他人能从其手和舌得到安宁（和平）的人"。

伊斯兰教提倡"人类一家"的思想。伊斯兰教的和平本质以人类同根同源为前提。《古兰经》承认，全人类的始祖是阿丹（亚当），各民族都是他哈娃的子孙。经文说："世人啊！我确已从一男一女创造了你们，并使你们成为许多民族和宗族，以便你们相互认识"（49：13）人类的本质差异不是语言和肤色，"他（指真主——笔者）的一种迹象时：天地的创造，以及你们的语言和肤色的差异，对于有学问的人此中确有许多迹象。"（30：22）人类的差异是时代、环境等造成，这是真主对人类的恩典，使人类有丰富的文化相互交流，以免单调而不悦。

既然人类同根同源，不同的民族、种族、宗教语言、肤色等的人之间就应和平相处，相互关爱，实现世界和平。人类同源，又都追求和平，就意味着人类有一个共同的信仰，有一个共同的宗教。《古兰经》说："（真主）未曾为你们的宗教而对你们作战，也未曾把你们从你们的家园逐出境者，……公平地对待他们。真主确是喜爱公平者的。"（60：8）宗教是同一的，又是多样的。在信仰方面应相互尊重。《古兰经》说："真理是从你们的主降示的，谁愿意信

就让他信吧，谁不愿意信就让他不信吧。"（18：29）又说："对于宗教，绝无强迫。"（2：256）

对于伊斯兰教中的重要术语"吉哈德"（Jihad），中国学者马明良、丁俊等解释了它的丰富内涵，绝不等于汉语的译语"圣战"。经过考证，马明良认为"吉哈德"本意是"尽力、勤勉、奋斗"，即"为真主的道路而奋斗"，也就是为伊斯兰教的信仰、法律和道德而奋斗。奋斗的方式多种多样，主要方式是以理服人、以情感人、以德化人。总之是以精神的方式维护真理。用武力维护圣道只不过是"小吉哈德"。应该与自己的私欲作战，回到"大吉哈德"上。①

伊斯兰教提倡中庸、中正与和谐，反对走极端。在天启与理性，精神与物质、前定与自由、今世与后世、传统与现代、家庭与社会、个人与集体、权利与义务、宗教与科学等等方面都要寻求中庸之道。《古兰经》说"我这样以你们为中正的民族，以便你们作证世人，而使者为你们作证。"（2：143）又说："你们用钱的时候，既不挥霍，又不吝啬，谨守中道。"圣训说："最优秀的事是中正之事。"

伊斯兰教宣扬世界一体化的观念，其中的"乌玛"（Ummah）观念可以说就是"世界大同观念"。北京大学的吴冰冰教授论证了"乌玛"中蕴含的人类的历史走向。② 它的伊斯兰共同体的思想与人类共同体的思想具有一致的看法，况且"乌玛"在伊斯兰教中就有"人类群体"的含义，即"全人类属于同一个乌玛"。在《古兰经》（2：213、10：19）中表示了人类的同源性，属于同一个乌玛，随后发生信仰分歧导致分裂。可是真主的意志是让人类成为同一个乌玛，如5：48、11：118、16：93、42：8等章节表达了这一观念。虽然伊斯兰教的乌玛观念后来主要指伊斯兰的统一，但是根据巴哈伊教的观点，不同国家、民族、区域、文明等的统一是人类走向统一的必由之路和必要准备，因此伊斯兰教中就蕴含着丰富的世界统一的政治理念，树立了可资借鉴的人类统一的管理模式。总之巴哈伊教与伊斯兰教在基本教义上的共识还需深入挖掘，一方面是消除误解，另一方面是扩大巴哈伊教与其他宗教的共同基础，有利于宗教间的和解和交流。

---

① 马明良：《再论伊斯兰教的和平观——兼及"吉哈德"理念》［A］. 马明良，丁俊编：伊斯兰文化前沿研究论集［C］. 北京：中国社会科学出版社，2008.

② 吴冰冰：《乌玛观念与伊斯兰宗教共同体的构建》［J］. 阿拉伯世界研究，2007（3）.

第三节　巴哈伊教与马克思主义

一、马克思主义与巴哈伊教对话的背景

19 世纪见证了马克思主义和巴哈伊教的起源，无论是马克思主义还是巴哈伊教，都有一个中心人物，都有经典论著，都有面向未来的视野，都设计了实现全人类团结的方案，其重要学说、思想都产生于相同的时代。马克思主义思想，无论是其早期的思想还是后期各个阶段的思想，在世界广大地区，无论在政治、社会和经济思想以及在文化和实践中，都产生了极为深远的影响。1844 年 5 月至 8 月之间写作《1844 年经济学哲学手稿》，1848 年 2 月《共产党宣言》在伦敦第一次以单行本问世。《宣言》第一次全面系统地阐述了科学社会主义理论，指出共产主义运动已成为不可抗拒的历史潮流。与此同时，1844 年 5 月 23 日，阿里·穆哈默德宣布自己是就是通向隐遁伊玛目的"巴布"。12 月 20 日又宣布自己是卡因，即隐遁的伊玛目（或"马赫迪"），要铲除人间不平，消除压迫、剥削，建立平等、公正与幸福的"正义王国"，建立新宗教。1847 年 7 月巴布被囚禁于马库（Máκú 或 Máh-Kú）的 9 个月中，写出《默示录》。继承巴布教义创立巴哈伊教的巴哈欧拉也是在监禁之中于 1873 年启示了《至圣经》启示。一个多世纪过去了，马克思主义与巴哈伊教才有了真正意义上的平等交流与对话。

马克思主义思想从唯物主义视角考察人类和现实，吸引了知识分子、改革家、革命者以及普通民众的注意力。巴哈欧拉的思想，基于世界伟大宗教的传统从精神的视角思考人类和现实，引起了同样广泛的注意。这就为对话创造了一个学术条件。1986 年 1 月，在"世界正义院"的鼓励下，"巴哈伊研究会"在密歇根的 Louhelen 巴哈伊学校召开了"巴哈伊教与马克思主义"研讨会，目的是让巴哈伊更好地理解马克思主义，也让马克思主义者更好地理解巴哈伊教。与会者共 90 余名，有马克思主义者和巴哈伊学者及巴哈伊信仰者，他们来自世界众多国家。

这次会议是马克思主义与巴哈伊教的正式对话，它的意义极为深远，开创了两大意识形态系统接触、交锋，进而发现融合视域的局面，为进一步的学术讨论和交流奠定了良好的学术基础。马克思主义的真理观不是教条主义的真理观，它承认真理认识的相对性。在这一点上，巴哈伊教具有与马克思主义相同

的真理观。正是这种对真理的认识才有 Louhelen 会议。巴哈伊教一直保持着向各种意识形态开放对话的传统。也正是这一传统，才有这样的平等的对话。直到今天马克思主义与巴哈伊教的对话仍在进行中。中国目前仍然是以马克思主义意识形态为基础的国家，鉴于巴哈伊教的影响和传播状况，需要就多个方面进行与马克思主义的对话。在汉语界这个方面尚未有显著的学术活动。

二、马克思主义与巴哈伊教对话的重要议题

密歇根会议的议题集中在三个方面：1. 人类的本质与社会，包括人类和社会本质假设，人类和社会的起源、影响和传统；2. 社会变革的策略和过程，包括社会变革的最佳过程、现实情境中基本原则的应用方法、社会变革的终极目标；3. 社会和经济发展，包括从马克思主义社会和巴哈伊社团中援引的现实例证的研究和分析。由于马克思主义理论十分博大，因而"巴哈伊教与马克思主义"议题十分丰富。这次会议为开拓其他对话议题奠定了基础。马克思主义是一个应历史发展而产生的意识形态和系统理论，它的实践基础和理论来源是对资本主义的剖析和批判。马克思主义还有更深厚理论基础，涉及人的本质、人类生活的目的性以及人类历史的意义等。马克思主义将对资本主义的批判与批判的理论融合在一起。巴哈伊教对全人类所面临的危机与社会及精神病症有充分的认识，当然对马克思主义的社会批判观点能够认同。由于过去研究态度、方法、目的都存在种种缺陷，比如将马克思、恩格斯在确立宗教观以前不成熟、带有旧哲学痕迹的生动比喻和犀利批判当作马克思主义宗教观的核心思想，因而对于宗教中涉及上述论题的真理性认识不够重视甚至加以坚决排斥，根本谈不上比较。

（一）关于人的本质

马克思主义理论的基础是历史唯物主义的，马克思认同费尔巴哈关于"宗教是人的本质的异化"的观点，但是将人的一切活动建立在人与自然的相互作用关系之上的，即一切都立足于物质生产的需求上而不是抽象的"爱"的基础上加以解释。马克思主义批判了资产阶级关于人的观念。资产阶级的人性观是所谓"自然态"的人性观，人的一切行为是自然本能的外化，行为准则是趋利避害。每个人都生存与孤独、贫困、危险和残忍之中，人与人之间的关系处于战争状态。这就导致这样的观念，即人就是需要满足的欲望的集合，或者是智慧、才能和劳动能力的拥有者，是在劳动力市场等待出卖的劳动力。人只是社会这个庞大机器的一个零件。管理人类社会需要的是集中了每个人的

一部分自然权利的主权者，也就是国家。马克思主义认为，"人的本质不是单个人所固有的抽象物，在其现实行上，它是一切社会关系的总和。"①。人有物质方面的需求，人的这种需求不能从自然属性加以解释，其他的需求，如智力、能力、友爱、亲情、道德判断、审美活动、集体活动等，都是以生产关系为基础的社会需求。在资本主义条件下，包括人在内的一切都变成了商品，人被商品及商品生产所异化。一切都用物质的标准来衡量，这就不能让人有充分的发展，从而产生人的异化。

人的宗教需求是物质需求和精神需求的外化，而物质和精神需求，而这些需求是通过劳动、实践来满足的，劳动和实践又是在社会关系中进行的。马克思主义强调人本质的社会性。在人的自然属性和社会属性这两种属性中，包括宗教关系的所有关系都是在物质生产的基础上形成的。在这一点上，马克思主义同所有的宗教处于对立之中，所有的宗教把决定人本质的东西说成是精神，因此人的本质属性就是神性。世俗社会正是利用这一点来掩盖社会物质生产中对人性的扭曲。资本主义社会和一切存在非正义的社会将人当作手段，利用宗教鼓吹人的物质需求不是目的，企图将贫富差别、男女不平等合理化。巴哈伊教认为人的本质缺失是因为人在人神关系上因物质主义的猖獗而断裂，进而试图修复这一关系。而马克思主义看到的人的异化的原因是私有制，使这个制度下异化的劳动，是在资本主义生产方式及其所形成的经济基础，宗教是这种异化的反映。但是对立不等于对抗，马克思同费尔巴哈一样将宗教从天上搬到人间。巴哈伊教则将天上人间弥合起来，对人的本质二分为物质的和精神的，进而进行调和和说明。在新的人神关系上解释人与自然以及人与人之间的关系。将人视为人而不是物是任何伟大宗教的根本教义。同样，马克思主义也是在资本主义生产将人物化这一事实基础上批判资本主义的。马克思主义认为私有制使人不能对人的本质的真正占有，提出的解决方案就是消灭私有制，从而积极地扬弃人的自我异化，这个理想制度是"人向自身、向社会的即合乎人性的人的复归"，是"人和自然界，人和人之间的矛盾的真正解决。"② 巴哈伊教提出的解决方案不是消除私有制，而是摆正人与神之间的关系。个体的人及其自由发展只有在社会中才能实现。虽然集体的力量是历史进步的根本因素，但是人类解放的潜在动力来自技术的进步，科学技术是第一生产力，也是人类获

① 马克思：《关于费尔巴哈的提纲》[M]．马克思恩格斯选集．第1卷．北京：人民出版社，1972．18．
② 马克思：《1844年经济学哲学手稿》[M]．北京：人民出版社，2000．81．

得自由的最终决定力量。决定人类进步的不是生产方式而是技术。然而受压迫的劳动者的解放不会因为技术的进步自动实现，而是需要革命思想的武装。当技术仅仅是为了少数人获得更大的利益并使被压迫者甚至压迫者本人失去人的本性时，异化就产生了。异化是马克思主义哲学的重要范畴之一。马克思的异化概念揭示了人的生存困境：一种人被原本属于人的东西或人的创造物所控制的非人状态。马克思不仅批判了异化现象，而且连续在几部著作中追问异化的根源。西方马克思主义更是将异化问题扩大到制度及文化等深层领域，深化了对资本主义的批判。

巴哈伊教认同马克思主义对资产阶级自由观念的批判，认为作为个体的人一方面拥有自由意志，另一方面又承认社会中人的自由的有限性。在承认人的社会性以及通过改善人的社会方面改善人的生存状态这一方面，马克思主义与巴哈伊教没有不一致的地方。但是巴哈伊教强调社会是人的精神成长必须经历的阶段，人不能脱离社会获得所谓的"拯救"，因此巴哈伊教反对任何形式的苦修、离群索居的出家修行。在社会中工作是神圣的，为人类工作就是崇拜，就是对上帝的敬畏。但是巴哈伊教将人的精神或灵魂视为人的本质，认为人的精神本质在于从事艺术、文化等方面的生产中体现出的智慧，根本上在于人与造物主及其精神世界的关系。人的本质因物质主义的腐蚀而异化。人性异化为第一层次的动物性同时失去了神性，这是人类自身毁灭危险的根本原因。人类所面临的问题，包括社会制度、生活方式、社会关系等，莫不是由于将人的本性定义为物质性而造成的。解决人的生存样态问题依靠的是精神或灵性手段而不是革命或暴力。

（二）男女平等

马克思主义批判了资产阶级关于性别问题的观点。资产阶级理论认为，男女不平等归结为男人对女人的态度问题，即男人对女人的歧视。相反，马克思主义将这一不平等的成因放在社会结构、经济地位以及承传下来的男权社会制度上。马克思主义将男女不平等上升到哲学的高度，因为这种关系反映了人性的历史状况。马克思认为："男人对妇女的关系是人对人最自然的关系"，从这种关系"可以判断人的整个文化教养程度"。而私有制"把妇女当成共同淫欲的掳获物和婢女来对待，这表现了人在对待自身方面的无限退化。"① 也就是说，马克思将男女关系上升为人对自身的关系，其神圣性可以与巴哈伊教关

---

① 马克思：《关于费尔巴哈的提纲》［M］. 马克思恩格斯选集 . 第 1 卷 . 北京：人民出版社，1972. 80.

于"男女是人类飞翔的双翼"的比喻相提并论。虽然巴哈伊教的男女平等的最高原则来源于人神关系中引出的"所有人类一律平等",但是巴哈伊教毫不忽视对这种不平等的社会分析,即男女不平等是社会不稳定的重要因素之一。因此,男女不平等决不会因为男人对女人态度的改变就可以消除的,妇女的解放是以经济地位为基础的社会关系决定的,但是态度确实可以促进社会的改革,比如巴哈伊教强调的女性受教育权的优先性。激进的女权主义将女人受压迫的现实归结为性权利斗争的结果。男人之所以在这一斗争中处于主导地位,是因为男人控制了生育的权利,同时又通过男权家庭制度、宗教制度、医疗技术以及生活的各个方面加以强化。解决问题的方案是防止性暴力,以此强调女人的自主权力。马克思主义认为,男人在社会中的地位说明了这个社会是否实现了非剥削的真正"人"的社会。因此"一个马克思主义者不可能不是一个女权主义者。"① 也就是说,一个马克思主义者不可能不承认在历史上以及在资本主义社会中妇女遭受的来自男人的压迫。马克思和恩格斯都认为,在资本主义社会中,对于女性的压迫,是人类在性关系上的总体倒退。恩格斯特别分析了资本主义社会的家庭关系,认为资本主义家庭中,妻子成了生产工具,既是人的生产工具,也是家庭劳动的工具。她为男人财产的继承生儿育女,同时又负责家庭生产活动(各种家务活动)。恩格斯提出解决问题的关键在于男女在法律面前实现平等,消除婚姻中的男权主义,将孩子的看护和教育变成一种社会责任。这些设想是众多社会追求的理想,也是巴哈伊教力主坚持的基本教义,即男女平等。但是经典马克思主义将男女平等的真正实现寄托于私有制的消灭,巴哈伊教则寄希望于在现有体制下的社会改良。巴哈伊教毫不忽视男女平等的社会实践,提出了在受教育权、婚姻自主、财产分配、法律、尊严以及参与决策等方面有利于实现男女平等的措施。

巴哈伊教认为男女平等是一个逐步实现的理想,并将这一教义同消除偏见和世界和平联系起来。然而马克思主义与激进的女权主义观点不同,与巴哈伊教的侧重点也不相同,马克思主义将男女平等问题与私有制以及阶级压迫联系起来,因而男女不平等的核心问题是社会的和经济的问题,性别歧视、男人至上、男尊女卑等观念并不是来自男人,而是来自以私有制为基础的社会制度。劳动力的性别分工有利于资本主义,女性是廉价劳动力的来源。马克思主义认为在资本主义制度下,人的需求和健康、全面的发展等因为人的异化而不能得

---

① Laurie E. Adkin. Marxism, Human Nature, and Society [A] . *The Bahá'í Faith and Marxism* [C] . Ottawa: Baha'i Studies Publications, 1987. 6.

到满足，因此解决人的问题就是彻底的改革社会制度或实行革命。在社会制度改革方面，注意力放在妇女的工作岗位、就业机会及同工同酬等方面。在这一点上，巴哈伊教有自己的主张。巴哈伊教相信暴力永远不是解决人类问题的方法，认为应该通过精神的灵性的方法解决各种纠纷和冲突，包括男女之间以种种不平等为表现形式的冲突。

巴哈伊教基于其宗教观念将人类的灵性能力放在人性的第一性的和首要位置，试图劝导人们将人的天赋的精神本能发挥出来来看待男女平等问题，包括良知、理性、智慧、意志、仁爱等等。这是人类最可贵的区别于动物的部分，但是由于现代以来人类对于物质的追求将这些方面轻视了。巴哈伊绝不是片面地强调精神上的男女平等，而是认为无论是人的生理方面还是精神方面都是神圣的，灵魂的平等不分国别、种族、性别、贫富。

（三）解决社会和经济问题的精神原则

在涉及物质生产及生产关系等方面，巴哈伊教提醒人们不要忽视人的精神方面在解决经济问题的重要作用。马克思主义也强调利他精神，但是更多的是从物质生产方式即生产关系的对立统一关系中抽取出理想原则。正是这一不同于马克思主义观点的认识，才使得巴哈伊教面对人类的困境提出了不同的解决问题的手段和方法。虽然马克思主义与巴哈伊教理论在物质与精神的主导关系及私有制的方面的认识截然不同，但是这决不意味着巴哈伊教在看待所有问题的方式上与马克思主义针锋相对。相反，既然巴哈伊教能够与众多的宗教有相容的地方，那么在很多具体问题上决不会与马克思主义对抗。越是涉及具体问题，就越容易找到共同的见解，因为巴哈伊教的社会实践能力不亚于任何社会理论家。巴哈伊教的各种组织、团体、学校等所参与的实践活动将包括男女平等的教义带到了各种社会实践中去。对人类所面临的社会危机、经济危机的分析决不能离开深层次的原因，最近由美国源发的全球经济危机根源上并不是技术方面的失误，而是人的贪欲的失控。因此，关于社会变革的需求、人的异化问题、战争的复杂原因、社会正义等等方面，马克思主义和巴哈伊教都有共识。

巴哈伊教是一种宗教信仰体系，而不是经济体制，但是在社会改革方面提出了很多有价值的思想，可供借鉴，比如巴哈伊教提倡一种平等的经济思想，主张把精神准则应用到经济体制中，形成了以消除极端贫富为核心的经济观。这些思想同马克思主义经济观并不冲突，有的还比较一致。马克思主义针对资本主义社会及生产所造成的社会弊病，如残酷竞争、弱肉强食、贫富分化等，从经济原理和人道主义伦理原则提出了共产主义的生产和分配原则。西方马克思主义者继承了马克思主义的人道主义思想，试图重新构建马克思经济正义原则，同时吸收了西方自然法学派的正义观，如"交易正义""产品分配正义""生产资料分配正义""生产正义"等。这种经济正义原则是一种关注生产活动和劳动过程的正当性的正义，实际是人的精神原则在生产中的应用。正如科学离开了精神指导就会给人类带来灾难一样，生产若离开了精神原则同样使社会陷入灾难。阿博都巴哈曾几次在总结巴哈伊教时提到解决经济问题。1985年世界正义院发布文告《世界和平的承诺》，其中就阐释了"消除贫富悬殊现象"的巴哈伊原则。

巴哈伊教同以往的信仰体系不同，不是把物质生活与精神生活对立起来。它认为，精神生活和物质生活是相协调的互补的。正如人的本性有两个方面，即物质的和精神的，但精神的本性是本质的主导方面。由于现有的经济政策和理论是建立在物质主义原则基础上的，因而必然对精神生活有损害，同时对物质生活也有损害，甚至潜藏着颠覆物质生活的巨大危险。解决社会和经济问题也存在相应的两种原则，物质原则和精神原则。正如物质和精神双方互相依赖互相补充一样，物质生产应该由精神原则加以指导，否则所获得的物质繁荣便会成为虚假繁荣。蔡德贵先生开创性地在汉语学界探讨了"用精神原则解决当前经济问题的必要性"。① 他认为，虽然古语说："仓廪实则知礼节，衣食足则知荣辱。"（《管子·牧民》）"但事实证明，这并不是绝对的，而是相对的。在一定的时候，它会起作用，但是在有些时候，它不一定起作用。经济条件好了，不一定道德就高尚了。只有把精神原则运用到经济领域，才能使人的道德摆脱经济利益的驱动，而朝向崇高。"这一论述为经济界的学者以及关心中国改革发展的人士提供了一个崭新的视角——巴哈伊精神原则。在生产的合作、友善、互助以及消除或缩小贫富差距方面，巴哈伊教与马克思主义有许多共识。目前世界或区域范围内的经济合作组织已经建立很多，如世界贸易组织、西方八国集团、北美自由贸易协定、国际货币基金组织、石油输出国组织等等，没有一个不是本着互利互惠的原则建立的。这种原则虽然没有提到神圣的精神高度，也不排除争吵和冲突，但总是能够本着磋商的原则。在解决社会和经济问题上巴哈伊教最重视的就是磋商，磋商是精神原则的具体化。

巴哈伊教的基本教义虽没有专门关于经济的信条，却可以通过基本教义演绎出多个适应于经济活动的信条。Gregory C. Dahl 总结了基于巴哈伊教的一些指导经济生活的基本原则，如私有制、渐进税收、国家福利计划、利益共享、

---

① 蔡德贵：《用精神原则解决当前经济问题的必要性》［J］．吉林师范大学学报：人文社会科学版，2005（4）：33～38.

劳资合作、争议仲裁、禁止投机获取暴利、遗产分配、世界政府、世界货币、矿物及其他资源分享、消除经济壁垒、个体精神原则等。① 每一个原则都有特别的内涵，有不同的用意对于他们的解释应符合巴哈伊的普世和平原则。关于保护私有制，巴哈欧拉的早期著作《隐言经》② 中就有体现。有表达对个人权利尊重的诗句，如"不得擅入其室，除非他的朋友愿意。"巴哈欧拉认为对于私有财产的侵犯是贪婪的行为，如"抛却贪婪，安命知足。""莫因贫穷而烦恼，莫因富贵而骄矜。""洗去铜臭，安贫乐道。"他寄希望于富有者将自己的财富分出来撒播给穷人，如"你们要确知，财富是一道巨大的藩篱，横在寻者与所寻、爱者与所爱之间。""把穷人在午夜的叹息告诉给富人，以免疏失将他们引入毁灭之途。"除了私有制与经典马克思主义对立之外，在缩小贫富差距、实现经济利益共享方面，马克思主义与巴哈伊教是一致的。

（四）宗教与科学和谐并行

理性建立在文艺复兴以来自然科学基础之上，由于它与神学救赎体系有着千丝万缕的联系，因而在打倒上帝的同时又建立了新的偶像，这就是理性自身。科学以理性为支柱，因崇拜理性而崇拜科学，于是产生了唯科学论和科学主义。这样宗教与科学的关系就成为哲学家、思想家和科学家的重要话题。马克思和恩格斯对于宗教的批判是历史的批判，马克思说历史上包括科学在内的各个门类都曾堕落为神学的婢女。然而这是就宗教的堕落而言的，至于宗教本身则另当别论。宗教的功过与宗教的存在理由毕竟是两个问题。科学能否替代宗教行使人类进步的全部责任是相当困难的论题，利用科学给人类带来的灾难也已不计其数。

在马克思看来，宗教是现实世界的反映，现实世界的不平等关系是靠宗教加以反映并依靠宗教加以维护。宗教的存在是同私有制相伴的存在，一切宗教都被不合理的制度操控着，宗教随着私有制的灭亡而灭亡。这样宗教和科学的关系就是截然对立的关系。马克思说："宗教是被压迫生灵的叹息，是无情世界的感情，……宗教是人民的鸦片。"③ 恩格斯说："一切宗教都不过是支配着

① Gregory C. Dahl. Economics and the Bahá'í Teachings：An Overview ［A］. *Economics for a World Commonwealth*：*Essays on Economic Theory from a Bahá'í Perspective* ［C］. edit. Gregory C. Dahl，William S. Hatcher and John. Evanston：National Spvritual Assembly ot the Bahá'í of the United States，1975. 5 ~ 8.

② Baha'u'llah. *The Persian Hidden Words* ［M］. Chapter：43，50，51，53，55. Haifa：The U-niversal House of Justice.

③ 马克思：《黑格尔法哲学批判导言》［A］. 马克思恩格斯选集［C］. 第 1 卷. 北京：人民出版社，1973. 2.

人们日常生活的外部力量在人们头脑中的幻想的反映，在这种反映中，人间的力量采取了超人间的力量的形式。"① 马克思和恩格斯对于宗教的批判基于宗教所犯下的历史罪恶，最严重的是宗教成为统治阶级的工具而失去了独立性。巴哈伊教同样基于历史深刻地批判了各个主要宗教的过失。对于宗教干预政治的弊端和政治残害宗教的惨祸深恶痛绝。在这一点上巴哈伊教同马克思一样具有前所未有的批判精神。基于这样的批判，巴哈伊教提倡宗教与科学和谐并行。阿博都巴哈说："根据神圣教义，追求科学、完善艺术都看成是对神的敬拜。"② 如果将巴哈伊的另一个基本教义"独立探求真理"联系起来，那么可以看出，巴哈伊教将宗教与科学和谐起来具有不容置疑的逻辑基础，绝不是一种情感上的调和。

中国大陆将马克思主义与巴哈伊教联系比较的学者是闵家胤。他从发展马克思主义的意图出发指出了马克思主义的发展方向，即将唯物论发展成进化的多元论，将辩证法发展成广义进化论，将反映论发展成透视论，将历史唯物论发展成社会系统论，将科学社会主义—共产主义理论发展成全球问题研究。他试图吸收所有现代文明的成果发展马克思主义，其理论基础是马克思主义、进化论、系统论、多元论和科学观，得出了进化多元论的本体论观点，依此去研究心灵、认识、人性、伦理、价值、社会、文化、宗教和全球问题。他认为"巴哈伊教批判性地考察过历史上那些主要宗教（特别是伊斯兰教）的种种弊端，并决心剔除这些弊端而创立一种适应现代生活和未来社会的新型宗教。在这个意义上可以说他们是现代的伟大的宗教改革家"③ 尽管闵家胤注意到了巴哈伊教与多元论、系统论、进化论以及全球化观念相契合，但是他理论的基础与巴哈伊教有严重的不一致之处。比如，他认为，马克思主义哲学是马克思和恩格斯批判继承德国古典哲学之后建立在 19 世纪自然科学成就基础之上的科学的哲学。还认为，当今世界，宗教上千种，哲学上百种，唯科学只有一种；正在形成的全球文化是现代科技文化，因此建立在现代科学和技术成就基础之上的科学的哲学是最有前途的哲学。④ 这种观点明显地带有科学主义的味

① 恩格斯：《反杜林论》[M]．马克思恩格斯选集，第 3 卷．北京：人民出版社，1995. 354.

② Abdu'l-Baha. *Baha'i World Faith-Abdu'l-Baha Section* [M]．Wilmette：Bahá'í Publishing Trust，1976. 377.

③ 闵家胤：《马克思主义，巴哈伊教和一般进化论》[J]．国外社会科学，1991（4）：54 ~ 58.

④ 闵家胤：《科学靠证伪而不是反伪向前发展》[EB/OL]．philosophy. cass. cn/facu/mjy-in. htm 10K 2006 ~ 3 ~ 10.

道，这样发展马克思主义让我们不敢苟同。这与巴哈伊教关于科学与宗教相互协调的观念不一致。巴哈伊教认为，"科学和宗教为人类文明的两个翅膀，借着这两个翅膀，人类的智慧可以腾上高空，人的心灵可以进步。用一翼飞翔是不可能的事！假若人要勉强仅用宗教的一翼去飞，就会堕入迷信的深渊。另一方面，如果仅用科学的一翼去飞，就会跌入物质主义的污泥中。"① "如果宗教拒绝科学和知识，那么这个宗教就是假的。科学和宗教和谐并行，他们就像一只手的两个手指。"②

人类是否可以最终消灭宗教？尽管马克思主义有鲜明的论断，也不排除这是一个可以论证的问题，但是在相当长的历史阶段内，宗教将以怎样的方式存在以及宗教与其他门类或领域怎样相互协调以促进人类文明的发展这些问题恐怕是值得探讨的实际的问题。

第四节　巴哈伊教基本教义与普世伦理

一、巴哈伊教基本教义的层次分析

普世伦理的基本主题是人类的基本道德生活及其普遍价值规范。人类的基本道德生活是一个具有不同层次结构的综合性系统。根据道德类型学的划分方法，伦理常可分为信仰伦理、社会规范伦理和美德伦理。信仰伦理属终极信仰的超越层次，美德伦理是个人心性的内在人格层次，两者分别具有向外和向内的开放性。社会（规范）伦理则是社会公民通过道德民主确立的道德秩序原则，具有准社会法规（sub-social laws）或道德法典（moral codes）的性质，是伦理的基础层次和具有广泛可接受的特点。这一综合性系统的三个基本层次是终极信仰的超越层次、社会实践的交往层次和个人心性的内在人格层次。其中，终极信仰的超越层次与个人心性的内在人格层次又常常相互交织、相互渗透，两者之间难以分辨。③

李绍白④将巴哈伊教基本教义分为基本教义（包括上帝唯一、完美而有序的世界等、宗教同源、人类一体、灵魂永生、爱之无限、独立探索真理等），

---

① Abdu'l-Bahá. *Paris Talks* ［M］. London：Bahá'í Publishing Trust，1995. 142.

② Abdu'l-Baha，*Abdu'l-Baha in London* ［M］. London：UK Bahá'í Publishing Trust，1982. 71.

③ 万俊人：《现代性的伦理话语》［M］. 哈尔滨：黑龙江人民出版社，2002. 79～81.

④ 李绍白：《人类新曙光—巴哈伊信仰》［M］. 澳门：巴哈伊出版社，1995. 3～143.

社会教义（宗教与科学和谐一致、男女平等和妇女解放、消除人类所有偏见、世界和平、普及教育、消除贫富分化、不参加或干预政治活动、反对通常意义上的自由等）和个人生活义务与准则（祈祷、斋戒、传教、忠于政府、工作即崇拜、个人卫生等）。巴哈伊教基本教义充分体现了这种层次性，即终极信仰——社会——个人。

信仰层面上，"人类一家"（Oneness of Humanity）是起始点，它的终极目的是终极善（Final Good），即全人类的统一（Unity of Mankind），也是普世和平（the Most Great Peace）即所谓的"黄金时代"（the Golden Age）。"人类一家"和永世的和平统一是贯穿基本教义明确化的主线，"人类一家"是理由，永世的和平是承诺和目的。在前者的背后是对人类灵性本质的认定，对终极善的同意。"人类一家"又与"宗教同源"互为表里。和平是方方面面的和平，而不是仅仅与战争相对待的和平，如国家、民族、种族、宗教、阶级、政党、领域（如宗教与科学）、文明、性别等等之间的协商、对话，而非冲突和对抗。"宗教同源"（Oneness of Faith），"人类一家"之下的主题可以是"男女平等"，"消除人类所有偏见"。"宗教同源"的观点本源于《古兰经》（29：46）："我们确信降示给我们的经典，和降示给你们的经典；我们所崇拜的和你们所崇拜的是同一个神明，我们是归顺他的。"在这一点上巴哈伊教对《古兰经》作了超越性的解读。

基本教义中，稳定出现的条目偏重于宗教认识方面，即所谓的信纲（Creed），如"人类一家""各宗教之本质同源""宗教与科学相辅相成"及"世界和平"。有的属于社会实践层面，具有行为规范的性质（如"消除人类所有偏见"），或为实现信仰设立的管理手段（如"建立世界正义院""世界通用的辅助语言"等），有的条目具有明显双重性，如"独立寻求真理"。但实际上每条都有巴哈伊教深厚坚实的教义支撑。

二、巴哈伊教基本教义中普世伦理与个体伦理的关系

普世伦理更关注人类各群体（民族、国家、集团和地区）之间的公平和平等关系。作为普世宗教的巴哈伊教也特别关注人类所面临的各种人类关系问题，诸如民族矛盾、地区冲突、人类贫困和不公，等等。但是，这并不意味着普世伦理放弃对个人道德和人际伦理关系问题的理论承诺。[1] 首先，巴哈伊教

---

[1] 万俊人：《现代性的伦理话语》[M]．哈尔滨：黑龙江人民出版社，2002.87.

总是将这一问题视为"一而二，二而一"的关系，两者互为表里，无分轩轾。对于个体，它要求关心人类整体命运；而对于集体它要求关心个体需求。第二，为实践社会伦理，它体现的是对个体的关注和责任要求，因为任何实践都要通过个体，如关心和保护生态，重视发展农业，重视教育，尊重他人的生命、信仰和基本人权，而这些又通过个人实践世界公民的道德品质。

但是，巴哈伊教是以一种特有的理论方式和态度来回答这些问题的。它显示出对个人道德和人际伦理关系问题的极大关注。具体地说，它所关心的主要是个人作为一个世界公民的道德品质。因此，对巴哈伊教来讲，普遍伦理本质离不开人性的至善本质，如现代人自我认识的局限和应取的恰当方式；人与人的平等友好关系；等等。人的自我反身关系（即个人自我反思）和人际关系都是巴哈伊教所要关注的问题。最后，巴哈伊教教义的一个突出特点是，它不仅要着重揭示上述基本伦理关系及其结构的普遍人类意义，还要深入研究个人自身、人际和人类整体自我反身的关系这三种关系结构之间的内在关联及其普遍人类价值意义，将三者贯通地理解，发掘这些关系本身所内含的人类的生存意义。因此，对巴哈伊教来讲，普遍伦理本质离不开人性的至善本质，最重要的，也是巴哈伊教宗教哲学的核心原则，是"人类世界一体"、"人类团结"。① 从这一核心原则出发形成健全的普世伦理意识和观念，并且将其直接投射到实践层面上。

巴哈伊教关心所有世界上普遍的或重大的问题和议题，并且发表自己鲜明的观点。有许多涉及具体问题，如吸毒和同性恋问题。它超越党派政治，但通过它的组织世界正义院（the Universal House of Justice）却发挥着越来越大的政治影响。它既关注普世伦理又关注个人道德和人际伦理关系问题。1985 年巴哈伊世界中心世界正义院发表的《世界和平的承诺》、发给 1987 年联合国人权委员会 43 届会议上的报告以及为 1995 年纪念联合国成立 50 周年的报告等都充分肯定了"金规则"，但巴哈伊教认为解决人类面临的全球伦理问题应从人类高尚的价值层面入手。一方面，要乐观地相信人的灵性潜能，另一方面又冷静地分析人类面临的种种挑战（如基本教义所示）以及在挑战面前意志上无力感的原因。巴哈伊教自身则主动积极地参与世界伦理建设，但并不是局限于以底层伦理共性寻求宗教和平和普世和平。它不断地乐观地表达人类在各个方面达成总体一致的可能性，因为这一点与其基本教义是一致的。但在实践

---

① Abdu'l-Baha. *Baha'i World Faith-Abdu'l-Baha Section* ［M］. Wilmette：Bahá'í Publishing Trust，1976. 244～245，258.

层面上各个宗教应保存真理，革除陈规。①

"世界公民意识"的理论及其实践计划和方案是巴哈伊教将普世伦理与个体伦理紧密结合的证明。1993 年 6 月，在联合国可持续发展第一次会议（14~25 日）上，巴哈伊社团为大会提供的参阅文件是《世界公民意识：为可持续发展建立的全球伦理》，② 认为可持续发展的关键是培养世界上每一个人的世界公民意识，接受人类一家的概念。没有这种全球伦理，世人便不会在可持续发展中成为富有建设性的积极的参与者。文告指出了"21 号议程"的不足，敦请与会者在注意可持续发展的科技内涵的同时应充分注意对全球伦理的承诺。从各国首脑和联合国官员到非政府组织及个体公民，应倾听统一伦理价值认识的呼吁。特别是要援引"差别中的统一"（Unity in Diversity）、"世界公民意识"、"我们共同的人类社会"这些概念，作为"21 号议程"和《里约宣言》的必要补充。《里约宣言》是《里约环境与发展宣言》的简称，即后来的《地球宪章》，该宣言于 1992 年 6 月 14 日联合国环境与发展大会的最后一天通过。

巴哈伊教对全球伦理的建设具有很强的实践性，同时又紧紧围绕巴哈伊基本教义。比如在可持续发展问题上，首先提出世界公民意识唤起和建立的必要。而世界公民意识是全球伦理诉求的一个与实践接缘的层次。它的伦理信念或宗教信仰是人类一家。围绕这一信念，结合当代现实需求，生发出的世界公民意识的伦理主题是，"我们联合国的各国人民赞颂多样化的统一"，"一个星球，一个国民"，"我们人类是多样的，又是同一个家庭中的成员"，"共同的未来，多样又统一"等。但这些主题起着丰富"人类一家"基本主题之下的世界公民意识这一伦理主题的作用，仍属于信仰层次，虽然它们已不那么抽象，并已经成为唤起世界公民意识的主题。实现建立世界公民意识的路径是教育。文件指出，实施可持续发展的最大挑战，除财力、技术和人力资源外，是发掘道德资源，培养深厚的责任感（sense of responsibility），即为全球命运和全人类福祉着想的责任感。无论是正式的还是非正式的教育，都是培养世界公民意识的最有效的手段。教育的实施细则由各国制定，但必须秉承人类一家这一基本伦理信念，否则世界范围内的可持续发展进程中人们便不会积极地有建设性的参与。

① Shoghi Effendi. *Messages to America (4，June15，1935)* [M]. Haifa：Bahá'í WorldCenter.

② Baha'i International Community. 1993 *Jun 14，World citizenship A Global Ethic for Sustainable Development* [M]. Haifa：Bahá'í World Center.

世界公民意识的内涵包含了巴哈伊教基本教义的所有内容。它的起点是人类一家，接受"地球，我们共同的家园"、"地球乃一国，万众皆其民"这一信念下各个国家相互依存的概念。关于爱国主义与世界公民意识的关系问题，它首先从正面界定，即世界公民意识鼓励理智、合法的爱国主义（非民族主义），但它坚持更广泛意义上的对人类的忠诚与关爱。从反面界定，它不意味着放弃合法的忠诚，压制文化多样性，以及取消自治，也不意味着强加统一，而是寻求"差别中的统一"。它包含的原则有"国内及国际社会和经济的正义""社会各阶层非对抗性的决策制定""两性平等""种族、民族、国家、宗教间的和谐""为全体的共同利益自愿牺牲"。其他方面还包括弘扬人类的荣誉和尊严、相互理解、友爱、合作、互信、同情和挺身为他人服务。而这些原则在"21 号议程"中大部没有提及。世界公民意识从个人心性的修养层次入手，但实际效果则是社会规范伦理。它体现为实践理性，实质是终极超越层次的外化。通过教育把这些价值观、态度、技术等转化成行动。

1994 年 8 月 23 日，巴哈伊国际社会发表了题为《教育、媒体及艺术在社会发展中的作用》① 一文，提交给社会发展世界峰会筹委会第二次会议，对社会发展宣言和行动计划的草案发表评论。文中重申了《世界公民意识：为可持续发展建立的全球伦理》培养"世界公民意识"的教育纲要，并加以深化细化，如传授"多样统一是各国及人类社会实现统一和团结的基本原则"、"培养容忍、博爱、友情、平等、同情、理解、牺牲、谦逊和维护正义等精神"、"对世界上不同文化、不同宗教及社会制度的丰富性和重要性抱着欣赏的态度，因为它们对社会的完整、统一和正义做出了贡献"等等。指出要通过各种教育计划将这些普遍共有或适用的价值观、态度、技术等转化成行动。与之相配合的是通过媒体等对大众公民意识的唤起以及专门的培训计划的实施。

三、巴哈伊教基本教义与全球伦理"底线伦理"的比较

1993 年在芝加哥举行的世界宗教议会（Parliament of the World's Religions）上提出的《全球伦理——世界宗教议会宣言》，对"世界伦理"作了如下界定："所谓'世界伦理'，我们并不是指一个世界性的意识形态，或者一个

---

① Baha'i International Community. *1994 Aug23*，*Role of Education*，*Media Arts in Social Development*［M］. Haifa：Bahá'í WorldCenter.

'单一的统一宗教'超越所有现存的诸宗教，更不是指其中一个宗教宰制所有其他宗教。我们心目中的世界伦理是指，'有约束力的价值、不可取消的标准，以及个人态度的基础共识'。没有这样的对于世界伦理的基础共识，迟早每个社团会被混乱或专制所威胁，而个人也会绝望。""有约束力的价值、不可取消的标准，以及个人态度的基础共识"，① 指的是"金规则"（Golden Rule）这种文化和宗教中的共性。当人们横向观照其他宗教时，发现所有宗教的共性本质是向善。在比较基本教义时，同样发现许多共同之处，所谓"金规则"就是其中之一。汉斯·昆（Hans Küng）（《全球伦理——世界宗教议会宣言》的起草者）的"底线伦理"是以"金规则"为基点来论证全球伦理的可能性的，并将其视为"基本要求"：每个人都应得到人的待遇。② 由此派生出的四个不可取消的伦理指令（irrevocable directives）：形式表述为两个基本的原则要求（实为一个），然后则是四条更为具体的道德禁令："不可杀人、不可偷盗、不可说谎、不可奸淫"。《宣言》认为，这四条道德禁令是早已存在于人类各个伟大而古老的宗教与伦理传统之中。"全球伦理"也并非是要用最低限度的伦理去取代各种宗教的高级伦理，它不是要把各种宗教简化为最低限度的道德，而是要展示世界诸宗教在伦理方面现在已有的最低限度的共同点。以此为基础，遵循现实——依据（即四条禁令之一）——结论这一顺序，推演出内涵丰富的由四种人际伦理构成的文化生活指令。其中包括非暴力和尊重生命的文化，公平的经济秩序和团结的文化，互信的生活和宽容的文化，男女平等互助和人权平等的文化。

美国开普大学教授、《普世研究杂志》主编、宗教之间与意识形态之间对话的著名倡导者斯威德勒（Leonard Swindler）在其《走向全球伦理普世宣言》③ 中探讨了他起草的《全球伦理普世宣言》中普世伦理的标准和起点，即所谓"金规则"。在附记中，他引述了哲人及圣人的表述，用《圣经》的话就是"你们要别人怎样待你们，就得怎样待别人"（《圣经·马太福音》7：12）。用《论语》的话说就是"己所不欲，勿施于人"（《论语》"彦渊第十

---

① 孔汉思、库舍尔编：《全球伦理——世界宗教议会宣言》[M]．何光沪译．成都：四川人民出版社，1997．又见 The Parliament of the World's Religions；Declaration toward a Global Ethic [EB/OL]．astro. temple. edu/ ~ dialogue/Antho/kung. htm-34k-2009 ~ 3 ~ 12

② Leonard Swindler. The Universal Declaration of a Global Ethic [EB/OL]．astro. temple. edu/ ~ dialogue/Center/declarel. htm. 2007 ~ 06 ~ 6

③ Leonard Swindler. Toward AGlobalEthic [EB/OL]．astro. temple. edu/ ~ dialogue/Center/in-tro. htm-51k，2009 ~ 3 ~ 12

二")。在附记中，在第十三条引述巴哈欧拉的表述，即"自己不希望对自己做的事情，不应希望对别人做"。① 同样的表述还见于其他许多宗教，也见于一些学者，如苏格拉底和柏拉图。所用之"言"不同，而所表达之"意"则相同，是意一言多，"理一分殊"。1985 年巴哈伊世界中心世界正义院发表的《世界和平的承诺》（the Promise of World Peace）、发给 1987 年联合国人权委员会 43 届会议上的报告都充分肯定了"金规则"，将其视为普世伦理的基础。1995 年 10 月，在纪念联合国成立 50 周年之际，巴哈伊国际社团（Baha'i International Community），发表了题为《各国的转折点》一文，列举了琐罗亚斯德教、犹太教、印度教、基督教、伊斯兰教、道教、中国儒家及巴哈伊教的相同之"理"。"金规则"及 1993 年的《走向全球伦理宣言》证明世界宗教具有找到共同点的可能性。但巴哈伊教认为解决人类面临的全球伦理问题应从根本的价值层面入手。一方面，要乐观地相信人的灵性潜能，冷静地分析人类面临的种种挑战（如基本教义所示）以及在挑战面前意志上无力感的原因，另一方面又为建立和丰富新的高层伦理原则乐观向上地努力工作，提出方案。

　　巴哈伊教虽赞成存在"金规则"这一伦理共识，且《至圣书》（Kitáb-i-Aqdas）中设立的许多所谓"底线伦理"，除上面的四"不"之外，还有许多规定和原则。但实际上，包括上面的"四不"，今天已不再严格地属于伦理层面。巴哈伊教从不强调以此为起点制定全球伦理。它重视的是唤醒和巩固人们的信仰伦理意识，以及美德伦理。这一点从它对世界公民意识的建设的创意中就可以看出。一个重要的原因是，巴哈伊教预言，人类已走过童年、青少年进入历史上的成人期（adulthood），② 意味着人类在理智和能力上都已成熟，青少年时期的"纪律"在成年期已归属法规，成年人需要更高的自觉和自律，需要商谈与合作，需要世界公民意识。西方并不缺少类似的认识。莱辛的重要哲学论文《论人类的教育》（1780）是德国思想史上第一次将启示与历史发展结合起来思考这个问题的著作。莱辛把人类的认识分成 3 个阶段：幼稚时期（体现在犹如太教中），少年时期（体现在基督教中），成熟时期（又称启蒙时期）。③ 他认为前两个时期，人类的行为靠直接的、感性的或间接的、精神的

---

① Baha'u'llah. *Gleanings from the Writings of Baha'u'llah* ［M］. Wilmette：Bahá'í Publishing Trust，1976. 265.

② Abdu'l-Baha. *Baha'i World Faith-Abdu'l-Baha Section* ［M］. Wilmette：Bahá'í Publishing Trust，1976. 33.

③ 莱辛：《论人类的教育：莱辛政治哲学文选》［M］. 刘小枫选编. 朱雁冰译. 北京：华夏出版社，2008. 103.

奖惩来推动。成熟时期的人"只因为是好事才去做好事，并不为得到报偿"。他乐观地预言，这个成熟时期一定会到来。按照这一进化推论，"底线伦理"只能算是为人类幼年或少年而制定的，其实它们早已存在，以此作为"伦理"基础就有时间错位的感觉。

如果伦理演进在世俗研究中得不到圆满论证，那么不妨交给宗教，或称为全球信仰的领域。如果认定人类不存在将终极命题达成共识的可能心，就会采取自下而上推论。自下而上的首先找到的基点或平台就是"金规则"，这实际上等于以古代先知、预言家或哲人对人类命运的智慧性思考的启迪性格言为基础建立普世伦理大厦，人类终极向善的追求受到压抑和怀疑。上述两份宣言都以"金规则"为公理规范和先验的伦理预设推演出普遍有效的伦理规范。然而，它们具有明显的人权模式的探究倾向，自由和人权成为探究伦理规范的主要路径。正因如此，应斯威德勒之邀对其"普世伦理"方案做出回应的宗教学家、巴哈伊教学者莫门（Moojan Momen）博士虽然肯定了"金规则"在世界伦理范式转移中的起点作用，对于人类所处的"第二枢轴时代"（The Second Axial Period）以及"对话时代"有相当程度的共鸣，但是对于宣言中的自由主义色彩有审慎的忧虑，认为宣言尽管取极小式的"底线伦理"进路而不提上帝，但是缺少一个积极跃升源泉。① 谙熟和了悟东西方哲学的杜维明和刘述先虽然对于宣言的开创意义持赞同的态度，但是他们看到宣言的起草者因缺乏对东方的深入研究而未能成功地跳出西方的窠臼。② 由于巴哈伊教不是为了达成某种伦理契约而设立基本伦理信条，因而它探究伦理原则的路径虽是超验的，但是它并不迷恋于玄理，相反十分重视社会正义和个人美德的修养。巴哈伊教重视平等对话，同时又坚定地持守人类同源、宗教同源的核心信仰，因而蕴含着更深厚普世伦理的基础。

---

① Momen, Moojan. "To a Global Ethic: A Baha'i Response" [A]. in *For All Life: Toward a Universal Declaration of a Global Ethic* [C], edit. Leonard Swidler, Ashland. Oregon: White Cloud Press, 1999. 131~144.

② 刘述先：《从比较的视域看世界伦理与宗教对话——以亚伯拉罕信仰为重点》[J/OL]. www. guoxue. com/discord/content/lsx2. htm 34K 2003~7~17.

结　语

　　巴哈伊教典籍浩如烟海，教义蕴含广博丰富，而其基本教义则简约精干。说它广博丰富，因其能与所有文化的元典的精华相契合，说它简约精干，因其可与科学之王的数学相媲美。它广博得让人感到有限渺小，简约得让人感到平易近人。正因如此，本书以基本教义为纲领在前人的基础上主要从历史的角度为汉语学界探查出一个理解巴哈伊教的路径。

　　本书在学理上论证了巴哈伊教神义史观渐进性启示的先进性，认为其历史观是一元论和多元论、直线论和循环论的统一和超越。本书将巴哈伊基本教义与巴哈伊教历史观联系起来总结出渐进性历史观的不同侧面，并将巴哈伊教历史观与代表性的西方历史观进行了比较。本书向汉语学界廓清了巴哈伊教史与巴哈伊视角的人类文明史的统一面貌，在汉语学界深入探查了巴哈伊教产生的波斯及伊斯兰—阿拉伯文化根源和政治及社会背景。本书描述了巴哈伊基本教义的明确化过程，认为这一过程对于巴哈伊教的传播具有重要意义。这一过程由巴哈伊教的权威解释者在与西方展开的对话中完成的，从此巴哈伊教基本教义的教条处于稳定状态，理解巴哈伊教的任何文献都必然要以此为纲解读了巴哈伊教的经典、文告及神秘性作品。本书从巴哈伊基本教义出发比较了世界正义院提出的"世界公民意识"与普世伦理中的"底线伦理"之间的差异，认为巴哈伊教的普世伦理观是自上而下的高级伦理，它的理论基础是渐进性历史观，即人类已经到了成年时代，巴哈伊教的普世伦理适应人类走向一体化的历史时代。本书将巴哈伊教与其他宗教和意识形态放在同一个平台上比较，提出中国的历史和现状不应忽视巴哈伊教与马克思主义的比较研究，同时从"人的本质""男女平等""解决社会和经济问题的精神原则"以及"科学与宗教和谐并行"这四个方面比较了马克思主义与巴哈伊教的基本立场。本书还尝试将巴哈伊教与儒学或儒教以及与印度教、佛教等进行比较。此外还提议应该将巴哈伊教与中国的宗教思想作为一个整体，即包括儒家思想在内的其他中国的宗教或思想，进行比较研究，如巴哈伊教与道教以及墨家思想的比较研究。

鉴于汉语学界及中国大陆对巴哈伊教的研究现状，本论文确定适当的研究深度和广度，目的是为了自己和他人进一步研究奠定学术基础和背景，因此本书的选题不可能更加专门，分论不可能更专深。关于政治背景、宗教活动的章节主要在于提供背景知识，而不在于学术前沿的深入考证。论文中很多有价值的论题不得已点到为止，如从谢赫教派到巴布教派的演进中谢赫派领袖的继承、谢赫派的分裂、谢赫派和其他教派如何认同于什叶派以及王子、政府官员及什叶教派宗教领袖联合起来剿灭巴布教等细节问题。有些只是初步地建立了联系，为下一步研究做准备，比如巴哈伊基本教义与伊斯—阿拉伯哲学思想历史联系。有的只是建立一个框架，如巴哈伊基本教义的内涵考辨。有的虽然涉猎，但深入全面研究则超出了本书的域限，如巴哈伊视角的国际政治、法律、教育、经济、哲学、艺术等论题。就方法而言，由于上述原因，不可能对一些宗教现象、思想和活动做出深度解释，因而只有表层的叙述。专深研究可以根据不同的问题选择适当的材料、方法，这样在方法上可以更加多样，如文本解析法、案例分析法、类比法、演绎法、回溯法等。

本书的研究是在中国巴哈伊教的研究背景下产生的。二十世纪 90 年代以来，中国大陆巴哈伊教研究经历了概略介绍、深度解释、结合自身实际深入研究这样几个阶段。这几个阶段不是截然分开的，个别学者一开始就有着联系自身实际的意识，比如闵家胤的论文《马克思主义，巴哈伊教和一般进化论》（1991）。闵家胤是改革开放以来最早在学术刊物上介绍巴哈伊教的学者之一，而且也是最早将巴哈伊教与中国的主流意识形态联系起来的学者。2001 年，蔡德贵就出版了巴哈伊研究专著，他从巴哈伊视角审视儒学现代化问题，① 2007 年则发表了"儒学与巴哈伊信仰：和谐社会思想之比较"。② 可以看出中国的巴哈伊教研究具有联系本国实际传统，反映中国学术界试图从巴哈伊教中获得启发的思路。近些年来各类研讨会相继举办，国内小型的巴哈伊教国际学术研讨会已经在中国社会科学院举行过多次。其他研讨会主题多种多样，都能结合中国或世界存在的问题，如于 2007 年 9 月 21 日～23 日在上海召开的"科学、宗教与社会及经济发展：巴哈伊教为和谐社会做贡献的思考与实践"

---

① 蔡德贵：《当代新兴巴哈伊教研究》（修订版）［M］. 北京：人民出版社，2001. 208～234.

② 龙飞俊：《科学、宗教与社会及经济发展——巴哈伊教为和谐社会做贡献的思考与实践国际学术研讨会召开》［J］. 世界宗教研究，2007（4）.

国际学术研讨会。蔡德贵和牟宗艳发表了重要学术论文。① 2009 年 10 月 20 日 ~ 22 日，中国国家宗教事务局宗教研究中心与巴哈伊教澳门总会联合在澳门主办了"共建和谐：科学、宗教与发展"论坛。两岸三地及英国和加拿大等国的数百名专家、学者和各界人士参会。笔者提交的论文题目是，"宗教与科学的和谐涉及的概念及其关系"。巴哈伊研究中心的成立便利了学术研究，1996 年 3 月，山东大学犹太教与跨宗教研究中心巴哈伊研究所成立，这是国内成立的第一个巴哈伊教研究中心，其研究在国内处于领先地位，被国内外学术界所承认。2000 年 3 月 31 成立了中国社会科学院巴哈伊研究中心，该中心通过著述、研讨会、对外学术交流等形式，促进对新兴的巴哈伊教研究，增进与世界各地区巴哈伊研究机构和社团的友谊与交流。此外，巴哈伊教澳门总会、香港全球文明研究中心也都承担着巴哈伊教研究的任务。香港全球文明研究中心是一家在香港注册的非营利机构，致力于支持汉语国家和地区在学术领域对巴哈伊信仰以及其内在精神原则在当今社会的应用及学术研究，通过学术交流活动深入探讨信仰在构建一个繁荣与和谐社会中的角色和地位。

中国有一段历史，全面地否定了宗教的积极作用和社会价值，简单化的批判反而遮蔽了对宗教本质的认识。在新的历史条件下，我们不能满足于革命导师在批判堕落的宗教组织、被权力腐蚀的教会、利欲熏心的教士们时精辟且一针见血的论述，也不能无视历史发展的局限搬用革命导师提出的对旧的教会或宗教采取的革命手段。巴哈伊教与党派政治和世俗权力的脱离，让我们对于宗教的认识和作用加以反思，其现代性让我们反思宗教的历史，其超越性有助于我们反思宗教的本质，其世俗性有助于我们建立和谐社会、和谐世界。可以预计，未来巴哈伊教的研究仍然会继承理论联系实际的优良传统，为中国及世界人民的和平、幸福做出贡献。

---

① 蔡德贵，牟宗艳：《儒学与巴哈伊信仰：和谐社会思想之比较》（上）（下）［J］. 历史教学问题，2007（1）（2）.

参考文献

一、中文论著、编著及译著：

[1] 阿兰·图海纳：《我们能否共同生存？》［M］．狄玉明、李平沤译．北京：商务印书馆，2003.

[2] 艾哈迈德·爱敏：《阿拉伯－伊斯兰文化史》［M］．册8．北京：商务印书馆，2007.

[3] 奥古斯丁：《忏悔录》［M］．北京：商务印书馆，1963.

[4] 巴哈欧拉：《隐言经》［M］．李绍白译．澳门：新纪元国际出版社，2009.

[5] 巴哈伊国际社团新闻处：《谁在写我们的未来？——二十世纪的省思》［M］．新纪元国际出版社，2000.

[6] 白有志：《阿博都巴哈——建设新世界秩序的先锋》［M］．澳门：新纪元国际出版社，2001.

[7] 蔡德贵：《当代新兴巴哈伊教研究》（修订版）［M］．北京：人民出版社，2006.

[8] 蔡德贵主编：《当代伊斯兰阿拉伯哲学研究》［M］．北京：人民出版社，2001.

[9] 蔡德贵：《巴哈伊教：作为当代宗教的独特意义》［J］．世界宗教研究，2005（1）．

[10] 蔡德贵：《巴哈伊教》［J］．世界宗教文化［J］，2001（2）．

[11] 蔡德贵：《对巴哈伊教基本状况之分析》（上）［J］．宗教学研究，1999（1）．

[11] 蔡德贵：《对巴哈伊教基本状况之分析》（下）［J］．宗教学研究，1999（2）．

[12] 蔡德贵：《用精神原则解决当前经济问题的必要性》［J］．吉林师范大学学报：人文社会科学版．2005（4）．

[13] 蔡德贵，牟宗艳：《儒学与巴哈伊信仰：和谐社会思想之比较》（上）［J］．历史教学问题，2007（1）．

[14] 蔡德贵，牟宗艳：《儒学与巴哈伊信仰：和谐社会思想之比较》（下）［J］．历史教学问题，2007（2）．

[15] 蔡德贵：《巴哈伊信仰的世界主义》［J］．中国社会科学院研究生院学报，2005（6）．

[16] 蔡德贵，牟宗艳：《儒学现代化应向巴哈伊汲取什么？》［J］．海口：海南大学学报，1998（3）．

[17] 曹云祥：《〈世界之秩序〉译者序》［Z］．邵基·阿芬第．《世界之秩序》［M］．上海，1932.

[18] 曹云祥：《〈若干已答之问〉中国上海一九三三年中文初版译者语》［Z］．阿博都巴哈．若干已答之问［M］．澳门：新纪元国际出版社，2000.

[19] 曹云祥．：《〈若干已答之问〉·中国上海一九三三年中文初版译译者语》［Z］．阿博都巴哈．《若干已答之问》［M］．中文版．廖晓帆译．澳门：新纪元国际出版社，2000.

[20] 陈丽新：《东方著名哲学家评传·西亚北非卷·巴哈欧拉》［M］．主编．黄心川．西亚北非卷主编．蔡德贵．济南：山东人民出版社，2000.

[21] 陈思宇：《巴哈伊信仰的和谐思想研究》［D］．中国优秀硕士学位论文全文数据库，2008.

[22] 陈中耀：《伊斯兰哲学史·译者的话》［Z］．马吉德·法赫里．伊斯兰哲学史［M］．上海外语教育出版社，1992．转引自蔡德贵主编．当代伊斯兰阿拉伯哲学研究［M］．北京：人民出版社，2001.

[23] 陈霞：《巴哈伊教概述》［J］．宗教学研究，1994（1）．

[24] 董小川：《儒家文化与美国基督教新教文化》［M］．北京：商务印书馆，1999.

[25] 恩格斯：《反杜林论》［M］．马克思恩格斯选集，第3卷．北京：人民出版社，1995.

[26] 高玉春：《巴哈伊教与中庸之道——兼论与儒教的中庸和佛教的中道的关系》［J］世界宗教文化，1995（2）．

[27] 郭应德：《阿拉伯史纲》［M］．北京：中国社会科学出版社，1991.

[28] 汉纳·法胡里：《阿拉伯文学史》［M］．郅溥浩译．北京：人民文学出版社，1990.

[29] 汉斯·昆（Hans Kung）：《世界伦理构想》［M］．周艺译．北京：三联书店，2002.

[30] 黄果炘：《菲氏柔巴依是意译还是"形译"—谈诗体移植及其他》［J］．中国翻译．2004（5）．

[31] 黄陵渝：《李·安东尼先生介绍巴哈伊信仰在美国》［J］．世界宗教文化，1996（4）．

[32] 金宜久主编：《伊斯兰教小辞典》［Z］．上海：上海辞书出版社，2001.

[33] 卡尔·洛威特：《世界历史与救赎历史》［M］．北京：三联出版社，2002.

[34] 康有为：《大同书》［M］．上海：上海古籍出版社，2005.

[35] 孔汉思、库舍尔编：《全球伦理——世界宗教议会宣言》［M］．何光沪译．成都：四川人民出版社，1997.

[36] 莱辛：《论人类的教育：莱辛政治哲学文选》［M］．刘小枫选编．朱雁冰译．北京：华夏出版社，2008.

[37] 雷雨田：《孙中山与大同教》[J]．世界宗教文化，1998（1）．

[38] 李富华：《伊朗：一个并不神秘的宗教国家》[J]．世界宗教文化，1999（1）．

[39] 李桂玲：《巴哈伊教在台港澳地区的发展及现状》[J]．世界宗教文化，1995
（3）．

[40] 李绍白：《人类新曙光—巴哈伊信仰》[M]．澳门：巴哈伊出版社，1995.

[41] 李绍白：《〈隐言经〉·序》[Z]．巴哈欧拉：《隐言经》[M]．李绍白译．澳
门：新纪元国际出版社出版，1998.

[43] 刘慧：《当代伊朗社会与文化》[M]．上海：上海外语教育出版社，2007.

[44] 刘述先：《从比较的视域看世界伦理与宗教对话——以亚伯拉罕信仰为重点》
[J/OL]．www. guoxue. com/discord/content/lsx2. htm 34K 2003 ~ 7 ~ 17.

[45] 罗拉·珂丽佛·巴尼：《〈若干已答之问〉·英文初版译者序》[Z]．阿博都巴
哈：《若干已答之问》[M]．中文版．廖晓帆译．澳门：新纪元国际出版
社，2000.

[46] 吕耀军：《巴哈伊教〈亚格达斯经〉释义》[J]．世界宗教文化，2006（4）．

[47] 闵家胤：《马克思主义，巴哈伊教和一般进化论》[J]．国外社会科学，1991
（4）．

[48] 闵家胤：《巴哈伊教》[J]．民主与科学，1994（1）．

[49] 马克思：《黑格尔法哲学批判导言》[A]．马克思恩格斯选集[C]．第1卷．
北京：人民出版社，1973.

[50] 马克思：《关于费尔巴哈的提纲》[M]．马克思恩格斯选集．第1卷．北京：人
民出版社，1973.

[51] 马通，马海滨：《巴布的理想》[J]．世界宗教文化，2004（1）．

[52] 纳米尔·阿仁：《破晓之光》[M]．梅寿鸿译．马来西亚巴哈伊出版委员
会，1986.

[53] 恰赫里亚尔·阿德尔，伊尔凡·哈比卜主编：《中亚文明史》[M]．第五卷．北
京：中国对外翻译版公司/联合国教科文组织，2006.

[54] 钱学文：《阿拉伯国家当前的若干问题》[J]．阿拉伯世界，1993（2）．

[55] 《人类同源：人类只是一种》[EB/OL]．www. cncatholic. org/catholic/200507/
17572. html 23K 2009 ~ 2 ~ 24.

[56] 世界正义院：《世界和平的承诺》澳门：澳门巴哈伊宗灵体会，1992.

[57] 守基·阿芬第：《号召环宇》[M]．吉隆坡：马来西亚巴哈伊总灵体会，1992.

[58] 邵基·阿芬第：《巴哈欧拉之天启》[M]．澳门：巴哈伊出版社，1995.

[59] 孙颐庆：《〈已答之问〉·中国上海一九三三年中文初版·跋》[Z]．阿博都巴
哈：《若干已答之问》[M]．中文版．廖晓帆译．澳门：新纪元国际出版
社，2000.

[60] 孙亦平主编：《西方宗教学名著提要》[M]．南昌：江西人民出版社，2002.

[61] 孙中山：《三民主义》[M]．孙中山全集（第九卷）．北京：中华书局，1986．

[62] 孙颐庆：《〈已答之问〉·中国上海一九三三年中文初版·跋》[Z]．阿博都巴哈：《若干已答之问》 [M]．中文版．廖晓帆译．澳门：新纪元国际出版社，2000．

[63] 汤因比：《文明经受着考验》[M]．杭州：浙江人民出版社，1988．

[64] 唐纳德·R·凯利：《多面的历史：从希罗多德到赫尔德的历史探询》[M]．北京：三联出版社，2003．

[65] 万俊人：《现代性的伦理话语》[M]．哈尔滨：黑龙江人民出版社，2002．

[66] 万丽丽：《巴哈伊上帝创物与老子道生万物之比较研究》[D]．中国博士学位论文全文数据库，2008．

[67] 王宝霞：《阿博都·巴哈思想述评》[D]．中国博士学位论文全文数据库，2008．

[68] 王家瑛：《伊斯兰宗教哲学史》[M]．北京：民族出版社，2003．

[69] 王怀德，郭宝华：《伊斯兰教史》[M]．银川：宁夏人民出版社，1992．

[70] 马克思：《1844 年经济学哲学手稿》[M]．北京：人民出版社，2000．

[71] 王俊荣：《巴哈伊信仰中的上帝与人》[A]．吴云贵主编，巴哈伊教研究论文集 [C]．第 2 集．北京：中国社会科学院世界宗教研究所巴哈伊研究中心，2004．

[72] 王宇洁：《从末世论宗派到世界宗教》[A]．吴云贵主编，巴哈伊教研究论文集 [C]．第 2 集．北京：中国社会科学院世界宗教研究所巴哈伊研究中心，2004．

[73] 吴国盛：《时间的观念》[M]．北京：北京大学出版社，2006．

[74] 吴永年，季平：《当代印度宗教研究》[M]．上海外语教育出版社，1998．

[75] 阎学通：《和平的性质——和平≠安全》[J]．世界经济与政治，2002（8）．

[76] 希提：《阿拉伯通史》[M]．上册．北京：商务印书馆，1979．

[77] 谢天振、查明建主编：《中国现代翻译文学史（1898 年1949 年）》[M]．上海：上海外语教育出版社，2004．

[78] 伊光编译：《埃及限制巴哈教发展》[EB/OL]．www. islambook. net/xueshu/sor-top. asp? sort_ id＝416K，2009～3～19～10～11，编译自 www. khaleejtimes. com，2006.0511．

[79] 佚名：《埃及法庭支持歧视性政策：否决巴哈伊教徒身份证权》[EB/OL]．www. macaubahai. org/view. aspx? id＝1998 9K 2009～3～19．

[80] 张志刚：《宗教哲学研究》[M]．北京：人民大学出版社，2003．

[81] 张志刚主编：《宗教研究指要》[M]．北京：北京大学出版社，2005．

[82] 赵伟明：《近代伊朗》[M]．上海：上海外语教育出版社，2000．

[83] 周燮藩：《美国巴哈伊社团访谈》[J]．世界宗教文化，1995（3）．

[84] 周燮藩：《什叶派伊斯兰教在伊朗的历史演变》[J]．西北第二民族学院学报学报，2006（3）．

[85] 宗教研究中心编：《世界宗教总览》[Z]．北京：东方出版社，1993．

二、英文论著、编著及译著:

［1］Abdu'l-Baha. *The Promulgation of Universal Peace* ［M］. Wilmette: Bahá'í Publishing Trust, 1982.

［2］Abdu'l-Baha, *Selections from the Writings of Abdu'l-Baha* ［M］. Compiled by the Research Department of The Universal House of Justice, Haifa: The Universal House of Justice, 1978.

［3］Abdu'l-Baha, *Abdu'l-Baha in London* ［M］. London: UK Bahá'í Publishing Trust, 1982.

［4］Abdu'l-Baha, *Selections from the Writings of Abdu'l-Baha*, Southampton: the Camelot Press Limited, 1982.

［5］Abdu'l-Baha. *Some Answered Questions* ［M］. Wilmette: Bahá'í Publishing Trust, 1987.

［6］Abdu'l-Bahá. *Foundations of World Unity* ［M］. Wilmette: Bahá'í Publishing Trust, 1945.

［7］Abdu'l-Bahá. *Paris Talks* ［M］. London: Bahá'í Publishing Trust. 1995.

［8］Abdu'l-Baha. *The Will and Testament* ［M］. Wilmette: Bahá'í Publishing Trust, 1944.

［9］Abdu'l-Baha. *Baha'i World Faith-Abdu'l-Baha Section* ［M］. Wilmette: Bahá'í Publishing Trust, 1976.

［10］Abdu'l-Bahá. *Abdu'l-Baha on Divine Philosophy* ［M］. Boston: The Tudor Press, 1916.

［11］Abdu'l-Baha. *The Secret of Divine Civilization* ［M］. Haifa: Bahá'í World Center.

［12］Abdu'l-Baha. *Tablets of Abdu'l-Baha* ［C］. Vol. 3. New York: Bahá'í Publishing Committee, 1980.

［13］Adkin, Laurie E.. Marxism, Human Nature, and Society ［A］. from *The Bahá'í Faith and Marxism* ［C］. Ottawa: Baha'i Studies Publications, 1987.

［14］The Bab. *The Persian Bayán.* trans. Dr. Denis MacEoin. www. h-net. org/ ~ bahai/trans/bayan/bayan. htm-5k, 2009 ~ 3 ~ 7.

［15］The Bab's *al-Bayan al-'Arabi: Arabic Bayan* ［EB/OL］. www. h-net. org/ ~ bahai/areprint/bab/A-F/b/bayana/bayana. htm-6k-, 2009 ~ 3 ~ 7

［16］The Bab. *Selections from the Writings of the Bab* ［M］. trans. Habib Taherzadeh. Haifa: Bahá'íWorld Centre, 1976.

［17］Bahá'í World Center. *The Bahá'í World* 1997 ~ 1998: *An International Record* ［G］. Bahá'í World Center Publications, 1999.

［18］Bahá'í World Center. *The Compilation of Compilations* ［M］. vol Ⅱ. Bahá'í Publications Australia, 1991.

［19］Baha'i International Community. *Who is Writing the Future* ［M］. Haifa: The Universal House of Justice, 1999.

［20］Baha'i International Community. 1992 May 29, *Statement on Baha'u'llah* ［M］. Haifa: Bahá'í World Center.

［21］ Baha'i International Community. 1993 Jun 14, *World citizenship A Global Ethic for Sustainable Development* ［M］. Haifa: Bahá'í WorldCenter.

［22］ Baha'i International Community, 1994 Aug 23, *Role of Education, Media Arts in Social Development* ［M］. Haifa: Bahá'í WorldCenter.

［23］ The Bahá'í International Community Office of Public Information. *The Prosperity of Humankind* ［EB/OL］. *statements. bahai. org*/95 ~ 0303. *htm-66k*, 2009 ~ 3 ~ 12.

［24］ The Bahá'í International Community Office of Public Information. *Who Is Writing the Future? Reflections on the Twentieth Century* ［EB/OL］. info. bahai. org/article-1-7-3-1. html-44k2009 ~ 3 ~ 19.

［25］ Baha'i International Community. Turning Point For All Nations (Oct 1995) ［A］. from *NSA US-Developing Distinctive Baha'i Communities in Compilations* ［C］. Haifa: Bahá'í WorldCenter.

［26］ The Bahá'í International Community Office of Public Information. *The Prosperity of Humankind* ［EB/OL］. *statements. bahai. org*/95 ~ 0303. *htm-66k*, 2009 ~ 3 ~ 12.

［27］ Baha'u'llah. *Gleanings from the Writings of Baha'u'llah* ［M］. Translated by Shoghi Effedi. Wilmette: Bahá'í Publishing Trust, 1976.

［28］ Baha'u'llah. *Epistle to the Son of the Wolf* ［M］. Wilmette: Bahá'í Publishing Trust, 1988.

［29］ Baha'u'llah. *The Proclamation of Baha'u'llah* ［M］. edit. the Universal House of Justice Haifa: Bahá'í World Centre, 1967.

［30］ Baha'u'llah. *The Arabic Hidden Words* ［M］. Wilmette: Bahá'íPublishing Trust, 1994.

［31］ Baha'u'llah. *The Persian Hidden Words* ［M］. Wilmette: Bahá'íPublishing Trust, 1994.

［32］ Baha'u'llah. *Tablets of Baha'u'llah* ［M］. Compiled by the Research Department of the Universal House of Justice, Haifa: The Universal House of Justice. 51

［33］ Bahá'u'lláh. *The Kitáb-i-íqán* (The Book of Certitude) ［M］. Trans. Shoghi Effendi. Wilmette: Bahá'í Publishing Trust, 1983.

［34］ Baha'u'llah. *The Seven Valleys and The Four Valleys* ［M］. Trans. Marzieh Gail. Wilmette, Illinois: Bahá'í Publishing Trust, 1978.

［35］ Baha'u'llah. *Synopsis and Codification of the Kitab-i-Aqdas* ［M］. Universal House of Justice, 1973.

［36］ Bahá'u'lláh. *Tablets of Bahá'u'lláh, Revealed after the Kitáb-i-Aqdas* ［M］. Wilmette: Bahá'í Publishing Trust, 1988.

［37］ Baha'u'llah. *Gems of Divine Mysteries* ［M］. Haifa: The Universal House of Justice / Bahá'í WorldCentre, 2002.

［38］ Baha'u'llah. *Baha'u'llah's Notes to His Ode of the Dove* (Qasidiy-i-Varqa'iyyih) ［EB/OL］ bahai-library. com/provisionals/ode. dove. notes. html-32k, 2009 ~ 3 ~ 11.

［39］ Balyuzi, H. M. *Abdu'l-Baha-The Centre of the Covenant* ［M］. London: George Ronald，1971.

［40］Boyles，Ann. edit. *The Bahá'í World*：2004～2005 ［Z］. Haifa：Bahai World Centre，2006.

［41］Chew，Phyllis Ghim Lian. *Chinese Religion and the Baha'i Faith* ［M］. Oxford：George Ronald，1993.

［42］Buck，Christopher. *A Symbolic Profile of the Baha'i Faith* ［J］. Journal of Baha'i Studies，1998：26～30.

［43］Cole，Juan Ricardo & Moojan Momen. Edits. *Studies in Babi and Bahá'í ar History* ［C］. Vol. 2. Los Angeles：Kalimat Press，1984.

［44］Conow，B. Hoff. *The Bahá'í Teachings：A Resurgent Model of the Universe* ［M］. Oxford：George Ronald，1990.

［45］Custodians. *Ministry of the Custodians*：1957～1963 ［Z］. Haifa：Baha'í World Center.

［46］Dahl，Gregory C.. Economics and the Bahá'í teachings：An Overview ［A］. *Economics for a World Commonwealth：Essays on Economic Theory from a Bahá'í Perspective*. Edit. Gregory C. Dahl，William S. Hatcher and Johm Huddleston. Paris：European Bahá'í Business Forum，1975.

［47］Effendi，Shoghi. *God Passes By* ［M］. Wilmette：Bahá'í Publishing Trust，1974.

［48］Effendi，Shoghi. *Extracts from the U. S. Bahá'í News：Compilation of letters and Extracts of Writings from the Guardian* ［M］. published in the Bahá'í News of the United States，No. 60-March 1932.

［49］Effendi，Shoghi. *The World Order of Bahá'u'lláh* ［M］. Selected Letters by Shoghi Effendi. Wilmette：Bahá'í Publishing Trust，1974.

［50］Effendi，Shoghi. Foreword ［Z］. Bahá'u'lláh. *The Kitáb-i-íqán* (The Book of Certitude) ［M］. trans. Shoghi Effendi. Wilmette：Bahá'í Publishing Trust，1983.

［51］Effendi，Shoghi. *The Light of Divine Guidance* ［M］. Haifa：Bahá'í World Center.

［52］Effendi，Shoghi. *Bahá'í Administration* ［M］. New York：Bahá'í Publishing Committee，1974.

［53］Effendi，Shoghi. *The Advent of Divine Justice* ［M］. Wilmette：Bahá'í Publishing Trust，1990.

［54］Effendi，Shoghi. Messages to the Bahá'í Word (1950～1957) ［Z］. Compiled by Chad Jones. Ocean：Bahá'í Library Ontine.

［55］Effendi，Shoghi. *Japan Will Turn Ablaze* ［M］. Compiled by Barbara R. Sims. Bahá'í Publishing Trust of Japan，1992.

［56］Effendi，Shoghi. *Messages to the Indian Subcontinent* (1923～1957) ［Z］. edit. Irán Fúrúan Muhájir. New Delhi：National Spiritual Assembly of the Bahá'ís of India/Bahá'í Publishing Trust，1995.

[57] Effendi, Shoghi. *Messages to America* (4, June 15, 1935) [Z] . Haifa: Bahá'í WorldCenter.

[58] Hick, John. *God and the Universe of Faiths* [M] . London: Macmillan, 1977.

[59] Hick, John. *God Has Many Names* [M] . New York: Palgrave Macmillan, 1982.

[60] Hornby, Helen Bassett. edit. *Lights of Guidance: A Bahá'í Reference File* [C]. Wilmette: Bahá'í Publishing Trust First edition 1983, third revision 1994.

[61] Introduction [Z] . in *The Proclamation of Baha'u'llah* [M] . Haifa: Bahá'í World Centre, 1967.

[62] A Letter on Behalf of the Guardian to John Hyde Dunn, 14 August 1930.

[63] A Letter Written on Behalf of Shoghi Effendi to the National Translation and Publication Committee of France, 15 February 1957.

[64] A Letter Written on Behalf of the Guardian to an Individual Believer, April 19, 1947 [Z] .

[65] A Letter from the Universal House of Justice, dated October 20, 1994, to several National Spiritual Assemblies, Special Circumstances Regarding Teaching Muslims in the West [Z] . Compilations, NSA USA-Developing Distinctive Baha'i Communities.

[66] Mahabharata Book 13 (Anusasana Parva) [Z] Section CXIII. Mahabharata Condensed into English Verse by Romesh C. Dutt in 1899. Haifa: The Universal House of Justice.

[67] Malouf, Diana L. *Unveiling the Hidden Words: The Norms Used by Shoghi Effendi in his Translation* [Z] . George Ronald Publisher Ltd. 1997.

[68] Momen, Moorjam. *Buddhism and Bahá'í Faith: An Introduction to Bahá'íFaith for Theravada Buddhists* [M] . Oxford: George Ronald, 1995.

[69] Momen, Moojan, "To a Global Ethic: A Baha'i Response" [A] . *For All Life: Toward a Universal Declaration of a Global Ethic* [C] . edit. Leonard Swidler. Ashland, Oregon: White Cloud Press, 1999.

[70] Momen, Moojan. Early Relations between Christian Missionaries and the Bábí and Bahá'í Communities [A] . *Studies in Bábí and Bahá'í History* [C] . Moojan Momen. edit. Vol. 1. Los Angeles: Kalimát Press, 1982.

[71] Momen, Moojan. Ages and Cycles [EB/OL] . http: //www. northill. demon. co. uk2009 ~3 ~21.

[72] Momen, Moorjam Edit. *Studies in Babi and Bahá'í History* [C] . Vol. 1. Los Angeles: Kalimat Press, 1982.

[73] Misc Baha'i. *Appreciations of the Baha'i Faith* [M] . Wilmette: Bahá'í Publishing Committee, 1941.

[74] The National Spiritual Assembly of the Bahá'ís of Canada. *Quickeners of Mankind* [M] . 1980.

331

[75] Nabíl-i-Azam. *The Dawn-Breakers* [M]. trans. & edit. Shoghi Effendi. Wilmette: Bahá'í Publishing Trust, 1996.

[76] *The Parliament of the World's Religions: Declaration toward a Global Ethic* [EB/OL]. *astro. temple. edu/ ~ dialogue/Antho/kung. htm-34k*, 2009 ~ 3 ~ 12.

[77] Sears, William. *Release the Sun* [M]. Wilmette: Bahá'í Publishing Trust, 1995.

[78] Sours, Michael. Immanence and Transcendence in Divine Scripture [J]. Journal of Baha'i Studies, 1992: 16 ~ 18

[79] Stendardo. Luigiv. *Leo Tolstoy and Bahá'í Faith* [M]. trans. Jeremy Fox. OxfordGeorge Ronald, 1985.

[80] Swindler, Leonard. *The Universal Declaration of a Global Ethic* [EB/OL]. astro. temple. edu/ ~ dialogue/Center/declarel. htm. 2007 ~ 06 ~ 6.

[81] Swindler, Leonard. *Toward A Global Ethic* [EB/OL]. *astro. temple. edu/ ~ dialogue/Center/intro. htm-51k*, 2009 ~ 3 ~ 12.

[82] Todd, Lawson, B.. Translation of and Commentary on the *Qayyum al-Asma'*, Sura 93 [EB/OL]. *bahai-library. com/provisionals/qayyum. al-asma. html-80k-2009 ~ 3 ~ 23*.

[83] Taherzadeh, Adib. *The Revelation of Baha'u'llah* [M]. Oxford: George Ronald, 1974.

[84] The Universal House of Justice. *Messages 1963 to 1986* [Z]. Wilmette: Bahá'í Publishing Trust, 1976.

[85] The Universal House of Justice. *Introduction to The Kitab-i-Aqdas* [Z]. Wilmette: Bahá'í Publishing Trust, 1993.

[86] The Universal House of Justice. *Century of Light* [M]. Haifa: Bahai World Center,

[87] The Universal House of Justice. *A Message to Bahá'í Friends on Appointment of Guardian* (9 Mar 1965) [Z]. From *Messages 1963 to 1986* [Z]. Wilmette, Illinois: Bahai Publishing Trust, 1986.

[88] The Universal House of Justice. *Massages to Canada* [Z]. Thornhill: Bahai Canada Publications, 1999.

[89] The Universal House of Justice. *Ridvan 153, 1996* [Z]. Bangladesh, India, Nepal [Z]. Haifa: Bahai World Centre, 1996.

[90] The Universal House of Justice. *To the World's Religious Leaders* [EB/OL]. www. bahai. org/article-1-1-0-1. html-13k-2009 ~ 3 ~ 16.

[91] *Worldwide, the Baha'i Community Issues An Appeal for Religious Tolerance* [EB/OL] *www. onecountry. org/e141/e14101as_ UHJ_ Letter. htm-19k-2009 ~ 3 ~ 16.*

后 记

因为工作需要，我于 2000 年接触了一些外语教师，他们乐观、豁达和向善的精神给我留下了深深的印象。后来知道他们都是巴哈伊。他们谈论问题的见解常常让我感到视角独特，也很有建设性。话题自然涉及伦理、道德、哲学、宗教等问题。他们受教育程度不同，在谈及宗教问题时，都有理有据，旁征博引，似乎各个宗教都有所了解，大有海纳百川的胸怀。他们很虔敬，但没有丝毫的宗教狂热印记。接着，我便旁听了他们探讨宗教问题的聚会。这种聚会就是学习小组，大约每周一次。为了活跃气氛，常有音乐相伴，屋内洁净雅致。有屋主人自己购得或学习者顺便买来的鲜花点缀，五颜六色，芬芳宜人，就像聚会的学习者，不同的肤色，不同的文化、不同的宗教背景，却能够在同一个屋宇下畅谈和谐、团结和精神进步。我渐渐消解了当初对这一宗教的那种些微的疑虑甚至戒备，产生了由衷的敬意。我虽然保持着我的信仰，但不妨与这一宗教有诸多的认同。想当年玛莎·露特来中国，会见的众多名流贤达之时，听讲的中国人决不是衣食无忧地为了打发余暇，或者为了附庸风雅故作超脱而赢得尊重。在列强争雄、动荡不安、战火频仍的世界，全体中国人都希望和平乃至世界大同。他们怀着几乎同样的心情寻求救国良策，祈求世界太平。前清华大学校长曹云祥博士，力主教育乃养成高尚完全之人格、铸造一种新精神的事业，主张"融会中西""体用兼赅"。他视宗教为广义的教育，自称"非宗教家、亦非神学家"，却热情地翻译宣传这个来自西方世界的大同思想。作为谙熟中国文化的政治家和学者，能够以这种开放包容的心态对待巴哈伊教，激发了我这样一个愿望：能够有机会渗入研究这一宗教。当我将我的想法向我的导师董小川教授表示之后，得到了他的极大鼓励。他宽容和蔼，在研究策略、方法及框架方面给予我珍贵的帮助。我的感激之情无法言表。只有暗下决心，将学问做下去，不辜负导师对我的厚望。论文写作中还得到了国内外巴哈伊教的专家学者的广泛支持和无私帮助，他们是山东大学教授、巴哈伊研究中心主任、中国孔子基金会季美林研究所副所长蔡德贵先生，澳门大学工商管理学院教授、澳门巴哈伊团体总会主席、巴哈伊教研究学者江绍发博士，澳门巴哈伊社团、新纪元国际出版社社长、巴哈伊典籍翻译家李绍白先生，香港中文大学中国文化研究所宗树人博士。在此衷心感谢他们的鼓励和教诲。对于在我攻读博士期间给予我帮助的所有同学、朋友和家人表示深深谢意。然而拙笔不敏，或有援例不当、论证不严、结论不周、体例不妥之弊，如此种种都由自己担当。诚恳希望各位专家学者、读者批评指正。

庞秀成

2016 年 3 月